UNIVERSITÉ DE COPENHAGUE

CAHIERS DE L'INSTITUT DU MOYEN-ÂGE GREC ET LATIN

-76-

David Bloch,
    Theodoros Metochites on Aristotle's *De memoria* 3-30
Chris Schabel & Russell L. Friedman,
    Trinitarian Theology and Philosophical Issues V 31-44
Heine Hansen,
    An Early Commentary on Boethius' *Topics* 45-130
William J. Courtenay,
    Radulphus Brito, Master of Arts and Theology 131-158
Mischa von Perger,
    Walter Burley's *Quaestiones libri Elenchorum*
    1-3 & 13-18 159-237
Sten Ebbesen,
    Gualterus Burleus, *Quaestiones super Sophisticos Elenchos*
    4-12. A revised edition 239-282

Museum Tusculanum Press
Copenhague 2005

© Københavns Universitet
Saxo-instituttet
Afdeling for Græsk og Latin

Rédaction:
Sten Ebbesen
Saxo-instituttet
Afdeling for Græsk og Latin
Njalsgade 80
DK - 2300 Copenhague S
Danemark

ISSN 0591 - 0358
ISBN 87 635 0476 6

Theodoros Metochites on Aristotle's *De Memoria*.
An Edition

David Bloch

Introduction

In 1943 H. J. Drossaart Lulofs published a critical edition of Theodoros Metochites' paraphrase of Aristotle's *De Somno*, complete with notes on the mss. and on the text. It was printed as an appendix to Drossaart Lulofs' edition of the Aristotelian text. In 1947 he published the next two texts of the *Parva Naturalia*, viz. the *De Insomniis* and the *De Divinatione per Somnum*, and once again he had prepared editions of Metochites' paraphrases, but this time he chose not to print them, because, as he said, "[the editions] did not seem worth the great cost of printing" (Drossaart Lulofs 1947: lxxvii). This succinctly states the dominant view in the scholarly world, and little work has been done on the Aristotelian paraphrases since Drossaart Lulofs.[1] But even if one agrees with the general trend in modern scholarship that the Aristotelian paraphrases are not philosophically interesting, they are still important in order to understand Metochites' use of Aristotle, not to mention the personal characteristics of Metochites, or, more generally, the late Byzantine reception of the Philosopher. The edition of Metochites' paraphrase of the *De Memoria* printed below is a small part in furthering understanding of these areas.

Theodoros Metochites and the Aristotelian Paraphrases

Theodoros Metochites (1270-1332) was not an original philosophical thinker, and even if he is somewhat ironical in the proem of the *Semeioseis Gnomikai* (Προοίμιον, ἐν ᾧ καὶ ὅτι οὐκ ἔστι νῦν λέγειν), this

---

[1] Cf. Bydén (2003) 34-5, for a brief *Stand der Forschung*.

proem does suggest that he did not have any illusions on this point.[1] It is possible, I suppose, to argue that the *Semeioseis Gnomikai* display some independence of mind, but the paraphrases of the Aristotelian writings in natural philosophy do not. Their general character is clear.[2]

First, for the *Parva Naturalia*, excepting the *De Sensu*, they rely to a great extent on Michael of Ephesus' commentaries.[3] This is not surprising, since all later Byzantine commentators seem indebted to Michael. However, the extent of the debt differs. For instance, Sophonias has reproduced long passages *verbatim*,[4] while Pachymeres[5] is clearly more independent in his use of Aristotle and Michael. Metochites belongs somewhere inbetween but closer to Sophonias than to Pachymeres. Thus, Metochites has frequently reproduced one of Michael's phrases or comments, and, even more conspicuously, he often reproduces Michael's illustrative examples. The most obvious case is probably the use of Euripides' *Hecuba* vv. 1-2, found in both Michael (*In Mem.* 21.6-7) and in Metochites below to illustrate a particular point concerning recollection.[6]

---

[1] For modern treatments of Metochites, cf. Beck (1952); de Vries-Van der Velden (1987); Agapitos & Hult & Smith (1996); Hinterberger (2001); Bydén (2003). The proem is found in Hult (2002) 20-7.

[2] For the following, cf. also Drossaart Lulofs (1943) XXII-XXIX; Bydén (2003). The paraphrase of the *De Memoria* is my primary source for the evaluation, but I have also used the paraphrases of the *De Somno* (Drossaart Lulofs' edition) and of the *De Sensu* (from mss.) as well as some quotations found in Bydén (2003).

[3] Edition by P. Wendland in *Commentaria in Aristotelem Graeca* XXII.1 (Berlin 1903).

[4] Edition by P. Wendland in *Commentaria in Aristotelem Graeca* V.6 (Berlin 1903).

[5] No modern edition of Pachymeres' paraphrase of the *De Memoria* exists. I have used the autograph ms. Berlin, Hamilton 512. Note also that editorial work as regards his *Philosophia* as a whole is currently in progress. For the first results, cf. Pappa (2002).

[6] Further passages, all found in Michael and in Metochites below are: an example using a donkey (Mich., *In Mem.* 8.11-13); examples using Socrates and a painting of an elephant (Mich., *In Mem.* 9.15-29); analogy between paper and the heart (Mich., *In Mem.* 38.26-9); a reference to the *De Somno* — or possibly to the *De Insomniis* (Mich., *In Mem.* 39.22). In referring to the *De Anima* and the *De Somno*, Metochites may, at least sometimes, be referring to his own paraphrases.

Second, Metochites' own views are not generally allowed to surface in the paraphrases. An interesting example of this lack of independent contributions when commenting on Aristotle can be provided in the case of memory. The *Semeioseis gnomikai* 2 (= Hult 2002: 26-33) is entitled: Περὶ μνήμης, καὶ ὅτι ἀναγκαῖον. This constitutes Metochites' own views in the form of an encomium of memory that agrees with Aristotle in stressing the fundamental role that memory has to play in the acquisition of scientific knowledge, but it also differs significantly from Aristotle as regards the status and worth assigned to this capability. Metochites almost deifies the concept of memory, saying (2.2.5), among other things, that to have a reliable memory is the greatest gift that God can give you in this life, while Aristotle sees the concept of memory completely in terms of function and matter, that is, how it works, its physical location in the body, and similar problems. Aristotle, when distinguishing memory from recollection, even observes (*Mem.* 449b6-8) that stupid or slow-witted people are generally better at remembering than the smart and quick-witted. Furthermore, he regards (*Mem.* 453a4-14) recollection as more specifically human than memory, since the latter is also found in some animals. These views are more or less reproduced in the Metochitean paraphrase of the *De Memoria*, and thus it is purely expository.

In the Aristotelian paraphrases Metochites reveals himself primarily in the disposition of the material and in the method of presentation. Whereas Michael's commentary is basically a series of brief scholia (written as lemmata along with the interpretive comments) on the Aristotelian text, Metochites, in opposition to both Sophonias and Pachymeres, never in the *De Memoria* paraphrase quotes longer passages of Aristotle, but stays somewhat more strictly inside the genre of paraphrase. Even though he often echoes the Aristotelian text, these quotations — if that is what they really are — constitute integral parts of his paraphrase. It is true that the occurrence of the word φησίν (that is, "Aristotle says") is frequent, but even though the word sometimes introduces what is apparently a genuine quotation, it is equally often merely Metochites' method of moving on to a new subject provided by the Aristotelian text.

However, the text does not proceed by paraphrasing Aristotle line by line. Metochites does, indeed, explain the Aristotelian text part by part, but the method employed is to single out the important concepts or definitions of the individual parts he is paraphrasing and then repeat his description and interpretation of these concepts and definitions several times. This is amply exemplified by the *De Memoria* paraphrase printed below. The procedure is in accordance with Metochites' own description of his paraphrases as "definitional" (ὁριστικῶς).[1] Furthermore, since Metochites is a somewhat verbose writer, his definitional paraphrase ends up 3-4 times longer than the Aristotelian text, even though Metochites does not actually say much more than Aristotle does.

So, using this method Metochites avoids interpreting the difficult details of the Aristotelian texts but is able to provide a broad and general picture of the Aristotelian treatment of important concepts. Still, the doctrinal content of the paraphrase is not original but culled primarily from Michael of Ephesus.

The Content of the Paraphrase of the De Memoria

The content of Metochites' paraphrase of the *De Memoria*, generally following Aristotle closely in the macrostructure, can be broadly summarized as follows:

1. Introduction.
2. The objects of memory.
3. Memory, time, thought and *phantasia*.
4. Puzzle concerning memory: Do we remember the object or the affection that has arisen because of the object? Solution.
5. Some further points on memory and images.

---

[1] Found in the proem of the paraphrases; cited in Bydén (2003) 61n53.

6. Recollection: The different kinds and the relation to memory and re-learning.
7. Memory, recollection and time: Human beings and animals.
8. The physiology of memory and recollection.

The Manuscripts

For the edition, I have collated three Greek mss. and the Latin translation made by Gentian Hervet:

V: Rome, Vat. gr. 303: f. 297v-305r. 14th century.
P: Paris, Par. gr. 1935: f. 1v-7v. 14th century.
M: Venice, Marc. gr. Z 239 (= 911) (olim card. Bessarionis 402): f. 284v-290r. 14th century.
Herv: Latin Translation of Gentian Hervet, Basle 1559 (reprint Stuttgart & Bad Cannstatt 1992).

The three Greek manuscripts are the oldest textual witnesses for Metochites' paraphrases. They were all written in the author's own lifetime or shortly afterwards. The Latin translation is an example of a Western use of Greek material.

Ratio edendi

The text was transscribed from microfilm copies in 2003 (**V** and **P**) and in 2004 (**M**). All the microfilms were in excellent condition.

V and **P** are both written in hands that are easily read. Disagreements between these two mss. are rare and never substantially influence the meaning of the text. Still, when they disagree, **V** always has the better text. Either **V** is the ancestor of **P**, or they both have their origin from the same exemplar.

M is also written in a hand that is easily read. This ms. contains several peculiar readings and almost all of them seem obviously inferior to the readings of **VP**. When **V** and **P** disagree in reading, **M** always agrees with **V**. At present, it cannot be determined whether **M** originates from **V** or contains an independent tradition.

I have based the edition on **V**, but I have recorded all textual variants of the three mss., except as regards accentuation which is very confused in the mss. Also I do not record the omission of the iota nowadays often written subscript, and the movable ν has often been inserted without comment.

The readings of Hervet have sometimes been cited in the apparatus when they are of interest; only very rarely are they of any help in constituting the Greek text. Thus, the translation is of far less value than the Greek mss., and not all variant readings have been recorded.

The punctuation of the text is my own. Similarly, the two headings in brackets corresponding to the chapters of the Aristotelian text are my additions.

As pointed out by Bydén (2003: 383-415), Metochites is very difficult to edit satisfactorily. This is also true for the paraphrases, even though the Greek is much more regular and easier to read than, for instance, the Greek found in the *Semeioseis Gnomikai* or the *Stoicheiosis Astronomike*.[1] Still, the editor must walk a fine line between (wrongly) correcting Metochites' idiosyncratic Greek on the one hand, and printing non-sense on the other. The process is further complicated by the fact that no full-scale analysis of Metochites' language and style exists.

My procedure, as regards textual emendation, has been the following: Passages that can be sufficiently understood in the text of the mss., even if they are not written the way we would have wanted, are printed, but another suggestion has sometimes been made in the apparatus. If I do not see how the transmitted text can yield the required meaning, I emend the text. Following these principles I have, perhaps, been overly cautious in preserving text that should have been emended, but this cannot really be

---

[1] On Metochites' prose style generally, cf. Bydén's essay in Hult (2002) 273-88.

determined before more extensive studies in Metochites' style have been conducted.[1]

Bibliography[2]

Agapitos, P. A. & K. Hult & O. L. Smith. (eds.) 1996. *Theodoros Metochites on Philosophic Irony and Greek History: Miscellanea 8 and 93*, Edited with Introduction, Translation and Notes, Nicosia & Göteborg.

Beck, H.-G. 1952. *Theodoros Metochites. Die Krise des byzantinischen Weltbildes im 14. Jahrhundert*, München.

Bydén, B. 2003. *Theodore Metochites' Stoicheiosis Astronomike and the Study of Natural Philosophy and Mathematics in Early Palaiologan Byzantium*, Acta Universitatis Gothoburgensis 66, Göteborg.

de Vries-Van der Velden, E. 1987. *Théodore Métochite: Une réévaluation*, Amsterdam.

Drossaart Lulofs, H. J. (ed.). 1943. *Aristotelis De Somno et Vigilia liber, adiectis veteribus translationibus et Theodori Metochitae commentario*, Templum Salomonis.

— (ed.). 1947. *Aristotelis De Insomniis et De Divinatione per Somnum*, Leiden.

Hinterberger, M. 2001. "Studien zu Theodoros Metochites", *Jahrbuch der österreichischen Byzantinistik* 51: 285-319.

Hult, K. (ed.). 2002. *Theodores Metochites on Ancient Authors and Philosophy. Semeioseis gnomikai 1-26 & 71*, A Critical Edition with Introduction, Translation, Notes, and Indexes, With a Contribution by B. Bydén, Acta Universitatis Gothoburgensis 65, Göteborg.

Pappa, E. (ed.). 2002. *Georgios Pachymeres, Philosophia: Buch 10, Kommentar zur Metaphysik des Aristoteles, Editio princeps,*

---

[1] I owe thanks to Börje Bydén for advice and assistance as regards the manuscripts and for commenting on a draft of this article. For criticism of the article I also thank Sten Ebbesen.

[2] For substantial bibliographies on Metochites, cf. Hult (2002); Bydén (2003).

Einleitung, Text, Indices, Corpus Philosophorum Medii Aevi, Commentaria in Aristotelem Byzantina, vol. 2. Athens.

Tatakis, B. 1953. "Aristote critiqué par Theodoros Métochitès", in *Mélanges offerts à Octave et Melpo Merlier* 2 (Athens 1953) 439-45.

Θεοδώρου τοῦ Μετοχίτου
Τὰ ἐκ τοῦ περὶ μνήμης καὶ ἀναμνήσεως βιβλίου

V = Vat. gr. 303: 297v-305r — P = Par. gr. 1935: 1v-7v — M = Marc. gr. Z 239: 284v-290r

<περὶ μνήμης>

ἰστέον ὅτι τὸ περὶ μνήμης καὶ ἀναμνήσεως βιβλίον ὁ Ἀριστοτέλης μετὰ τὸ περὶ αἰσθήσεως καὶ αἰσθητηρίων[1] εὐθὺς τάττει· προδιαλαβὼν γὰρ ἐν τῷ περὶ ψυχῆς ὅσα εἰκὸς περί τε τῆς αἰσθητικῆς δυνάμεως καὶ τῆς πρώτης αἰσθήσεως καὶ τῶν κατὰ μέρος αἰσθήσεων, ἔτι δὲ καὶ ἐν τῷ περὶ /V 298r/ αἰσθήσεως περὶ τῶν αἰσθητηρίων αὐτῶν δι' ὧν ὀργανικῶς ἡ ψυχὴ τῶν αἰσθητῶν ἀντιλαμβάνεται, νῦν προτίθεται περὶ τῆς μνήμης διορίσασθαι. ἔστι γὰρ περὶ τὸ αὐτὸ μόριον τῆς ψυχικῆς δυνάμεως περὶ ὃ καὶ ἡ αἴσθησις ὡς προιὼν ἐρεῖ καὶ ἀποδείξει· κοινὴ γάρ ἐστι καὶ αὕτη[2] ἐνέργεια τῆς ψυχῆς μετὰ τοῦ σώματος ὥσπερ καὶ ἡ αἴσθησις, ἔτι δὲ καὶ ἡ φαντασία, καὶ κοινὸν μόριον τοῦ σώματός ἐστι δι' οὗ καὶ ἡ πρώτη καὶ καθόλου αἴσθησις τῷ ζώῳ ἐστὶ καὶ ἡ φαντασία· ἀλλὰ δὴ καὶ ἡ μνήμη. ἔστι δ' ἡ καρδία αὐτὴ[3] ὡς προιὼν ἐρεῖ. ἡ γὰρ αἴσθησις καὶ ἡ φαντασία καὶ αὕτη δὴ πάλιν καὶ ἡ μνήμη, τῷ μὲν ὑποκειμένῳ, φησίν, ὡς ἕν εἰσι, τῷ λόγῳ δὲ διάφορα.

καὶ τοίνυν ἐναρχόμενος τοῦ βιβλίου εὐθὺς προεκτίθεται περὶ τίνος αὐτῷ ὁ σκοπὸς καὶ λέγει ὅτι περὶ μνήμης καὶ ἀναμνήσεως· ἀποδείξει γὰρ ὡς ἄλλο μὲν ἡ μνεία καὶ ἄλλο ἡ ἀνάμνησις, καὶ ὅτι οὐχ οἱ αὐτοί εἰσι μνημονικοί[4] τε καὶ ἀναμνηστικοί, ἀλλ' ὡς ἐπὶ τὸ πολύ, φησίν, οἱ μὲν ταχεῖς καὶ ῥάδιοι πρὸς τὸ συνιέναι ἧττόν εἰσι μνημονικοί, ἀναμνηστικοὶ δὲ μᾶλλον, οἱ δὲ βραδεῖς καὶ οὐκ εὐμαθεῖς τοὐναντίον μνημονικοὶ[5] μᾶλλον καὶ πλέον κατέχοντες ἐν μνήμῃ ἅπερ ἔγνωσαν. ἐπεὶ δ' ἐν τοῖς

---

[1] αἰσθητηρίων **VM** : αἰσθητῶν **P**.
[2] γάρ ἐστι καὶ αὕτη **VP** : γὰρ καὶ αὕτη ἐστὶ **M**.
[3] ἡ καρδία αὐτὴ **M** : ἡ καρδία αὐτῇ **VP**, *an recte?* : ipsum cor **Herv**.
[4] μνημονικοί **VM** : μνημονευτικοί **P**.
[5] τοὐναντίον μνημονικοὶ **VM** : τοὐναντίον· μνημονικοὶ γὰρ **P**.

Περὶ ψυχῆς βιβλίοις¹ φθάνει διαλαβὼν καὶ ἀποδείξας ὡς ἐνίοτε μᾶλλον ἡ κατάληψις γίνεται τῶν γνωστικῶν ἕξεων αὐτῶν ἀπὸ τῶν ὑποκειμένων αὐτῶν (οἷον εἴ τις θεωρήσει πρότερον τί ποτ' αἰσθητόν ἐστιν² ἢ δοξαστόν, ῥᾷον ἐντεῦθεν εἰς κατάληψιν /M 285r/ γίνεται καὶ μάθησιν τῆς τε αἰσθήσεως αὐτῆς καὶ τῆς δόξης, τίνα πότ' εἰσι), διὰ τοῦτο κἀνταῦθα πρῶτα³ βούλεται διορίσασθαι τίνα εἰσὶ τὰ μνημονευτά,⁴ ὡς ἂν ῥᾷον εἰς τὸν περὶ τῆς μνήμης λόγον καὶ τὴν θεωρίαν χωρήσῃ.

φησὶν οὖν, ὅτι οὔτε τὰ ἐν τῷ μέλλοντι χρόνῳ εἰσὶ μνημονευτά οὔτε τὰ ἐν τῷ παρόντι, ἀλλὰ κατὰ⁵ τὸν παρελθόντα χρόνον· τῶν γὰρ ἐν τῷ μέλλοντι χρόνῳ δόξα ἐστὶ καὶ ἐλπίς, καὶ δοξαστὰ ταῦτ' εἰσι καὶ ἐλπιστά, καὶ εἴη, φησίν, καί τις ἂν ἴσως αὐτῶν ἐπιστήμη καὶ θεωρία ἡ μαντικὴ καὶ προγνωστικὴ ἣν πάντως οὐκ ἔστι καλεῖν μνήμην· καὶ τῶν παρόντων δὲ καὶ ἐν τῷ νῦν χρόνῳ ἡ κατάληψις, οὐδ' αὕτη ἐστὶ μνήμη ἀλλ' αἴσθησις καὶ μάθησις· καὶ γὰρ εἴ τις νῦν ὁρᾷ παρόν /P 2r/ τι λευκόν, οὐ φήσειέ τις ἂν τηνικαῦτα μνημονεύειν αὐτὸν ἀλλ' αἰσθάνεσθαι, οὐδ' εἴ τις νῦν διδάσκεται⁶ καὶ καταλαμβάνει ὅτι αἱ τοῦ τριγώνου τρεῖς /V 298v/ γωνίαι δυσὶν ὀρθαῖς ἴσαι εἰσίν, οὐδ' οὗτος τηνικαῦτα μνημονεύει ἀλλὰ διδασκόμενος τοῦτ' αὐτὸ νοεῖ καὶ καταλαμβάνει· ἂν δὲ χρόνῳ ὕστερον μετὰ τὰς ἐνεργείας ἅπερ ἑώρακεν <ἢ>⁷ ἅπερ ἔμαθεν (ἤτοι τὸ λευκὸν αὐτὸ ὅπερ εἶδεν ἢ τὸ τὰς τρεῖς γωνίας τοῦ τριγώνου δυσὶν ὀρθαῖς ἴσας εἶναι) εἰς νοῦν ἔχοι,⁸ ταῦτα δὴ τὰ γνωστά εἰσι τὰ μνημονευτά.

διαλαβὼν οὖν οὕτω περὶ τῶν μνημονευτῶν ἑξῆς αὐτὴν τὴν μνήμην διοριζόμενός φησι μήτε αἴσθησιν εἶναι ταύτην μήτε ὅλως ὑπόληψιν, ἤτοι καθόλου λογικὴν γνῶσιν (ἡ γὰρ ὑπόληψις καὶ κατὰ τῆς δόξης λέγεται καὶ κατὰ τῆς νοήσεως καὶ κατὰ τῆς ἐπιστήμης, αὗται δέ εἰσιν ἐν ταῖς νῦν

---

[1] *Arist., An. 415a14-22. Cf. 402b10-16; 418a7-8.*
[2] ἐστιν **VP** : om. **M**.
[3] *an* πρῶτον *scribendum?* : primum **Herv**.
[4] τὰ μνημονευτά **VPM** : recordabilia seu quæ possunt teneri memoria **Herv**.
[5] τὰ κατὰ *malim* : κατὰ **VPM**.
[6] διδάσκεται **M** : διδάσκηται **VP**.
[7] <ἢ> *haesitans scripsi* : *om.* **VPM** : et **Herv**.
[8] ἔχοι **VP** : ἔχει **M**.

ἑκάστοτε ἐνεργείαις, καθὼς εἴρηται), ἀλλ' εἶναι τὴν μνήμην αὐτῶν δὴ τούτων, τῆς τε αἰσθήσεως καὶ τῆς εἰρημένης ὑπολήψεως, ἐγκατάλειμμα[1] τῷ νῷ καὶ πάθος καὶ ἕξιν αὐτῶν μετὰ χρόνου. ὁ γὰρ μεμνημένος ὁτουοῦν οὕτω δὴ μέμνηται τῷ νῦν χρόνῳ ἑκάστοτε, ὅτι πρότερον τῷ δεῖνα καιρῷ ἢ εἶδεν ἢ ἤκουσεν ἢ μεμάθηκε καὶ[2] κατέλαβε τόδε τι. τοῦ γὰρ νῦν οὐκ ἔστιν ἐν τῷ νῦν χρόνῳ, φησίν, μνήμη, ἤτοι τῆς νῦν[3] γνωστικῆς καταλήψεως ἐν αὐτῷ τῷ νῦν οὐκ ἔστι μνήμη· τοῦ μὲν γὰρ παρόντος, ὡς εἴρηται, ἔστιν αἴσθησις καὶ ἐπιστήμη, τοῦ δὲ μέλλοντος ἐλπίς, τοῦ δὲ παρελθόντος μνήμη.

διὰ τοῦτο καὶ εἴρηται, ὅτι μετὰ χρόνου πᾶσα μνήμη ἐστίν· ἅμα γὰρ τῇ μνήμῃ τοῦ μνημονευτοῦ καὶ ὁ χρόνος συννοεῖται καθ' ὃν αὐτοῦ ἑκάστου πεπείραται ὁ μνημονεύων. ὅθεν δή, φησίν, καὶ ὅσα τῶν ζῴων χρόνου αἰσθάνεται ὥστε χωρίζειν τό τε νῦν ὂν καὶ τὸ παρελθόν, ταῦτα μόνα μνημονεύει, οἷον ὁ ἄνθρωπος καὶ τἆλλα τὰ τῶν χρόνων αἰσθανόμενα. ὄνος γὰρ καὶ νῦν[4] ἑκάστοτε προσπιπτόντων τῶν αἰσθητῶν αἰσθάνεται, καὶ διερχόμενος τόπῳ, ἐν ᾧ πρότερον ἐμπέπτωκε περιτυχὼν λάκκῳ, μνημονεύει τοῦ κατὰ καιρὸν ἐκεῖνον[5] συμβεβηκότος καὶ συντηρεῖται. ὅσα δέ, φησίν, μὴ αἰσθάνεται χρόνου ὅλως τῶν ζῴων, ὥσπερ εἰσὶ πλεῖστα, ἀλλὰ παντάπασιν ἀλογίστως ὑπὸ τῶν αἰσθητῶν ἑκάστοτε πάσχει, ταῦτα καθάπαξ οὐκ ἔχει μνήμην· ὅσα δ' αἰσθάνεται καὶ χρόνου, ὡς εἴρηται, ταῦτα καὶ μνημονεύει· καὶ ᾧ δὴ μέρει τῆς ψυχῆς αἰσθάνεται, αὐτῷ καὶ μνημονεύει, ἤτοι τῇ αἰσθητικῇ δυνάμει, οὐκ ἄλλῃ τινὶ τῆς ψυχῆς (ἢ τῇ λογικῇ ἢ τῇ φυτικῇ /M 285v/ ἢ ἄλλῃ τινί).

ἐπὶ[6] τούτοις εἰκὸς ἦν ἴσως ἄν τινα ἐρεῖν, ὡς ἐπεὶ καὶ τῶν ἐπιστητῶν αὐτῶν ἐστιν,[7] ὡς ἐρρέθη, μνήμη, /V 299r/ οὐκ ἂν εἴη ἐν μόνῳ τῷ αἰσθητικῷ τῆς ψυχῆς μέρει καὶ τῇ δυνάμει τὸ μνημονεύειν ἀλλ' ἴσως καὶ

---

[1] ἐγκατάλειμμα **VM** : ἐγκατάλειμα **P**, *ut videtur*.
[2] καὶ **VP** : ἢ **M**.
[3] νῦν **VP** : *om.* **M**.
[4] *an* <τῷ> νῦν *scribendum?*
[5] ἐκεῖνον **VP** : ἐκείνῳ **M**.
[6] *an* ἐπὶ <δὲ> *scribendum?*
[7] αὐτῶν ἐστιν **VP** : ἐστιν αὐτῶν **M**.

ἐν τῷ λογικῷ καὶ ὅλως τῷ διανοητικῷ. ἀλλὰ τοῦτό γε ἐπιλυόμενος ὁ Ἀριστοτέλης φησίν, ὡς /P 2v/ οὐκ ἔστιν ἡ μνήμη τοῦ νοητοῦ ἄλλως ὅτι μὴ κατὰ συμβεβηκός, ἐπειδὴ συμβαίνει συναναφαίνεσθαι τῇ τῶν πραγμάτων μνήμῃ τῶν αἰσθητῶν καὶ τοῖς αὐτῶν ἐγκαταλείμμασιν ἐντὸς καὶ φαντάσμασι καὶ τὴν τῶν καθόλου γνῶσιν.

ἔστι μὲν γὰρ ἡ φαντασία, καθὼς καὶ ἐν τοῖς Περὶ ψυχῆς[1] εἴρηται, καθάπερ τι πινάκιον ἐν ᾧ ἀναζωγραφεῖται τὰ αἰσθητὰ μεθύστερον κατὰ τὴν αὐτῶν ἐνεργῆ[2] αἴσθησιν, ἢ ἐκμαγεῖόν τι τῶν τοιούτων. ἐπὶ δὲ ταύτῃ πάντως ἥδρασται ἡ μνήμη τῷ ὑποκειμένῳ οὖσα ἡ αὐτή, ὡς εἴρηται, εἰ καὶ τῷ λόγῳ ὡς ἄλλο τι διαιρεῖται. ὧν γὰρ πεπείραταί τις μετὰ χρόνου τινός, ὡς ἔφην, μνημονεύει, καί εἰσιν αὐτῷ ἐγκαταλείμματα ταῦτα καὶ τύποι τῶν φανέντων. ἐντεῦθεν δὲ διὰ τῶν κατὰ μέρος τῶνδε ὁ νοῦς ἐπιλογίζεται τὰ καθόλου, οἷον ὥσπερ ἐκ τῆς τῶν κατὰ μέρος ὁρατῶν[3] καὶ τῶν ἄλλων αἰσθητῶν ἡ φαντασία μεθύστερον ἐκτὸς τῆς ἐνεργείας τυποῖ ἔσωθεν αὐτὰ ταῦτα τὰ αἰσθητά, οὕτω δὴ καὶ τὰ τῆς φαντασίας αὐτὰ καθ' ἕκαστα, ἅ εἰσι καὶ μνημονευτά, λαμβάνων ὁ νοῦς ὕστερον συνάγει τὸ καθόλου. ὁρᾷ μὲν γὰρ ἡ αἴσθησις γεγραμμένον ἐν Ἑλλάδι[4] τὸν ἐλέφαντα καὶ αὐτίκα ἡ μνήμη τοῦτο κατὰ τὴν φαντασίαν ἔσω τυποῦσα καὶ ἀναζωγραφοῦσα καὶ ὅλως τὴν περὶ αὐτοῦ ἕξιν λαμβάνουσα χορηγεῖ τῷ νῷ τὴν αὐτοῦ καθόλου κατάληψιν· καὶ ὁρᾷ ὥσπερ ὁ νοῦς[5] διὰ τῆς φαντασίας καὶ τῆς μεθύστερον μνήμης καὶ τὸν ἐν Ἰνδοῖς αὐτὸν καὶ καθόλου τὸν ἐλέφαντα. καὶ τὸν Σωκράτην τις ἰδὼν καὶ καθ' ἑαυτὸν ἀναζωγραφήσας κατὰ τὴν φαντασίαν τῇ μνήμῃ τὰ κατ' αὐτὸν πάντα συνεπιλογίζεται τῷ νῷ τὸν καθόλου ἄνθρωπον, ὥσθ' ἡ μὲν μνήμη αὐτὴ ἐν τῷ αἰσθητικῷ τῆς ψυχῆς ἔχεται καὶ ἐν αὐτῷ ἥδρασται καὶ αὐτοῦ ἐστι κυρίως· καὶ καθ' αὐτὸ τῶν αἰσθητῶν ἐστί, κατὰ συμβεβηκὸς δ' ἐστὶ καὶ τῶν νοητῶν, καὶ ἄττα ἐντεῦθεν καθόλου

---

[1] cf. Arist., An. III.3, sed verba πινάκιον et ἐκμαγεῖον non invenies. Cf. tamen Arist., Metaph. 987b29-988a1 et Plat., Tht. 191C-E.
[2] ἐνεργῆ **VP** : ἐναργῆ **M**.
[3] an ἐκ τῆς τῶν κατὰ μέρος ὁρατῶν <αἰσθήσεως> scribendum?
[4] γεγραμμένον ἐν Ἑλλάδι **VP** : ἐν Ἑλλάδι γεγραμμένον **M**.
[5] καὶ ὁρᾷ οὕτως ὁ νοῦς vel simile malim : et sic videt mens **Herv**.

περαίνεται. ἔστι γάρ, φησίν, ὡς καὶ τοῦτ' ἐν τοῖς Περὶ ψυχῆς[1] εἴρηται, τὸ νοεῖν τῷ ἀνθρώπῳ καὶ τῷ λογικῷ οὐκ ἄνευ φαντάσματος, ἀλλ' ἐπισυμβαίνει τῇ τοῦ νοεῖν ἐνεργείᾳ ὥσπερ τι πάθος ἀχωρίστως τὸ φάντασμα, καὶ ἅττα[2] νοεῖ τις ἑκάστοτε συνεφελκόμενος τὴν φαντασίαν νοεῖ.[3]

καὶ ὥσπερ ἐν τῷ διαγράφειν τινὰ σχήματα ὁ γεωμέτρης οὐ βούλεται μὲν οὐδ' ἔχει σκοπὸν περὶ τοῦ ἐν αὐτοῖς, φησίν, ποσοῦ, οὐδὲ προσχρῆται αὐτῷ εἰς τὸ προκείμενον, οἷον δεικνύων ὅτι τὸ τρίγωνον δυσίν ἐστιν ὀρθαῖς ἴσον καὶ καταγράφων τὸ σχῆμα οὐκ ἔχει μὲν εἰς χρῆσιν /V 299v/ τὴν ποσότητα τοῦ καταγραφομένου τριγώνου, ὅση ποτ' ἂν ᾖ, ὅμως δ' οὖν ἕπεται ἀχωρίστως τῷ διαγράφειν καὶ ποσὸν ὁτιοῦν αὐτοῖς τοῖς διαγραφομένοις σχήμασι, τὸν αὐτὸν δὴ τρόπον καὶ ὁ νοῦς τὴν τῶν καθόλου προβεβλημένος καὶ ἐπιστητῶν θεωρίαν ἐξανάγκης[4] συνεφέλκεται μὴ κατὰ σκοπὸν /M 286r/ αὐτῷ καὶ χρῆσιν τὰ φαντάσματα· καὶ οὐχ /P 3r/ οἷόν τ' ἐστὶ νοεῖν καὶ συλλογίζεσθαι παντάπασι ἀπηλλαγμένως τῆς φαντασίας, κἂν εἰ μὴ ποσὸν ὁ νοῦς προτιθείη οὐδ' ἄρα νοοίη τι ᾗ ποσόν, ὅμως ἐν τῷ νοεῖν ὁτιοῦν συνακολουθεῖ καὶ συναναφαίνεται καὶ ποσόν. βούλεται μὲν γὰρ τὸ λευκὸν καὶ τὸ μέλαν[5] θεωρεῖν ὅτι ποτ' ἐστὶν ὅπερ οὐκ ἔστι πάντως καθ' αὐτὸ ποσόν, οὐδ' ὑπὸ γένος[6] τὸ ποσὸν ἀνάγεται ἀλλὰ μᾶλλον ὑπὸ τὸ ποιόν, ἐπεὶ δ' ἀεὶ τὸ λευκὸν ἐν ὑποκειμένῳ τινί ἐστιν, ὃ καὶ μεγέθους καὶ ποσοῦ μετέχει ἀχωρίστως — καὶ εἰ μὴ καθ' αὐτὸ ἀλλὰ κατὰ συμβεβηκός — συνέπεται τῇ τοῦ λευκοῦ θεωρίᾳ καὶ ἡ τοῦ ποσοῦ ἔννοια, καὶ ὁ νοῶν, φησί, κἂν μὴ ποσὸν νοῇ κυρίως· περὶ ποιοῦ γάρ ἐστιν ἡ σκέψις αὐτῷ ἀλλὰ πρὸ ὀμμάτων ἔχει ποσὸν ἐν ᾧ τὸ προκείμενον ὡς ἐν ὑποκειμένῳ νοεῖται, νοεῖται δ' οὐχ ᾗ ποσὸν ἀλλ' ὡς ἄρ' ἐστὶν ἄλλο τι παρὰ τὸ ποσόν, φάντασμα δ' ἔχον αὐτόθεν ποσοῦ· τὸ φάντασμα δ', ὡς εἴρηται, τῆς κοινῆς

---

[1] Arist. An. 431a16-17.
[2] ἅττα **M** : ἄττα **VP**.
[3] τὴν φαντασίαν νοεῖ **VP** : τῇ φαντασίᾳ νοεῖ **M**.
[4] ἐξανάγκης **VP** : ἐξ ἀνάγκης **M**.
[5] an καὶ τὸ μέλαν *delendum? verba* τὸ μέλαν *in exemplo infra non inveniuntur.*
[6] an γένος *delendum?*

αἰσθήσεώς ἐστι πάθος. ἐπὶ γὰρ τῇ κοινῇ αἰσθήσει ἕπεται, ἣν ἐν τοῖς Περὶ ψυχῆς[1] διορίζεται, καθ' ἣν μεγέθους καὶ κινήσεως ἡ ψυχὴ αἰσθάνεται καὶ ταῦτα γνωρίζει, καθὼς δὴ καὶ τὸν χρόνον αὐτόν, ὅτι καὶ τὸν χρόνον αὐτὸν τῇ κοινῇ καὶ πρώτῃ αἰσθήσει καταλαμβάνει καὶ γνωρίζει ἡ ψυχὴ κατὰ τὸ φανταστικόν· ὅθεν δὴ καὶ συνάγεται ἡ μνήμη καὶ τῶν νοητῶν οὐκ ἄνευ φαντάσματος οὖσα, ὡς εἴρηται, καθ' αὑτὸ μὲν εἶναι τοῦ πρώτου αἰσθητικοῦ, ἐν ᾧ τὰ τῆς φαντασίας ἐστί (καὶ τὰ φαντάσματα οὐσιοῦται ἐν αὐτῷ), εἶναι δ' αὕτη δῆτα ἡ μνήμη καὶ τῶν νοητῶν κατὰ συμβεβηκός, ἐπειδὴ οὐκ ἄνευ φαντασίας, ὡς εἴρηται, θεωρεῖται τὰ νοητά.

συνάγεται δ' εἶναι πάθος (εἴτουν ἕξις) ἡ μνήμη τῆς κοινῆς καὶ πρώτης αἰσθήσεως ἀλλ' οὐ τοῦ νοῦ· ἦν γὰρ ἂν καὶ τῶν νοητῶν καθ' αὑτὸ καὶ ἀχρόνως, εἰ ἦν καὶ τοῦ νοῦ ἕξις, ἀλλ' ἡ μνήμη μετὰ φαντάσματος εἴρηται[2] σὺν χρόνῳ ἀεί. ἀεὶ γάρ, φησίν, ὅταν ἐνεργῇ τῇ μνήμῃ τὸ ζῷον, προσαισθάνεται[3] ὅτι εἶδε τοῦτο ἢ ἤκουσεν ἢ ἔμαθε πρότερον, τὸ δὲ πρότερον καὶ ὕστερον εὔδηλον ὡς ἐν τῷ χρόνῳ θεωρεῖται. διὰ τοῦτο δὴ καὶ οὐ μόνον ἀνθρώποις (εἴτουν λογικοῖς μόνοις) ἔνεστιν ἡ μνήμη, ἀλλὰ καί τισι τῶν ἄλλων ζῴων, ὅτι τοῦ αἰσθητικοῦ μέρους ἐστὶ /V 300r/ τῆς ψυχῆς (εἴτουν τῆς κοινῆς καὶ πρώτης, ὡς εἴρηται, αἰσθήσεως) ἕξις· ἐξ αὐτῆς γάρ ἐστιν ἐγκατάλειμμα καὶ φάντασμα. εἰ γὰρ ἦν τοῦ νοητικοῦ τῆς ψυχῆς καὶ λογικοῦ, οὐκ ἂν ἦν καὶ τοῖς ἄλλοις τῶν ζῴων, ὡς ἔστι γε προδήλως, ἡ μνήμη.

ὅτι μετὰ τὸ διορίσασθαι τίνος μορίου τῆς ψυχῆς ἐστιν ἡ μνήμη, ὅτι τοῦ αἰσθητικοῦ καὶ ἕξις τῆς πρώτης καὶ κοινῆς αἰσθήσεως (εἴτουν πάθος), ἧς ἐστι καὶ τὰ φαντάσματα, καὶ ὅτι μνημονευτά ἐστι καθ' αὑτά, ὧν ἐστι φαντασία, κατὰ συμβεβηκὸς δ' εἰσὶ καὶ ἃ οὐ νοεῖται χωρὶς φαντασίας, ἤτοι τὰ νοητά, ἑξῆς ἀπορίαν τινὰ ταύτην προβάλλεται, πῶς ἄρα τοῦ μὲν πάθους παρόντος, ἤτοι τοῦ φαντάσματος αὐτοῦ ἐν ᾧ χρόνῳ γίνεται ἡ μνήμη,[4] αὐτοῦ δὲ τοῦ πράγματος <ἀπόντος>,[5] ἤτοι τοῦ αἰ/P 3v/σθητοῦ

---

[1] Arist., An. 418a7-25.
[2] εἴρηται **VP** : ὡς εἴρηται **M**, *fort recte*.
[3] προσαισθάνεται **VPM** : præsentit **Herv**.
[4] ᾧ χρόνῳ γίνεται ἡ μνήμη **VP** : ᾧ γίνεται ἡ μνήμη χρόνῳ **M**.
[5] <ἀπόντος> *haesitans scripsi, vide* Arist., Mem. 450a25-7 : *om.* **VPM**.

καὶ τῆς ἐνεργείᾳ¹ /M 286v/ αἰσθήσεως αὐτοῦ τηνικαῦτα ἀπούσης, λέγεται μνήμη τοῦ ἀπόντος καὶ οὐ τοῦ παρόντος αὐτοῦ, ἤτοι τοῦ πάθους καὶ τοῦ φαντάσματος. τέως μέν γ' εἰς κατάληψιν καὶ σαφήνειαν αὐτῆς τῆς ἀπορίας προεκτίθεται καὶ ὑποδειγματίζει αὐτὸ τὸ τῆς μνήμης ὅπως γίνεται. καί φησιν ὅτι οἷον ζωγράφημά τί ἐστι τὸ γινόμενον ἐν τῇ ψυχῇ, μᾶλλον δὲ τῷ κατ' αὐτὴν πρώτῳ καὶ κοινῷ αἰσθητηρίῳ τοῦ σώματος πάθος διὰ τῆς προτέρας αἰσθήσεως. ἐνσημαίνεται γὰρ αὐτῷ δι' αὐτῆς οἷον τύπος τις τοῦ αἰσθήματος αὐτοῦ, καθάπερ ἐν τῷ κηρῷ γίνεται ἡ σφραγὶς διὰ τοῦ δακτυλίου καὶ μένει, καὶ τὸν αὐτὸν τρόπον γίνεται καὶ ἡ τοῦ αἰσθήματος ἕξις, οὗ ἡ μνήμη ἐν τῇ ψυχῇ· καὶ διὰ τοῦτο, φησίν, ὥσπερ ἐν τοῖς ὑδατηροῖς καὶ ὑγροτέροις οὐχ οἷόν τ' ἐστὶν ἐντυπωθῆναι καὶ ἐναπομεῖναι σφραγίδα² δακτυλίου, οὕτω δὴ καὶ τοῖς ἐν κινήσει οὖσι³ πολλῇ καὶ ὑγροτέροις ἢ διὰ νόσον τινὰ ἢ διὰ ἡλικίαν νεάζουσαν καὶ ὑγροτέραν⁴ οὐκ ἔστιν ἐγγίνεσθαι μνήμην. ὡσαύτως, ὥσπερ οὐδὲ τοῖς εὐθρύπτοις, ἤτοι τοίχοις πάλαι καταξηρανθεῖσι καὶ ἐπίχρωσμα τιτάνου μὴ δυναμένοις διὰ τὸ εὔθρυπτον καὶ κατάξηρον ὅλως ὑποδέξασθαι ῥᾳδίως ἀπαλειφόμενον, οὐδέ γε τοῖς σκληροτέροις, ἤτοι λίθοις, σφραγίδα δακτυλίου οὐχ οἷόν τ'⁵ ἐγγίνεσθαι, οὕτω δὴ⁶ καὶ τοῖς διὰ γῆρας σκληροτέροις καὶ καταυανθεῖσι πάμπαν οὐ ῥᾴδιον ἐντυποῦσθαι τὸ διὰ τῆς αἰσθήσεως πάθος καὶ τὴν ἕξιν τῆς μνήμης· ὅθεν δὴ καὶ οἵ τε σφόδρα νέοι καὶ οἱ γέροντες ἀμνήμονές εἰσιν, φησίν.⁷ ἐκρέει γὰρ καὶ ἀπ' ἀμφοτέρων ἡ μνήμη, τῶν μὲν διὰ τὴν αὔξησιν καὶ τὴν κίνησιν τὴν ὑγροτέραν, /V 300v/ τῶν δὲ διὰ τὴν φθίσιν. ὁμοίως δὲ καὶ⁸ διὰ τὸν αὐτὸν λόγον καὶ οἱ λίαν ταχεῖς καὶ οἱ λίαν βραδεῖς τῶν ἀνθρώπων ἀμνήμονές εἰσιν· οἱ μὲν γάρ εἰσιν ὑγρότεροι πλέον⁹ τοῦ

---

¹ ἐνεργείᾳ **VP** : ἐνεργείας **M**.
² σφραγίδα **VM** : σφραγῖδα **P**.
³ οὖσι **VP** : οὔσῃ **M**.
⁴ ὑγροτέραν **VP** : ὑγοτέραν **M**.
⁵ τ' **VP** : τ' ἐστὶν **M**.
⁶ δὴ **VP** : *om*. **M**.
⁷ φησίν **VP** : *om*. **M**.
⁸ καὶ **VP** : *om*. **M**.
⁹ *fort*. πλέον *delendum (vide etiam Arist., Mem. 450b9)*.

δέοντος, οἱ δὲ σκληρότεροι, καὶ τοῖς μὲν οὐ μένει, φησίν, ἐν τῇ ψυχῇ τὸ φάντασμα, τῶν δ' οὐχ ἅπτεται.

οὕτω τοίνυν ὑποδειγματίσας τὰ τῆς μνήμης πρὸς τὸ διασαφῆσαι τὰ κατ' αὐτήν, πῶς γίνεται, ἐπαναλαμβάνων τὰ τῆς ἀπορίας φησὶν ἑξῆς,[1] ὡς ἐπεὶ οὕτως ἔχει ταῦτα, πότερον ἡ ψυχὴ μνημονεύει αὐτὸ τὸ παρὸν πάθος, ὡς εἴρηται, καὶ τὸ ἐγκατάλειμμα καὶ φάντασμα[2] καὶ τὸν τύπον ἢ ἐκεῖνο ὃ μὴ νῦν ἐστιν, ἀφ' οὗ ἐνεχαράχθη καὶ γέγονεν ὁ τύπος; εἰ μὲν γὰρ αὐτὸ τὸ παρὸν πάθος, ἀδύνατον λοιπὸν τῶν ἀπόντων αὐτῶν μνημονεύειν, εἰ δ' ἐκεῖνο φήσει τις ὃ μὴ πάρεστιν ἀλλ' ἤδη παρῆλθεν ἐνέργημα, πῶς ἔστιν αἰσθάνεσθαι τοῦ μὴ παρόντος καὶ κρίνειν εἰ ὅμοιόν ἐστιν ᾧ τυποῦμεν ἢ μή; καὶ πῶς ἔστι λοιπὸν τοῦ ἀπόντος αὐτοῦ μνημονεύειν ὡς αἰσθητοῦ; εἴη γὰρ ἂν κατὰ τὸν λόγον τοῦτον, φησίν, καὶ ὁρᾶν καὶ ἀκούειν ἃ μὴ πάρεστιν.

ἀπορήσας οὖν οὕτω τὰ τοιαῦτα ἑξῆς ἐπιλυόμενος ταῦτά φησιν, ὅτι ἐνδέχεται καὶ δυνατόν ἐστι συμβαίνειν τὰ τοιαῦτα ἐξ ὑποδείγματος /P 4r/ πάλιν δηλῶν καὶ διοριζόμενος τὰ τῆς μνήμης ὅπως ἔχει. ὥσπερ γὰρ τὸ ἐν πίνακι γεγραμμένον ζῷον, ἔστι μὲν καὶ ὡς πρᾶγμά τι αὐτὸ καθ' ἑαυτὸ νοούμενον καὶ ὁρώμενον, ἔστι δὲ καὶ ὡς μίμημα ζῴου τινός, καὶ τῷ μὲν ὑποκειμένῳ ἕν ἐστι, τῷ λόγῳ δὲ[3] θεωρεῖται διπλῶς, καὶ ὡς αὐτό τι ὂν καθ' αὑτὸ καὶ ὡς εἰκὼν ἄλλου τινὸς πράγματος, οὕτω καὶ τὸ ἐν ἡμῖν, φησίν,[4] φάντασμα δεῖ καταλαμβάνειν τὸ αὐτὸ καὶ ἓν ὂν τῷ ὑποκειμένῳ διπλῶς θεωρεῖσθαι· καὶ αὐτὸ εἶναί τι καθ' ἑαυτὸ κίνημα καὶ ἐνέρ/M 287r/γημα τῆς ψυχῆς, καὶ ἄλλου πάλιν φάντασμα εἶναι καὶ οἱονεὶ ἐκτύπωμα, ὥσπερ καὶ ἐν τῇ γραφῇ, φησίν, τις τὸν Κορίσκον θεωρεῖ ᾗ αὐτὸ τὸ θεώρημά ἐστί τι καθ' ἑαυτὸ[5] πρᾶγμα καὶ ᾗ Κορίσκου εἰκών ἐστι καὶ τύπος, καὶ μὴ ὁρώμενος γοῦν τῇ ἀληθείᾳ ὁ Κορίσκος ἐν αὐτῷ τῷ γεγραμμένῳ θεωρεῖται.

---

[1] φησὶν ἑξῆς **VM** : ἑξῆς φησίν **P**.
[2] φάντασμα **VP** : τὸ φάντασμα **M**.
[3] τῷ λόγῳ δὲ **VM** : τῷ δὲ λόγῳ **P**.
[4] φησίν, φάντασμα **VP** : φάντασμα, φησίν **M**.
[5] ἑαυτὸ **VP** : αὐτὸ **M**.

καὶ δὴ παραπλησίως καὶ ἐν τῇ ψυχῇ ἐστί[1] τι αὐτὸ καθ' αὑτὸ τὸ φάντασμα[2] ὁτιοῦν ὡς νόημα, ἔστι δὲ καὶ ὡς μνημόνευμα προγεγονότος ἄλλου τινός. τὸ μὲν γὰρ φάντασμα, ὡς αὐτό τι καθ' ἑαυτὸ νόημα, ἀναλογεῖ τῷ γεγραμμένῳ ᾗ αὐτό τι καθ' ἑαυτό ἐστιν ἔργον, τὸ δὲ μνημόνευμα ἐντεῦθεν ἀναλογεῖ τῷ εἰκόνα εἶναι ἄλλου τὸ γεγραμμένον, καὶ ἔστι τὸ πάθος αὐτὸ καὶ ἡ ἕξις ἡ ἐν τῷ αἰσθητικῷ /V 301r/ τῆς ψυχῆς τῷ πρώτῳ, ὡς εἴρηται, καὶ κοινῷ τὸν τρόπον τοῦτον μνημόνευμα τοῦ ἀπόντος, αὐτό τι ὂν τῷ λόγῳ κεχωρισμένον καθ' ἑαυτὸ καὶ ἐπιὸν ἑκάστοτε τῇ αἰσθητικῇ ψυχῇ.

καὶ διὰ τοῦτο, φησίν, ἐνίοτε ἐγγινομένων τοιούτων κινημάτων καὶ ἐνεργειῶν ἐν τῇ ψυχῇ ἀπό τινος προλαβούσης αἰσθήσεως χρόνῳ πρότερον καὶ συγκεχωσμένης, εἰ τηνικαῦτα μὴ αἰσθανοίμεθα τούτου, οὐκ ἴσμεν, ὅτι κατὰ μνήμην ἐνεργοῦμεν, οἷον εἶδόν ποτε τόδε τι ζῷον ἢ ἤκουσα τόδε τι ἢ ἔμαθον τόνδε τινὰ λόγον ὑπό τινος· συμβέβηκε δὲ καὶ ἀπώλεσα[3] τὴν περὶ τούτου μνήμην. εἶτά πως ἐν κινήσει καὶ ἐννοίᾳ γινομένου αὐτοῦ μὴ μεμνημένος, ὅτι εἶδον ἢ ἤκουσα ἢ ἔμαθον παρά τινος αὐτό, οὐκ οἶδα λοιπὸν αὐτὸ κατὰ μνήμην, ἀλλ' ὡς νῦν ἐγγεγονὸς ἡμέτερον ἐννόημα. ἐνίοτε δὲ καὶ ἀπορῶ καὶ ταλαντεύομαι, εἴτε προοῖδα καὶ μεμνημένος φαντάζομαι, εἴτε καὶ μή· ἀλλ' ἐμόν ἐστι νέον τοῦτο νόημα, ὅτι δὴ θεωρῶ αὐτὸ οὐχ ᾗ ἄλλου εἰκόνα καὶ φάντασμα, ὡς διώρισται, ἀλλ' ᾗ ἀρτίως ἐπιγενόμενόν[4] μοι. ὁτὲ δὲ καθαρῶς φάντασμά μοι γίνεται τόδε ᾗ ἄλλου τύπος, καὶ οὗ πρότερον ἢ εἶδον ἢ ἤκουσα ἢ μεμάθηκα, ὃ τῆς καθαρᾶς διώρισται μνήμης εἶναι. καὶ μήν, φησίν, ἔστιν ὅτε καὶ τοὐναντίον ἅπαν συμβαίνει θεωρεῖν ἄττα ὡς φαντάσματα καὶ ἐγκαταλείμματα τινὰ ἄλλων ὧν μή ποτε πεπείραται, οἷον, φησίν, συμβέβηκεν ἐνίοις τῶν ἐκφρόνων καὶ παρατετραμμένων τὸν νοῦν, ὅτι ὁρῶσί τινα ὡς φαντάσματα παλαιῶν[5] καταλήψεων καὶ μνημονευτὰ δῆθεν. τοῦτο δέ φησι συμβαίνειν, ὅταν θεωρῇ τις τὴν μὴ εἰκόνα ὡς εἰκόνα.

---

[1] an ἐστι <μέν> scribendum?
[2] τὸ φάντασμα **VM** : φάντασμα **P**.
[3] συμβέβηκε δὲ καὶ ἀπώλεσα **VPM** : accidit autem ut ... amitterem **Herv**.
[4] ἐπιγενόμενόν **VM** : ἐπιγενομένην **P**.
[5] παλαιῶν **VP** : τῶν παλαιῶν **M**.

/P 4v/ ὅτι αἱ μελέται, φησίν, ὧν τις πεπείραται, σώζουσι τὴν μνήμην διὰ τῆς συνεχείας τοῦ ἐπιμνημονεύειν, τοῦτο δ᾽ ἐστίν, φησίν,[1] οὐδὲν ἕτερον ἢ τὸ πολλάκις τὸ αὐτὸ θεωρεῖν ὡς εἰκόνα καὶ μὴ ὡς καθ᾽ αὑτὸ ἐννόημα, ὥσπερ διώρισται.

κἀνταῦθα συμπεραινόμενος τοὺς περὶ τῆς μνήμης λόγους καὶ προτιθέμενος διορίσασθαι καὶ περὶ τοῦ ἀναμιμνήσκεσθαι καὶ τῆς ἀναμνήσεως ὁρίζεται τὴν μνήμην ὅτι ἐστὶ μνήμη φαντάσματος ἕξις ὄντος τοῦ τοιούτου φαντάσματος εἰκόνος τινὸς πράγματος (εἴτουν αἰσθήματος προτέρου).

ὁρισάμενος δὲ τὴν μνήμην καὶ δηλώσας, οὗ μορίου ἐστὶ τῆς ψυχῆς, ἤτοι τοῦ πρώτου καὶ κοινῶς[2] αἰσθητικοῦ, ᾧ δὴ καὶ χρόνου αἰσθανόμεθα, οὗ αἰσθητήριόν ἐστιν, ὡς προείρηται, ἡ καρδία, χωρεῖ λοιπὸν εἰς τοὺς περὶ ἀναμνήσεως λόγους.

<περὶ ἀναμνήσεως>

/V 301v/ ὅτι τὴν ἀνάμνησιν βούλεται καὶ διορίζεται ὁ Ἀριστοτέλης εἶναι ἀνανέωσιν τῆς προτέρας μνήμης, ὅταν λήθη τις ἐμπεσοῦσα τὴν συνέχειαν διαλύσῃ τῆς ὅλης μνήμης, ὥστε τὰ μὲν εἶναι τῆς μνήμης μένοντα τρανὰ καὶ σαφῆ, τὰ δὲ ἀμυδρὰ εἶναι καὶ οἷον ἐζοφωμένα, ὥσπερ ἂν εἴ τινος ζῴου γραφὴν καὶ εἰκόνα συμβαίη, τὰ μὲν τοῦ εἰκάσματος καὶ τοῦ τύπου διασώζειν φανερῶς ἐγνωσμένα, τινὰ δὲ μόρια αὐτοῦ ἐζοφωμένα καὶ ἀμυδρὰ καὶ μὴ διασημαίνοντα ἔχειν. ὅταν γὰρ οὕτως /Μ 287v/ ἔχωσι τὰ τῆς γραφῆς, ἴσως, ἂν ἀπὸ τῶν ἐγνωσμένων αὐτῆς καὶ φανερῶν συνάγηται καὶ καταλαμβάνηται καὶ τὰ μὴ δῆλα, καὶ ἀνατυποῖ τις καὶ ἀνανεοῦται τὴν ὅλην οὕτω γραφήν.

παραπλησίως δ᾽ ἐπὶ τῆς ψυχῆς ἔχει καὶ τὰ τῆς ἀναμνήσεως. ἂν μὲν γὰρ ὅλη ἡ κατάληψις καὶ ὁ τύπος σώζηται ἐν τῷ πρώτῳ αἰσθητηρίῳ τῶν πρότερον ἑωραμένων ἢ ἄλλως ὁπωσοῦν ᾐσθημένων ἢ δεδιδαγμένων, μνήμη τοῦτ᾽ ἔστιν· ἂν δὲ τὰ μὲν μένῃ καὶ διασώζηται καὶ φαίνηται τρανὰ

---

[1] φησίν **VP** : *om.* **M**.
[2] κοινοῦ *malim*.

καὶ καθαρά, τὰ δὲ ἠμαυρώθη τῇ λήθῃ, καὶ διὰ τῶν περισωζομένων[1] καὶ φανερῶν τὰ μὴ δῆλα καὶ ἠμαυρωμένα ἀνανεῶνται καὶ συμπεραίνῃ καὶ ἀπαρτίζῃ τις[2] ὅλην τὴν προτέραν[3] συνέχειαν αὐτῶν, τοῦτ' ἔστιν ἀνάμνησις· καὶ ἔοικεν εἶναι λοιπὸν μνήμη τις ἡ ἀνάμνησις· οὐ γάρ ἐστιν, φησίν, ἀνάμνησις, ὅταν τελεία λήθη γένηται ἔν τινι, ὧν πεπείραται, εἶτα τρόπῳ γέ τινι γένηται αὐτῷ κατάληψις αὐτῶν τούτων αὖθις ὧν ἀπώλεσε παντάπασι φαντασμάτων· τοῦτο γὰρ δὴ πάλιν ἄλλη[4] τίς ἐστι μάθησις καὶ ἕξις, ὥσπερ καὶ ἡ ἐξ[5] ἀρχῆς πρότερον[6] λῆψις. οὐδὲν γὰρ διαφέρει ἢ τὴν ἀρχὴν μηδόλως εἰδότα μαθεῖν ὁτιοῦν ἢ ᾐσθῆσθαι, ἢ μαθόντα καὶ ᾐσθημένον τινὰ καὶ παντάπασιν ἀπολέσαντα λήθῃ, εἶτ' αὖθις ὁλοκλήρως τρόπῳ γέ τινι, ὡς εἴρηται, ἀναμαθεῖν τὰ πρότερα καὶ αὖθις ᾐσθῆσθαι. καὶ τοῦτο γὰρ αὖθις οὕτως ἔχει ὥσπερ /P 5r/ ἡ ἐξ ἀρχῆς λῆψις, ἥτις οὐκ ἔστιν ἄλλο ἢ αἴσθησις ἢ μάθησις. ὅταν δὲ παρελθόντος τοῦ πράγματος τυπωθῇ καὶ φάντασμα παραμείνῃ, τηνικαῦτ' ἐστίν, ὡς διώρισται, μνήμη, ἀλλ' ἀνάμνησίς ἐστιν, ὡς εἴρηται, ὅταν τοῦ μὲν τῶν φαντασμάτων καὶ τύπων ἐν τῷ πρώτῳ αἰσθητηρίῳ μένοντος τοῦ δὲ ἀπαλειφθέντος ἀνανέωσις γίνηται διὰ τοῦ δήλου καὶ σαφοῦς τοῦ ἀμυδροῦ καὶ διαλελυμένου, μᾶλλον δὲ ἀνανέωσις γένηται τῆς ὅλης συνεχείας τοῦ φαντάσματος καὶ τῆς εἰκόνος (εἴτουν τῆς μνήμης)· οἷον μεμαθήκει τις,

ἥκω /V 302r/ νεκρῶν κευθμῶνα καὶ σκότου πύλας
λιπών, ...[7]

καὶ τὸ μὲν «ἥκω νεκρῶν κευθμῶνα» ἐν μνήμῃ ἔχει τρανῶς, τὸ δὲ «καὶ σκότου πύλας λιπών» ἐπιλέλησται. ὅταν γοῦν ἀναμνησθῇ καὶ τοῦδε μνημονεύῃ[8] συνείρων τὸ ὅλον, τοῦτ' ἔστιν ἀνάμνησις. ὥστ' ἐκ τούτων

---

[1] περισωζομένων **VP** : σωζομένων **M**.
[2] τις *post* συμπεραίνῃ **M**.
[3] προτέραν **VP** : πρόθεσιν **M**.
[4] πάλιν ἄλλη **VP** : ἄλλη πάλιν **M**.
[5] ἐξ *s.l.* **M**.
[6] πρότερον **VPM** : *om.* **Herv**.
[7] *Eur., Hec.* vv. 1-2.
[8] μνημονεύῃ **VM** : μνημονεύει **P**.

δοκεῖ πως¹ λέξεως μιᾶς μὴ εἶναι ἀνάμνησιν ἀλλὰ μάθησιν ἢ καὶ μνήμην, ὁποτέρως ἂν ἔχοι, εἴτε τὸ πρῶτον ταύτην τις μανθάνῃ καὶ μνημονεύῃ,² εἴτε καὶ μαθὼν ἴσως καὶ ἐπιλαθόμενος αὖθις εἰς νοῦν ταύτην λάβῃ· ἀδιάφορον γὰρ εἴθ᾽ οὕτως εἴθ᾽ οὕτως ἔχει, ὡς εἴρηται. ἡ αὐτὴ γὰρ λῆψίς ἐστιν ὥσπερ ἐξ ἀρχῆς κἂν εἴ τις μαθὼν ὁτιοῦν ἀπολέσῃ τοῦτο παντάπασιν, εἶτ᾽ εἰς νοῦν αὖθις ἀναλάβηται αὐτό· καὶ οὐκ ἔστι τοῦτο ἀνάμνησις, ἀλλ᾽ ἢ³ ὅταν μέρος μὲν αὐτοῦ ἔχῃ⁴ μένον καθαρῶς, ὡς εἴρηται, μέρος δέ τι διαλέλυται καὶ ἐζοφωμένως ἔχῃ ἐν τῷ πρώτῳ αἰσθητηρίῳ· τότε γάρ ἐστιν ἡ ἀνάμνησις. ἡ γὰρ ἐκ δευτέρου ἀνάληψις πάθους οὑτινοσοῦν καὶ ἕξεως, ὡς εἴρηται, παντάπασι διαλελυμένου μάθησις πάλιν ἐστὶ καὶ λῆψις δευτέρα. καὶ δὶς γάρ, φησίν, τὸν αὐτὸν μανθάνειν τὰ αὐτά οὐδέν ἐστι θαυμαστόν,⁵ ἀλλ᾽ ἥ γε ἀνάμνησις ἐξανάγκης⁶ ἕξει τινὰ ἀρχὴν ᾗ προσχρη/M 288r/σαμένη τὸ ἐλλιπὲς ἀνευρίσκει καὶ ἀναπληροῖ, καὶ τούτῳ διαφέρει τῆς μνήμης ἢ τῆς πρώτης ἕξεως καὶ μαθήσεως, ὅτι ἐνταῦθα δὴ ἐν τῇ ἀναμνήσει ἐξ ἀρχῆς ἄρα τινὸς ἐνούσης πλείονος, φησίν, ἢ ἐπ᾽ ἐκείνης ἐστὶ τῆς πρώτης μνήμης ἢ μαθήσεως· οὐδὲ γάρ ἐστί τις ἐκεῖσε ἀρχὴ ἀλλ᾽ ἡ ὅλη νέα γίνεται ἕξις. ἐνταῦθα δέ, ὡς εἴρηται, ἐξ ἀρχῆς τινος ἐνούσης πλείονος ἢ ἐκεῖσε ἡ ὅλη γνῶσις καὶ κατάληψις ἀποκαθίσταται ἐπομένως καὶ συνεχῶς.

συμβαίνει δέ, φησίν, ἢ ἐξανάγκης⁷ ἐκ τῆσδέ τινος τῆς ἀρχῆς ἐκεῖνο ὁτιποτοῦν τὸ ἐλλεῖπον ἐπικινεῖσθαι ἢ κατ᾽ ἔθος ἕπεσθαι αὐτὸ τοῦτο τὸ ἐλλεῖπον καὶ μὴ παρόν. ἀνάγει γὰρ ἐνίοτε ἡ ἐνοῦσα ἀρχὴ <τῷ>⁸ κινεῖσθαι κατ᾽ ἔθος εἰς τὸ μὴ παρόν⁹ ὡς ἐπὶ τὸ πολύ, συμβαίνει δέ, φησίν, τινὰς καὶ μὴ ἐκ μακροῦ ἐθισθέντας ἀλλ᾽ ἐπ᾽ ὀλίγον κινεῖσθαι καὶ ἀνανεοῦν ῥᾷστα δι᾽ ἀναμνήσεως /P 5v/ τὰ πρότερον φαντάσματα δι᾽

---

¹ πως **M** : πῶς **VP**.
² μανθάνῃ καὶ μνημονεύῃ **VP** : μανθάνει καὶ μνημονεύει **M**.
³ ἀλλ᾽ ἢ **VPM** : sed **Herv**.
⁴ ἔχῃ **M** : ἔχοι **VP**.
⁵ ἐστι θαυμαστόν **VP** : θαυμαστόν ἐστιν **M**.
⁶ ἐξανάγκης **VP** : ἐξ ἀνάγκης **M**.
⁷ ἐξανάγκης **VP** : ἐξ ἀνάγκης **M**.
⁸ <τῷ> scripsi : om. **VPM** : fort. <τοῦ> scribendum.
⁹ κατ᾽ ἔθος post παρόν **M**.

εὐφυΐαν τινά. διὰ τοῦτο δὴ καὶ ἅπαξ ἰδόντες (εἴτουν ᾐσθημένοι) καὶ πεπειραμένοι τινῶν μᾶλλον μνημονεύουσί τινες ἢ ἄλλοι τινῶν ὧν πολλάκις πεπείρανται.

ἐν μέντοι τῇ ἀναμνήσει πρότερά τινα λαμβάνοντες τὰ ἑξῆς, ὡς εἴρηται, ἐπεννοοῦμεν καὶ μνημονεύομεν ἀνευρίσκοντες ταῦτα μετὰ /V 302v/ τὰ προενόντα κατ' ἔθος ἑλκόμενα, καὶ θηρεύομεν τὰ τῆς ἀναμνήσεως, ἢ ἀφ' ὁμοίου τινὸς ὡς ὅταν τινὸς εἰκόνα ἰδὼν ἀναμνησθῶ ἐκεῖνον, ἢ ἀπὸ τοῦ ἐναντίου (ἅμα γὰρ τὰ ἐναντία συννοεῖσθαι πέφυκεν), ἢ καὶ ἀπὸ τοῦ σύνεγγυς ὅταν[1] μέρος τι ἔχοντες προσαγώμεθα εἰς τὸ ἐπὶ λοιπὸν καὶ ἐντελές· μεμνημένος γὰρ «ἥκω νεκρῶν κευθμῶνα» προσάγομαι τῷ ἔθει σύνεγγυς ὢν εἰς τὸ ἑξῆς καὶ ἐντελές, ὥστε καὶ συνθεῖναι τὸ «καὶ[2] σκότου πύλας λιπών».

γίνεται μὲν οὖν ἡ ἀνάμνησις διὰ ζητήσεως ἀπὸ τῶν εἰρημένων[3] ἀφορμῶν καὶ ἀπαρτίζεται. ἐνίοτε δὲ καὶ χωρὶς ζητήσεως ἕπεται μεθ' ἑτέρου κίνησιν καὶ ἐνέργειαν (εἴτουν ἕξιν μνήμης) κατ' ἔθος τὸ ἑξῆς αὐτομάτως ὡς εἰπεῖν. ὃν δὲ τρόπον, φησίν, αἱ ἀναμνήσεις[4] γίνονται τῶν σύνεγγυς, τὸν αὐτὸν γίνονται καὶ τῶν πορρωτέρω καὶ πολυχρονίων καταλήψεων καὶ φαντασμάτων. αἱ κινήσεις γὰρ τῆς κατὰ ψυχὴν φανταστικῆς ἐνεργείας ἐν τῷ πρώτῳ αἰσθητηρίῳ ὡσαύτως μετά τινα ἀρχὴν κατὰ τὸ ἔθος εἰς τὸ ἐφεξῆς, καὶ ζητήσει τις κἂν τούτοις τὸ μετὰ τὴν ἀρχήν, ὅπερ λείπεται καὶ μετ' ἐκείνην ἔσται, καὶ οὕτως ἀεὶ γίνονται αἱ ἀναμνήσεις.

καὶ μὴν ὡς ἔχουσι, φησίν, τὰ πράγματα πρὸς ἄλληλα καὶ τὰ πρῶτα ἔχει πρὸς τὰ ἐφεξῆς, οὕτω δὴ καὶ αἱ κινήσεις αἱ ἀναμνηστικαὶ γίνονται. καὶ εἰσιν εὐμνημόνευτα μᾶλλον, ὅσα τάξιν ἔχει καὶ ἀκολουθίαν ἡρμοσμένην, ὥσπερ, φησίν, ἔχει τὰ μαθήματα, ὅτι καὶ πολὺ τὸ ἡρμοσμένον ἀλλήλοις ἔχει καὶ εὐακολούθητον· καὶ διὰ τῶν προειλημμένων ἐστὶ ῥᾷστα τοῖς ἄλλοις προσάγειν, τὰ δ' ἄλλως ἔχοντα καὶ μὴ εὐτάκτως πρὸς ἄλληλα οὐ ῥᾳδίως ἔχει τὴν ἀνάμνησιν κατ' ἐκεῖνα.

---

[1] an <ὡς> ὅταν scribendum?
[2] τὸ «καὶ scripsi : καὶ τὸ **VPM** : et **Herv**.
[3] εἰρημένων **VP** : προειρημένων **M**.
[4] φησίν, αἱ ἀναμνήσεις **VP** : αἱ ἀναμνήσεις, φησίν **M**.

ὅτι τούτῳ διαφέρει ἀναμνήσεως τὸ πάλιν τὰ αὐτὰ μανθάνειν, ὅτι ἐπὶ τῆς ἀναμνήσεως δι' ἑαυτοῦ πώς ἐστιν ἡ κίνησις καὶ δυνήσεταί τις οἴκοθεν μετά τινα ἀρχὴν εἰς τὸ ὅλον ἀποκαταστῆναι τῆς προτέρας γνώσεως καὶ συνείρειν αὐτὸς τὸ φάντασμα,[1] /M 288v/ ἂν δ' ὑπ' ἄλλου εἰς τὴν προτέραν μνήμην ἐνάγηται οὐχ οἷός τ' ὢν δι' ἑαυτοῦ, τοῦτο οὐκ ἔστιν ἀνάμνησις ἀλλὰ πάλιν μάθησις. πολλάκις δέ, φησίν, δύναταί τις ἀναμνησθῆναι καὶ μετὰ τὴν ἣν ἔχει κίνησιν καὶ ἀρχὴν ἀνευρεῖν τὸ λεῖπον διὰ πολλῶν ζητήσεων, καὶ κινήσας πολλὰ ἑνί γέ τῳ περιτυχεῖν προάγοντι εἰς τὴν ἀνάμνησιν. κινεῖ γὰρ διάφορα ἕως ἂν γένηταί τις αὐτῷ ἀρχὴ ᾗ ἀκολουθήσει ἑξῆς τὸ πρᾶγμα /V 303r/ καὶ ἡ τοῦ δια/P 6r/λελυμένου ἀνάμνησις. διὸ ἀπὸ τῶν εἰρημένων προολίγου ἀρχῶν, φησίν, κινοῦνται οἱ ἀναμιμνησκόμενοι, ἢ τῶν ἐναντίων ἃ σύστοιχά εἰσι καὶ ἅμα ἢ τῶν ὁμοίων ἢ τῶν κατὰ μέρος ἃ καὶ τόπους καλεῖ, ἀφ' ὧν ἐπιχειρεῖν, ὥσπερ ἐστὶ[2] τῇ κατασκευῇ[3] τῆς ἀναμνήσεως.[4]

ἐνίοτε δ' ἴσως καὶ ἀπὸ τόπων ἐγγίνεται τὸ ἀναμιμνήσκεσθαι, ὅτι ταχὺ ἀπὸ τοῦδε εἰς τόδε τι γίνεται προχώρησις. ἰδὼν γάρ τις τόπον τινὰ ἢ μνησθεὶς τόπου τινός, ἐν ᾧ πεπείραταί τινος, ταχὺ ἀπ' αὐτοῦ τοῦτό που εἰς ἐκεῖνο μεταβαίνει, καθόλου δ' ἡ τοῦ μέσου, φησίν, εὕρεσις ἑκάστοτε ἀρχὴ γίνεται τῆς ὅλης ἀναμνήσεως· ἐξ ἐκείνου γὰρ τοῦ παρακολουθήσαντος μέσου τῷ ὅλῳ πράγματι ἐφ' ἑκάτερα ἔστιν ἔνθεν καὶ ἔνθεν χωρεῖν τὴν μνήμην. διὰ τοῦτο καὶ ἀρχὴ εἴρηται καθόλου καὶ ὡς ἐπὶ τὸ πολὺ τῆς ὅλης εἰς τὴν ἀνάμνησιν κινήσεως τὸ μέσον· ἐξ αὐτοῦ γὰρ ἐφ' ἑκάτερα ὡς ἐξ ἀρχῆς ἡ προχώρησις τῆς ἀναμνήσεως ἀκολουθεῖ· καὶ ὑποδεικνύει τοῦτο καὶ δι' ἐκθέσεως στοιχείων, ὡς εἴωθεν, ὅτι δέ, φησίν, συμβαίνει ἀπὸ τοῦ αὐτοῦ καὶ ἑνὸς προενόντος εἰς μνήμην ὡς ἀρχῆς, ὁτὲ μὲν κινηθῆναι εἰς τὴν ἀνάμνησιν καὶ τέλεον ἀναμνησθῆναι, ὁτὲ δὲ μή, αἴτιόν ἐστι τούτου, φησίν, τὸ σαφέστερον μὲν νῦν εἶναι τὸ προενόν, νῦν δ'

---

[1] τὸ φάντασμα **VP** : τὰ φαντάσματα **M**.
[2] *an* ἐπὶ *scribendum?*
[3] τῇ κατασκευῇ **VM** : τῆς κατασκευῆς **P**.
[4] ἀφ' ὧν ἐπιχειρεῖν, ὥσπερ ἐστὶ τῇ κατασκευῇ τῆς ἀναμνήσεως **VPM** : ex quibus licet quodammodo argumentari ad confirmandam reminiscentiam **Herv**. : *an* ἀφ' ὧν <ἔστι> ἐπιχειρεῖν, ὥσπερ ἐστὶ τῇ κατασκευῇ τῆς ἀναμνήσεως *vel simile scribendum?*

ἀσαφέστερον, καὶ τὸ διὰ χρόνου πολλοῦ γίνεσθαι τὴν ἀνάμνησιν καὶ ἔγγιστα·[1] ἐνδέχεται γὰρ ἀπὸ τοῦ αὐτοῦ καὶ ἑνὸς εἰς διάφορα κινηθῆναι καὶ οὐκ εἰς τὸ αὐτὸ κινηθῆναι ἀεί. διὰ τοῦτο καὶ νῦν μὲν κινεῖταί τις εἰς αὐτὸ τὸ οἰκεῖον καὶ γνήσιον τοῦ προενόντος φαντάσματος καὶ τῆς μνήμης, νῦν δ' εἰς ἄλλο τι· ἐὰν γὰρ διὰ παλαιοῦ κινῆται, οὐ ῥᾳδίως κινεῖται, ἀλλ' ἐὰν νέα καὶ συνήθης τῷ νέῳ[2] ᾖ[3] ἡ μνήμη, ἐπὶ τὸ εἰθισμένον ῥᾷστα κινεῖται.

καὶ γὰρ ὥσπερ ἡ φύσις, οὕτως ἔχει καὶ τὸ ἦθος, καὶ τὰ πολλάκις εἰθισμένα σχεδὸν φύσις ἐστίν· καὶ ὥσπερ τῇ φύσει ἐστὶ τὸ εἶναι τόδε μετὰ τόδε ἀκόλουθον, οὕτω καὶ τῇ ἐννοίᾳ καὶ τῷ λογισμῷ τῆς ἀναμνήσεως τόδε μετὰ τόδε εὐθὺς ἕπεται· καὶ ὥσπερ ἐν τοῖς φύσει γινομένοις γίνεταί τινα καὶ[4] ἀνακόλουθα καὶ παρὰ φύσιν ἐνίοτε καὶ ἀπὸ τύχης, οὕτω δὴ καὶ πολλῷ μάλιστα τοῦτ' ἐπισυμβαίνει καὶ ἐν τοῖς κατ' ἔθος ἐνίοτε κινεῖσθαι καὶ εἰς ἄλλα τὰ μὴ οἰκεῖα ἀλλὰ ἀλλότρια καὶ οἷς οὐκ ἔστιν ἀκολουθία καὶ ὁμοιότης τοῖς ἡγησαμένοις, ἀλλ' ἐκτροπὴ τοῦ συγγενοῦς καὶ ὡσπερεὶ σολοικισμός τις τοῦ προσήκοντος καὶ ἀκολούθου τῆς ἑρμηνείας καὶ συνεχείας τῆς ἀναμνήσεως.

/V 303v/ ὅτι τὸ μέγιστον καὶ ἰδιαίτατον ἕν τε τῇ μνήμῃ καὶ τῇ ἀναμνήσει κοινῶς ἐστι τὸ γνωρίζειν τὸν χρόνον, ἢ μέτρῳ τινὶ καὶ ἀριθμῷ ὅτι πρὸ τρίτης τυχὸν ἢ τόσων ἡμερῶν, ἢ καὶ ἀορίστως ὅτι ἔγγιστα καὶ πρὸ χρόνων καί τισι σημείοις ὅτι τῷ δεῖνα χρόνῳ καθ' ὃν /M 289r/ πεπείραταί τινος. οὐ γὰρ ἔστιν ὅλως ἢ[5] μνήμην ἢ ἀνά/P 6v/μνησιν ἐνεργεῖσθαι ὅτι μὴ[6] συννοουμένου ἀεὶ χρόνου· ἔστι δέ τι πάντως μόριον τῆς ψυχῆς, ᾧ κρίνει τὸν μείζω καὶ τὸν ἐλάττω χρόνον, αὐτὸ ὃ προείρηται τὸ κοινὸν καὶ πρῶτον αἰσθητήριον ἐν τῇ καρδίᾳ ἐγκαθήμενον, ᾧ κρίνει καὶ τὰ μεγέθη τῶν αἰσθητῶν ἑκάστων κοινῶς, εἰ μέγα ὁτιοῦν ἢ μικρόν, οὐκ ἀποτάσει τινὶ καὶ βραχείᾳ προόδῳ νῦν μὲν τοῦ μεγάλου νῦν δὲ τοῦ

---

[1] τὰ ἔγγιστα *malim.*
[2] τῷ νέῳ **VPM** : *an* τῷ νῷ *scribendum?*
[3] ᾖ **VP** : ἦ **M**, *ut videtur.*
[4] *an* καὶ *delendum?*
[5] ἢ **VP** : *om.* **M**.
[6] *an* <ἄλλως> ὅτι μὴ *scribendum?*

ἐλάττονος ἀντιλαμβανόμενον ἐξιόν, οὕτω δὴ ὥσπερ, φησίν, ἔνιοι λέγουσι τὴν ὄψιν ἐκπέμπουσάν τινας ἀκτίνας τῶν ὀμμάτων νῦν μὲν δι' αὐτῶν ἀντιλαμβάνεσθαι τῶν πόρρω, νῦν δὲ τῶν ἐγγύς. οὐ γὰρ ἔστιν οὕτως ἀποτείνεσθαι¹ πόρρω τε καὶ ἐγγὺς τὴν διάνοιαν,² ἀλλ' ἔστιν ἐν ἑαυτῇ μένουσα, καί εἰσιν ἐν αὐτῇ τὰ ὅμοια σχήματα καὶ αἱ κινήσεις τῶν φαντασμάτων. καὶ γὰρ καὶ μὴ ὄντων αὐτῶν ἐν αὐτῇ, ὡς διώρισται ἐπὶ τῆς μνήμης καὶ κατὰ μέρη ἐπὶ τῆς ἀναμνήσεως, αὕτη πέφυκεν ὁμοίως νοεῖν (εἴτουν αἰσθάνεσθαι) καὶ μανθάνειν ἐξ ἀρχῆς οὐκ ἐξιοῦσα. ὁ μέντοι τὰ μείζω μνημονεύων πάντως καὶ τὰ ἐντὸς καὶ ἐλάττω,³ φησίν, μνημονεύει· καὶ ὥσπερ ἔχει ἐν τοῖς εἴδεσιν αὐτοῖς καὶ τοῖς πράγμασιν, ὅτι τοῖς μείζοσι συμπεριλαμβάνεται καὶ τὰ ἐλάττω (τὸ γὰρ τετράπηχυ περιέχει πάντως⁴ τὸ δίπηχυ), οὕτω καὶ ἐν ταῖς μνήμαις αὐταῖς ἔχει ἀνάλογον, ταῖς⁵ μείζοσι συμπεριέχονται αἱ ἐλάττονες. καὶ οὐκ ἔστι κινεῖσθαι τῇ μνήμῃ ἢ τῇ ἀναμνήσει (εἴτουν ἐνεργεῖν κατ' αὐτὰς τῇ ψυχῇ) ἄλλως ὅτι μὴ ἐν ταῖς μείζοσι συμπεριεχομένων καὶ τῶν ἐλαττόνων, ὡσαύτως δ' ἀναλόγως συνεννοοῦνται τῇ μνήμῃ ἢ τῇ ἀναμνήσει καὶ οἱ χρόνοι. ἐπεὶ γάρ, ὡς διώρισται, ἐξανάγκης⁶ συνεννοοῦνται καὶ χρόνοι ταῖς μνήμαις ἑκάσταις καὶ ἀναμνήσεσιν, ὡς τὰ πράγματα ἔχει πρὸς ἄλληλα καὶ αἱ περὶ αὐτῶν κινήσεις κατὰ τὴν μνήμην καὶ τὴν ἀνάμνησιν, οὕτω δὴ καὶ οἱ συννοούμενοι χρόνοι ἀνάλογον ἔχουσι καὶ συμπεριέχονται καθὼς ἐν ἐκείνοις καὶ ἐν⁷ τῇ περὶ τῶν χρόνων ἐπινοίᾳ καὶ φαντασίᾳ οἱ ἐλάττονες τοῖς μείζοσι. δείκνυσι δὲ τὰ τοιαῦτα πάντα ἀνάλογον ἔχοντα καὶ δι' ἐκθέσεως στοιχείων κατὰ τὸ ἔθος αὐτοῦ.

ὅτι⁸ ὅταν, φησίν, ἅμα ᾖ τοῦ τε πράγματος αὐτοῦ καὶ τοῦ χρόνου ἐννόησις, /V 304r/ τῷ τε μνημονεύοντι καὶ τῷ ἀναμιμνησκομένῳ, τότε

---

¹ τῶν πόρρω, νῦν δὲ τῶν ἐγγύς. οὐ γὰρ ἔστιν οὕτως ἀποτείνεσθαι **VP** : οὕτως **M**.
² διάνοιαν **VP** : διάννοιαν **M**.
³ ἐλάττω **VP** : τὰ ἐλάττω **M**.
⁴ περιέχει πάντως **VP** : πάντως περιέχει **M**.
⁵ an <ὅτι> ταῖς scribendum? : et Herv.
⁶ ἐξανάγκης **VP** : ἐξ ἀνάγκης **M**.
⁷ ἐν s.l. **V**.
⁸ ὅτι **VP** : τι **M**.

μνήμη ἐστὶ καὶ ἀνάμνησις. ὅταν δὲ ταῦτα ἤ τι τούτων οὐκ ᾖ, πῶς ἂν ᾖ¹ τοῦτο μνήμη; ἐνίοτε μὲν γὰρ συμβαίνει μὴ κινουμένου κατ᾽ ἀμφότερα τοῦ φαντάσματος ἐν τῷ εἰρημένῳ αἰσθητηρίῳ δοκεῖν τινα, ὅτι μνημονεύει. ἐνδέχεται γὰρ τυχὸν οὕτω διαψευσθῆναι, ἀλλ᾽ οὐκ ἔστι τοῦτο μνήμη, ὥσπερ δὴ καὶ μεμνημένον κατ᾽ ἀμφότερα ἐνίοτε συμβαίνει μὴ δοκεῖν μνημονεύειν, ἀλλ᾽ ἢ ὥσπερ νοεῖν,² καὶ τοῦτο δ᾽³ ὡσαύτως οὐκ ἔστι μνήμη· αὐτὸ γὰρ τοῦτο /P 7r/ ἦν, φησίν, τὸ μεμνῆσθαι τὸ τῆς προτέρας ἕξεως καὶ τοῦ πάθους φάντασμα λαβεῖν καὶ αἰσθάνεσθαι, ὡς εἴρηται.

ὅτι⁴ μετὰ τὸ διορίσασθαι οὕτω τὰ περὶ μνήμης καὶ ἀναμνήσεως προσέτι φησὶ ταῦτα διαφέρειν ἀλλήλων οὐ μόνον τῷ χρόνῳ (εὖ γὰρ δῆλον ὡς προτέρα τῷ χρόνῳ ἡ μνήμη τῆς ἀναμνήσεως· ἐπὶ γὰρ τῇ μνήμῃ ἐστὶν ἡ ἀνάμνησις), ἀλλὰ καὶ ὅτι ἡ μὲν⁵ μνήμη /M 289v/ οὐκ ἀνθρώπου μόνον ἐστίν, ἀλλὰ καὶ ἄλλων ζῴων ἐστίν, ὡς εἴρηται καὶ δῆλόν ἐστιν, ἡ δ᾽ ἀνάμνησις μόνου τοῦ ἀνθρώπου ἐστὶ καὶ οὐκ ἄλλου τινὸς τῶν ἐγνωσμένων ζῴων. αἴτιον δὲ τούτου, φησίν, ὅτι ἡ ἀνάμνησις συλλογισμός πώς⁶ ἐστιν, κἀκ τοῦδέ τινος τόδε τι⁷ λοιπὸν ζητεῖ τις καὶ ἀνευρίσκει. ἐπεὶ γὰρ τόδε πρότερον εἶδεν⁸ ἢ πεπείραται ἢ ἔπαθεν, συλλογίζεται τὰ ἑξῆς, τοῦτο δ᾽ ἀνάγκη ἐνυπάρχειν οἷς καὶ τὸ βουλευτικὸν φύσει· καὶ γὰρ καὶ⁹ τὸ βουλεύεσθαι, φησίν, ὡς ἔστι δῆλον, συλλογισμός τίς ἐστι καὶ τοῦτο τοῖς ἀνθρώποις μόνοις ἐστίν.

ὅτι κἂν εἰ διανοίας ἐστὶ καὶ τοῦ βουλευτικοῦ τὰ τῆς ἀναμνήσεως, ἀλλ᾽ ὅμως, ὡς καὶ προείρηται, ἐν σωματικῷ τινι μέρει τὸ πάθος τοῦτο θεωρεῖται· τὰ γὰρ εἴδωλα τῶν φαντασμάτων τὰ ἐνόντα ἐν τῇ καρδίᾳ κινεῖ ἡ ἀνάμνησις, ὥστε τέλεον ἀνανεῶσαι καὶ καταστῆσαι ζητοῦσα τὴν μνήμην.

---

[1] εἴη *malim*.
[2] ἀλλ᾽ ἢ ὥσπερ νοεῖν **VPM** : sed veluti intelligere ac mente agitare **Herv**.
[3] καὶ τοῦτο δ᾽ **VPM** : hoc quoque **Herv**.
[4] ὅτι **VP** : τι **M**.
[5] μὲν **VP** : *om.* **M**.
[6] πώς **M** : πῶς **VP**.
[7] τι **VP** : *om.* **M**.
[8] τόδε *post* εἶδεν **M**.
[9] καὶ γὰρ καὶ **VM** : καὶ γὰρ **P**, *vide Arist., Mem. 453a13-14.*

ὥσπερ γὰρ ὁ βουλόμενος τόνδε τινὰ λόγον ἀναγνῶναι ζητεῖ τὰ ἐν τῷ χάρτῃ γράμματα, οὕτω καὶ ἡ διάνοια ζητεῖ τὰ ἐν τῇ καρδίᾳ εἴδωλα καὶ φαντάσματα καὶ ἀναγινώσκει ταῦτα διὰ τῆς ἀναμνήσεως· ἀναλογεῖ γὰρ ἡ μὲν καρδία τῷ χάρτῃ, τοῖς δὲ γράμμασι τὰ φαντάσματα, αὐτὴ δ' ἐστὶν ἡ διάνοια ἡ ἀναγινώσκουσα καὶ ἀναμιμνησκομένη ταῦτα ἐν τῇ καρδίᾳ· καὶ σημεῖον εἶναί φησι τοῦ σωματικὴν εἶναί πως οὕτω τὴν ἀνάμνησιν, ὅτι ἐπειδάν τινες μὴ δύνωνται ἀναμνησθῆναι καὶ ζητοῦντες εὑρεῖν τὰ προτεθειμένα βουλόμενοι λοιπὸν παύσασθαι καὶ ἀποστῆναι τῆς κινήσεως καὶ ζητήσεως τῆς ἀναμνήσεως, οἴδε[1] καὶ οὕτω πάλιν ἐνοχλοῦνται· κινεῖται γὰρ καὶ οὕτως ἡ διάνοια καὶ μὴ βουλομένων, ὥσπερ ὅταν τις /V 304v/ ζητῶν φαγεῖν καὶ πεινῶν, ἐὰν καὶ κατάσχῃ ἑαυτόν, ὅμως οὐδὲν ἧττον καὶ αὖθις κινῆται καὶ ζητῇ τῷ σώματι παρενοχλούμενος. ὡς οὖν τοῦτο, οὕτως ἔχει καὶ τὸ τῆς ἀναμνήσεως· παυσάμενοι γὰρ καὶ ἑαυτοὺς ἐπέχοντες καὶ μὴ ὅλως ἐπιχειροῦντες ἀναμνησθῆναι παρενοχλούμεθα ὅμως καὶ βιαζόμεθα κινεῖσθαι, μᾶλλον δὲ κινεῖν τὴν ζήτησιν.[2] τοῦτο δ' οὐκ ἂν ἦν, εἰ μὴ σωματικὸν ἦν τὸ πάθος. κινηθείσης γὰρ τῆς καρδίας ἢ τοῦ ἐν αὐτῇ ὑγροῦ ἐν τῷ ἐπιχειρεῖν ἡμᾶς ἀναμιμνήσκεσθαι οὐκέτι λοιπὸν ῥᾳδίως καθίσταται ἐν αὐτῇ ἠρεμίᾳ, ἀλλ' ἐνοχλεῖται μὴ τυγχάνουσα καὶ μὴ βουλομένη, καὶ παραπλήσιον γίνεται ὥσπερ ἄν εἴ τις μὴ θέλων ἕλκηται παρά τινος εἰς /P 7v/ αὐτὸν ἐπιστρέφεσθαι.

τοῦτο δὴ[3] μάλιστα ὃ νῦν λέγεται, δῆλόν ἐστι, φησίν, ἐν τοῖς μελαγχολῶσιν, ἐν οἷς μὴ κατὰ γνώμην τινὰ φαντάσματός τινος κινηθέντος πάμπολλα σωρηδὸν ἐπεγείρεται καὶ κινεῖται καὶ παρενοχλεῖ τὴν διάνοιαν διὰ τὴν τοῦ ἐν τῇ καρδίᾳ αὐτῶν ὑγροῦ εὐκινησίαν, ὡς ἐν τῷ Περὶ ὕπνου[4] διορίζεται καὶ δηλοποιεῖ, ὅτι ἡ μελαγχολία πνεύματος πολλοῦ καὶ παχέος ἐστὶ κίνησις. ὥστε διὰ τούτων ἁπάντων δῆλον, ὡς ἡ τῶν φαντασμάτων κίνησις σωματικόν τί ἐστι καὶ ἐν σώματί ἐστι πάθος.

---

[1] οἴδε scripsi : οἱ δὲ **VPM**.
[2] μᾶλλον δὲ κινεῖν τὴν ζήτησιν **VPM** : vel potius movere inquisitionem **Herv**.
[3] δὴ **VPM** : autem **Herv**.
[4] Arist., Somn. 457a25-9. Vide etiam Insomn. 461a14-25.

ὅτι¹ καθάπερ, φησίν, ὁ βαλὼν καὶ ῥίψας² λίθον ἢ ἄλλο ὁτιοῦν τῶν ἀφιεμένων οὐκ ἐπ' αὐτῷ ἔχει καὶ κατὰ βούλησιν μετὰ τὸ ἀφεῖναι³ στῆσαι τὸ ἀφεθὲν καὶ ἀναλαβέσθαι, ὡσαύτως ἔοικεν ἔχειν καὶ ἐπὶ τοῦ ἀναμιμνησκομένου· καὶ βουλόμενος γάρ τις καταπαῦσαι κινήσας οὐχ οἷός τε στῆσαι λοιπὸν τὴν κίνησιν καὶ καταπαῦσαι· σωματικὸν γάρ τι, ὡς εἴρηται, κινεῖ.⁴ καὶ μάλιστα, φησίν, ἐνοχλοῦνται οἷς ὁ αἰσθητικὸς τόπος ὁ κατὰ τὴν /M 290r/ καρδίαν, δηλονότι, ὑγρότερός ἐστιν, ὡς εἴρηται. οὐ γὰρ ῥᾳδίως παύονται, ἕως ἂν ἐπέλθῃ, φησίν, τὸ κινούμενον⁵ καὶ ἡ ζήτησις αὐτοῖς εὐθυπορήσῃ καὶ ἐπιτυχὴς κατὰ σκοπὸν γένηται.⁶ καὶ ἔοικεν ὥσπερ καὶ ἐν ταῖς ὀργαῖς καὶ τοῖς φόβοις συμβαίνει, ταὐτὸ τοῦτο καὶ τοῖς ἀναμιμνησκομένοις συμβαίνειν· ἡ γὰρ ὀργὴ ζέσις ἐστὶ τοῦ περὶ καρδίαν⁷ αἵματος, καὶ ὁ φόβος ψῦξις αὐτοῦ. κινηθέντων οὖν τῶν παθῶν ζέσις ἢ ψῦξις συμβαίνει τῷ αἵματι, κἀντεῦθεν ἀντικινεῖται μέχρι καὶ εἰς πολὺ τῷ κινήσαντι ἡ⁸ καρδία τῇ ζέσει ταύτῃ ἢ τῇ ψύξει τοῦ αἵματος, καὶ οὐχ οἷόν τ' ἐστὶν αὐτίκα καὶ καταπαῦσαι καὶ ἠρεμῆσαι τὸ κινηθέν, κἂν εἰ βούληταί τις ἴσως, ὅτι σωματικόν /V 305r/ ἐστι τὸ κεκινημένον, ὥσπερ καὶ οἱ ἐξαγόμενοι λόγοι καὶ τὰ μέλη διὰ τοῦ στόματος, καὶ καταπαυσάντων τῶν ἐξαγαγόντων καὶ οὐ βουλομένων ἔτι τὸν ψόφον εἶναι καὶ ἠχεῖν, οὐ καταπαύουσιν αὐτίκα, ἀλλὰ καὶ ἔτι παρατείνονται καὶ ἠχεῖν ἔχουσι καὶ μὴ βουλομένων ἴσως μηδὲ κινούντων τῶν ἐκπεμπόντων αὐτά.

ὅτι οἱ τὰ ἄνω τῶν σωμάτων ἔχοντες μείζονα (εἴτουν οἱ νανώδεις λεγόμενοι) ἀμνημονέστεροι τῶν ἐναντίως ἐχόντων εἰσὶ διὰ τὸ πολὺ βάρος ἔχειν ἐπὶ τῷ αἰσθητικῷ τοῦ σώματος μέρει, φησίν, καὶ μήτε ῥᾳδίως ἐν αὐτοῖς τὰς τῆς μνήμης κινήσεις ἐξ ἀρχῆς δύνασθαι γίνεσθαι,⁹ μήτ'

---

¹ ὅτι **VP** : τι **M**.
² ὁ βαλὼν καὶ ῥίψας **VPM** : qui proiecit **Herv**.
³ ἀφεῖναι **VP** : ἀφῆναι **M**.
⁴ fort. <οὗτος> κινεῖ cum Mich. Ephes., In Mem. 39.34-5, scribendum.
⁵ τὸ κινούμενον **VPM** : τὸ ζητούμενον cum Arist., Mem. 453a25, malim.
⁶ ἐπιτυχὴς post γένηται **M**.
⁷ καρδίαν **VP** : τὴν καρδίαν **M**, fort. recte.
⁸ ἡ s.l. **V**.
⁹ δύνασθαι γίνεσθαι **VP** : γίνεσθαι δύνασθαι **M**.

ἐμμένειν ἀλλὰ διαλύεσθαι τῇ ἀμετρίᾳ καὶ ἀναρμοστίᾳ τῶν σωματικῶν, μήτ' εὐθυπορεῖν ὡσαύτως δύνασθαι ῥᾳδίως ἐν τῷ ἀναμιμνήσκεσθαι· καὶ ὅτι, καθὼς καὶ προείρηται, οὔτ' οἱ πάμπαν νέοι οὔτ' οἱ λίαν γέροντές εἰσι μνήμονες, διότι οἱ μέν εἰσιν ἐν κινήσει πολλῇ αὔξοντες, οἱ δ' ἐν κινήσει πάλιν ὡσαύτως τοὐναντίον, δηλονότι, πάσχοντες καὶ φθίνοντες· ἄλλως τε καὶ νανώδη εἰσὶ τὰ παιδία μέχρι πολλοῦ, καὶ τοῦτο πρόδηλον.

TRINITARIAN THEOLOGY AND PHILOSOPHICAL ISSUES V:
Oxford Dominicans: William of Macclesfield and Hugh of Lawton

Chris Schabel and Russell L. Friedman[*]

This is the fifth and final entry in a series of articles including editions of questions on the procession of the Holy Spirit from the late 13th century and from early 14th-century England. As far as we know, this exhausts the Oxford discussion in the period.[1]

I. William Macclesfield, OP: Disputed Question on the *Filioque*

A.G. Little collected some information about William of Macclesfield in *Oxford Theology and Theologians*.[2] Macclesfield is connected with his Oxford confrère Richard Knapwell for the composition of one of the Dominican *Correctoria corruptorii*

---

[*] Once again thanks to Sten Ebbesen for his careful and helpful reading of the Latin texts. We also thank Girard J. Etzkorn, Hester G. Gelber, the Worcester Cathedral Library (and David Morrison), and the Special Collections of Birmingham University Library for assistance and reproductions of the mss. The University of Cyprus provided funds for their purchase and for a trip to the Vatican, where the Lawton manuscript was inspected *in situ*. Friedman's work was supported by a fellowship from the Alexander von Humboldt Stiftung, and was carried out while resident at the Thomas Institute of the University of Cologne. In the editions we have not noted scribal self-corrections of any kind, and have always employed a principle of charity. Abbreviations used and editorial conventions adhered to are standard and as noted in the first two articles in this series (see *CIMAGL* 72 [2001], pp. 97-98; *CIMAGL* 73 [2002], p. 24) to which should be added: \.../ = in mg. vel inter lineas; *** = lacuna a scriba indicata; <<...>> = margine resecta deperditum in codice integro extitisse putamus. In the Macclesfield text, (...) = putamus extitisse unam vel pluras lineas in codice integro quae nunc non possunt legi.

[1] Adam Wodeham's later *Ordinatio* treatment of the issue matches his earlier *Lectura secunda* discussion, book I, d. 11, published in *Adam de Wodeham Lectura secunda*, vol. III, ed. R. Wood and G. Gál (St. Bonaventure, N.Y.: The Franciscan Institute, 1990), pp. 164-73. The discussion in Walter Chatton's *Lectura* I, d. 11, is forthcoming in the edition of J.C. Wey and G.J. Ezkorn, to complement the briefer *Reportatio* I, d. 11 in Walter Chatton, *Reportatio super Sententias, Liber I, distinctiones 10-48*, ed. J.C. Wey and G.J. Etzkorn (Toronto: Pontifical Institute, 2002), pp. 14-25. Mark Henninger has edited and translated Henry of Harclay's *Ordinary Question 6*, forthcoming. For Ockham's *I Sent.*, d. 11, see *Guillelmi de Ockham Opera Theologica*, vol. III, ed. G.J. Etzkorn (St. Bonaventure, N.Y.: The Franciscan Institute, 1977), pp. 345-73. Otherwise, see the earlier segments of this series. For an historical analysis of these texts, see C. Schabel, "Attitudes towards the Greeks and the History of the Filioque Dispute in Early Fourteenth-Century Oxford", in W. Brandmüller, E. Chrysos, and O. Kresten, eds., *Acts of the Andros Conference on the Fourth Crusade* (Paderborn, forthcoming). For a doctrinal analysis, see R.L. Friedman, *Intellectual Traditions in the Medieval University: The Use of Philosophical Psychology in Trinitarian Theology among the Franciscans and Dominicans, 1250-1350* (Leiden: Brill, forthcoming).

[2] A.G. Little and F. Pelster, *Oxford Theology and Theologians, c. A.D. 1282-1302* (Oxford: Oxford Historical Society, 1934), pp. 271-75. See also A.B. Emden, *A Biographical Register of the University of Oxford to A.D. 1500* (Oxford, 1957), vol. 2, pp. 1200-01; Frederick J. Roensch, *Early Thomistic School* (Dubuque: Priory Press, 1964), pp. 51-57 and 218-23; J.I. Catto, "Theology and Theologians 1220-1320", in *The History of the University of Oxford*, vol. 1, *The Early Oxford Schools*, J.I. Catto, ed. (Oxford, 1982), pp. 471-517, passim, esp. pp. 502-03; W.J. Courtenay, *Schools and Scholars in Fourteenth-Century England* (Princeton, 1987), pp. 63 and 178-79; R. Sharpe, *A Handlist of the Latin Writers of Great Britain and Ireland before 1540* (2nd ed.: Turnhout, 2001), p. 784, # 2113.

written against the Franciscan William de la Mare's attack on Thomas Aquinas. The date of composition is uncertain, however, and the firm dates we have for Macclesfield range from his licensing to hear confessions in the Lincoln diocese on 11 October 1300 to his *de facto* posthumous promotion to cardinal by Pope Benedict XI on 18 December 1303. Little guesses that Macclesfield was Dominican regent master at Oxford in 1299-1300, although 1301-02 is also a possibility.

Besides the *Correctorium*, what we have from Macclesfield survives in the famous miscellaneous codex Worcester Cathedral, MS Q. 99, which contains some ten of his questions, no doubt dating to his regency.[3] Four of these questions deal with the procession of the Holy Spirit, but here we print only question 17 of quire 2, the counterfactual question whether without the *Filioque* – the Latins' claim that the Holy Spirit proceeds from the Father and the Son – the Son and Holy Spirit would still be distinct. Unfortunately Q. 99 is severely damaged, but the short question is interesting for its concise presentation of the major arguments traditionally used on both sides of the issue.[4] It should be noted that Worcester Q. 99 is a student notebook; thus, the text presented below is not Macclesfield's authorized text. The question edited here may have been either an ordinary disputed question or a quodlibetal question. The fact that Macclesfield's determination is recorded in a spot in the manuscript physically separated from the rest of the text would seem to indicate that the oral disputations corresponding to these two parts took place on different days. With regard to the question's content, Macclesfield unsurprisingly comes out for the Dominican tradition, although the Franciscan William of Nottingham, writing around 1306-08, mentions Macclesfield as having held a quite controversial view on this matter.[5]

II. Hugh of Lawton, OP: I *Sentences*, d. 11

Hester Gelber[6] has established that the Dominican Hugh of Lawton's citations of his English colleagues give us a *terminus post quem* of 1326-27 for *Sentences* lectures that she assigns to Oxford, while the fact that the Dominican William Crathorn cites Hugh in lectures of 1330-31 provides a *terminus ante quem* of 1329-30. The commentary on the first 17 distinctions of the *Sentences* contained in Vat. lat. 829 beginning on folio 149ra "almost certainly" belongs to Lawton, since afterwards in that manuscript questions from books II and IV are assigned to Lawton explicitly, and Gelber amasses other evidence. In our questions from distinction 11, Lawton defends Thomas Aquinas

---

[3] The manuscript is also described in detail in *A Descriptive Catalogue of the Medieval Manuscripts in Worcester Cathedral Library*, ed. R.M. Thomson with M. Gullick (Woodbridge: Boydell & Brewer, 2001), pp. 183b-84b (and plate 35b is from the ms.).
[4] In the text, we have marked in bold the paragraph numbers of those arguments that represent a generally Franciscan approach to the question.
[5] See on this, *CIMAGL* 72 (2001), p. 94, and for the mention in Nottingham's text loc. cit., p. 135, ll. 289-303, and cf. n. 76 on that page.
[6] Hester G. Gelber, *It Could Have Been Otherwise. Contingency and Necessity in Dominican Theology at Oxford, 1300-1350* (Leiden-Boston: Brill, 2004), pp. 85-87, with extensive bibliography.

against William of Ockham, exactly as one might expect from a Dominican writing in the late 1320s. Lawton's attacks on Ockham in some ways parallel those of the Franciscans Walter Chatton and John of Rodington, saying that Ockham's arguments for the *Filioque* would not carry any weight against the Greeks (a point which Ockham himself admits in any case: OTh III, p. 371, ll. 8-20). Accordingly, although Lawton ostensibly defends Aquinas' claim that the *Filioque* is necessary to preserve the distinction between the Son and the Holy Spirit, he appears to contradict himself in his overall conclusion by remarking that the Greeks would still not be convinced because no evident argument or demonstration exists to prove Aquinas' point (ll. 250-59). One might then wonder why Lawton maintained its necessity in the first place.

The manuscript, in a beautiful rounded English hand, is certainly not the archetype, since there are omissions *per homoioteleuton*, some of which were corrected in an awkward fashion. Nevertheless the text it provides is good. We have relied on a microfilm copy of the manuscript, checked *in situ*.

GUILIELMI DE MACKLESFIELD: QUAESTIO DISPUTATA DE FILIOQUE

[1] <Q>ueritur an Spiritus Sanctus distinguatur \a Filio/, posito quod non procedat ab eo.

[2] Quod sic, per auctoritatem Anselmi.[1]

[3] Item, per filiationem constituitur, igitur etc.

[4] Item, si non, non posset esse causa nisi quia non esset tanta pluralitas in principiando; sed non requiritur hoc, quia non oportet tantam diversitatem in principiis sicud in principiatis, sicud \ab/ uno homine potest procedere filius et ymago pingendo.

[5] Dicitur quod non, quia omnis distinctio formalis requirit ordinem inter distincta; <<sed in>> divinis solum est distinctio formalis; igitur. Et non per absoluta, igitur <<per rela>>tiva. Sed si non procederet, non esset ordo rel<<ativus>>.

[6: ~2] Ad primum, Anselmus supponit quod in hoc quod Spiritus Sanctus procedit <<a Patre, etiam>> procedit a Filio, sicut probat post.

[7: ~3] Ad aliud, quod distinctio <<relativa>> potest esse per relativam oppositionem vel contradictionem. Secundo modo opponitur Spiritus Sanctus – etsi non procedat – cuilibet disparato et non-enti. Sed hec /22vb/ non sufficit ad distinctionem personarum, sed prima.

[8: ~4] Ad aliud, quod si plura sint principiata et unum principium, hoc est per aliud quam per respectum diversum ad principium, ut per diversa materialia vel aliquid huiusmodi, sicud in exemplo proposito.

---

[1] Anselmus, *De processione* 1 (ed. Schmitt, v. 2, p. 178, ll. 13-15, p. 179, ll. 12-14): "… Filius Deus est de Patre Deo nascendo, et Spiritus Sanctus Deus est de Patre Deo procedendo …. Haec itaque sola causa pluralitatis est in Deo, ut Pater et Filius et Spiritus Sanctus dici non possint de invicem, sed alii sint ab invicem, quia praedictis duobus modis est Deus de Deo." Cf. infra Par. 49.

[9: ~5] Contra positionem. Contra illud quod ponitur de ordine originis, ille potest alio modo salvari quam quod Spiritus Sanctus sit a Filio, ita quod utrumque a tertio per ordinem immediati et mediati.

[10: ~6] Contra responsionem ad primum, Anselmus in alio loco, capitulo tertio:[2] "Habent a Patre esse Filius et Spiritus Sanctus, alius nascendo, alius procedendo, et si non per aliud non essent plures, per hoc essent plures." Et ita hoc non videtur inclusum, sed exclusum per dictum suum.

[11: ~7] Contra secundum, loquamur de duobus entibus, ut Filius et Spiritus Sanctus, si contradictorie non sunt eedem persone, si positive distinguuntur, non sunt una persona.

[12: ~8] Item, contra tertium, principium in quantum principium sine addito est unum, igitur principiata eo quod talia sunt plura, et ita non oportet preter respectum principiatorum addere aliud, ad hoc quod sint plura.

[13: ~9] Ad primum, dicitur quod si esset ordo quia utrumque a tertio, et non quia unum ab alio, esset distinctio solum secundum rationem.

[14: ~10] Ad aliud, quod secundum rei veritatem est inclusum, sed non secundum dictum illorum.

[15: ~11] Ad aliud, quod contradictoria possunt verificari de distinctis secundum rationem, ideo etc., similiter* presupponit negatio veritatem alicuius affirmative ubi disparatum predicatur, et ita non primo distinguit.

[16: ~12] Ad aliud, in eadem essentia oportet quod principiata distinguuntur per aliquid positivum.

[17: ~13] Contra primum, quando alia duo sunt res et neutrum de ratione alterius, tunc sunt duo res. Sed si Spiritus Sanctus non procederet a Filio, iste productiones sunt due res, quia per modum intellectus et voluntatis.

[18] Item, si contradictoria minus habeant de convenientia, plus habent de disconvenientia, igitur si alia faciant distinctionem, multo plus contradictoria.

[19: ~15] Item contra tertium, Filius non potest per priorem rationem distingui a Spiritu Sancto quam per filiationem, igitur Spiritus Sanctus non per priorem quam per non-filiationem.

[20] Item, quod maior sit distinctio in eadem natura in principiatis quam in principiis ostenditur, quia Pater et Filius non sunt principium nisi quia unum; sed Filius et Spiritus Sanctus sunt principiata in quantum diversa; igitur etc.

[21: ~17] Ad primam, dicitur quod, si non, tunc non magis distinguerentur productiones quam dicere et generare, et ita secundum rationem tantum.

[22: ~19] Ad aliud, quod per spirationem primo distinguuntur, per filiationem ex consequenti.

[23] \B/ Ad principale, nihil distinguitur specifice nisi per constituens speciem, igitur nec ypostatice nisi per aliquid constituens ypostasim.

---

[2] Anselmus, *De processione* 1 (ed. Schmitt, v. 2, p. 185, ll. 3-4, 10-11).

[24] \C/ Item, ex hoc quod Filius spirat Spiritum Sanctum nihil acrescit Patri, quia nihil recipit Pater ab ipso et in se habet plenitudinem potestatis, igitur circumscripto Filio per intellectum, potest Pater spirare Spiritum Sanctum.

[25] Contra: Filius et Spiritus Sanctus distinguuntur personaliter; sed non communi spiratione, quia non constituit personam; igitur filiatione.

[26] Item, in comparatione ad Patrem, eodem est et refertur, et ideo distinguitur; sed in comparatione ad Spiritum Sanctum, filiatione est et spiratione refertur; igitur non eodem; igitur non eodem constituitur \et distinguitur/.

[27] \C/ Item, due actiones non subordinate habent distinctos terminos; sed quocumque casu posito, generare et spirare sunt huiusmodi; igitur non terminantur ad eandem personam.

[28] \B/ Item, posito quod [terminus*] tollantur omnes differentie hominis preter rationale, adhuc numero et specie distinguitur ab angelo. Similiter, si non sit nisi filiatio in Filio, distinguitur numero a[b] Spiritu Sancto.

[29] Dicitur quod hoc supposito, distinguitur et non distinguitur.

[30] Item, relatio habet duas intentiones, insistentem et ad. Ratio insistendi prima est, ideo circumscripta intentione ut est ad, constituit suppositum. Et per consequens per filiationem et spirationem ut insistentes constituitur (...) /23ra/ generat, spirat eandem personam.

[31] Item, relatio opposita \ut esse ab alio/ presupponit aliam relationem distinctivam, igitur ipsa non distinguit. Antecedens patet, quia filiatio precedit secundum ordinem intelligendi communem spirationem, secundum nos – et etiam secundum Grecos, ordine intelligendi prius <Pater> generat Filium quam spiret Spiritum Sanctum. Consequentia patet per Anselmum,[3] quod dominus non distinguit a servo primo, quia presupponit distinctum.

/26ra/ \Determinatio Machilisfilde/

[32] \Hec questio est prius posita./ Ad questionem, cum queritur an Spiritus Sanctus distinguatur personaliter a Filio, posito quod non procedat ab eo, salvatis aliis articulis fidei: dicitur quod relatio disparata sufficit ad distinctionem nunc et tunc, posito quod non procedat Spiritus Sanctus a Filio, et ista <distinctio> \personarum/ reducitur ad distinctionem notionum, et illa ad distinctionem principiorum.

[33] Unde dicunt quod tanta est distinctio secundum formam tunc et nunc, sed non secundum suppositum in terminis.

[34] Contra: utrobique est paritas distinctionis secundum relationem disparatam et non secundum terminum, igitur nulla <alia> est distinctio in terminis quam secundum relationem disparatam.

[35] Sed dico quod spiratio actio in Filio distinguitur realiter a generatione, quia oritur ab ea.

---

[3] Anselmus, *De processione* 2 (ed. Schmitt, vol. 2, p. 187, ll. 9-11): "Ut cum dicitur homo dominus alicuius aut homo alterius hominis, prius intelligitur alius ab illo cuius esse dicitur quam sit eius dominus vel homo."

[36] Ideo dicunt quod non solum per relationem disparatam distinguitur, sed per ordinem originis, non sic quod originetur a Filio positive, sed presupponit ista processio generationem Filii, et ita negative.

[37] Contra: tunc iste ordo distingueret velle et intelligere in divinis, quia velle presupponit intelligere.

[38] Si dicas quod alia sunt essentialia et ista realia, quero a quo hoc est quod ista sunt realia.

[39] Aliter dicitur quod, posita ypothesi, nullo modo distinguuntur Filius et Spiritus Sanctus sicud Greci posuerunt, salva essentia et aliis articulis quos Greci ponunt. Cuius ratio est quia in divinis non est distinctio per absolutum, quia tunc duo dii. Nec per relationem oppositam per casum, nec per disparatam, quia tunc Pater distingueretur a se ipso.

[40] Tu dices quod maior est unitas in principio quam <in> principiatis. Similiter, relationes disparate sunt in Patre subsistente uno, sed in aliis personis sunt duo subsistentes relationes disparate.

[41] Contra: sola ratio principiati non concludit multitudinem, quia tunc Filius non esset ita unus sicud Pater. Nec in humanis.

[42] Similiter, duo concurrunt ad principiandum Spiritum Sanctum et ita etc.

[43] \prima ratio/ Similiter, principiatum sequitur formale principium in unitate et multitudine; sed posita ypothesi, nec ex parte notionum Patris nec essentialium sit distinctio nisi secundum rationem; <ergo> Filius et Spiritus Sanctus non distinguuntur nisi secundum rationem, quod est falsum.

[44] Similiter, dato quod per unum principium formale vel plura producuntur alia, nisi sit distinctio ex parte terminorum non potest inveniri maior distinctio ex parte principiatorum quam principii, sicud ponitur exemplum de Filio et ymagine. Nec potes ponere pluralitatem ex parte contradictionis quia genitum est non-spiratum, quia tunc Pater esset diversum suppositum, quia essentia est communicabilis, relatio non communicabilis, et ita dicam tibi quod Filius et Spiritus Sanctus sunt unum suppositum et una relatio constituens et alia adveniens.

[45] Nunc circa evidentiam. <<Ratio* Anselmi>>:[4] "Deus est Deus, Spiritus Sanctus est Deus, igitur (...)"; igitur de (...) /26rb/. Unde supponit Anselmus quod unus Deus et tres persone, et quelibet perfectus Deus, cum Grecis, et ideo Greci haberent ex ypothesi sua negare istam: 'Deus est de Deo'.

[46] Unde nota quod omnia ad essentiale secuntur in Deo [in divinis] ubi non obviat contradictio, et similiter ad notionale, et ponitur exemplum.

[47] Unde cum Filius procedat a Patre per modum operationis intellectus, omnia communicantur Filio sub eodem respectu, et non sub opposito, et \igitur/, cum Pater sit spirator, et oportet dicere quod sit Filius spirator; sed si Filius procederet per modum intellectus et voluntatis simul, non posset spirare.

---

[4] Non invenimus apud Anselmum.

[48] Item, quando quis productus est et non potest in actum quo producitur, non est impotentie, sed si aliqua alia persona vel creatura posset produci a Patre producente et non a Filio producto, non esset Filius equalis potentie cum Patre.

[49: ~2] Ad responsionem. Ad auctoritatem Anselmi, *Processio*, capitulo primo, dicendum quod Anselmus accipit hic quod per \hoc/ solum distinguuntur Filius et Spiritus Sanctus: distinguuntur quia in hac causa latenter includitur alia, quam post ponit manifeste. Unde sequitur, si sit a solo Patre, sequitur quod a Filio, ut post probat Anselmus, et non excludendo \scilicet/ quod non a Filio procedat. Unde non excludit illud, sed includit, quia ex hoc quod Pater et Filius sunt unus Deus et Deus de Deo, concludit quod et a Filio.

[50] Et fundat Anselmus se super rationem Augustini ***,[5] quod 'solus' additum in divinis non excludit aliam personam nec aliquid nisi ubi obviat oppositio contradictionis, sicud girum celi cercini. 'Sola' non excluditur Pater. Sed si procederet de Patre solo in quantum Pater distinguitur a Filio, non procederet a Filio Spiritus Sanctus.

[51: ~3] Ad aliud, quod idem per quod constituitur distinguitur ab omni alio, sed alio modo ut per oppositionem et disparationem, sicud ponitur exemplum de saphiro, sic Filius per filiationem a Patre per oppositionem, a Spiritu Sancto per disparationem.

[52] Nota quod in creaturis est maior oppositio secundum speciem quam secundum numerum, quia una includit aliam, sed in divinis econtra, sicud Pater et Filius magis distinguuntur quam paternitas et spiratio activa, et ideo non sequitur: 'Distinguuntur specie, igitur numero'.

[53] Similiter, dicitur quod oppositio contradictionis numquam distinguit realiter nisi fundentur super absoluta vel relationes oppositas.

[54] Similiter, quando distinguitur relatio a disparato, non distinguitur per modum relativi, sed absoluti, quia illa communis est omnibus, et absolutis et relativis. Tunc dico quod maior est intelligenda in creaturis, scilicet quod per idem constituitur et distinguitur ab alio, quia oportet salvare unitatem essentie in divinis, propter quod est, scilicet <Spiritus Sanctus> [est] a Filio sicud a Patre.

[55: ~4] Ad aliud, dicitur quod vis generativa et spirativa primo de significato important essentiam, et sic non magis distinguuntur nunc quam tunc. Alio modo ex adiuncto <important> notiones, ut paternitatem, et sic magis distinguuntur nunc quam tunc, quia nunc spiratio in Filio connotat filiationem, sed in Patre paternitatem.

---

[5] Fortasse Augustinus, *De civitate Dei*, XI, 10, n. 1 (CCSL 48, p. 330, ll. 12-19): "Et haec trinitas unus est Deus; nec ideo non simplex quia trinitas. Neque enim propter hoc naturam istam boni simplicem dicimus, quia Pater in ea solus aut solus Filius aut solus Spiritus Sanctus, aut vero sola est ista nominis trinitas sine subsistentia personarum, sicut Sabelliani haeretici putaverunt; sed ideo simplex dicitur, quoniam quod habet hoc est, excepto quod relative quaeque persona ad alteram dicitur."

Hugonis de Lawton O.P. *In primum librum Sententiarum*, distinctio 11

Utrum Spiritus Sanctus procedat a Patre et Filio.

Quod non, quia Pater sufficit ad producendum, igitur superfluit ponere Filium producere.

Ad oppositum: Spiritus Sanctus non distingueretur a Patre et Filio nisi ab eis procederet vel e converso, quia personae ponuntur distingui per relationes originis; sed certum est quod <Pater et> Filius non procedunt a Spiritu Sancto; igitur etc.

Praeterea, in symbolo est ab Ecclesia determinatum quod Spiritus Sanctus procedit a Patre et Filio.

In illa quaestione tenebo duas conclusiones, quarum prima erit pars affirmativa quaestionis, secunda quod Spiritus Sanctus non distingueretur ab illis nisi ab utroque procederet.

<Conclusio prima>
<Probatio Thomae Aquinatis>

Prima persuadetur tripliciter per Sanctum Thomam, prima parte, quaestione 36, articulo secundo.[1] Primo sic: Si non, non distingueretur ab illis. Consequens falsum, et contra articulum <fidei>. De isto magis in secunda conclusione.

Secundo sic: "Filius procedit per modum intellectus ut Verbum, sed Spiritus Sanctus per modum voluntatis ut Amor procedit" a Verbo seu notitia, sicut patet in imagine creata.

Tertio, idem patet ex ordine rerum, quia numquam plura ab alio uno procedunt "absque ordine nisi tantum in illis quae materialiter differunt," sicut patet in multis cultellis productis ab uno fabro materialiter et nullum ordinem ad invicem habentibus; igitur in personis productis formaliter differentibus oportet esse ordo productionis. Sed alius ordo in ipsis non potest inveniri nisi quia una persona est ab alia vel ab aliis; igitur etc.

<Impugnatio Guillelmi de Ockham probationis Thomae>

Istas rationes reprobat Willelmus,[2] quia prima non valet, secundum eum, sicut patebit in conclusione secunda.

Secunda etiam non concludit, nec [secundum] etiam secundum Thomam, sicut dicit. Quod probat sic: "Amor cuiuscumque obiecti sufficienter producitur ab illo obiecto, vel potentia, vel cognitione obiecti, vel ab omnibus istis simul, vel aliquibus eorum simul. Sed quando aliquod singulare diligibile extra diligitur, verbum – secundum istos – nec est obiectum, quia tunc verbum non produceretur, sicut nec illud obiectum producitur; nec verbum, secundum eos, est ipsa cognitio nec ipsa potentia. Igitur verbum tunc non habet rationem principii respectu amoris producti. Igitur non est universaliter verum quod amor a verbo procedit."

"Si dicatur quod, secundum illum, verbum est conceptus mentis a quo procedit amor, contra: amor sufficienter procedit a notitia concipientis et a potentia, quia posita notitia, maxime qua[e] iudicatur aliquid /195rb/ esse" diligibile et "diligendum, omni alio circumscripto, potest sequi amor, immo necessario sequitur, secundum istos. Sed verbum

---

[1] Thomas de Aquino, *S. theol.* I, q. 36, a. 2.
[2] Guillelmus de Ockham, *Scriptum in librum primum Sententiarum (Ordinatio)*, d. 11, q. 1 (*Opera theologica* III, ed. G.J. Etzkorn, St. Bonaventure, NY, 1977, pp. 347.4-348.4, 348.10, 12-14), contra Thomam de Aquino, *S. theol.* I, q. 27, a. 2, ad 2; I, q. 27, a. 3, ad 3; I, q. 34, a. 1, resp; I-2, q. 27, aa. 1-3.

non est notitia concipientis, <sed procedit a notitia concipientis>, secundum illum alibi. Igitur amor non procedit a verbo, sed a notitia, quae non est verbum secundum istos."

"Confirmatur, quia a notitia intuitiva rei singularis non est necesse procedere aliquid aliud. Igitur potest esse notitia intuitiva sine omni verbo procedente, et tamen tunc potest esse amor. Igitur non est necesse amorem a verbo procedere," si verbum non sit ipsa cognitio, sicut isti ponunt.

"Tertia autem ratio non concludit, quia sicut patebit super secundum,[3] Deus potest producere plures angelos eiusdem speciei immediate, qui non aliter habent ordinem quam duo cultelli" producti immediate absque aliquo ordine a fabro.

Reputat igitur Willelmus praedictas rationes non valere.

<Probatio Ockham>

Ad eandem conclusionem ab Ecclesia determinatam adducit[4] aliam "rationem quam credit ex falsis non procedere," sicut aliae praecedentes, "quamvis contra Graecos non esset sufficiens si omnino vellent protervire," propter quos haec quaestio mota est. Arguit igitur sic: "Quicquid competit Patri est alteri personae \cuilibet/ attribuendum nisi contrarium sit expressum in Scriptura Sacra, vel evidenter sequatur ex praemissis in Scriptura Sacra, vel mediantibus propositionibus per se notis, vel sit ab Ecclesia determinatum; sed Graeci, sicut omnes catholici, concedunt quod Spiritus Sanctus procedit a Patre, nec [ab] aliquo praedictorum modorum invenitur quod Spiritus Sanctus non procedit a Filio; igitur Graeci habent concedere quod Spiritus Sanctus procedit a Filio."

Hanc rationem videtur Anselmus facere in libro *De processione Spiritus Sancti*,[5] ubi ex unitate et perfecta simplicitate trium personarum arguit quod quicquid attribuitur uni est attribuendum alteri nisi suae relationi seu proprietati repugnet. Unde inter alia verba dicit sic: supponendo omnia dicta a Graecis quae fides ponit, excepta processione Spiritus Sancti a Filio, "sequitur," inquit, "secundum unitatis Dei – quae nullas habet partes – proprietatem, ut quicquid de uno Deo" praedicatur "dicatur et de Filio et de Spiritu Sancto, quia unusquisque solus et perfectus totus Deus est. Supradicta vero relationis oppositio, quae ex hoc nascitur quia supradictis duobus modis Deus est de Deo, prohibet Patrem et Filium et Spiritum Sanctum de invicem dici, et propria singulorum aliis attribui."

<Hugo de Lawton contra impugnationem et probationem Ockham>

Sed contra impactiones Willelmi, arguo primo quod ratio sua quam adducit nihil valet contra Graecos, et quod minorem habet evidentiam quam rationes Thomae, et, si etiam fiat in aliquo colore contra eos, quod falsum assumit. Quia quaero an illa condicio maioris "vel determinatum ab Ecclesia" faciat ad argumentum suum contra Graecos vel non. Si sic, quia scilicet Graeci tenentur concedere determinata ab Ecclesia Romana, de qua, ut suppono, loquitur, igitur frustra, ut laboravit imponendo in eadem maiore alias condiciones, quia suffecisset sic arguere: 'Ecclesia determinavit Spiritum Sanctum a Filio procedere; igitur etc.'

---

[3] Fortasse Ockham, II *Sent.*, q. 18 (*Opera theologica* V, edd. Gedeon Gal et Rega Wood, St. Bonaventure NY, 1981, p. 398.26-399.2).

[4] Ockham, *Ordinatio* I, d. 11, q. 1 (ed. Etzkorn, p. 358.2-17).

[5] Anselmus, *De processione* 1 (ed. Schmitt, v. 2, p. 180.24-30); cf. Ockham, *Ordinatio* I, d. 11, q. 1 (ed. Etzkorn, p. 360.14-21).

Praeterea, si illa condicio ligaret eos, non possent ipsi vitare rationem et eius conclusionem proterviendo magis quam nostri, quod est contra eum. Patet igitur quod illa condicio addita non facit colorem aliquem contra eos. Frustra igitur ponitur.

Si autem deviatur et fiat maior cum aliis condicionibus, tunc includit falsum, quia ex illa cum vera minore sequitur conclusio falsa, scilicet quod Spiritus Sanctus generat sicut Pater, vel aliquid huiusmodi, quia nec Scriptura Sacra, scilicet canonica, nec ratio evidens contradicit consequens falsum.

Probatio: arguo contra eum, quia male impingit et insufficienter. Primo de prima ratione, quia illa ratio fundatur et est quasi eadem cum ratione Anselmi, quem allegat /195va/ ille ad rationem suam.

Quantum ad secundam rationem, falsum sibi imponit, scilicet quod "verbum non sit notitia concipientis." Et quando videtur inducere dictum Thomae in contrarium in prima parte, quaestione 34, articulo 1,[6] dicendum quod ibi dicit quod verbum procedit a notitia concipientis, sed non dicit istam negativam: 'Verbum non est notitia concipientis'. Unde stant simul quod verbum sit notitia et tamen quod procedit a notitia, quia notitia actualis procedit a notitia habituali. Et sic loquitur frequenter Augustinus. Et etiam Sanctus Thomas in proposito, ubi ad litteram allegat Augustinum, V *De Trinitate*, in illa quaestione non vocat verbum 'notitiam', sed quasi conceptionem vel conceptum mentis vel cordis. Vel dicendum quod Thomas in illa quaestione et<iam> dicit quod conceptus cordis procedit a notitia, scilicet habituali. Dico etiam quod amor non semper procedit a verbo, ut puta quando non amat verbum suum actualiter, sed aliquid extra. Sufficit tamen quod procedat a verbo seu conceptu, quando ipsum verbum cognoscitur et amatur modo quo est in divinis. Potest etiam dici pro Beato Thoma quod respectu obiecti extrinseci amor procedit a verbo. Nec oppositum probatur.

De responsione autem ad impactionem contra tertiam rationem, expecto usque ad secundum librum,[7] sicut ipse expectat.

De argumento tertio autem etiam patet quod impactiones suae minus valent, quia arguit contra rationes suas* tanquam per eas intendisset demonstrasse propositum. Modo autem, sicut patuit supra, frequenter inducit congruentias seu persuasiones ad multas conclusiones quas planum est non posse rationibus naturalibus demonstrari modo quo ille dicit rationem suam non posse concludere contra protervos.

<Ad rationem principalem>

Ad rationem principalem, quae est contra praedictam conclusionem, dicendum est negando consequentiam. Et si arguitur quod quando unum sufficit, plura superfluunt, dicendum quod propositio non habet veritatem quando plura eodem principio et eadem sufficientia numero producunt et aeque necessario.

<Conclusio secunda>

<Probatio Thomae>

Secundam conclusionem probat Sanctus Thomas sic.[8] Personae non possunt distingui per

---

[6] Aquinas, *S. theol.* I, q. 34, a. 1, resp.
[7] Forte deperditum est.
[8] Aquinas, *S. theol.* I, q. 36, a. 2, resp.

absoluta; igitur per relationes. Sed non per relationes disparatas; igitur solum per relationes oppositas. Et per consequens nulla persona distinguitur ab alia a qua non procedit vel e converso. Assumptum patet per hoc quod, si relationes disparatae distinguerent personas, et per consequens constituerent personas, et hoc ubicumque invenirentur indifferenter. Consequens falsum, quia in Patre sunt duae relationes disparatae, scilicet paternitas et communis spiratio, non tamen constituunt duo supposita.

Praeterea, sequeretur quod essent quatuor personae, sicut sunt quatuor relationes. Consequens absurdum.

<Impugnatio Ockham probationis Thomae>

Contra illam conclusionem arguit Willelmus sic:[9] "Omne realiter distinctum ab aliquo per aliquid sibi proprium, retento proprio illi, omni alio circumscripto, distinguitur ab eodem realiter. Sed nunc est de facto: Filius distinguitur per filiationem a Spiritu Sancto. Igitur retenta filiatione, et amota spiratione activa, distinguitur Filius a Spiritu Sancto realiter. Maior est manifesta, quia omne habens aliquid reale realiter distinctum ab alio realiter distinguitur ab eodem reali, quia unumquodque comparatum alteri vel distinguitur ab eo realiter vel est idem realiter, si utrumque sit reale; sed habens aliquid reale realiter distinctum ab alio non potest esse idem realiter cum illo; igitur distinguitur realiter ab eodem.

"Similiter, sicut a quocumque distinguitur pars realiter cuius illa non est pars, ab eodem distinguitur realiter, totaliter vel partialiter, totum [de] cuius est illa pars, igitur eodem modo a quocumque constitutivum alicuius distinguitur realiter, et ipsum constitutum distinguitur ab eodem realiter. Est igitur universaliter* vera alia maior, quia unumquodque distinguitur realiter a quocumque per aliquid sibi /195vb/ proprium, illo retento, remanebit distinctio realis ab eodem, omni alio communi amoto. Minor etiam est manifesta, quia quaero an filiatio et spiratio passiva sint una relatio realiter vel non. Si non, habetur propositum, quia unumquodque differens ab alio realiter distinguit habens ipsum ab illo. Si sic, igitur <sicut> contingit vere dicere quod Spiritus Sanctus spiratur, ita vere contingit dicere quod Spiritus Sanctus generatur vel est Filius. Consequens falsum."

Dicit igitur ille quod non tantum distinguuntur relationibus oppositis, sed \etiam/ disparatis et generaliter quibuscumque. Unde dicit[10] quod verum est quod personae distinguuntur per relationes oppositas ipsas constituentes, non quia "oppositae, sed primo quia distinctae sunt realiter, in tantum quod, si possent esse oppositae et non distinctae realiter, non distinguerent personas realiter." Nam "hoc est commune omnibus constituentibus realiter distinctis, sive sunt opposita sive non, sive relationes sive absoluta," scilicet distinguere realiter constituta ab aliis quibuscumque. Unde[11] ipsi relationi potest competere respectu plurium distinguere quam referre, quia distinguere est in plus quam referre, quia requirit obiectum.

<Hugo contra Ockham>

Contra praedicta, et primo pono conclusionem principalem sic:[12] "Sicut Filius se habet ad

---

[9] Ockham, *Ordinatio* I, d. 11, q. 2 (ed. Etzkorn, pp. 364.16-365.18).
[10] Ockham, *Ordinatio* I, d. 11, q. 2 (ed. Etzkorn, p. 366.7-17).
[11] Ockham, *Ordinatio* I, d. 11, q. 2 (ed. Etzkorn, p. 367.10-13).
[12] Ockham, *Ordinatio* I, d. 11, q. 2 (ed. Etzkorn, p. 362.9-13).

Patrem in quantum ab eo producitur, ita Spiritus Sanctus se habet ad Filium in quantum producitur; sed Filius non posset distingui a Patre si non procederet; ergo nec Spiritus Sanctus etc."

Ad illud respondet Willelmus sic:[13] quod non est simile hinc inde, "quia nihil est in Filio circumscripta filiatione, quod distinguitur realiter a quocumque existente in Patre, nec est aliquid in Patre praeter paternitatem quo distinguitur realiter a filatione vel Filio." Et ideo Filius distinguitur a Patre sola filiatione et Pater a Filio sola paternitate. Et ideo amota paternitate vel filiatione, non distinguerentur ab invicem. Sed Filius distinguitur a Spiritu Sancto spiratione activa sicut etiam filiatione. Et ideo, circumscripta spiratione activa, adhuc distinguitur a Spiritu Sancto per filationem.

Sed contra: quod illa responsio <non> valeat probo primo ex dictis propriis in illa quaestione, quia dicit quod spiratio activa non ponit in numerum cum filiatione in Filio – immo dicit quod "non sunt quatuor relationes in divinis," et per consequens non sunt alia duo talia quorum distingueretur uno a Spiritu Sancto, alio amoto.

Secundo, quod in Patre essent duo relationes eadem ratione, et per consequens per illud motivum potest esse Spiritus Sanctus distinctus a Patre, et si ab eo non procederet. Et per consequens posset esse spiratum sine spiratione. Consequens absurdum.

Dico igitur quod praedicta similitudine quod si esset nomen impositum, [illa] perfecte exprimens principium productivum spirativum Spiritus Sancti, sicut hoc nomen 'Pater' exprimit principium productivum respectu Filii, tunc aeque evidens esset haec consequentia: 'Spiritus Sanctus non procedit ab A, igitur non distinguitur ab A', sicut haec: 'Filius non procedit a Patre, igitur non distinguitur a Patre', quia essentiali necessitate procedit Spiritus Sanctus ab utroque sicut Filius a Patre et essentialiter distinctis relationibus ad invicem referuntur.

Secundo arguo ad conclusionem sic: processio Spiritus Sancti a duobus est suum esse vel saltem per ipsam capit, igitur illa non posita sed amota, non ponitur esse eius vel distinguitur. Consequentia est plana, et antecedens conceditur ab omnibus. Sed certum est quod amoto hoc, quod non procedit ab uno, amovetur procedere suum a duobus. Igitur etc.

Tertio sic: eadem spiratione activa et eadem necessitate Pater et Filius spirant, igitur amota spiratione a Filio, amovetur a Patre /196ra/, et per consequens cessat esse distinctio Spiritus Sancti a quocumque, quia cessat esse.

Confirmantur praedicta per Anselmum, *De processione Spiritus Sancti*, ubi capitulo quarto dicit sic, loquens de Spiritu Sancto in comparatione ad Patrem:[14] "Neque," inquit, "per hoc potest intelligi esse alius a Patre quia est Spiritus Patris, si de illo non habet esse." Igitur conformi ratione idem est dicendum de Spiritu Sancto respectu Filii.

Item, Anselmus in eodem libro parum ante finem:[15] "Patet," inquit, "sicut supra promisi praeter hoc quod Filius existit nascendo, Spiritus Sanctus procedendo, hac quoque causa, quia Spiritus Sanctus est de Filio, eos de[m] invicem non posse dici, et propter hoc solum." Igitur sequitur quod Spiritus Sanctus non distingueretur a Filio nisi ab eodem caperet <esse>.

---

[13] Ockham, *Ordinatio* I, d. 11, q. 2 (ed. Etzkorn, pp. 372.14-373.8).

[14] Anselmus, *De processione* 2 (ed. Schmitt, p. 187.7-8).

[15] Anselmus, *De processione* 15 (ed. Schmitt, p. 215.28-30).

Dictas auctoritates allegat Willelmus contra se. Sed ad eas non respondet.[16]

Praeterea, contra hoc quod dicit personas posse distingui – immo de facto ipsas distingui – et se invicem non posse dici per relationes non-oppositas: quia auctoritas Anselmi quam ille adducit pro se in prima conclusione[17] est expresse in oppositum, sicut patet eam intuenti, quia ibi habetur quod relationis oppositio hoc facit, et in auctoritate [mediante] allegata parum supra[18] habetur quod "propter hoc solum".

Praeterea, arguo ex dictis illius conclusionem intentam quam ille negat, ex quibus apparet, ut mihi videtur, quod dicit contradictoria in eadem quaestione. Facio igitur rationem suam in eisdem verbis sic:[19] "'Spiritus Sanctus non procedit a Filio, igitur spiratio activa non est in Filio'. Et sequitur, 'spiratio activa non est in Filio, igitur filiatio non est in Filio', et ultra, 'Filius non distinguitur realiter a Spiritu Sancto'. Prima consequentia est manifesta. Secunda probatur, quia quandocumque ali\<qu\>a sunt idem realiter, quorum unum vel utrumque est proprium [non] illi in quo est, in quibuscumque non est alterum eorum," quod scilicet est commune, nec reliquum est in eodem quod est illi proprium. Illa propositio vera est, sive utrumque sit proprium illi sive unum illorum sit commune et reliquum sit proprium, quia si utrumque sit proprium alicui, et sint realiter idem, tunc planum est, a quocumque removetur unum, et reliquum, et etiam* cuicumque attribuitur unum, et reliquum. Si autem unum illorum sit commune et reliquum proprium, etiam tunc certum est quod cuicumque inest vel in quocumque proprium invenitur, invenitur commune, sed non e converso. Ad destructionem tamen communis seu amotionem sequitur amotio proprii, sicut ad destructionem consequentis sequitur destructio seu oppositum antecedentis, ut patet de animali et de homine. Exemplum[20] etiam ponit in divinis de essentia et proprietate, et patet intuenti. Patet igitur haec propositio maior, quia "quandocumque ali\<qu\>a sunt idem realiter" etc., ut supra; sed filiatio et spiratio actio sunt idem realiter, et filiatio est propria Filio et spiratio actio communis sibi et Patri; igitur amota a Filio spiratione activa, amovetur filiatio, qua amota, non manet distinctio eius de Spiritu Sancto, sicut patet. Ex quibus omnibus sequitur conclusio principalis, ut in prioribus consequentiis fuit ostensum et argutum, et fere sunt omnia verba sua. Patet igitur quod idem negat et ponit.

Per dicta etiam propria sua potest dici ad rationem suam quam facit ad oppositam conclusionem, quia neganda est maior et maxime in proposito ubi commune et proprium sunt idem realiter, quia ipsemet in illa ratione[21] accipit pro maiori quod, amoto communi, quod est idem realiter cum proprio, amovetur proprium. Et sic etiam patet, quia una maior est opposita alteri maiori.

Nec probatio quam adducit valet, quia non probat eam, sive illud commune sit idem realiter cum proprio sive non, quod tamen requiretur, si esset sufficiens. Minor etiam posset pati calumniam, quia forte hoc non concederetur in proprio sensu: 'Filius distinguitur

---

[16] Ockham, *Ordinatio* I, d. 11, q. 2 (ed. Etzkorn, p. 364.3-12).
[17] Vide supra, ll. 57-59.
[18] Vide supra, l. 188.
[19] Ockham, *Ordinatio* I, d. 11, q. 2 (ed. Etzkorn, p. 370.1-8; vide etiam p. 370.13-24).
[20] Ockham, *Ordinatio* I, d. 11, q. 2 (ed. Etzkorn, p. 370.24-25).
[21] Ockham, *Ordinatio* I, d. 11, q. 2 (ed. Etzkorn, p. 370.20-24).

filiatione a Spiritu Sancto'. Sed haec est magis concedenda: 'Filius distinguitur a Spiritu Sancto seu a spirato spiratione activa'. Et si argueretur: 'spiratio activa est filiatio, igitur <si> spiratione distinguitur' /196rb/, et filiatione distinguitur.

Secundo sic: in illo conveniunt in quo non distinguuntur. Si igitur per filiationem non distingueretur Filius a Spiritu Sancto, igitur sequitur quod esset Filius. Consequens falsum.

Ad primum istorum, dico quod ille modus arguendi non valet in divinis, sicut patuit in praecedentibus.

Ad secundum, <dico> quod maior ex forma sua est falsa, quia personae in nulla una proprietate distinguuntur, quia Pater non distinguitur a Spiritu Sancto spiratione passiva, sed paternitate, et tamen Pater non est spiratio passiva. Unaquaeque igitur secunda sua proprietate distinguitur ab alia.

Secundo, dato quod maior sit vera, minor tamen quae imputatur est falsa, scilicet quod Filius filiatione non distinguitur a Spiritu Sancto, cum filiatio sit relatio quae est opposita spirationi passivae, licet non congruo nomine sit expressa, quod scilicet exprimat oppositionem relativam; quod si esset impositum, importaret simul cum relativa oppositione duas has proprietates, scilicet paternitatem et filiationem, cum earum repugnantia ad Spiritum Sanctum. Cum dictis tamen stat quod haec est impropria: 'Filius distinguitur a Spiritu Sancto filiatione'. Concludit* tamen ad bonum intellectum propter causam praedictam. Dicendum ergo quod, si filiatio non esset quo distinguitur Filius a Spiritu Sancto, ut implicaretur secundum modum oppositionis quemcumque, essent nomina sufficienter imposita, tunc sequeretur quod Spiritus Sanctus esset Filius vel filiatio. Sed sic non est in proposito. Et per illa patet quod probatio minoris principalis nihil facit ad propositum contra dicta.

<Opinio propria>

Tenenda est igitur conclusio principalis, licet rationes non habeant evidentiam determinatam contra Graecos, quod certum est quod, ad positionem trium personarum in divinis realiter distinctarum, non sequitur consequentia evidenti quod una procedat ab alia, nec quod sit ali<qu>a oppositio inter ea<s>. Potest enim haberi conceptus distinctorum nullo habito conceptu cuiuscumque oppositionis, saltem relativae – immo de facto multa sunt distincta quae inter se relative non opponuntur, eo quod nullum eorum est vel dependet ab alio, sicut patet in rebus absolutis. Dato etiam quod Graeci ponant processionem in divinis, sicut ponunt, sic quod quaelibet persona procedit ab alia vel quod ab illa procedat alia, tamen evidenti ratione non potest concludi quod una persona procedat a duabus, sicut dictum <est>. Rationes principales solvuntur per praedicta.

Apparatus criticus

9 distingueretur] distinguitur || 36 istos] istas || 48 credit] ut dedit || 92 quasi] quod || 94 procedit] procertur* || 152 in^1 quantum^1] numquam || 152 in^2 quantum^2] numquam || 153 procederet] proceditur || 166 relationes] anima (!) || 188 promisi] praetermisi || 207 reliquum] realiter || 248 facit] stat || 260 Rationes] rationis

An Early Commentary on Boethius' *De Topicis Differentiis*
edited by
Heine Hansen[*]

§1. Commentary

The commentary on Boethius' *De topicis differentiis* edited here is found in a single manuscript kept in Pommersfelden, namely MS Pommersfelden Schloßbibl. 16/2764 (*olim* St. Peter at Erfurt 16). The manuscript has been described by J. Theele[1] and a list of its contents has been given by Y. Iwakuma.[2] Some doctrinal aspects of the commentary have been discussed by N.J. Green-Pedersen who has also edited a short excerpt.[3] Theele dates the ms to the 11th century, Green-Pedersen and Iwakuma to the late 11th or early 12th century. As to the date of the commentary, Green-Pedersen says of it and another on *De topicis differentiis* contained in the same manuscript that »presumably they belong to the second half of the 11th century, and perhaps even to the end of it«.[4] The commentary is incomplete. It runs from the beginning of 8^v to the bottom of 29^v. A considerable lacuna appears between 24^v and 25^r. 27^{r-v} is a displaced leaf containing part of another commentary on *De topicis differentiis*[5] and, on the lower two thirds of 27^v, the beginning of a commentary on the *Perihermeneias* of Apuleius plus 29 lines of unidentified text. At the top of 28^r the commentary picks up where it left off at the bottom of 26^v, and runs until 29^v, where it breaks off midsentence. The upper half of 30^r contains a part of what appears to be another commentary on *De topicis differentiis*, on the lower half begins a commentary on *De categoricis syllogismis*. This means, then, that in its present shape the commentary covers Boethius' clarification of concepts, ie. the entire first book plus the beginning of the second, whereafter the treatment of the Themistian *loci a substantia* is missing. After the lacuna, begins the treatment of the Themistian *loci a concomitantibus substantiam,* and the commentary runs continuously until it breaks off in the middle of the

---

[*] I am indebted to Sten Ebbesen for his indispensable help.

[1] J. Theele 1920 : 178 : » 11. Jh. Sehr kleine Hand, von f. 45 ab von anderer Hand. Pergament, 15,5 x 10 cm, 80 Bll., cr. 48 Zeilen, einspaltig. «

[2] Y. Iwakuma 1992 : 62-4

[3] N.J. Green-Pedersen 1984 : 147-53; 347-8; 419

[4] *ibid.*: 147

[5] This short excerpt have been added here as an appendix.

treatment of the *locus ab eo quod magis est,* ie. still in the second book. How much of the Boethian treatise the commentary originally covered, seems impossible to determine.

§ 2. Author

The commentary is anonymous, but two passages may well betray the place of origin and the name of the author:

> Quantitates enim sunt, ut si dicas: »Diem et noctem unam **Lauduni** moratus sum« »Diurnum est hoc opus« »Nocturnae sunt vigiliae«. (I.5.49 / 1180A / 16^r)

> Saepius quippe determinationes subduntur quae diverse a suis significant determinatis, ut »**Arnulfus** est habens librum«. Nam »librum« aliud significat quam »**Arnulfus** habens«. (II.2.6 / 1183B / 21^v)

For, as Iwakuma has shown, a number of the texts contained in the Pommersfelden manuscript are of a »vocalist« orientation, and, as he correctly notes, the present commentary on *De topicis differentiis* is no exception,[1] cf., e.g., the following passages:

> Topicorum igitur materia est voces singulae vel orationes quae dicuntur locus. (*Prologue* / 8^v)

> In quo lectio illa realis destruitur secundum quam non vox per alias voces, sed res per se ipsam probatur. (I.2.3 / 1174C / 10^r)

> In quo destruuntur veteres, qui praedicatum et subiectum dicunt res esse, non voces. (I.4.15 / 1175b / 11^r)

Now, the mention of both the city of Laon and the name Arnulfus in a vocalist commentary is interesting because in the *Historia Francica* one finds the following passage treating of the time of the death of William the Conqueror († 1087):

> Hoc tempore tam in divina quam in humana philosophia floruerunt Lanfrancus Cantuariorum episcopus, Guido Langobardus, Maingaudus Teutonicus, Bruno Remensis qui postea vitam duxit heremiticam. In dialectica quoque hi potentes extiterunt sophistae: Joannes, qui eandem artem sophisticam vocalem esse disseruit, Rotbertus Parissiacensis, Roscelinus Compendiensis, **Arnulfus**

---

[1] Y. IWAKUMA 1992 : 64-5

Laudunensis. Hi Joannis fuerunt sectatores, qui etiam quamplures habuerunt auditores.[1]

Nothing further is known of this John who taught logic to be an *ars vocalis*, but the claims that Arnulf was active at this point in time, and that he and Roscelin were contemporaries, seem to be supported by the occurence of two satirical poems, one mocking an Arnulfus Laudunensis, the other a Ruzelinus and his *voces,* in the Codex Udalrici, a collection of metrical pieces, diplomas, letters etc. completed around 1125 by a certain Udalric from Bamberg. The poem on Arnulf runs as follows – he had, it seems, passed away at the time of composition.:

Super Arnulphum Laudunensem

Non, Arnolfe, loci, non mille sophismata prosunt.
    Sum proponis *homo*; *non homo* fata probant.
His argumentis ad idem duxere Platonem;
    Hisdem conclusus, conticuit Socrates.
Nunc, Arnulfe, tibi pietas et gratia Christi
    Subveniant melius quam genus et species.[2]

It seems a reasonable conjecture that the occurence of the city of Laon and the name Arnulfus in this vocalist commentary are the author's or – if we are dealing with a student's reportation of a lecture – the lecturer's mention of his hometown and himself. This is also in accord with the date assigned to the manuscript. Indeed, the suggestion that the commentary is the work of Arnulf of Laon has already been advanced by Iwakuma,[3] who has also noted the occurrence of the name Arnulfus cited above. Interestingly, Iwakuma further reports that the name Arnulfus occurs in the commentary on Boethius' *De categoricis syllogismis* following upon the present commentary in the ms, this text may also, then, be the work of Arnulf. However, apart from the information given by the *Historia Francica* and the *terminus ante quem* for the death of Arnulf supplied by the Codex Udalrici, nothing appears to be known about him, and it is therefore not at present possible to determine exactly when the present commentary was composed, but Green-Pedersen was hardly wide of the mark when he suggested the end of the 11th century.

---

[1] *Historiae Francorum ab anno Christi DCCCC ad ann. MCCLXXXV scriptores veteres XI, ex bibliotheca P. Pithoei.* Frankfurt 1596 : 88.
[2] P. JAFFÉ 1869 : 188. It is worth noticing that Jaffé has changed the original order of the material.
[3] Y. IWAKUMA 1999 : 96

§ 3. Edition

The text has been transcribed from photographs. I have imposed my own orthography, punctuation, and paragraphing on the text. For a few remarks on the orthography of the ms, henceforth referred to as **P**, cf. §4 below.

A.c. and *p.c.* readings are recorded, even when of little import. This is done either in the apparatus or in the text using [[...]] to mark out original but cancelled formulations and \.../ to mark out interlinear or marginal additions.

Boethian lemmata appear in SMALL CAPITALS. The manuscript does not consistently mark lemmata in any special way, but often abbreviates them heavily giving only the initial letter of each word or of some of the words. These abbreviations have all been tacitly resolved in accordance with Nikitas' edition. Deviations from the text as established by Nikitas are noted in the apparatus, as are differences in word order. When these deviations and differences occur in Nikitas' apparatus, a reference to this is given. However, in a text like this it is not always all too clear what should be considered a quotation and what a parafrase.

I have provided the lemmata with references to Nikitas' division of the text. A reference to the edition in *Patrologia Latina* 64 is also given whenever there is a change of PL column.

§ 4. Orthography of P

GENERAL REMARKS
P uses both *e caudata* and *e* for the classical digraph *ae*; flexives are almost always rendered with *e caudata*, whereas all forms of *haereo* + prepositives (*in-, co-, ad-*) are rendered with *e*; words containing the nucleus *aeq-* are almost always written with *e*; thus, e.g., *equale, equivoca, equivocari, equipollenter,* but also found is *aequalia* with *e caudata*. In all cases I write *ae*.
In some Greek words *y* and *i* are used interchangedly, thus, e.g., *hyppotesis* and *hippotesin* in the same line. The single occurrence of *physica* is spelled *phisica*. *Syllogismus* is always written *sillogismus*; *syllaba* occurs once and is spelled with an *i*. *Tyrannus* occurs twice and is spelled with *y*.
Occasionally, an *h* is omitted, thus we find both the standard medieval forms *habundanter, habundantem, habundans* and *abundans, abundanti*. As far as Greek loan-words go, one finds *hyppotetici* in one line and *yppoteticus* in the next; always *categoric-* except for a single *cathegoric-* and a single *Cathegoriis*; always *rethoric-* save for a single *retoric-*. *Peripatetici* is spelled *Perhippatetici*.

A single occurence of *v* instead of *b* is found in *duvietatem*.

SINGLE WORDS
analetice, not *analytice*
Aristotiles is always spelled with an *i* in the penultimate syllable, the corresponding adjective, however, is always spelled *aristotelic-*.
diffinit-io, -e etc., not *definit-*
dialecticus is, when not abbreviated, always the spelling of **P**
entimema, not *enthymema*
aethica, not *ethica*
iccirco, not *idcirco*
nichil, not *nihil*. *Nihil* is found only once, in *nihilominus*
quatuor, not *quattuor*

§ 5. Bibliography

N.J. GREEN-PEDERSEN 1984, *The Tradition of the Topics in the Middle Ages: The Commentaries on Aristotle's and Boethius' »Topics«*. München.

Y. IWAKUMA 1992, »Vocales,‹ or early nominalists«, in Traditio XLVII : 37-111.

Y. IWAKUMA 1999, »Pierre Abélard et Guillaume de Champeaux dans les premières années du XIIe siècle : une etude préliminaire«, in J. BIARD (ed.), *Langage, Sciences, Philosophie au XIIe siècle*. Paris : 93-123

P. JAFFÉ 1869, *Codex Udalrici, Bibliotheca Rerum Germanicarum* vol. 5. Berlin.

C.J. MEWS 2002, *Reason and Belief in the Age of Roscelin and Abelard*. Aldershot.

J. THEELE 1920, *Die Handschriften des Benediktinerklosters S. Petri zu Erfurt*. Zentralblatt für Bibliothekswesen XLVIII. Leipzig.

Historiae Francorum ab anno Christi DCCCC ad ann. MCCLXXXV scriptores veteres XI, ex bibliotheca P. Pithoei. Frankfurt 1596.

Editions of *De topicis differentiis*:

J.P. MIGNE 1860, *Manlii Severini Boetii Opera Omnia*, Patrologia Latina LXIV. Turnholt.

D.Z. NIKITAS 1990, *Boethius' De topicis differentiis und die byzantinische Rezeption dieses Werkes*. Athens.

§ 6. Sigla

P	MS Pommersfelden, Schloßbibl., 16 / 2764
N	Nikitas' 1990 edition
[album]	album *delendum censeo*
[[album]]	album *deletum habet codex*
<album>	album *quod numquam in codice vel codicibus fuit, addendum censeo*
<<album>>	album *iam deperditum vel invisibile, in codice integro extitisse puto*
\album/	album *secundario (inter lineas vel in mg.) inseruit scriba*
†album†	album *corruptum esse puto*
album(?)	*de lectione* album *dubitare licet*
alb()	*quae litterae post* alb *scribendae sint propter compendium legere non liquet*
...	*vox quam vel litterae quas legere nequivi*
***	*lacuna a scriba indicata*
<***>	*lacuna a me statuta*

Commentarium in Boethii *De topicis differentiis*

Primum oportet dicere in omni libro quae sit materia, deinde quae sit intentio, tertio ad quam partem scientiae tendat. Sciendum quoque quod omnis materia a tractatu qui ex ea fit diversa est, sicut causa ab effectu. Topicorum igitur materia est voces singulae vel orationes quae dicuntur locus; voces singulae ut generales, speciales etc., orationes ut maximae sunt propositiones quas in Topicis reperies. Tractatum itaque libri huius dices esse praecepta et orationes quae in hoc volumine designantur, data ad ostendendam localium vocum et maximarum propositionum naturam, non ita tamen ut ipsae locales voces quae sunt ut »homo« »animal«, et ipsae maximae propositiones contineantur in hoc tractatu. Materia enim ipsius sunt, quare et causa quare tractatus iste effectus dicitur. Relativa enim sunt causa et effectus, diversis igitur rebus imponuntur. Nulla igitur localis vox aut localis propositio in tractatu isto erit.
Si autem quaesieris quare auctor in tractatu hoc interposuerit locales voces et propositiones cum ab ipso alienae sint sicut causa ab effectu, dicemus locales voces et maximas propositiones ideo hic Boethium posuisse quia propriis carent nominibus quibus significari possint. Nam si propriis nominibus signarentur ipsarum nomina, non ipsae in tractatu hoc ponerentur; sicut Lucanus in tractatu suo nomina civium Romanorum posuit qui sui tractatus materia sunt, ipsos autem cives nullatenus ponere potuit. Sic igitur in omnibus libris diversa sunt materia et tractatus; in his quidem libris qui de rebus corporeis tractant manifestum est, in his vero qui de vocibus tractant, ut hic, sententia haec infirmari videtur, sed non est ita.
Nunc vero quoniam materiam ostendimus, quae sit intentio dicemus, quam ab ipso quidem auctore habemus. Intentio enim Boethii in hoc volumine est »ut omnibus undique locis plena consideratione propositis atque pernotatis argumentorum« atque argumentationum »copia comparetur«.[1]
Cui autem parti scientiae supponatur, facta scientiae divisione planius videbitur; quam sic dividemus: Scientia litteralis alia est ratio disserendi, alia est \non/ ratio [[non]] disserendi. <Ratio disserendi> alia est locorum et syllogismorum, alia non. Quae divisio generis in species est disposita per negationem et affirmationem. |9ʳ| Potest autem et aliis modis scientia dividi, sed nunc iste sufficit.
Huic itaque parti scientiae quae est ratio disserendi supponitur huius scientia libri. Quae, id est ratio disserendi, in duas dividitur partes, in inventionem

---

[1] I.1.6/1174B

videlicet atque iudicium. Inventio quidem est perfecta locorum [ac] dialecticorum atque rhetoricorum notitia, iudicium vero certa syllogismorum cognitio. Quae duae partes neque speciales sunt neque individuales, sed continuae. De nulla enim singulariter accepta praedicatur ratio disserendi; continuum enim totum est harum respectu partium, quamvis alio modo dividantur, ut species in individua de quibus praedicatur. Haec itaque scientia inventioni subicitur non quod inventio vel ratio disserendi de ipsa praedicetur, sed ita subicitur ei ut lapis parieti, paries autem domui, et ut syllaba nomini, nomen autem orationi.

Titulus vero huius operis sic est: INCIPIT LIBER BOETHII DE TOPICIS DIFFERENTIIS. Quem ita expones: INCIPIT, id est multum capit, LIBER BOETHII, id est tractatus iste, DE TOPICIS DIFFERENTIIS, id est per topicas differentias. Quod est dicere: Magnam famam suscipit liber iste ex hoc quod perfecte ostendit locales voces quae et singulae dicuntur locus et differentiae sunt aliorum locorum, id est maximarum propositionum. Nam per nomina localium vocum, id est per hoc nomen quod est »genus« et »species« et »totum« et »pars« et »definitio« et »par« et »oppositum« et »maius« et »minus« et »causa« et »effectus«, differunt ab invicem maximae propositiones quae nihilominus loci dicuntur.

Solet autem quaeri quare titulus per tertiam, prologus autem per primam inducatur personam. Ad quod respondendum est quod si titulus per primam, sicut prologus, induceretur personam, ambiguam faceret orationem. Nam si diceret: »Ego incipio topicas differentias«, ad infinitum nos duceret. [[ad nullam orationem]] \Ad nullam enim certam nos mitteret personam. Omnis equidem homo dicit »ego«. Item si diceret: »Ego Boethius incipio topicas differentias«, quamvis certam, figuratam tamen faceret orationem./ Omnis enim nominativus tertiae personae est. »Ego« vero et »incipio« primae sunt personae, quare talis oratio figurata esse iudicatur quia prima persona tertiae coniungitur. Ideo igitur nomen auctoris in titulo praemittitur, ut libri auctor inde certificetur. Ideo autem tertia persona, id est nominativus, tertiae verbi coniungitur, ut prima textus oratio sine vitio esse dicatur.

Solet etiam quaeri quare post titulum prologus inducatur cum idem quod titulus significare videatur; utrumque enim materiam sequentis insinuat operis. Ad quod dicendum est quod titulus solam sequentis operis ostendit materiam, prologus vero ad quam ipsa materia ducitur intentionem; attentum quoque atque benivolum reddit lectorem. Non superflue igitur titulo prologus apponitur.

LIBER PRIMUS

1| OMNIS RATIO DISSERENDI etc. (I.1.1/1173B) Ratio disserendi incorpoream substantiam, id est animatam, significat, sicut scientia cuius ipsa species est. Dices ergo: OMNIS RATIO DISSERENDI, id est omnis anima quae vocatur ratio disserendi, IN DUAS DISTRIBUITUR PARTES, id est in duabus partialibus vocibus designatur secundum ipsum totum. Ideo IN DUAS dicit PARTES quia veteres Peripatetici ita iusserunt, quod est illud: QUAM PERIPATETICI VETERES LOGICEN APELLAVERUNT.
Ostendit duas partes illas in quas dividitur ratio disserendi ita: UNAM INVENIENDI, ALTERAM IUDICANDI, id est una inventio, altera iudicium. ET EA QUIDEM PARS QUAE IUDICIUM PURGAT, id est quae puram agit conclusionem necessaria argumentatione, ATQUE INSTRUIT maxima propositione, A NOBIS POTEST RESOLUTORIA NUNCUPARI quia a Graecis analytice, quod est: AB ILLIS ANALYTICE VOCATA. EA VERO pars QUAE INVENIENDI FACULTATEM MINISTRAT, id est illa anima quae ministrat facilem utilitatem INVE|9ʳ|NIENDI, id est fortiter veniendi contra hostem, A NOBIS DICITUR LOCALIS quia topice dicitur a Graecis, quod est: A GRAECIS TOPICE.
Ad priora redeundum est. Sicut nunc expositum est, habes quod et scientia, genus, et ratio disserendi, species eius, et inventio atque iudicium et resolutorium atque locale, quae rationis disserendi membra sunt, substantiae incorporeae, id est animae, imponuntur. Si vero scientiam tractatus ipsos atque orationes auctorum, sicut quidam volunt, significare dixeris, rationem disserendi eiusque partes quae praedictae sunt idem significare non negabis. Secundum quam significationem partem prologi quam praemisimus exponere licebit.
Per hoc quod dicit: QUI SINT LOCI EORUM[1] DIFFERENTIAE (I.1.2) intelligi vult maximas propositiones quae dicuntur locus et voces etiam singulas, quae nihilominus locus sunt, quarum nomina maximarum propositionum differentiae sunt.
NEC ID SIMPLICITER ATQUE UNIFORMITER (I.1.3/1173C) SIMPLICITER quantum ad tractatum, UNIFORMITER quantum ad divisionem vel ad materiam.
ET NUNC NON IN SINGULIS IMMORABIMUR, SED DE TOTA DIVISIONE COMMUNITER DISSEREMUS (I.1.4) Id est non multum morabimur in singulis membris divisionis exponendis – non negat omnino quin dicat de singulis, sed multum se immoraturum negat – SED COMMUNITER DISSEREMUS, id est

---

[1] EORUM] QUAE HORUM N, *sed cf. app.*

communes sententias dabimus, non proprias, DE TOTA DIVISIONE, id est de singulis divisionis membris communiter tractando de significatis.
ILLIC IGITUR CUNCTA SUNT PROPRIIS ATQUE ENODATIS PARTIBUS EXPEDITA (I.1.5/1173D) Illatio a partibus vel a pari. Quasi dicat: Quandoquidem singula illic diligentius expedita sunt, igitur cuncta illic expedita sunt PARTIBUS PROPRIIS, id est per partes ostensas proprias atque enodatas, id est perfecte ostensas, vel ENODATIS PROPRIIS, id est proprietatibus, ATQUE ENODATIS PARTIBUS.
UT IGITUR CUNCTA PERSPICUIS RATIONIBUS CONSTENT, PAULO ALTIUS ORDIENDUM EST. (I.1.6/1174B) Illatio a causa. Quasi dicat: Quandoquidem cura est mihi exsequendi locos, ORDIENDUM EST PAULO ALTIUS, id est dicendum est in primis de propositione, quaestione, conclusione et argumento, quorum tractatus paulo difficilior est quam sit de loco; ad illum enim per istum venitur. Ideo videlicet praemittendae sunt definitiones istorum UT CUNCTA, id est ista et ea quae de loco dicturus sum, CONSTENT in hoc volumine PERSPICUIIS RATIONIBUS. Daturus definitionem loci necessario praemittit definitionem argumenti. Est enim definitio loci »sedes argumenti«. Quare si ignoretur argumentum, ignorabitur et locus. Quod autem definit propositionem, quaestionem et conclusionem causa argumenti facit, quod nullo modo fit nisi ista praecedant. Quasi dicat: Definitionem argumenti praemitto causa loci, definitionem autem propositionis, quaestionis et conclusionis praemitto causa argumenti. Sciendum autem propositionem ideo praemitti quaestioni quia ex materia propositionis alicuius quaestio descendit; prius enim aliquod enuntiatur quod si non creditur in quaestionem ducitur. Post quaestionem sequitur conclusio, quia id quod quaeritur concludendo affirmatur.

2| Describitur ergo propositio hoc modo: PROPOSITIO EST ORATIO VERUM FALSUMVE SIGNIFICANS (I.2.1) Quod est dicere: Oratio faciens verum signum rei vel falsum est propositio, id est oratio faciens auditorem vere signantem, id est imaginantem, aliquam rem vel falso propositio est, vel oratio faciens auditori ipsum prolatorem esse verum signum vel falsum signum rei de qua ipse agit est propositio. Secundum quam expositionem |10ʳ| dici potest quod omnis oratio adminus duo significat, eam videlicet rem de qua principaliter agit et, secundario, ipsum qui ipsam profert orationem, ut si dicas: »Homo animal est«, oratio haec principaliter designat rem quae dicitur homo, secundario autem ostendit te signum esse rei ipsius de qua ipsa agit. Ostendit cuiusmodi materia dicatur propositio hoc modo: UT SI QUIS DICAT CAELUM ESSE VOLUBILE.
Sequitur probatio a pari ita: HAEC ET ENUNTIATIO ET PROLOQUIUM NUNCUPATUR. Quasi dicat: Recte attribui hanc definitionem quae est »oratio

verum falsumve significans« huic voci quae est »propositio«, quare HAEC, id est oratio verum falsumve significans, NUNCUPATUR ENUNTIATIO ET PROLOQUIUM, id est significatum huius vocis quae est »oratio verum falsumve significans« nuncupatur enuntiatio et proloquium.
Et quia materia, id est significatum propositionis, non credita transit in quaestionem, subiungit inde sic: QUAESTIO EST IN DUBITATIONEM AMBIGUITATEMQUE ADDUCTA PROPOSITIO (1.2.2) Quod est: Propositio, id est materia propositionis, adducta in dubietatem, id est in duas vias, videlicet in affirmationem et negationem, et adducta in ambiguitatem, id est in incertitudinem, est quaestio, id est vocatur quaestio, vel adducta in dubietatem, videlicet in hanc vocem, scilicet ut vocetur dubia, et adducta in ambiguitatem, [id est] [[in incertitudinem ide]] \scilicet/ ut vocetur ambigua. Ostendit sub exemplo quomodo propositio fiat quaestio: UT SI QUIS QUAERAT »AN SIT CAELUM VOLUBILE?«. Subaudi: »an non«; omnis enim quaestio ad utrumque se habet, id est ad affirmationem et negationem.
Et quia materia quaestionis transit in conclusionem, subsequitur ita: CONCLUSIO EST ARGUMENTIS APPROBATA PROPOSITIO (1.2.3/1174C) PROPOSITIO, id est materia propositionis, APPROBATA, id est ex toto probata, ARGUMENTIS, id est tam ratione ipsius qui probat quam eius cui aliquid probatur, CONCLUSIO EST, id est conclusio vocatur. Dicitur autem CONCLUSIO quasi simul clausio, id est plurium cl<a>usio; claudit enim duas praecedentes orationes, id est propositionem et assumptionem. Ostendit sub exemplo qualis vocum materia conclusio dicatur: UT SI QUIS EX ALIIS REBUS CAELUM PROBET ESSE VOLUBILE.[1] Per hoc quod dicit EX ALIIS REBUS, ostendit quod eadem res se ipsam probare non potest. In quo lectio illa realis destruitur secundum quam non vox per alias voces, sed res per se ipsam probatur.
Sequitur: ENUNTIATIO QUIPPE SIVE SUI CAUSA DICATUR TANTUM etc. (1.2.4)[2] Quasi dicat: Merito dixi superius propositionem et enuntiationem paria esse, ENUNTIATIO QUIPPE SIVE SUI CAUSA DICATUR, id est materia enuntiationis si proferatur sui causa tantum, id est ad hoc ut ostendat quid sit propositio, non ad hoc ut de significatis agat, vel si per se ad nihil probandum proferatur, SIVE AFFERATUR[3] AD ALIUD PROBANDUM, id est gratia rerum significat[iv]arum ostendendarum prolata, EST PROPOSITIO, id est vocatur propositio. Sequitur: SI DE IPSA QUAERITUR, QUAESTIO. Quasi dicat: Merito dixi quod propositio adducta in dubietatem[4] est quaestio, quia enuntiatio SI DE

---

[1] CAELUM PROBET ESSE VOLUBILE] PROBET CAELUM ESSE VOLUBILE N, *sed cf. app.*

[2] CAUSA DICITUR TANTUM] TANTUM CAUSA DICITUR N, *sed cf. app.*

[3] AFFERATUR] AFFERTUR N, *sed cf. app.*

[4] dubietatem] duvietatem P

IPSA QUAERITUR est QUAESTIO. A pari. Sequitur: SI IPSA EST APPROBATA, CONCLUSIO. Quasi dicat: Merito dixi quod propositio approbata argumentis est conclusio, quia [[ipsa]] enuntiatio, SI IPSA APPROBATA EST, est CONCLUSIO. A pari.

IDEM IGITUR[1] PROPOSITIO, QUAESTIO ET CONCLUSIO. Illatio a causa. Quasi dicat: Quandoquidem materia propositionis, quaestionis et conclusionis est eadem, igitur propositio quaestio et conclusio sunt idem, id est designantur ab hac voce quae est »idem«, SED DIFFERUNT MODO SUPRADICTO,[2] id est definitionibus supradictis.

Expositis propositionibus per quas ad argumentum venitur tractat de argumento sic: ARGUMENTUM EST RATIO REI DUBIAE FACIENS FIDEM. (I.2.5) Id est anima illa dicitur argumentum quae rationabiliter disserens facit FIDEM, id est fidelem conclusionem, DUBIAE REI, id est praecedenti quaestioni de qua dubitatur, vel RATIO EST ARGUMENTUM, id est anima illa rationabiliter disserens vocatur argumentum, quae facit FIDEM, |10ʳ| id est propositionem et assumptionem, DUBIAE REI, id est dubitanti auditori.

Et quia argumentum et argumentatio idem esse videntur, addit NON VERO IDEM EST ARGUMENTUM QUOD ARGUMENTATIO: NAM VIS SENTENTIAE etc. (I.2.6) VIS SENTENTIAE, id est anima sentiens vi, id est rem discernens prout est, ET RATIO, id est anima rationabiliter sentiens, id est probabiliter auditori, EA, videlicet anima, QUAE CLAUDITUR, id est arctatur et cogitur et tenetur, ORATIONE loquentis, CUM ALIQUID PROBATUR AMBIGUUM, ea tamquam anima ARGUMENTUM VOCATUR. Ideo dicit: CLAUDITUR ORATIONE, \<<quia>> et ille qui probat clauditur ratione exigente et(?) donec quam incepit probationem perficiat et ille cui probatio fit oratione clauditur/ quia quod prius negabat cogente tandem ratione confitetur. IPSA VERO ARGUMENTI ELOCUTIO ARGUMENTATIO DICITUR. Quasi dicat: Argumentum significat animam, sed argumentatio significat orationem quae argumentum explicat.

QUO FIT UT ARGUMENTUM SIT etc. (I.2.7) Illatio ab effectu. Quasi dicat: Quandoquidem argumentum clauditur oratione, ex hoc FIT UT ARGUMENTUM SIT VEL MENS, id est probabilitas, vel VIRTUS, id est necessitas, ATQUE SENTENTIA, id est significatio, ARGUMENTATIONIS. Videlicet, quod argumentatio dicitur probabilis et necessaria et sententiosa, hoc habet ab argumento, et quia ARGUMENTATIO DICITUR ELOCUTIO ARGUMENTI, ex hoc fit ut ARGUMENTATIO sit EXPLICATIO ARGUMENTI PER ORATIONEM, id est oratio explicans argumentum est argumentatio.

---

[1] IDEM IGITUR] IDEM EST IGITUR N, *sed cf. app.*
[2] MODO SUPRADICTO] SUPRADICTO MODO N, *sed cf. app.*

Exposito itaque argumento et his quae ad argumentum necessaria sunt, transit ad locum definiendum hoc modo: LOCUS EST ARGUMENTI SEDES. (1.2.8/1174D) Quod est dicere: Vox illa dicitur locus circa quam sedet, id est immoratur, argumentum, id est anima necessario et probabiliter disputans. Quomodo autem immoretur aliquis circa locum sub exemplo videndum est. Proponatur[1] ergo: »Utrum homo sit substantia?«, et probetur ita: »Omnis homo est animal; omne autem animal est substantia; omnis igitur homo est substantia«. In hac itaque argumentatione habes »animal« locum, circa quam vocem,[2] videlicet »animal«, immoratur argumentator; per »animal« enim, quod medium est, coniungit hominem et substantiam, quae divisa esse videbantur. [[ita: »Utrum lapis sit homo?«]] Et ita habes in omni loco vocali quod aut coniungit quae divisa esse [[*fere III voces erasae*]] putantur aut disiungit quae coniuncta esse videbantur, ita: »Utrum lapis sit homo?«; »Omnis homo est animal; nullus autem lapis <est>[3] animal; nullus igitur lapis est homo«. Sciendum autem quod omnis locus medius est inter ipsa quae coniungit aut disiungit et quod et in propositione et in assumptione semper ponitur, ut supra positum est. VEL locus est UNDE AD PROPOSITAM QUAESTIONEM CONVENIENS TRAHITUR ARGUMENTUM, id est[4] vox illa dicitur locus UNDE, id est per quam vocem, TRAHITUR ARGUMENTUM, id est anima †contra quam†, AD PROPOSITAM, id est ad antepositam, QUAESTIONEM CONVENIENS, id est consentiens illi qui contra se argumentatur. Id est vox illa dicitur locus per quam in syllogismo bis positam cogitur auditor ut credat quae sibi disputando impinguntur.

3 | Diximus de argumento causa loci, de propositione autem et quaestione et conclusione causa argumenti quia alia per alia exponi necesse est. QUAE CUM ITA SINT, id est coniuncta et copulata sint, SINGULORUM DILIGENTIUS NATURA TRACTANDA EST. (1.3.1) Ideo videlicet quia coniuncta et perplexa sunt ita quod in alterutrum pendeant. Vel ita continuandum: Dedi superius diversorum diversas [[differentias]] \definitiones/, |11ʳ| QUAE CUM ITA SINT, id est cum ita diversa sint, SINGULORUM DILIGENTIUS NATURA TRACTANDA EORUMQUE DIVISIO FACIENDA EST PER SPECIES, ut propositio alia affirmatio, alia negatio, ET PER MEMBRA, ut propositionis alia pars praedicatus, alia pars subiectus, vel alia pars antecedens, alia consequens, quae divisio dicitur totius in partes. Et PER FIGURAS. Subaudi: facienda est divisio. FIGURAS vocat exempla quae facta divisione subduntur; quae exempla ideo

---

[1] Proponatur P, *ut mihi visum est*] Deponatur P, *ut Green-Pedersen visum est*
[2] vocem] *Green-Pedersen* : vocalem P
[3] est *add. Green-Pedersen*
[4] id est P, *ut mihi visum est* : idem P, *ut Green-Pedersen visum est, qui in* item *corr.*

figurae dicuntur quia per ea quaeque figuramus. Vel PER FIGURAS facienda divisio est ita, videlicet, ut quidam codices habent divisionem locorum per quasdam figuras depictam, et si ita legeris diversis diversa dabis: per species et membra dabis propositioni et per figuras attribues locis.

4| Sequitur: AFFIRMATIO EST CAELUM ESSE VOLUBILE, SI QUIS EFFERAT SIC. (I.4.3/1175A) Id est ea intentione ut ex pluribus vocibus unam faciat affirmationem; potest enim quis unamquamque per se proferre vocem nullam faciens affirmationem vel negationem.
NEGATIO VERO EST »CAELUM VOLUBILE NON EST«, SI QUIS PRONUNTIET ITA. (I.4.4) Id est ea intentione ut negativam faciat orationem.
UNIVERSALES sunt ut »OMNIS HOMO IUSTUS EST«. (I.4.6) »»Omnis« universaliter consignificat«, inquit Aristoteles,[1] id est signum cum universali termino, ut est »homo« et »animal« et his similia. Quare superfluum esse videtur »omnis«, cum nihil aliud significat quam[2] universalis terminus cui coniungitur, sed non est. Universalis quidem terminus ita inventus est, ut omnes simul et unumquodque etiam per se sine aliis rebus quibus impositus est significare possit. Propter hoc igitur ut universalem terminum ab uno tantum secernamus et omnia quibus significandis inventus est significare monstremus, »omne« vel »omnis« universalibus terminis adiungimus. Sicut autem »omne« vel »omnis« universalem terminum a singularitate separat, ita »quoddam« vel »qui[d]dam« eidem coniunctum ad singularitatem revocat, ut: »Quidam homo iustus est«; nihil enim plus »quidam homo« significat quam aliquod individuale nomen.
QUONIAM IGITUR ALIAE PROPOSITIONES PRAEDICATIVAE etc. (I.4.13/1175B) Illatio ab immediatis. Quasi dicat: IGITUR PARTES PRAEDICATIVARUM TERMINOS APPELLAMUS unde hoc QUONIAM ALIAE PROPOSITIONES PRAEDICATIVAE, ALIAE CONDICIONALES SUNT. Quarum, id est condicionalium, partes sunt antecedens et consequens. PARTES PRAEDICATIVARUM vocat has voces, id est »praedicatum« et »subiectum«, quas terminos appellamus, non quod eis imposita sit haec vox quae est »terminus« ut eas significans, sed ut consignificans; praedicatur enim de ipsis ut totum de partibus.
TERMINOS AUTEM VOCO NOMINA ET VERBA (I.4.15)[3] Id est »praedicatum et subiectum« dico idem significare quod »nomen et verbum«. In quo destruuntur veteres, qui praedicatum et subiectum dicunt res esse, non voces. QUIBUS, subaudi nominibus et verbis, NECTITUR PROPOSITIO, id est adiungitur ista vox

---

[1] Arist. *Int.* 7.17^{b}12

[2] quam] per **P**

[3] NOMINA ET VERBA] VERBA ET NOMINA **N**, *sed cf. app.*

quae est »propositio« ut totum, ut domus parieti, tecto et fundamento. Partes propositionis sunt praedicatus et subiectus, qui etiam sunt termini. Ita videlicet praedicatus et subiectus sunt partes propositionis ut HAEC DUO NOMINA, id est hoc nomen et hoc nomen, VOCAMUS PARTES PROPOSITIONIS. A simili. HAEC DUO NOMINA dico entia IN EA PROPOSITIONE ut significatum in significante; IN EA dico in QUA DICIMUS esse hanc materiam vocum, id est »HOMO IUSTUS EST«. Merito dixi HAEC DUO NOMINA, nam »homo« est id, id est nomen, \et »iustus« est id, id est nomen/. Quam litteram habes in libro ubi dicitur: UT IN EA PROPOSITIONE QUA DICIMUS: »HOMO IUSTUS EST«, HAEC DUO NOMINA, ID EST »HOMO« ET »IUSTUS«, PROPOSITIONIS PARTES VOCAMUS.

Termini sunt praedicatus et subiectus. Istae voces et termini sunt, »nomina« et »verba«, id est idem significat »terminus« et »praedicatus« et »subiectus« quod significant istae aliae voces, id est »nomen« et »verbum«. Nomina sunt ut »homo« »iustus«, quae duo vocantur etiam praedicatus et subiectus et terminus et vocantur partes propositionis, id est designantur a partialibus vocibus propositionis, id est a »praedicatus« et »subiectus«.

EOSDEM ETIAM, id est »homo« et »iustus«, TERMINOS DICIMUS, QUORUM ALTER SUBIECTUS EST, ALTER VERO PRAEDICATUS. SUBIECTUS EST QUI MINOR, PRAEDICATUS QUI MAIOR; »HOMO« QUIDEM MINUS EST QUAM »IUSTUS«. (1.4.16)[1] Non dicit MINUS quod in hac propositione quae est »Homo iustus est« minus significat »homo« quam »iustus«, illud autem plus, sed quod extra consideratum »homo« paucioribus, »iustus« autem pluribus imponitur.[2] Quod habes ubi dicitur: NON ENIM IN SOLO HOMINE IUSTITIA ESSE POTEST. QUONIAM VERO HUIUSMODI etc. (1.4.17/1175C) Partes |11ᵛ| praedicativarum sunt termini, id est praedicatus et subiectus quorum alter maior, alter vero minor est, QUONIAM VERO SIMPLICES PROPOSITIONES ALTERUM HABENT PRAEDICATUM TERMINUM HUIUSMODI, id est maiorem, ALTERUM VERO SUBIECTUM HUIUSMODI, id est minorem, A PRIVILEGIO MAIORIS PARTIS PROPOSITIO PRAEDICATIVA VOCATA EST,[3] id est a voce illa quam privam, id est propriam, legit sibi ista vox quae est »maior pars«, id est a significato huius vocis quae est »maior pars«, id est a »praedicato«, vocata est propositio praedicativa.

VERO quod superius habuisti discretivum est. Propositio illa vocatur praedicativa ubi maior terminus praedicatur, et non solum illa, sed et illa ubi

---

[1] QUORUM QUIDEM ALTER SUBIECTUS EST, ALTER PRAEDICATUS. SUBIECTUS EST TERMINUS QUI MINOR EST, PRAEDICATUS VERO QUI MAIOR, UT IN EA PROPOSITIONE, QUA DICITUR: »HOMO IUSTUS EST«; »HOMO« QUIDEM MINUS EST QUAM »IUSTUS«. N, *sed cf. app.*

[2] imponitur] *fortasse* imponatur P

[3] QUONIAM VERO HUIUSMODI SIMPLICES PROPOSITIONES ALTERUM HABENT PRAEDICATUM TERMINUM, ALTERUM VERO SUBIECTUM, A MAIORIS PRIVILEGIO PARTIS PROPOSITIO PRAEDICATIVA VOCATA EST. N

aequales sunt termini. Quod sic est in libro: SAEPE AUTEM EVENIT etc.
(1.4.18) Quaedam simplices propositiones habentes inaequales terminos et
quaedam etiam habentes aequales praedicativae sunt pariter, sed in hoc tamen
dissimiles sunt, quod est illud: SED IN HIS NECESSE EST HOC EVENIRE UT SI
QUIDEM etc. (1.4.19) Quamvis in uno coeant nomine, differunt tamen in
praedicatione. Hanc adversationem habes per SED. Quomodo differant in
praedicatione ostendit per supposita: UT VERO MINOR terminus DE MAIORE
PRAEDICETUR IN NULLO PROPOSITIONE CONTINGIT, videlicet neque in
naturali neque in contingenti neque in praeterito neque in p<rae>senti neque in
futuro.
FIERI AUTEM POTEST etc. (1.4.20/1175D) Quasi dicat: Praedicatus terminus et
subiectus singulas voces aliquando sunt ut »homo« »iustus«, et non solum illas,
sed etiam orationes. Hoc est quod dicit: FIERI AUTEM POTEST UT
<PROPOSITIONUM> PARTES QUOS TERMINOS DICIMUS NON SOLUM IN
NOMINIBUS SINGULIS, VERUM IN ORATIONIBUS <INVENIAMUS>.
SED DE HUIUSMODI PROPOSITIONIBUS etc. (1.4.23/1176A) Quasi dicat: Hic
tunc modo sub exemplis ostendimus quod »praedicatus« et »subiectus« aliquando
singulas voces, aliquando significant orationes, SED DILIGENTIUS
DISSERUIMUS DE HUIUSMODI PROPOSITIONIBUS IN HIS COMMENTARIIS
QUOS [D] IN LIBRO PERIHERMENIAS ARISTOTELIS[1] CONSCRIPSIMUS. Vel
ad id continues ubi dicitur: »Fieri potest ut inveniamus«,[2] sed nos iam invenimus
et ideo minime hic iterandum censemus.
CONDICIONALIUM VERO PROPOSITIONUM (1.4.24) Versus iste continuatur
ad superiora, ubi dictum est: »Praedicativarum propositionum partes terminos
apellamus. Condicionalium vero etc.«[3]
HARUM QUOQUE ALIAE SUNT SIMPLICES etc. (1.4.25/1176B)[4] Coniunctio, id
est QUOQUE, dat nobis intelligere hanc eandem in praedicativis propositionibus
posse fieri divisionem, quamvis eam non fecisset superius. Est autem haec
divisio generis in species, illa autem quae praemissa est totius est in partes, sicut
superius de praedicativis propositionibus fecit. Divisit enim in species ubi dixit:
»Aliae sunt universales, aliae particulares etc.«[5] Item: ALIAE SIMPLICES, ALIAE
CONIUNCTAE. Post ea vero divisit in partes ubi dixit: »praedicativarum partes
terminos appellamus«.[6]

---

[1] IN LIBRO PERIHERMENEIAS ARISTOTELIS] DE PERI HERMENIAS ARISTOTELIS LIBRO N, *sed cf. app.*

[2] 1.4.20/1175D

[3] 1.4.13/1175B

[4] ALIAE SUNT SIMPLICES] ALIAE SIMPLICES N, *sed cf. app.*

[5] 1.4.5/1175A

[6] 1.4.13/1175B

Condicionalium aliae simplices, aliae coniunctae. Coniunctas vocat eas quae multimodas habent species et per multiplicitatem minus notas. Simplicium vero quattuor tantum species sunt. Aliae enim CONSTANT EX DUABUS CATEGORICIS AFFIRMATIVIS, aliae EX DUABUS NEGATIVIS, aliae EX AFFIRMATIVA ET NEGATIVA, aliae EX NEGATIVA ET AFFIRMATIVA. Illae quidem quae ex duabus affirmativis constant aut fiunt affirmando inter minus et maius, ut »Si homo est, animal est«, aut inter aequalia, ut »SI ROTUNDUM EST, VOLUBILE EST«, aut inter causam et effectum, ut »Si sol lucet, dies est«, aut inter effectum et causam, ut »Si dies est, sol lucet«. Illae vero quae constant ex duabus negativis fiunt negando aut inter maius et minus, ut »Si animal non est, homo non est«, aut inter aequalia, ut »SI ROTUNDUM NON EST, VOLUBILE NON EST«, aut inter causam et effectum vel effectum et causam, ut »Si sol non lucet, dies non est« vel »Si dies non est, sol non lucet«. Illae autem quae ex affirmativa et negativa constant fiunt aut inter mediata aut inter <im>mediata contraria, ut »Si Socrates albus est, niger non est« »Si sanus est, aeger non est«, aut inter repugnantia, ut »SI QUADRATUM[1] EST, VOLUBILE NON EST«, aut inter disparata, ut »Si lapis est, homo non est«. Illae quidem quae ex negativa et affirmativa constant tantummodo fiunt inter immediata, ut »SI ROTUNDUM NON EST, STABILE EST«.

Sequitur item principalis divisio quae non est condicionalis vel praedicativae propositionis, sed generis, id est propositionis verum |12ʳ| falsumve significantis. Quae divisio talis est: PROPOSITIONUM QUOQUE ALIAE SUNT NOTAE PER SE (1.4.29/1176C), aliae sunt notae per aliud. Maximas propositiones dicit notas esse per se ET QUARUM PROBATIO NEQUEAT[2] INVENIRI. Per se notae sunt quia per proprios terminos evidentiam sui ostendunt; earum probatio nequit inveniri quia aliis propositionibus maioribus se nequeunt approbari. Nullo enim modo potest disponi syllogismus quo aliqua maximarum propositionum probetur. Verbi gratia: Si dicas: »Quicquid praedicatur de genere universaliter, praedicatur et de speciebus«, haec maxima propositio non invenio qualiter syllogistice probetur. Nam si dicas: »Utrum »Quicquid praedicatur de genere etc.« sit vera propositio?«, nullam facis quaestionem; nam quod subicitur significatum est et quod praedicatur significans. Item si dicas: »Utrum haec propositio sit vera?«, quaestio quidem bona est, sed nihil ad rem; hic enim nihil quaeritur de maxima propositione, sed hoc tantum utrum »verum« conveniat huic individuae voci quae est »haec propositio«. Item si dicas: »Utrum »Quicquid praedicatur de genere universaliter, praedicetur de speciebus« non valet?«, quaestio equidem bona est, sed probari

---

[1] QUADRATUM] QUADRANTAL N, sed cf. app.
[2] NEQUEAT] NONQUEAT N, sed. cf. app.

non potest; nam si dicas: »Si »substantia« praedicatum de animali universaliter praedicatur de homine, tum quicquid praedicatur de genere universaliter, praedicatur et de speciebus«, nulla consequentia est, quia in rebus significatis totus syllogismus versatur et eadem res sibi ipsi probandae facit fidem. Cum enim dicis: »Utrum quicquid praedicatur de genere universaliter, praedicetur de speciebus?«, quaeris plane utrum »substantia« et cetera generalissima praedicata de sibi suppositis generibus, id est de animali et ceteris, praedicentur de speciebus, id est de homine et ceteris.

EST AUTEM MAXIMA PROPOSITIO UT HAEC: »SI AEQUALIBUS AEQUALIA DEMAS, QUAE RELINQUUNTUR AEQUALIA SUNT«. (1.4.30) Non est haec maxima propositio, sed expositio eius; una quippe maxima propositio pluribus exponitur modis. Est autem [[maxima]] illa cuius haec expositio est: »De paribus idem iudicium«. Quae, videlicet ista, ita exponitur: »Cui convenit unum par, et reliquum«, vel ita: »Cui aufertur unum par, et reliquum«, vel sicut hic est: »SI AEQUALIBUS AEQUALIA DEMAS QUAE RELINQUUNTUR AEQUALIA SUNT«.

Sciendum autem quod hae diversae expositiones eiusdem maximae propositionis diversis serviunt syllogismis. Illum enim prima probat ponendo, secunda auferendo, et illae duae omnibus paribus aptari possunt diversis modis, tertia vero numeris tantum convenit, cuius syllogismus ita fieri potest: »Utrum de octo et octo ablatis paribus, quae relinquuntur paria sunt?«; »Si de sex et sex ablatis paribus quae relinquuntur paria[1] sunt, tunc de octo et octo a<blatis> paribus quae relinquuntur aequalia sunt; sed hoc est, ergo illud«. Locus a pari. Maxima propositio: »De paribus idem iudicium«. Expositio huius maximae propositionis secundum hunc syllogismum haec est: »SI AEQUALIBUS AEQUALIA DEMAS QUAE RELIQUUNTUR AEQUALIA SUNT«.

QUAE PROPOSITIONES CUM FIDEM SUI etc. (1.4.31/1176D) Quasi dicat: Aliae sunt propositiones quarum probatio nequit inveniri. QUAE PROPOSITIONES CUM FIDEM, id est probabilitatem, SUI GERANT PROPRIA[2] NATURA, id est per praedicatum et subiectum, NON SOLUM ALIENO AD FIDEM NON EGENT ADIUMENTO,[3] VERUM SOLENT ESSE PRINCIPIUM PROBATIONIS QUOQUE, id est probabilitatis sicut et necessitatis, CETERIS propositionibus. IGITUR PROPOSITIONES PER SE NOTAE QUIBUS NIHIL EST NOTIUS INDEMONSTRABILES sunt, quia »non egent alieno adiumento ad fidem«, ET MAXIMAE, quia »natura propria fidem sui gerant«, AC PRINCIPALES, quia sunt aliis »principium probationis«. PER SE NOTAE |12ᵛ| PROPOSITIONES

---

[1] paria] paribus P
[2] PROPRIA] PROPRIAM N, sed cf. app.
[3] ADIUMENTO] ARGUMENTO N, sed cf. app.

VOCANTUR INDEMONSTRABILES ET MAXIMAE AC PRINCIPALES. QUAE VERO non sunt per se DICUNTUR DEMONSTRABILES, quia FIDEM capiunt EX ALIENO, AC MINORES, quia HABENT ALIQUID NOTIUS NATURALITER, ET POSTERIORES, quia fit QUAESTIO DE HIS. (1.4.32)[1]
ET DE PROPOSITIONIBUS QUIDEM ISTA SUFFICIANT. (1.4.33) Quasi dicat: Non solum SUFFICIANT tibi illa quae iam ante dicta sunt DE PROPOSITIONIBUS, sed ET ISTA quae modo[2] in ultimis dicta sunt QUIDEM, id est discrete, DE PROPOSITIONIBUS. Hoc est: Illa quae dixi in prima divisione DE PROPOSITIONIBUS ET ISTA etiam quae modo in ultima dicta sunt SUFFICIANT tibi, id est vilia faciant tibi quae alibi dicta sunt, DE PROPOSITIONIBUS, id est respectu horum ali<<a>> parvipendas; per quod praecedens opus commendatur.

5| QUAESTIO VERO EST DUBITABILIS PROPOSITIO (1.5.1) Quasi dicat: Propositionum aliae sunt tales et aliae tales, sed quaestio neutrum horum est, quia dubitabilis propositio est. Et bene dico quaestionem esse propositionem cum <<sit>> dubitabilis quia necesse est in quaestione omnia illa considerari quae dudum praediximus in propositione. Quod sic est in libro: IN QUA NECESSE EADEM OMNIA CONSIDERARI QUAE DUDUM IN PROPOSITIONE PRAEDIXIMUS. Cum dicit DUDUM, mittit te ad praedictas propositionis divisiones excipiendo illam quam posuit ultimam. Ostendit quae sint illa quae dudum praedixit hoc modo: ALIAE NAMQUE SUNT SIMPLICES etc. (1.5.2)
AT SI SUMAT PRINCIPIUM (1.5.4/1177A), id est hanc vocem quae est »quaestio«, quae dicitur principium quantum ad voces sibi suppositas. Et per hoc quod dicit quod quaestio descendit a propositione et sumit principium, materias ipsas vocum, id est significata, accipit, quae diversa sortiuntur vocabula secundum diversa officia, ut haec vocum collectio [est]: »Homo animal est« vocatur propositio, eadem vocatur quaestio si dicas: »Utrum homo sit animal?«, eadem etiam conclusio, ut si dicas: »Ergo homo animal«.
ET QUAESTIO IGITUR ALIAS QUIDEM PRAEDICATIVA, ALIAS QUIDEM[3] CONDICIONALIS EST. (1.5.5) Illatio haec a pari descendit. Quasi dicat: Quandoquidem quaestio alia est simplex et alia composita, igitur alia est praedicativa et alia condicionalis; »simplex« et »praedicativum« paria sunt, »composita« et »condicionalis« paria; cuicumque igitur illa conveniunt, necessario et ista.

---

[1] HIS] EIS N, sed cf. app.
[2] quae modo] quomodo P
[3] QUIDEM] VERO N, sed cf. app.

Sequitur alia illatio a duobus totis in partes suas, haec videlicet: Quo fit ut eaedem sint partes quoque quaestionis, quae dudum esse dictae sunt propositionis. (1.5.6) Quasi dicat: Quando quaestio est praedicativa et condicionalis, igitur partes quaestionis sunt praedicatus et subiectus et antecedens et consequens.
Sequitur et alia illatio a pari sic: Praedicativae igitur quaestiones habent praedicatum terminum et subiectum (1.5.7) Quasi dicat: Quandoquidem praedicatus et subiectus sunt partes propositionis praedicativae, igitur sunt partes praedicativae quaestionis.
Omnia vero quae de praedicativis propositionibus dicta sunt (1.5.11/1177B) Potest ad proximum continuari versum hoc modo: In hypothetica quaestione id tantum quaeritur an consequens inhaereat antecedenti, sed omnia quae dicta sunt de praedicativis propositionibus eadem etiam in praedicativa quaestione convenit dici. Vel continuetur |13ʳ| ad superiora, ubi dictum est: »necesse est« in quaestione »eadem omnia considerari quae in propositione« dicuntur.[1] »Omnia quae dudum praediximus in propositione«[2] ut in genere, considerantur in quaestione ut in genere, omnia vero quae dicta sunt de praedicativa propositione ut de specie, dicuntur etiam de praedicativa quaestione ut de specie. Quod sic pones in quaestionem: »Utrum propositio et quaestio conveniant per »praedicativum«?«; »Aut per »praedicativum« conveniunt aut per definitiones suas; sed per definitiones suas non conveniunt, immo disconveniunt; igitur per »praedicativum« tantum conveniunt«. Ab immediatis locus est. Maxima propositio: »Immediatorum ablato uno ab eo in quo naturaliter fiunt ponitur reliquum«. Assumptio et conclusio in libro. Assumptionem aequipollenter habes ubi dicitur: Hoc enim tantum quaestio a propositione diversa est, quod propositio etc. (1.5.12/1177C) Sequitur conclusio ubi dicitur: Addita igitur dubitatione etc.
Possunt et aliter superiora legi. Ita, videlicet, ut versum quem modo assumptionem fecimus redditionem causae facias ad praecedentem ubi dicitur quod omnia quae de praedicativis propositionibus dicuntur, dicuntur etiam de praedicativa quaestione, id est quod aliae sunt universales, aliae particulares etc. (1.5.11/1177B) Quasi dicat: Merito ista determina[n]te dixi convenire quaestioni, quia in aliis non conveniunt quaestio et propositio. Hoc est quod dicit: Hoc enim tantum quaestio etc. Sequitur illatio a contrariis vel a pari ita: Addita igitur etc.

---

[1] 1.5.1/1176D
[2] 1.5.1/1176D

Quae superius diximus communia sunt quaestioni et propositioni, sed ista quae sequuntur <soli> quaestioni conveniunt; hoc est: QUAESTIONIS AUTEM <DUAE>¹ SUNT SPECIES etc. (1.5.13/1177C) Circumstantias appellat personam, factum, locum, causam facti, qualitatem et tempus, quae apud rhetoricos inveniuntur.
Quod dicit: HUIUS DUPLICIS QUAESTIONIS (1.5.16/1177D) quidam referunt ad totum quod iam divisit, id est ad quaestionem, quidam vero ad membrum quaestionis quod est hypothesis. Quam, id est hypothesin, duplicem ideo quaestionem vocat quia in quaerendo de re causam quaerendi ostendit.
NUNC VERO DE DIVISIONE THESEOS PERTRACTABO (1.5.18) PERTRACTABO, id est perfecte tractabo vel per aliud tractabo. Bene dico DE DIVISIONE quia in quattuor dividitur species; quod est: QUAE IN QUATTUOR DIVIDITUR SPECIES. Sequitur: IN OMNI ENIM DIALECTICA QUAESTIONE etc. Quasi dicat: Ideo dico PERTRACTABO quia quaestio dubitationem naturaliter habet, et ideo pertractandum est inde ut per hoc quid sit quaestio plenius ostendatur. Subsequens etenim divisio per quaestionem fieri non potest, sed per propositionem. Quaestio quidem de inhaerentia tantummodo praedicati et subiecti querit, non utrum praedicatum aliud sit maius et aliud minus, quod per subsequentem divisionem monstratur. Propter ipsam causam PERTRACTABO, sed ideo IN QUATTUOR SPECIES DIVIDITUR quia praedicatum in quattuor modos² dividitur, quod est: CUM VERO ALICUI ALIQUID etc. (1.5.19)³ Divisionem hanc quae hic attribuit quaestioni superius innuit attribui propositioni ubi ait quod in quibusdam propositionibus maior esset praedicatus subiecto, ut in »Homo iustus est«, in quibusdam aequalis, ut in »Homo risibilis est«.⁴ Per hoc quidem quod dicit: PROPONITUR ALIQUID INESSE ALICUI notari vult non debere tales fieri propositiones, ut »Homo homo est« »Animal animal est«, quia hic non PROPONITUR ALIQUID ALICUI, id est diversum in diverso.
Posset fortasse superior versiculus aliter legi, id est: IN OMNI ENIM DIALECTICA QUAESTIONE PRAEDICATIVA. Est autem |13ᵛ| praecedens huic NUNC VERO DE THESEOS DIVISIONE PERTRACTABO, QUAE IN QUATTUOR DIVIDITUR SPECIES, quod ita legitur: Vere thesis in quattuor dividitur species, quia praedicativa propositio dividitur in totidem, unde hoc ut si propositio in quattuor dividatur, quod et thesis in totidem. A pari. Et vere paria sunt quia materiam habent eandem, et hoc est in libro ubi dicitur: IN OMNI ENIM etc.

---

¹ DUAE] N et P infra in I.5.50/1180A
² modos] modis P
³ ALICUI ALIQUID] ALIQUID ALICUI N, sed cf. app.
⁴ I.4.16-18/1175B-C

Versiculus iste ostensio paritatis est, sed qui sequitur assumptio est praecedentis propositionis in qua dicimus: »Si propositio praedicativa dividitur in quattuor species, et thesis; sed propositio praedicativa in quattuor dividitur species«. Hoc est quod dicit: CUM VERO ALICUI ALIQUID etc. Quasi dicat: Praedicativa propositio alia constat ex praedicato maiori et substantiali, alia ex maiori et accidentali, alia ex aequali et substantiali, alia ex aequali et accidentali. Aequipollenter habes in libro litteram. Per hanc autem vocem quae est »substantia«, quam frequenter hic ponit, voces subiecto suppositas ostendit. Nec mirum, cum habeas in Categoriis voces tantummodo per substantiam significare, ubi tractat de primis substantiis atque secundis.[1]
CUM VERO ALIQUID ALICUI INESSE PROPONITUR, ID AUT MAIUS ERIT eadem et plura significando et CONTENDIT,[2] id est tendit cum subiecto, INESSE EI SUBSTANTIALITER, id est praedicari de vocibus universaliter quae substantiae, id est substantes sunt ipsi subiectae[3] (CONTENDIT,[4] dico, INESSE ita quoque ut eodem modo significet, videlicet praedicando in quid); AUT MAIUS QUIDEM ERIT, SED NON DE SUBSTANTIA EIUS PRAEDICABITUR. MAIUS hic accipit quasi »continentius«, ut sunt accidentia, ut album quod quamvis de homine praedicetur, tamen non praedicatur determinate[5] et universaliter et eodem modo significando DE SUBSTANTIA EIUS, id est de vocibus suppositis homini; AUT ERIT EI AEQUALE ET IN SUBSTANTIA PRAEDICABITUR universaliter et eodem modo significando; AUT EI ERIT AEQUALE, SED MINIME EIUS SUBSTANTIAM CONTINEBIT, ut risibile est aequale homini, sed MINIME, id est parum, CONTINEBIT SUBSTANTIAM, id est voces suppositas homini.

»Homo« quidem significat voces sibi suppositas significando proprie rerum essentiam atque qualitatem. Idem enim eodem quoque modo significat »homo« ut sua definitio, id est »animal rationale mortale[6]«; »animal« autem rerum essentiam significat, »rationale« quidem et »mortale« qualitatem. Habes igitur quomodo »homo« rerum essentiam atque qualitatem significat. »Risibile« vero quamvis de homine universaliter praedicetur, hominis tamen qualitatem tantum significat, non etiam essentiam. Et propter hoc dicit: MINIME EIUS SUBSTANTIAM CONTINEBIT. Ideo praedicatum aut maius aut aequale tantum,

---

[1] *cf.* Arist. *Cat.* 5.2ᵇ29-3ᵃ6
[2] CONTENDIT] CONTENDITUR N
[3] subiectae] *an* subiecto *scribendum?*
[4] CONTENDIT] CONTENDITUR N
[5] determinate] determinatae P
[6] mortale] in (*ex* m. *i.e.* mortale *male lecto ortum*) P

quia nullum aliud inveniri potest; hoc habes in libro ubi dicitur: NAM UT ID QUOD MINUS EST etc. (1.5.20/1178A)
Praedicatur maius aliud substantiale, aliud non substantiale, sed praedicatum maius et substantiale genus est; hoc est ubi dicitur: SED SI TALE EST etc. (1.5.21) Sub hoc versu comprehendi volunt omnia \maiora/, tam specialia quam generalia, immo etiam aequivoca nomina, et omnia aeque vocari genus quia in eo quod quid de substantia subiecti praedicantur, ut si dicas: »Quid est Socrates?«, respondetur: »Homo«; et si dicas: »Quid est homo?«, respondetur: »Animal«; et si dicas: »Quid est latrabile animal?«, respondetur: »Canis«. Et dicunt non debere mirum videri si »genus« ista vox aequivoce multis vocibus propter similitudinem universalitatis imponatur, cum constet quod \»homo«/ quamvis univoca vox sit – species enim animalis est – imponatur picturae propter similitudinem et sic aequivoca fiat. Sic quoque »genus« ista vox quamvis sit univoca eo respectu quo generalibus tantum vocibus imponitur, fit tamen aequivoca eo |14ʳ| respectu quo omnes universales significat voces, sicut in hoc loco. Quod sic in libro disponitur: SI TALE EST QUOD IN QUAESTIONE PROPONITUR, UT SUBIECTO SIT MAIUS ET DE SUBIECTI SUBSTANTIA PRAEDICETUR, ERIT GENUS. In quo plane omnia maiora substantialia genus vocat. Vere omnia maiora universaliter de subiecti substantia praedicabilia quia omne genus maius est eo de quo praedicatur. A causa. Quae quamvis probabilis sit, non necessaria tamen est.
Ostendit sub exemplo quod praedicatum sit maius et substantiale: UT ANIMAL HOMINIS. Ostendit etiam quod sit maius et non substantiale hoc modo: AT SI MAIUS QUIDEM FUERIT etc. (1.5.22) Ostendit etiam quod sit aequale et substantiale hoc modo: QUOD SI AEQUALE QUIDEM SIT, SED SUBTANTIALE etc. (1.5.23) In quibus paribus, id est in definitione et definito, notandum est quod alterum alterius essentia est. Nam si quaeras: »Quid est homo?« de voce, respondetur: »Animal rationale mortale«. Si autem quaeratur de re, id est de significato huius vocis quae est »homo«, sufficit respondere: »Animal«, sine »rationale« et »mortale«; deinde vero si quaeratur: »Quale sit animal homo?«, conveniens est respondere: »Rationale mortale«. Sic fit ut per »animal rationale mortale« ostendatur definitae vocis, id est »hominis«, essentia tantum; rei autem quae significatur essentia et qualitas simul per has tres voces ostenditur.
Sequitur ostensio quod praedicatum sit aequale et non substantiale hoc modo: QUOD SI AEQUALE QUIDEM SIT, SED A RATIONE SUBSTANTIAE SEIUNCTUM etc. (1.5.24) »Risibile« quidem aequale est homini tantumdem quantum et »homo« significando, sed tamen seiunctum est a ratione substantiae hominis, id est a proprietate significationis vocum suppositarum homini, per hoc videlicet quod illae significant in eo quod quid, »risibile« autem in quale.

Sequitur illatio a paribus ita: ITAQUE DIALECTICAE SIMPLICES QUAESTIONES FIUNT AUT DE GENERE AUT DE ACCIDENTE <AUT> DE DEFINITIONE AUT DE PROPRIO. (1.5.25/1178B) Quasi dicat: Quandoquidem dialecticae quaestiones simplices aliquando fiunt de maiori et substantiali, itaque fiunt de genere, et quandoquidem fiunt de maiori et <non> substantiali, itaque fiunt de accidenti, et quandoquidem fiunt de aequali et substantiali, itaque fiunt de definitione, et quandoquidem fiunt de aequale et non substantiali, itaque fiunt a proprio; quas illationes omnes in eodem habes versiculo. Maxima propositio haec est: »De paribus idem iudicium«. Scilicet quia illa conveniunt quaestioni, ergo et ista quae praedictorum paria sunt eidem convenire necesse est.

Sequitur vero: POSSUNT VERO FIERI etc. (1.5.26) Quasi dicat: Ego dedi quattuor tantum species dialecticae simplicis quaestionis, sed tamen videntur esse plures quam quattuor quia quaestio de differentia simplex est et quaestio de comparativo et de idem. Primum ostendit de quaestione de differentia, deinde de ceteris, et accipit hic differentiam substantialem quam Porphyrius appellat »per se«,[1] ut est rationale et istae aliae voces »habere IMPERIUM LEGIBUS« et »premere POPULUM VIOLENTA DOMINATIONE«. Rationale quidem substantiale est homini et Deo, illae autem aliae voces quae \duae/ differentiae sunt substantiales sunt, alia principi, alia tyranno, non significatis rebus, sed ipsis significantibus vocibus. Quod si quaeratur cuius generis species sint tyrannus et princeps, dicemus potentis.

SED TANTUMDEM EST DE DIFFERENTIA QUAERERE etc. (1.5.27) Quasi dicat: Ostendi qualiter fit quaestio de differentia, sed iste modus quaestionis non impedit sententiam supradictam, videlicet quin quattuor tantum species quaestionis sint; nam quaestio de differentia comprehenditur sub illa specie quae est quaestio de genere.

AUT ENIM CONSTITUTIVA ERIT DIFFERENTIA AUT DIVISIBILIS. (1.5.28) Constitutivam differentiam vocat illam quae assumit sibi alias differentias et ita constituit speciem, ut si dicas: »Rationale mortale est homo« »Rationale immortale est Deus« »Animatum sensibile est animal«, habes itaque quod rationale et animatum sunt constitutivae; sic et in aliis pluribus fieri potest. LOCUM GENERIS appellat differentiam illam, quam genus vel differentia quae pro genere ponitur assumit quando speciem aliquam definit; hoc est quod dicit: SI CONSTITUTIVA FUERIT, OBTINET LOCUM, id est differentiam aliam. LOCUM dico entem sui, sui dico entis QUASI GENERIS. Ostendit sub exemplo quomodo constitutiva differentia QUASI GENERIS OBTINET LOCUM; quod est: UT RATIONALITAS[2] HOMINI etc. Si autem constitu[[tiv]]as hominem per

---

[1] Porph., *Isag.* 9,10f.
[2] RATIONALITAS] RATIONABILITAS N, *sed cf. app.*

rationalitatem, dices ita: »Homo est rationalitas cum mortalitate vel mortali«, aut ita: »Homo est habens rationalitatem cum mortalitate«. Quamvis enim rationalitas de homine non praedicatur, hoc modo tamen constituit hominem. Vel sit ostensio a simili, non quod rationalitas sit constitutiva differentia vera, sed ita constitutiva quaelibet alia locum obtinet quasi generis, sicut rationalitas est constitutiva quodammodo.
Caelestia corpora vocat solem et lunam et |14ʳ| planetas, quae quia certo ordine semper [[volv]] moventur quibusdam philosophis rationabilia esse videbantur.
AT SI DIVISIBILIS, VELUT SPECIES CONSIDERATUR. Quasi dicat: Constitutiva differentia quasi generis obtinet locum, sed divisibilis consideratur velut species, id est aequatur speciei in significatione, ut »corporeum« coaequatur »corpori« et »animatam« huic speciei quae est »animatum corpus«, quod planum esset si aliquod unum nomen species esset, ut hic »sensibile« aequatur »animali«. Ostendit quod re una divisibilis differentia consideratur velut species quia convertitur cum ea. A causa. Hoc est quod dicit: OMNIS ENIM SPECIES CUM DIVISIBILI DIFFERENTIA EST, id est coartatur in consignificationem differentiae quae dividit genus ipsius speciei. Sciendum autem quod eadem differentia constitutiva et divisibilis est, et illud sciendum quod sicut et genus ita et species maius et substantiale est quantum ad individua et[1] concluditur secundum Boethium genus esse, et cum omnis differentia aut constitutiva sit aut divisibilis, quarum altera loco ge\ner/is ponitur, altera loco speciei, palam est quod quaestio de differentia est quaestio de genere; hoc est quod dicit: QUOD SI DIFFERENTIA etc. (1.5.29/1178c) Consequentia est inter effectum et causam. Posterior pars huius versus prius legatur, videlicet AMBIGI NON POTEST etc., deinde prima particula, id est QUOD, id est quod c(ausa?) est, deinde tota condicio, id est SI DIFFERENTIA etc.
ACCIDERE VERO POTEST etc. (1.5.30) Quasi dicat: Non solum videbatur infringi praedicta mea sententia per quaestionem de differentia, sed et per hoc videtur infringi quia fit quaestio de comparativo. Sed per hoc non falsificatur quin quattuor tantum sint species theseos. Nam quaestio de comparativo est quaestio de accidenti, quae est una de quattuor speciebus.
RURSUS POTEST DE EO QUOD EST IDEM FIERI CERTAMEN (1.5.31) Quasi dicat: Per hoc etiam infringi videtur praemissa sententia quia fit quaestio de hac voce quae est »idem«, quae est par omni definitioni, sed non infringitur per hoc quia quaestio de idem est quaestio de definitione; et hoc est quod dicit: SED HAEC QUAESTIO DEFINITIONI EST AGGREGANDA. Ostendit causam cur dixerit quod quaestio de idem sit quaestio de definitione, videlicet ideo quia paria sunt »idem« et omnis oratio quae definitio nuncupatur, et ex hoc paria esse

---

[1] et] ex P

probantur quia quibuscumque convenit eadem oratio dicta definitio, convenit et ista vox quae est »idem« in designatione sui; hoc est quod dicit: QUARUM ENIM RERUM EADEM EST DEFINITIO, IPSAE QUOQUE EAEDEM SUNT Q()R(), quod probat a simili sic: QUARUM VERO DIVERSA SUBSTANTIAE RATIO EST etc.
Sequitur illatio ab immediatis ita: IGITUR SIMPLICIS DIALECTICAE QUAESTIONIS RECTE QUATTUOR SPECIES ESSE DICUNTUR (1.5.32) Quasi dicat: Quandoquidem quaestio de differentia non est recta species quaestionis, ut putabatur, neque quaestio de comparativo neque quaestio de idem, igitur quattuor tantum sunt rectae species quaestionis. Aut quattuor tantum sunt aut plures; sed non sunt plures; igitur quattuor tantum. DE QUIBUS SUFFICIENTER DICTUM EST.
Et quia de his sufficienter diximus, cum sit intentio nostra et de aliis dicere et quia[1] NUNC DE CONDICIONALIBUS TRACTANDUM[2] EST. QUARUM QUIDEM ALIAE CONSTANT EX DUABUS AFFIRMATIVIS, id est stant per materiam duarum propositionum affirmativarum, ita videlicet ut sint cum eis in designatione earumdem rerum, ALIAE EX DUABUS NEGATIVIS etc. (1.5.33/1178D)
Quandoquidem EX DUABUS AFFIRMATIONIBUS CONSTAT quaestio, igitur ID QUAERITUR AN AFFIRMATIO AFFIRMATIONEM SEQUATUR (1.5.34) ID QUAERITUR dico SI PROPOSITIO CONDICIONALIS ex qua ipsa quaestio fit CONSTAT EX DUABUS AFFIRMATIONIBUS. A causa vel a simili. Et SI PROPOSITIO, id est quaestio, thesis enim dicitur propositio vel propositum, si quaestio, inquam, facta [[negatur]]\EX DUABUS NEGATIVIS/ SIT IUNCTA ipsis idem significando, †QUOD EST† ID IN DISCEPTATIONE, id est in quaestione[m], EST AN <NEGATIONEM> NEGATIO [A] COMITETUR.[3] Sequentem quoque versum eodem modo praepostere legas sicut hunc, quia aliter quod propositum improprie legeretur. COPULETUR dicit, id est aliter consignificando, aliter dico hypothetice.
AC PRIUS QUIDEM EIUS QUAESTIONIS DIVISIO FACIENDA EST (1.5.35) Quasi dicat: Quattuor sunt ut ostendimus |15ʳ| species condicionalis quaestionis ac prius quidem subdividemus illam speciem quae constat ex duabus affirmativis, quia secundum materiam atque divisionem propinquior est praedicativis quaestionibus, ut[4] supra dictum est. Quod habes ubi dicitur: QUAE PRAEDICATIVARUM PROPOSITIONUM etc. Vere quaestiones condicionales constantes ex duabus affirmativis NON EFFUGIUNT DIVISIONEM

---

[1] quia] quae P
[2] TRACTANDUM] PERTRACTANDUM N, *sed cf. app.*
[3] AN NEGATIONEM NEGATIO COMITETUR N
[4] ut] unde P

PRAEDICATIVARUM PROPOSITIONUM, nam condicionales propositiones ex quibus huiusmodi quaestiones descendunt eandem habent materiam praedicativarum vel eandem divisionem. Locus a causa vel a simili. Quod est illud: NAM UT PRAECEDAT ALIQUID etc. (1.5.36/1179A)
IN HIS REBUS, id est in his materiis, QUAS PAULO SUPERIUS COMMEMORAVI, id est quas dixi esse in praedicativis quaestionibus, SOLET EVENIRE UT ALIUD ANTECEDAT, id est ut alia pars dicatur antecedens, ET ALIUD CONSEQUATUR, id est alia pars dicatur consequens. IN HIS FERE, id est paucis superadditis, vel quia superadditur signum condicionis, id est »si«, vel quia in praedicativis quaestionibus una affirmatio tantum [[s.ne]] sine condicione consideratur, in his autem \duae/ cum condicione. Ostendit quod condicionales propositiones ex quibus quaestiones fiunt non effugiunt divisionem praedicativarum hoc modo: SPECIEM QUIPPE SEQUITUR GENUS etc. (1.5.37)
Quaeritur autem quare posuit hanc vocem quae est AETHIOPS in exemplis pro speciali voce, cum non sit species, sed gentile nomen, ut »Graecus« »Italus« »Hispanus« »Gallicus«. In quo nomine, videlicet AETHIOPS, dicimus auctorem universalitatem tantum considerasse et secundum hoc speciem [[considerass]] nuncupasse; nec mirum quia species huiusmodi universalia aequivoce nominet cum omnia substantialiter universalia superius genera nuncupasset. Quae consequentia talis est: »SI AETHIOPS EST, NIGER EST«. (1.5.38)
Ostensis differentiis condicionalium propositionum ex quibus quaestiones illae fiunt quae constant ex duabus affirmativis, ostensis, imquam, illis differentiis quas a praedicativis propositionibus assumunt, subiungit seorsum quasdam alias earundem propositionum differentias. Quas ideo seorsum ponit quia condicionales propositiones ex duabus affirmationibus constantes <eas> non assumunt a praedicativis propositionibus a quibus praedictas sumunt. Subiungit, imquam, sic: PRAETEREA[1] ALIAS QUIDEM EFFECTUS CAUSAM etc. (1.5.39/1179B) De his quidem differentiis, id est de causa et effectu vel effectu et causa vel de toto ac partibus et e converso vel de principali nomine et modo et e converso, sciendum est quod[2] numquam in categoricis, semper vero in hypotheticis propositionibus inveniuntur, quarum exempla sunt haec: »SI SOL PRAESTO EST, LUCET«, id est si PRAESTO comitatur hanc vocem causalem quae est SOL, et LUCET ista vox effectualis comitatur illam eandem vel illam \quae est »aer«/. Si quis autem opponat nobis dicens antecedens et consequens eidem rei debere imponi sicut praedicatum et subiectum, dicimus non esse verum in multis, ut si dicas: »Si Aeneas pater est, Iulus filius est«. In omnibus itaque relativis habes quod si alterum sit antecedens, et alterum erit consequens.

---

[1] PRAETEREA] PRAETER HAEC N, *sed cf. app.*

[2] quod] quidem P *ut videtur*

Non est igitur mirandum si SOL et LUCET diversis rebus imponantur, cum alterum causa sit, alterum vero effectus, quae relativa sunt. Habes fortasse et in aliis compluribus idem, ut si dicas: »Homo est asinus« vel »Homo est lapis«. Falsum est ergo dicere praedicatum et subiectum aut antecedens et consequens idem ubique significare.
Subiungitur quoque exemplum condicionalis propositionis inter effectum et causam hoc modo: »SI QUID EXUSTUM EST, IGNIS AFFUIT«, id est si aliquam vocem comitatur haec vox quae est EXUSTUM, et istam aliam vocem quae est IGNIS comitabitur ista alia vox quae est AFFUIT in designatione eiusdem rei. In quo manifestum est verum esse quod supra diximus, videlicet quod alias res antecedens et alias consequens quandoque significat; aliud enim significat EXUSTUM EST et aliud IGNIS AFFUIT.
Quaeritur tamen utrum haec oratio quae dicta est propositio sit. Ex hoc enim non esse videtur quia IGNIS AFFUIT nihil significare contenditur. Ignis enim ille qui affuit iam omnino periit. Verbi gratia: Si lapidem iam dudum perustum atque in pulverem redactum accipias et dicas: »Si lapis perustus est, et ignis affuit«, »lapis« quidem et »perustus« aliquod significat, videlicet pulverem qui ex lapide factus est, »ignis« autem significatum nullatenus manet; nam flamma illa quae lapidem redegit in pulverem omnino iam periit, quamvis quidam fatui \asserant/ nullam |15ᵛ| perire substantiam. Quod si verum est, dicamus plane quod omnes animae irrationalium animalium et rationalium immortales sunt; quod quia dicere nefas est, quaeramus aliam praedictae quaestionis solutionem. Dicamus ergo non debere videri incongruum si propositiones conectant voces etiam illae quarum significata iam non sunt [[ut »Anima bovis fuit«, quaedam quoque quarum significata praesentia sunt, ut »homo animal est«, quaedam etiam quarum significata]], sed fuerunt tamen, ut si dicas: »Ignis fuit« »Anima bovis fuit«. Solet etiam fieri propositio de his vocibus quarum significata nec sunt nec fuerunt, sed tantum futura sunt, ut si dicas: »Puer nascetur« »Antichristus veniet«. Habes ergo quod voces quaedam propositionem faciunt quorum iam significata tantummodo futura sunt, ut »Antichristus nascetur«. Illae vero quarum significata neque fuerunt neque sunt neque futura sunt nullatenus propositionem facere possunt, ut si dicas: »Chimaera currit«, nulla propositio est; significata enim harum vocum neque fuerunt neque sunt neque futura sunt.
Sequitur: MODUS ETIAM SEQUITUR PRINCIPALE NOMEN (1.5.41) Modum vocat adverbiales voces quae ponuntur in consequentia nominum a quibus derivantur. Quae voces, id est adverbiales, ideo dicuntur MODUS quia modificant et determinant verba quibus coniunguntur, ut si dicas: »legit«,[1] indeterminatum est; cum vero addis »bene« vel »male« »multum« vel »parum« et

---

[1] legit] legis **P** *a.c. ut videtur*

his similia, iam modificas et ad unum quidem reducis verbum quod prius in incertum vagabatur. PRINCIPALE vocatur nomen respectu adverbialis vocis quae ab eo derivatur.

QUAE CUM ITA SINT (1.5.43) Id est: Cum istae differentiae quas supra diximus considerentur in condicionalibus propositionibus quae ex duabus affirmativis constant, considerabuntur etiam in his quaestionibus quae ab ipsis descendunt, id est quae ex duabus affirmativis constant. Locus a simili vel a causa.

ATQUE HAEC DE EA QUAESTIONE INTELLECTA[1] etc. (1.5.44/1179C) Quasi dicat: Ne sit tibi mirum quod quasi contrarias voces eidem rei dederim, videlicet SIMPLICIS et COPULATAE EX DUABUS AFFIRMATIVIS[2], quia CUM quaestio SIT HYPOTHETICA SIMPLEX, EX DUABUS TAMEN IUNGITUR AFFIRMATIVIS.

Sequitur: IN HISDEM ETIAM DIFFERENTIIS etc. (1.5.45) Quasi dicat: Non solum quaestiones illae quae ex duabus affirmativis constant in praedictis consistunt differentiis, sed etiam illae quae ex duabus negativis constant. Et merito, quia condicionales propositiones ex quibus descendunt in eisdem versantur differentiis; non ut superius ordinatis, sed transpositis. Quod est ubi dicitur: NAM SI GENUS NON EST, SPECIES NON EST. Id est si generalis vox negetur in aliqua propositione condicionali, et species negabitur. Item si differentia vel definitio vel proprium negetur, species negabitur. Et ita habes quod condicionales propositiones quae ex duabus constant negativis in praedictis versantur differentiis [[non ut superius ordinatis]]; aliae namque sunt inter genus et speciem, aliae inter definitionem et definitum etc.

ET DE CETERIS QUIDEM etc. EODEM MODO CONSIDERANDUM EST. (1.5.46) Quasi dicat: Sicut vides in his exemplis quae proposuimus quod negato uno negatur et alterum, ita est et de ceteris supradictis quorum hinc exempla desunt. Vere EODEM MODO CONSIDERANDUM EST quia QUICQUID ANTECEDIT in illis propositionibus quae ex duabus affirmativis constant UT ALIUD CONSEQUATUR, SI ID QUOD CONSEQUITUR NON FUERIT, NE ILLUD QUIDEM EST QUOD ANTECEDIT. Vel ita: Bene dixi eodem modo considerandum esse in ceteris, scilicet in effectu et causa, in toto et partibus, in modo et principali nomen et in accidentibus, quod negato consequenti negatur antecedens in omnibus illis, quia omni vero consequenti \negato antecendens negatur. Locus a toto. Nom enim in his tantum consequens consideratur, sed in genere et aliis; et hoc est quod aequipollenter dicit: QUICQUID ENIM etc./

Ostensa materia et divisione duarum specierum condicionalium quaestionum, earum videlicet quae constant ex duabus affirmativis et earum quae constant ex duabus negationibus, ostendit consequenter materiam et divisionem tertiae

---

[1] INTELLECTA] INTELLEGENDA N

[2] AFFIRMATIVIS] AFFIRMATIONIBUS N

speciei, scilicet earum quae constant ex affirmatione et negatione, hoc modo:
EARUM VERO QUAESTIONUM etc. (1.5.47/1179D)
ILLA FERE DIVISIO EST etc. FERE ideo dicit quia non apponit hic quod postea subiungit, id est videlicet »quolibet alio modo sibimet inconvenientia«,[1] quae sunt disparata.
Quod autem sequitur, id est UT ENIM AFFIRMATIONEM NEGATIO etc., probatio est a causa, vel a simili sicut superius habuisti. Quasi dicat: Vere quaestio ex affirmatione et negatione constans diversa genera vel diversas species vel contraria vel privationem et habitum materiam habet, quia propositio condicionalis ex qua ipsa descendit eandem habent materiam. Hoc est quod dicit: UT ENIM AFFIRMATIONEM NEGATIO CONSEQUATUR etc. Quod autem dicit pluraliter »privationes« intellegendum est tam ad hoc quod supponitur exemplum quam ad alia privantia quae desunt.
ITAQUE UT PROPOSITAM AFFIRMATIONEM etc. (1.5.48/1180A) Illatio a causa vel a pari. Quasi dicat: Quandoquidem propositio illa condicionalis ex qua praemissa species quaestionis descendit diversa genera et species et contraria et privantia aut quaelibet disparata materiam habet, ergo et praemissa species quaestionis quae ex ea fit eandem habet.
UT AUTEM NEGATIONEM AFFIRMATIO CONSEQUATUR etc. (1.5.49) Quasi dicat: Tertia species condicionalis simplicis quaestionis materiam habet diversa genera et diversas species aut contraria aut privantia aut quolibet modo disparata, sed quarta species NON POTEST FIERI NISI IN HIS CONTRARIIS QUAE MEDIO CARENT ET QUORUM ALTERUM SEMPER INESSE[2] NECESSE EST quae est talis UT |16ʳ| NEGATIONEM AFFIRMATIO CONSEQUATUR. Et merito hanc a supradictis separo ut sit per se species, quia eam in quarta differentia superius constituimus; hoc est ubi dicitur: QUAE ERAT QUARTA CONDICIONALIS PROPOSITIONIS DIFFERENTIA. Vere quarta species quaestionis simplicis condicionalis contraria QUAE MEDIO CARENT ET QUORUM ALTERUM SEMPER INESSE NECESSE EST materiam habet et constat ex negatione et affirmatione quia propositio ex qua fit eodem modo se habet; hoc in praemisso habes versu, qui est: UT AUTEM NEGATIONEM AFFIRMATIO CONSEQUATUR etc.
Subiungit exempla condicionalis simplicis propositionis contraria immediata et ea QUORUM ALTERUM SEMPER INESSE NECESSE EST materiam habentis et ex negatione atque affirmatione constantis hoc modo: »SI DIES NON EST, NOX EST« »SI TENEBRAE NON SUNT, LUX EST«. Videtur incongrua contrariorum dedisse exempla: dies enim et nox quantitates sunt, partes quippe temporis sunt,

---

[1] 1.5.48/1180A
[2] INESSE] ESSE N, *sed cf. app.*

quare contraria non sunt. »Quantitati enim«, inquit Aristoteles, »nihil est contrarium.«¹ Quoniam igitur dies et nox in eo quod quantitas sunt contraria non sunt, dicendum est quo eo respectu contraria sint quo qualitativa sunt. Qualitativa quidem sunt quando aeri imponuntur, ut si matutinum aut vespertinum tempus volens ostendere dicam: »Dies est« »Nox est«, id est »Aer lucidus est« »Aer obscurus est«. Quandocumque ergo pro qualitate aeris ostendenda ponuntur, contraria sunt, nec sunt partes temporis, sed qualitativa tantum nomina quae a nulla tamen qualitate denomative dicuntur, ut sunt »cursor« »pugillator« »studiosus«. Quando vero pro mora ac cursu solis aut pro nostrae actionis mensura ostendenda ponuntur, partes sunt temporis et nullatenus contraria sunt; quantitates enim sunt, ut si dicas: »Diem et noctem unam Lauduni moratus sum« »Diurnum est hoc opus« »Nocturnae sunt vigiliae«. Illa vero quae sequuntur, id est TENEBRAE et LUX, absque controversia contraria sunt; proprie enim qualitativa sunt.

Quod autem sequitur, id est FACTA IGITUR PRAEDICATIVARUM ET CONDICIONALIUM QUAESTIONUM DIVISIONE (1.5.50), illatio est ab effectu in causam. Descendit autem ab eo loco superiori ubi dictum est: »Quaestionis autem duae sunt species: Una quidem² a dialecticis dicitur thesis, altera vero hypothesis, et thesis quidem philosophis ac maxime dialecticis attributa est«.³ Ab hoc ultimo praedicta sumitur illatio ita: Quandoquidem dialectici maxime utuntur thesi, ergo ipsa thesis constat ex physica, ethica, logica.

PRAETEREA OMNIS QUAESTIO VEL SIMPLEX VEL COMPOSITA. (1.5.51/1180B) Quasi dicat: Praeter has quaestionis quae superius datae sunt divisiones dividitur ita: OMNIS QUAESTIO VEL SIMPLEX VEL COMPOSITA. Notandum vero has voces, id est SIMPLEX et COMPOSITA, hic aliter quam superius debere accipi. Superius quidem in divisione quadam »simplex« categoricas, »compositum« vero hypotheticas significabat propositiones. Item in hypotheticarum divisione significabat »simplex« eas tantum quae ex duabus constabant categoricis, »compositum« vero eas quae ex pluribus. In hac autem quam modo dat divisionem significat SIMPLEX quaestiones illas quae ex duabus tantum vocibus constant, id est ex singulari subiecto et ex singulari praedicato, COMPOSITA vero eas significat quae in subiecto vocem unam habent, in praedicato autem plures, vel quae in subiecto plures, in praedicato autem unam tantum habent, vel eas quae in utroque termino plures habent.

---

[1] Arist. *Cat.* 6.5^{b}11
[2] quidem] quae N
[3] 1.5.13-16/1177C-D

Ostendit quae sit simplex quaestio hoc modo: SIMPLEX EST[1] QUOTIENS AFFIRMATIONE ET NEGATIONE DIVIDITUR etc. (1.5.52) Quasi dicat: Illa quaestio dicitur simplex quae continet unius tantum materiam affirmationis et unius tantum negationis, ut haec: »AN[2] SIT CAELUM ROTUNDUM NECNE?«. Per eam partem quae est SIT CAELUM ROTUNDUM habes materiam unius affirmationis, per eam vero quae est NECNE habes materiam unius tantum negationis, id est »Utrum caelum non sit rotundum?«. ITA UT TOTAM[3] ALTERI AFFIRMARE, totam ALTERI NEGARE NECESSE SIT. Affirmatio et negatio in praedicato maxime consistit, totam autem quaestionem alteri adversariorum necessario affirmare aut totam negare dicit quia cum affirmat praedicatum convenire subiecto, affirmat subiectum convenire praedicato, et cum negat praedicatum aliquod cohaerere, negat quoque subiectum illud convenire praedicato illi.

NAM CUM ALTER ESSE DEFENDIT etc. Probat ab effectu quod altera pars simplicis quaestionis tenet affirmationem et altera negationem hoc modo: »Utrum una pars quaestionis sit tenens affirmationem?«; »Si defendens est affirmans, tunc altera pars quaestionis |16ᵛ| tenet affirmationem; sed hoc est, ergo illud«. Ab effectu. Maxima propositio: »Posito effectu ponitur causa«. Hoc est quod dicit: NAM CUM ALTER ESSE DEFENDIT, AFFIRMAT. »Utrum altera pars quaestionis teneat negationem?«; »Si defendens negat, tunc altera pars quaestionis [[a]] tenet negationem«. Ab effectu eodem modo. Assumptio est in libro ubi dicitur: NEGAT VERO ALTER CUM NON ESSE CONTENDIT. Ista vox quae est »pars« imponitur \hic/ huic voci quae est »haec materia« vel »haec vox« per quam potes dividere quaestionem.

Subiungit ostensionem compositae quaestionis hoc modo: COMPOSITA VERO QUAESTIO EST etc. (1.5.53) Huius exemplum tale est: »UTRUM CAELUM ROTUNDUM SIT AN QUADRATUM AN LONGUM?«. Quaestio haec non in unam tantum affirmationem atque negationem tendit, sed in plures; continet enim affirmationes tres atque totidem negationes, ut si dicas: »Utrum caelum sit rotundum?« »Utrum caelum sit quadratum?« »Utrum caelum sit longum?« et »Utrum caelum non sit longum?« etc. Quod est illud: HIC PLURIMAS[4] AFFIRMATIONES PROBARE NECESSE EST etc.

ET DE QUAESTIONE QUIDEM, QUANTUM AD PRAESENS NEGOTIUM <PERTINEBAT>,[5] SUFFICIENTER DICTUM EST. (1.5.54) Quasi dicat: Diximus

---

[1] EST *om.* N, *sed cf. app.*

[2] AN *om.* N, *sed cf. app.*

[3] TOTAM] TOTUM N, *sed cf. app.*

[4] HIC PLURIMAS] HIC ENIM PLURIMAS N

[5] <PERTINEBAT> N *et* P *infra*

de propositione quantum ad praesens negotium pertinebat, ET DE QUAESTIONE QUIDEM, QUANTUM AD PRAESENS PERTINEBAT NEGOTIUM, SUFFICIENTER DICTUM EST.

6| Ostensa divisione et materia quaestionis consequenter tractat de conclusione quia conclusio probat ipsam quaestionem atque ex materia ipsius fit. Potest autem et hoc modo continuari: Quaestio talis et talis est, conclusio vero est talis collectio vocum, DE QUA POSSUNT DICI QUAE DE PROPOSITIONE DICTA SUNT EADEM FERE. (1.6.1/1180C)
CONCLUSIO VERO EST ARGUMENTIS APPROBATA¹ PROPOSITIO (1.6.1) Quod ad superiora [\et/] hoc modo continuandum est: Dictum est superius quod quaestio alia sit simplex, alia composita. De conclusione vero istud dicendum est, scilicet quod est propositio DE QUA EADEM DICI POSSUNT FERE QUAE DE PROPSITIONE DICTA SUNT. Et bene dico FERE, cum ei non conveniant omnes differentiae quae propositioni in toto conveniant. Nam licet per has differentias propositionem dividas, ut sic dicas: Propositionum aliae sunt per se notae, aliae per aliud, non tamen per easdem conclusionis divisionem facere potes, quia ipsa non per se, sed per alia, scilicet per propositionem et assumptionem, fit tandem nota; hoc vero est quod dicit: ARGUMENTIS APPROBATA PROPOSITIO. Quasi dicat: Bene dixi fere omnia de conclusione dicenda esse quae sunt dicta de propositione, quia conclusio est propositio argumentis, id est per arguentes animas, approbata aliis quidem propositionibus. Quaedam autem, propositio maxima videlicet cum ab eisdem animabus proferatur, non indiget \tamen/ aliis approbari propositionibus. Licet vero illa differentia, scilicet »nota esse per aliud«, quae propositionem dividit cum illa quae est »nota per se« conclusioni congruat, non tamen ei competit ut vox differentialis, immo ut accidentalis; nam si eius foret differentia, aut \eius/ constitutiva esset aut divisibilis. Patet autem praeconibus quod eius divisiva non est, nec etiam constitutiva; omnis enim constitutiva differentia dividit genus illius cuius constitutiva est, »nota« autem »per aliud« differentia non dividit conclusionis genus, nisi dicas propositionem illius genus esse, quod a pluribus abnuitur. Quo fit ut eius differentia constitutiva esse negetur.
Quaeritur autem quare conclusionem hic introducat cum nullatenus ad locum de quo huius intentio est operis attineat. Ad quod responderi potest: Quia quod locus ad probandam quaestionem adductus efficit in ea declaratur. Nam ipsa est loci effectus. Cum enim quaeritur utrum istae duae voces »homo« et »substantia« in eiusdem rei designatione sese comitentur, ita esse concesso quia »animal« secundum omnem sui significationem et »substantia« se co|17ʳ|mitantur – hoc

---

¹ APPROBATA] PROBATA N, sed cf. app.

[quoque] concesso concludetur¹: Ergo »homo« et »substantia« sese comitantur. Manifestum est quod ille medius terminus, scilicet »animal«, quod ibi quidem locus ad illam quaestionem probandam fuit addductum, illas de quibus dubitabatur an possent coniungi in conclusione copulat voces, quae dubitanti semper disiunctae viderentur nisi id ad illarum fidem afferretur. Quoniam autem illud ad hoc, ut dictum est, adductum ipsas voces coniungit in conclusione, merito [con]eius effectus conclusio esse dicitur. Secundario quoque loco conclusio ad locum attinet per hoc quidem <quod> eiusdem est materiei cuius est quaestio; nam cum quaestio hoc modo ad locum se habet ut eius fidei causa ipse locus adducatur, et conclusio ad eundem se habebit cum eadem utriusque sit materia.

Sequitur: QUAE QUONIAM DILIGENTER SUPERIUS EXPLICATA <SUNT>, DE ARGUMENTO DEINCEPS TRACTANDUM VIDETUR. (1.6.2) Quasi dicat: Hic non est immorandum, scilicet in ostendendo species et membra atque figuras conclusionis, quia superius in tractatu propositionis illa omnia diligenter sunt exposita, eaedem namque, ut dictum est, sunt species et partes propositionis et conclusionis, et quia de his non est hic tractandum propter causam praedictam, consequenter post quaestionis tracta[[n]]tum de argumento tractandum videtur.

7| Et merito post tractatam quaestionem de argumento tractandum esse censemus quia ARGUMENTO, id est anima arguens, EST RATIO DUBIAE REI, id est quaestioni, FACIENS FIDEM. (1.7.1) Quasi dicat: Ratio, id est anima rens, quae facit hanc vocem quae est »fides« competere quaestioni aliquibus argumentationibus designatur ab hoc nomine, scilicet »argumentum«.

HANC SEMPER NOTIOREM QUAESTIONE ESSE NECESSE EST (1.7.2) Quod est: HANC animam quaestioni fidem facientem SEMPER, id est propositione et assumptione, NOTIOREM QUAESTIONE NECESSE EST ESSE, id est per propositionem et assumptionem oportet illam esse notiorem quam per quaestionem; nam si illa penitus ignota fuerit, et eius propositiones ignotae forsitan erunt. Haec autem grammatica est huiusmodi: »Virtute insignior audacia«, id est insignior est ille per virtutem quam per audaciam; quem grammaticae \modum/ frequenter invenies.

Probat a causa quod anima arguens sit notior per propositionem et assumptionem, quod habes² per SEMPER supradictum, quam per quaestionem. Vel est ad haec causae redditio hoc modo: NAM SI NOTIS IGNOTA³ PROBANTUR etc. Quasi dicat: Bene debes concedere quod anima arguens fiat

---

¹ concludetur] concludes **P** *a.c.*
² habes] habet **P**
³ NOTIS IGNOTA] IGNOTA NOTIS **N**, *sed cf. app.*

notior per propositionem et assumptionem quam per quaestionem, \quia/ si concedis quod ignotae res probentur, id est explicentur, notis propositionibus et si concedis quod anima arguens probet dubiam rem, id est quaestionem, necesse est ut concedas quod ipsa anima sit notior eo, id est per id QUOD AD FIDEM QUAESTIONIS AFFERTUR, scilicet per propositionem et assumptionem, IPSA QUAESTIONE, id est quam per ipsam quaestionem. Ne pro inconvenienti habeas quod hanc particulam, scilicet »eo«, hic subaudimus quia saepe simile contingit fieri auctoritate etiam Prisciani[1] in huiusmodi pronomine relativo quod quando illud ponitur suum relativum tacetur, unde plura potes habere exempla quam ut aliquo indigeas.

Aliter quoque et haec legi[2] possunt, ut sic dicas: ARGUMENTUM EST RATIO REI DUBIAE FACIENS FIDEM. Quod est: Anima faciens propositionem et assumptionem fideles dubiae rei, id est quaestioni, dicitur argumentum. HANC fidem, id est has propositiones, NECESSE EST NOTIOREM[3] ESSE QUAESTIONE. Quaestio namque est quodammodo nota eo quod rem de qua agitur modo quodam notificat, sed propositiones ad eam probandam datae notiores sunt ipsa quaestione quia ipsam rem melius ipsa notificant.

Probat vero quod propositiones sunt notiores quaestione hoc modo: NAM SI NOTIS IGNOTA[4] PROBANTUR etc. Quasi dicat: Omne quod probat est notius quaestione (quam propositionem habes ubi dicit: SI NOTIS IGNOTA PROBANTUR); sed propositio et assumptio probant \<<...>>/[5] (hoc[6] quoque habes aequipollenter ubi dicitur: ARGUMENTUM VERO REM DUBIAM PROBAT; ARGUMENTUM hic accipe pro argumentatione, est enim aequivocum, aliquando ipsam animam, aliquando ipsas significans voces; »argumentatio« vero et \istae duae voces/ »propositio« et »assumptio« pares sunt voces); ergo propositio et assumptio sunt notiores quaestione (quam conclusionem aequipollenter habes ubi dicitur: NECESSE EST UT QUOD AD FIDEM QUAESTIONUM[7] AFFERTUR IPSA SIT NOTIUS QUAESTIONE). Locus a toto. Maxima propositio: »Quod convenit toti, et parti«. »Probans« enim est vox totalis propositionis et assumptionis secundum eos qui dicunt unum nomen vel unum verbum posse probare vel etiam aliquam rem se ipsam probare. Quod si negare volueris,

---

[1] cf. Prisc. Inst. XVII 32

[2] legi] lege P a.c.

[3] NOTIOREM] NOTIORES P a.c.

[4] NOTIS IGNOTA] IGNOTA NOTIS N, sed cf. app.

[5] signum supra lineam est quo ad additionem marginalem margine resecta peritam referri videmur

[6] hoc] hac P a.c.

[7] QUAESTIONUM] QUAESTIONIS N

locum hunc dices esse a pari; paria namque sunt omne probans et argumentatio secundum hunc respectum.

Si habes »vero« ut quidam libri habent post ARGUMENTUM,[1] ita continuabis: Quaestio de qua in proximo tractavimus dubitabilis propositio est, sed argumentum non est dubitabile aliquid, immo est FACIENS FIDEM DUBIAE REI. Si aliter legeris, superfluum esse dicetur, quia id dixerat superius. Potest tamen sine »vero« legi ut non sit superfluum; superius enim hanc ad ostensionem argumenti dedit descriptionem, hic autem eandem quidem dicit, non quod principaliter argumentum ostendat, sed nos aequivocando decipiat ut cuius habuisti iam descriptionem, eius credas hic divisionem fieri.

|17ᵛ| Probata argumentatione quam[2] anima arguens ad fidem quaestionis facit notiore esse ipsa quaestione, ipsam dividit animam – non significatum quidem, sed significans secus hoc quod eius significatum diversis modis ad fidem ipsi quaestioni faciendam argumentatur – hoc modo: ARGUMENTORUM VERO <OMNIUM>[3] ALIA SUNT PROBABILIA ET NECESSARIA etc. (1.7.3) Quod vero sic continuato: Illud quod dictum est intelligendum est de argumento, quod sit ratio faciens dubiae rei fidem; hoc vero dicendum esse videtur de omni argumento, id est de omni arguente anima, quod alia est probabilis et necessaria, id est alia est hominum usus sequens et rerum naturas ita ut sunt atque aliter esse non possunt in suis argumentationibus; alia vero probabilis, sed non necessaria, id est alia est quae sequitur usum, sed non naturas rerum; alia necessaria, sed non probabilis, id est alia est sequens naturam et non usum; alia est nec probabilis nec necessaria, id est alia est quae non sequitur usum nec naturam. Quae divisio est generis in species; est enim talis: Animalium omnium alia sunt rationalia, alia irrationalia. Nam licet de rebus ab argumentis significatis hic agere videatur, quod non est, tamen non significatorum divisionem, sed significantium facit; non enim de vocibus aliter loqui potest nisi secundum hoc quod significant.

Exponit vero illius divisionis membra singulatim a primo incipiens hoc modo: PROBABILE VERO EST QUOD VIDETUR VEL OMNIBUS etc. (1.7.4) Quasi diceret: Haec vox differentialis, scilicet »probabilis«, significat illam animam quae sequitur usum qui videtur vel omnibus hominibus vel pluribus, id est quem habent omnes vel plures homines laudabilem, vel qui omnium vel plurium sapientum visui laudabilis apparet, vel quem maxime inter gentes actibus famosis noti atque propter haec principui laudant, vel qui ab unoquoque artifice probatur sequendo proprium negotium, ut ille qui MEDICO DE MEDICINA

---

[1] lectio vero in apparatu Nikitae non memoratur
[2] quam] quas P
[3] OMNIUM] N et P infra in 1.7.3/1180C

VIDETUR, GUBERNATORI DE NAVIBUS GUBERNANDIS, ET PRAETEREA, id est praeter has significationes »probabilis« aliae sunt eiusdem significationes, nam etiam illam significat »probabilis« animam quae sequitur illum usum qui videtur ei laudabilis CUM QUO SERMO CONSERITUR vel iudicanti, IN QUO USU NIHIL ATTINET VERUM FALSUMVE SIT ARGUMENTUM, id est anima propositiones secundum huiusmodi usum proferens nihil confert an veras proferat an falsas, si tantum verisimilitudinem teneant.
Ostensis quae »probabile« significat ad eiusdem excludendam aequivocationem (si enim ita id laxe acciperes secundum omnem sui significationem, iam huius generis paulo superius divisi non esset divisibilis differentia cum ei sit par; nulla enim differentia divisiva est par ei in significatione cuius divisiva differentia est), ostendit quid »necessarium« in illa divisione positum significet sic: NECESSARIUM VERO EST QUOD, UT DICITUR, ITA EST ATQUE ALITER ESSE NON POTEST. (1.7.5/1180D) Quod est: Illa anima designatur ab hac differentiali voce quae est NECESSARIUM, quae sequitur rerum naturas explicando eas propositiones ita ut sunt et aliter esse non possunt, vel illa anima dicitur necessaria quae UT DICITUR, id est ut nominatur ab hoc nomine, scilicet »necessaria«, necessarias proferens propositiones, ita est et aliter esse necessaria non potest. »Inevitabile« NECESSARIUM hic accipe.
Exposito probabili atque necessario quae significent, declarat sub exemplis quae propositiones sint propter quas prolatas anima dicatur probabilis ac necessaria vel probabilis et non necessaria vel necessaria et non probabilis vel neque probabilis neque necessaria, a probabili ac necessario hoc modo incipiens: AC[1] PROBABILE QUIDEM AC NECESSARIUM EST, UT HOC:[2] (1.7.6) Quod est dicere: Illa anima dicitur probabilis ac necessaria quae propositiones profert, ut haec est, id est quae huiusmodi profert propositiones: »SI QUID CUILIBET REI SIT ADDITUM, TOTUM MAIUS EFFICITUR«. Quae propositio sic exponenda est: Si aliqua vox numeralis alii numerali voci additur, illa cui additur cum sibi addita facta totalis fit plura significans quam aliqua alia vox totalis vel quam prius significaret, ut »unitas« si »binario« addatur hanc totalem vocem quae est »ternarius« efficiet, quae maioris est significationis quam ipse »binarius«. Similiter autem et in aliis.
Probat vero quod huiusmodi propositio sit probabilis et necessaria propter quam anima eam proferens dicitur probabilis et necessaria hoc modo: NEQUE ENIM QUISQUAM etc. Quasi dicat: Vere haec propositio [[d]] est probabilis et necessaria, quia omnes in eadem consentiunt et aliter esse non potest hoc quod ipsa significat. Vel est causae redditio, ut sic dicas: Ideo dico hanc

---

[1] AC] ET N
[2] UT HOC] UT EST HOC N, *sed cf. app.*

propositionem esse probabilem et necessariam quia nemo ab ea dissentit et necesse est ita sese habere ut ipsa pronuntiat.

Hoc membro exemplificato sequens exponere ac exemplificare hoc modo intendit: PROBABILIA VERO ET[1] NON NECESSARIA SUNT QUIBUS FACILE etc. (1.7.7) Quod est: Illae animae dicuntur probabiles et necessariae QUIBUS auditoris ANIMUS per suas propositiones FACILE ADQUIESCIT, SED tamen in illis propositionibus FIRMITATEM non tenet VERITATIS. Quae propositiones sunt tales ut haec: »SI MATER EST, DILIGIT«;[2] ideo namque haec propositio probabilis quia in pluribus vera esse contingit, non necessaria vero quia in Agave atque Medea fefellit.

Sequitur: NECESSARIA VERO ET[3] NON PROBABILIA etc. (1.7.8) Quod est: Illae animae dicuntur[4] necessariae et non probabiles quae tales proferunt propositiones quas ita quidem necesse est [[rem]] sese habere in significatione rerum |18ʳ| ut ipsae dicuntur illas significare, SED HIS animabus per huiusmodi propositiones NON FACILE CONSENTIT AUDITOR. Quae propositiones sunt ut haec: »OBIECTU LUNARIS CORPORIS SOLIS EVENIRE DEFECTUM«; nam licet haec rerum sequatur naturam, non tamen est usualis, et idcirco auditor non leviter ei concedit. Quam hoc modo disponere potes: »Solis defectus evenit per lunare corpus sibi obiectum«.

NEQUE NECESSARIA VERO NEQUE PROBABILIA SUNT QUAE NEQUE IN OPINIONE HOMINUM NEQUE IN <VERITATE> CONSISTUNT (1.7.9/1181A) Quasi dicat: Illae animae dicuntur non sequi naturam rerum neque usum dum argumentantur QUAE NEQUE CONSISTUNT IN OPINIONE HOMINUM NEQUE IN VERITATE, id est quae neque argumentantur de rebus ut homines opinantur neque ut habent se res. Quae locutio similis est illi quae dicit: »Ipse erat in mentibus eorum«;[5] consistit enim aliquis quodammodo in alicuius mente quando concipitur ab eo vel prout aliquid sentit vel alio modo. Subdit quoque exempl[[a]]\um/ de huiusmodi argumentis hoc modo: UT[6] HABERE CORNUA DIOGENEM QUAE NON PERDIDERIT etc.

QUAE QUIDEM NEC ARGUMENTA DICI POSSUNT. Quasi dicat: Cum talia hoc habeant argumenta quod neque in opinione hominum neque in veritate consistant, istud etiam habent quod nec argumenta dici possunt.

---

[1] ET] AC N

[2] DILIGIT] DILIGIT FILIUM N, *sed cf. app.*

[3] VERO ET] VERO SUNT AC N, *sed cf. app.*

[4] dicuntur] dicitur P *ut videtur*

[5] *locum non inveni*

[6] UT HABERE] UT HOC, HABERE N

Possunt quoque alio modo legi haec quae de argumento dicta sunt secundum hunc modum: ARGUMENTUM EST RATIO REI DUBIAE FACIENS FIDEM (1.7.1/1180C) Quod exponas ut superius est expositum, FIDEM habens pro »propositione et assumptione«.
HANC fidem etc. (1.7.2) Quod est: Has propositiones, scilicet propositionem et assumptionem, in omni probatione necesse est esse quaestione notiores. Quod [[est]] sic probat: NAM SI NOTIS IGNOTA PROBANTUR etc. Quod est dicere: Vere propositionem et assumptionem oportet esse notiores quaestione, quia si ignotae propositiones probantur per notas et anima arguens probat quaestionem per illas prius ignotas aliis notis modo factas notas, necesse est ut propositiones quae ad fidem faciendam quaestioni afferuntur sint notiores ipsa quaestione. Quasi dicat: Per hoc manifestum tibi esse debet quod propositiones oportet esse notiores quaestione, quod illas necesse est notis probari propositionibus, si ignotae fuerint, ut quaestionem probent, cum omne probans sit notius eo quod <pro>batur. Quae superior consequentia est inter effectum et causam.
ARGUMENTORUM VERO OMNIUM etc. (1.7.3) Quod sic continuabis: Propositiones debent esse notiores quaestione, ut dictum est, argumenta vero talia debent esse ut alia sint usualia et naturalia, alia usualia, sed non naturalia, alia naturalia, sed non usualia, alia nec usualia nec naturalia. Quae omnia membra et in diversis et in eadem anima accipi possunt; eadem enim anima omnibus his modis secundum diversos respectus argumentatur.
Exponit vero quid dicat esse probabile sic: PROBABILE VERO EST QUOD VIDETUR VEL OMNIBUS etc. (1.7.4) Quod est: Illa anima dicitur usualis, id est sequens usum, quae VIDETUR VEL OMNIBUS VEL PLURIBUS proponere de rebus secundum hoc quod usualiter se habent. Quam locutionem,[1] scilicet »anima videtur«, frequens habet usus; nam cum dicis: »Cicero intelligitur a Trebatio«, idem est ac si diceres: »Anima Ciceronis videtur Trebatio aliquid aliquomodo intellexisse«. Vel anima illa dicitur probabilis quae videtur UNICUIQUE ARTIFICI SECUNDUM PROPRIAM FACULTATEM, id est quod ab unoquoque artifice secundum propriam sui facultatem dicitur sequi usum. Facultas, id facilis utilitas, vocatur quaelibet doctrina quae docet nos melius scire quae naturaliter vel aliquomodo [vel] scire debemus. Sequitur: UT DE MEDICINA MEDICO, GUBERNATORI DE NAVIBUS GUBERNANDIS. Quasi dicat: Illud est probabile quod videtur omnibus vel quibusdam quemadmodum illud est probabile, scilicet aliqua herba quae medico videtur usualis de medicina, et ut illud dicitur probabile quod videtur gubernatori de navibus gubernandis. ET PRAETEREA QUOD EI VIDETUR[2] etc. Quod est: Praeter ista

---

[1] quam locutionem] quae locutio P
[2] EI VIDETUR] VIDETUR EI N, *sed cf. app.*

»probabilis« significata illud dicitur probabile QUOD EI VIDETUR CUM QUO SERMO CONSERITUR VEL ei QUI IUDICAT, IN QUO probabili, id est in qua anima usuali, NIHIL ATTINET VERUM FALSUMVE SIT quod ab arguente anima dicitur, SI ipsa anima arguens TANTUM VERISIMILITUDINEM TENEAT.[1]
Potes quoque illud supradictum sic legere, scilicet possibile est ut illud QUOD causativum facias hoc modo: Anima sequens usum ideo dicitur probabilis quia vel omnibus vel pluribus ita esse in re videtur quod ipsa dicit ut ab ea profertur.
NECESSARIUM VERO EST QUOD UT DICITUR ITA EST ATQUE ALITER ESSE NON POTEST. (1.7.5/1180D) Illud dicitur probabile ut expositum est, NECESSARIUM VERO EST QUOD UT DICITUR ITA EST, id est illa anima dicitur naturalis, id est sequens naturas rerum usu ammoto, quae ita est in consideratione rerum aliquarum UT DICITUR, id est sicut verbis suis ostenditur, quia multotiens \aliud homo sentit de re aliqua et aliud inde dicit/.
AC[2] PROBABILE QUIDEM AC NECESSARIUM EST UT HOC:[3] »SI QUID CUILIBET REI etc.« (1.7.6) Quasi dicat: Ad quem modum haec propositio dicitur probabilis et necessaria, ita et anima usualiter et naturaliter disserens vocatur probabilis et necessaria. Cui expositioni similem dabis expositionem in sequentibus, ubi habes UT HOC, inter propositiones et animas similitudinem ostendens in vocabulis. Nam quemadmodum propositio dicitur probabilis et necessaria vel probabilis et non necessaria vel necessaria et non probabilis vel neque necessaria neque probabilis, ita et anima usual[is]iter et naturaliter vel usualiter et non naturaliter vel naturaliter et non usualiter vel neque naturaliter neque usualiter disserens ab eisdem designa[n]tur vocabulis. Hoc quoque modo sequentia expone, scilicet probabilia et non necessaria |18ᵛ| et necessaria atque probabilia et ultimum divisionis membrum, ut animam arguentem ab his designari nominibus dicas quemadmodum et propositiones quarum exempla [[po]]\su/pponit.
Quod vero dicit, neque necessaria neque probabilia argumenta nec posse dici argumenta, hoc modo probat: ARGUMENTA ENIM REI DUBIAE FACIUNT FIDEM. (1.7.9/1181A) Quasi dicat: Vere argumenta non necessaria neque probabilia non sunt argumenta, quia argumenta faciunt fidem dubiae rei, sed ista non faciunt fidem rei dubiae. Quam etiam assumptionem habes ubi dicitur: EX HIS AUTEM NULLA FIDES EST (1.7.10) Conclude extra. Locus a definitione. Maxima propositio: »Unde aufertur definitio, et definitum«.
DICI TAMEN POTEST etc. (1.7.11) Quasi dicat: Licet necessaria et non probabilia dixerim esse argumenta, tamen iure potest dici illa non esse

---

[1] TENEAT] TENET N, *sed cf. app.*

[2] AC] ET N, *sed cf. app.*

[3] UT HOC] UT EST HOC N, *sed cf. app.*

argumenta, quia licet sint necessaria, minime \tamen/ approbantur ab audientibus. Et vere illa non sunt argumenta; omne enim argumentum cogit animum auditoris per propositionem et assumptionem ad conclusionem, sed necessaria et non probabilia argumenta non cogunt animum auditoris per propositionem et assumptionem ad conclusionem; itaque non sunt argumenta. Huius syllogismi propositionem primam hypothetice dispositam habes ubi dicitur: NAM SI REI DUBIAE etc., conclusionem vero ubi dicit: ITAQUE EX HUIUSMODI RATIONE[1] EVENIT etc., assumptionem autem extra accipe. Locus qui superior. Maxima propositio: »A quo removetur definitio, et definitum«.
Probat quoque quod illa non cogunt animum auditoris ad conclusionem. Nam si illa non probantur ab audiente, quod est quia tantum necessaria sunt ac non probabilia, nec illud quod ab eis conficitur, scilicet conclusio, ab illo probabitur. Inter causam et effectum. Illa enim quae ab audiente non probantur sunt istius effectus causa quod conclusio quae ab eis conficitur non probatur. Hanc quidem consequentiam plane habes ubi dicitur: QUOD SI QUAE TANTUM NECESSARIA SUNT etc. (1.7.12/1181B) Iudicem et quem superius vocavit auditorem secundum hanc sententiam pro eodem habe. Illius vero consequentiae antecedens assume ac conclude consequens, quod semper in aliis condicionalibus fit propositionibus. Locus a causa. Maxima propositio: »Unde aufertur causa, et effectus«.
Potest etiam et aliter praemissa quaestio probari, ut si dicas: Vere huiusmodi argumenta non sunt argumenta. Quod est idem ac si diceret: Non faciunt fidem rei dubiae, quia si facerent fidem dubiae rei, cogerent auditoris animum PER EA QUIBUS IPSE ADQUIESCIT, scilicet per propositionem et assumptionem, ad conclusionem; hoc est quod dicit: NAM SI REI DUBIAE etc. (1.7.11) Inter causam et effectum. Quas propositiones si non probat ille qui iudicat, id est auditor, quia tantum necessariae sunt et non probabiles, necesse est ut ne<c> conclusionem quae eis conficitur probet; quod aequipollenter habes ubi dicit: QUOD SI QUAE TANTUM NECESSARIA AC NON PROBABILIA (1.7.12/1181B) Inter causam et effectum. Nam \ab/ auditor\e/ propositiones non probatae per quas conclusio confici deberet sunt causa quare ipsa conclusio non probatur. »A quo removetur causa, et effectus«.
ITAQUE EX HUIUSMODI RATIONE[2] etc. Quod est: Et ita evenit, id est ex huiusmodi consequentiis patet, quod illa non sunt argumenta quae tantum sunt necessaria ac non probabilia.
Probato secundum quosdam quod haec non sint argumenta, eorundem sententiam infringit hoc modo: SED NON ITA EST (1.7.13) Id est non est verum

---

[1] RATIONE] RATIOCINATIONE N, *sed cf. app.*

[2] RATIONE] RATIOCINATIONE N, *sed cf. app*

illa non esse argumenta, et »probabile« non est ita interpretandum ut ipsi interpretantur; et hoc est quod dicit: ATQUE HAEC INTERPRETATIO etc. Quasi dicat: Haec expositio »probabilis« quam ipsi faciunt non est recta, sed minus continens, quae dicit illud tantum esse probabile quod cogit animum auditoris ad conclusionem per propositionem et assumptionem »quibus ipse adquiescit«,[1] id est per non probatas aliis propositionibus. Hanc enim solam partem ponentes aliam praetermittunt quae est: Per eas propositiones quibus animus auditoris non adquiescit nisi probentur cogendus est animus auditoris ad conclusionem. Quam utramque partem ostendit ubi dicit: EA ENIM SUNT etc.[2] Quasi dicat: Illi tales qui huiusmodi expositionem »probabilis« faciunt non recte intelligunt »probabile«, id est non bene sentiunt quid »probabile« significet, quia ipsae animae dicuntur probabiles QUIBUS ADIUNGITUR auditoris CONSENSUS SPONTE ATQUE ULTRO, id est cum coactione atque sine coactione propositionum non probatarum sive probatarum, SCILICET quae animae MOX ut hoc modo auditae sunt APPROBENTUR, id est ab ipso auditore credantur.

QUAE VERO NECESSARIA SUNT AC NON PROBABILIA etc. (1.7.14) Quod est: Sed illae animae quae sunt naturales et non usuales perfecte monstrantur ab argumentis, id est ab animabus \dialecticis sive rhetoricis/, antea quam dicantur argumenta ALIIS PROBABILIBUS AC NECESSARIIS propositionibus COGNITAQUE ET CREDITA, id est ipsae animae in cohaerentia propositionum quas faciunt cognitae et per hoc ab auditore creditae posse vocari argumenta, AD ALTERIUS REI FIDEM TRA[RA]|19ʳ|HUNTUR, id est ad praedicatum quaestionis de quo dubitabatur an cohaereret subiecto fidele faciendum eidem subiecto trahuntur.

Ad hoc vero demonstrandum quod illa aliquibus argumentis ostensa vocentur argumenta, quaedam inducit similia hoc modo: UT SUNT SPECULATIONES OMNES etc. SPECULATIONES hic accipe »regulas geometricas«. Quasi dicat: Quemadmodum vides quod in geometria sunt quaedam quae non creduntur ab auditore nisi aliis approbata prius fuerint, ita quoque videre potes in argumentis necessariis et non probabilibus quod prius oportet ea aliis propositionibus demonstrari ut argumenta possint dici. Quod hoc Graecum vocabulum, scilicet THEOREMATA, posuit huic nomini quod est SPECULATIONES allusit.

NAM QUAE ILLIC PROPONUNTUR etc. Bene dixi haec argumenta, antea quam probentur, non approbata geometriae speculationibus similia esse in hoc quod probata tantum laudantur, quia QUAE ILLIC, id est in geometria, PROPONUNTUR, donec probata fuerint, a discente animo non probantur. Nam tunc tantum AD ARGUMENTA ALIARUM SPECULATIONUM, id est ad animas

---

[1] 1.7.11/1181A
[2] EA ENIM SUNT] EA SUNT ENIM N, *sed cf. app.*

arguentes explicandas, DUCUNTUR, †\quae per illas probatas alias regulas alias de quibus dubitatur probant speculationes/† cum SCITA ET COGNITA, id est ab auditore intellecta, atque inter \se cohaerentia (possent namque sciri ut inter se non cohaererent)/ ab argumentis per alias propositiones fuerint demonstrata; et hoc est quod dicit: SED QUONIAM DEMONSTRANTUR etc.

ITA QUAE PROBABILIA NON SUNT etc. (1.7.15/1181C)[1] Hoc continuare potes vel ad similitudinem hic improximo datam vel ad illud quod dixit, scilicet huiusmodi argumenta aliis propositionibus probabilibus antea demonstrari quam sint argumenta. Ac si dicat: Ad quem modum illae propositiones vel regulae non creduntur nisi aliis fuerint probatae propositionibus, ita QUAE PROBABILIA <NON> SUNT, SED SUNT NECESSARIA NON POSSUNT ESSE ARGUMENTA illis quibus non sunt perfecte monstrata AD ALIUD PROBANDUM.[2]

HI AUTEM QUI PRIORIBUS etc. Quod est: Istis QUIBUS NONDUM SUNT DEMONSTRATA illa non sunt argumenta, sed hi qui FIDEM CEPERUNT earum rerum QUIBUS per priores propositiones NON ADQUIESCEBANT, ipsis propositionibus per alias approbatis propositiones POSSUNT EA VOCARE AD argumenta, id est illae animae quae alia argumentatione probabili illas tandem probant propositiones quas non prius probabant possunt per eas alias dubitantes argu\ere animas./

SED QUIA QUATTUOR etc. (1.7.16) Duo membra divisionis argumenti, videlicet necessaria et non probabilia et neque necessaria neque probabilia, abdicavi superius posse dici argumenta, sed tamen dicendum est quae facultas quibus animabus arguentibus sibi propriis approbaverit uti, id est quae arguentes animae suas doctrinas inter se discretas sibi admittant, QUIA OMNE ARTIFICIUM DISSERENDI CONTINETUR QUATTUOR FACULTATIBUS. Quasi dicat: Ideo dicendum est quae argumenta admittant sibi suas facultates, quia quattuor tantum facultates comprehendunt omnem locum et omnem syllogismum. Vel ad illud potest esse causae redditio quod dixit: QUAE facultas QUIBUS UTI NOVERIT ARGUMENTIS. Per »quattuor facultates« habes idem quod per »dialecticam, rhetoricam, philosophicam, sophisticam doctrinam«, per OMNE vero ARTIFICIUM omnem locum et omnes syllogismos, harum videlicet quattuor facultatum significata. Differt autem ars et artifex et artificium; nam ipsae doctrinae quibus aliqua docemur dicuntur ars, artifex vero qui per eas aliquid agit, artificium vero omnis argumentatio. Quod autem dicit omne artificium quattuor facultatibus contineri ita accipe ut significata in suis significantibus contineantur; omne enim significans suum continet significatum;

---

[1] ITA QUAE PROBABILIA NON SUNT] ITAQUE QUAE PROBABILIA PER SE NON SUNT N, *sed cf. app.*

[2] AD ALIUD PROBANDUM] *exempli gratia scripsi* : a.a.p. **P** : AD ALIUD ALIQUID APPROBANDUM **N**

ut res significata ab hoc nomine »Lungomarius«[1] continetur infra [[.]]idem nomen, sic et in aliis.

Subdit quoque causa quare dicat dicendum esse quae facultas sua |19ʳ| admittit argumenta hoc modo: UT CUI POTISSIMUM etc. Quod est: Ideo dicendum videtur quae facultas quibus argumentis approbaverit uti, UT APPAREAT CUI DISCIPLINAE illarum quattuor, sive dialecticae sive rhetoricae vel alicui aliarum, PARETUR UBERTAS illorum LOCORUM ATQUE ARGUMENTORUM de quibus in hoc tractatu ago, POTISSIMUM, id est secundum propriam uniuscuiusque materiam.

QUATTUOR IGITUR FACULTATIBUS (1.7.17) Quia omne artificium disserendi, id est omnis argumentatio, continetur in quattuor facultatibus, IGITUR OMNIS RATIO DISSERENDI, id est omnia praecepta locorum ac syllogismorum, SUBIECTA EST QUATTUOR FACULTATIBUS. Ab effectu in causam vel a paribus sese comitantibus; argumentatio namque est effectus doctrinae disserendi, sese vero comitantur loci et syllogismi et ratio disserendi, id est eorundem praecepta, propter quod paria esse dicuntur. Vel est a parte in totum, ut sic dicas: Quia ubertas meorum locorum atque argumentorum paratur, id est par esse ostenditur, cuidam disciplinae, id est in aliqua disciplina esse demonstratur ut una ex eis quae in illa sunt disciplina, ergo omnis ratio disserendi, id est omnes locorum doctrinae \aliae/ et omnes figurae atque modi \alii/ syllogismorum sunt subiecta cuidam disciplinae. Laxe accipe »cuidam disciplinae« et sit tibi pro »cuidam facultatum«. Quod dicit UBERTAS LOCORUM pro eodem habe ac si diceret »regulae de locis datae habundanter«.

EARUMQUE VELUT OPIFICIBUS DISSERENDI OMNIS RATIO SUBIECTA EST Quasi dicat: Quia quattuor facultates propria sibi admittunt argumenta; quod habes ubi dicitur: »quae quibus uti noverit argumentis«;[2] hoc autem sic converte: »Quia argumenta proprias argumentationes per facultates ipsarum argumentationum sibi admittunt, ergo omnem rationem disserendi, id est omnes facultates, id est omnia praecepta locorum ac syllogismorum, sibi admittunt«. Ab effectu in causam. Ratio enim disserendi est causa argumentationis.

QUORUM QUIDEM DIALECTICUS ATQUE ORATOR IN COMMUNI MATERIA, id est in usualibus, sive naturalibus sive non, probationibus arguendarum VERSANTUR animarum. (1.7.18/1181D)

UTERQUE ENIM etc. Vere dialecticus et orator frequenter vertuntur in usualibus argumentationibus, nam UTERQUE SEQUITUR ARGUMENTA, Aristotelicam videlicet animam atque Platonicam, in consideratione rerum ([s]argumenta,

---

[1] cf. *Excerpta Pommersfeldensia I: Glosulae in Porphyrium*, ed. Y. IWAKUMA 1992 : 106; *ubi, ut puto,* ut «Lungomarius» «Socrates» *legendum est.*

[2] I.7.16/1181C

dico, probabilia, id est usualiter de rebus considerantia, sive ille usus sit naturalis sive non); nam si in communi consideratione rerum ea sequuntur, necesse est ut in argumentationibus sequendo illorum \Aristotelis et Platonis/ considerationem factis illa sequantur. Quae probatio est ab effectu. Aliorum enim argumentorum de rebus usualiter considerantium [[*fere II litterae erasae*]] sunt causa usualis sequentium dialecticorum atque oratorum argumentationis; nam illorum tantum in rebus considerationem sequentes argumentantur.
HIS IGITUR DUAE ILLAE[1] SPECIES etc. Quia dialecticus atque orator sequuntur alia argumenta, scilicet Aristotelem atque alios antiquos, in usuali consideratione rerum, ergo eis famulantur istae duae speciales voces usualis argumenti quae illis famulatae fuerunt propter consimilem considerationem, QUAE SUNT PROBABILE ET[2] NECESSARIUM, PROBABILE ET[3] NON NECESSARIUM. Ab effectu. Ipsa namque communis consideratio ipsorum priorum considerationi consimilis de rebus usualis habita est causa cur ista duo specialia vocabula dialectico atque oratori conveniant, quae illis prioribus propter eandem congruerunt causam.
PHILOSOPHUS VERO etc. (I.7.19/1182A) Dialecticus et orator tractant usualiter, sive \ille/ usus sit naturalis sive non, sed philosophus pertractat de solis naturalibus tantum, ATQUE IDEO, quia de sola veritate tractare intendit, ergo nihil fert retro [sive] |20ʳ| quantum ad ipsum [[an]] sive ipsa veritas sit usualis sive non. Quia vero tam in consideratione quam in argumentatione solius rei necessariae philosophus versatur, ideo istae duae speciales voces quae sunt »probabile ac necessarium« »necessarium et non probabile« ei competunt; et hoc est quod dicit: HIC QUOQUE HIS DUABUS etc. QUOQUE ∗∗∗[4]
PATET IGITUR etc. Quoniam orator et dialecticus solo probabili sive necessario sive non, philosophus vero solo necessario sive probabili sive non utuntur, ergo dissident in propria consideratione. A partibus †differre†, vel a causa.
TOPICORUM VERO etc. (I.7.21) Argumenti quattuor species esse diximus: Probabile et necessarium, probabile et non necessarium, necessarium et non probabile, neque probabile neque necessarium, sed haec nostra topicalia praecepta intendunt perfecte monstrare COPIAM, id est argumentationem, VERISIMILIUM, id est probabilium, tantum ARGUMENTORUM. Vel ita: Philosophi intentio est de necessariis tractare argumentis, TOPICORUM VERO \INTENTIO EST, id est in his Topicis mea intentio <est>, de verisimilibus tractare argumentis./ Vere topica, id est localia praecepta, tendunt ad

---

[1] DUAE ILLAE] ILLAE DUAE N, *sed cf. app.*

[2] ET] AC N

[3] ET] AC N

[4] *spatium vacuum III fere vocum capax reliquit* P

demonstrationem argumentationis argumentorum verisimilium, nam tendunt ut demonstrent habundantem materiam ipsius argumentationis. A causa. Et hoc est quod dicit: DESIGNATIS ENIM LOCIS etc. (1.7.22) Quasi dicat: Per hoc manifestum tibi fieri potest quod topica demonstrent [[c]]argumentationem probabilium argumentorum, quod locis per ea declaratis patefaciunt materiam disserendi, id est eiusdem argumentationis. »Materiam« hic habeto res ipsas quae argumentationis sunt causa, vel quaestionem ac maximam propositionem quae nihilominus constant eiusdem esse materies. Si autem ita legeris, ut eas materie<m> argumentationis esse dicas, HABUNDANS ad quaestionem, COPIOSA vero ad maximam referes propositionem, atque a causa locum similiter dabis. Quaestionem namque materiam argumentationis ideo esse dicimus, quia omnis argumentatio partim fit ex quibusdam quaestionis terminis, maximam vero propositionem idcirco quia ipsa argumentatio in ea continetur ut pars in suo toto. Nam cum hanc maximam facis propositionem: »Quod praedicatur de genere universaliter, et de specie«, cum per genus ibi omnia generalia nomina habeas atque per speciem omnia specialia, habebis quoque necesario et illud generale ac speciale nomen ipsius argumentationis cui haec maxima datur propositio. Et hoc modo illam dicimus materiem, id est causam, esse argumentationis. Quaestio vero ideo dicitur habundans materia, quia ***[1]

SED QUONIAM, UT SUPRA DICTUM EST etc. (1.7.23/1182B) Quod est: Topicorum diximus esse intentionem ostendere copiam probabilium argumentorum, sed licet ita determinassemus, tamen evenit ut quando sumuntur loci probabilium argumentorum aliqua argumentatione, NECESSARIORUM QUOQUE DOCEANTUR argumentorum loci. Causam vero reddit quare illud eveniat hoc modo: QUONIAM PROBABILIUM ARGUMENTORUM ALIA SUNT NECESSARIA, ALIA NON NECESSARIA. Quod est: In hoc decernere potes quod cum ostenduntur loci omnium probabilium argumentorum, demonstrantur etiam et necessariorum, quod probabile hoc modo dividitur: aliud necessarium, aliud non.

QUO FIT etc. (1.7.24) Quia topica tractant de argumentatione probabilium tantum [[loc]] argumentorum, cum dialectici et oratores tantum probabilia sive necessaria sive non necessaria, philosophi vero necessaria sive probabilia sive non probabilia sequantur, ergo haec disciplina localis principaliter DIALECTICIS AC ORATORIBUS, SECUNDO VERO LOCO paratur PHILOSOPHIS, quia eis probabile tantum competit gratia necessarii.

NAM IN QUO etc. Vere haec doctrina primo loco dialecticis ac oratoribus, secundo vero loco servit philosophis, nam hoc modo servit eis, scilicet IN QUO OMNIA PROBABILIA CONQUIRUNTUR DIALECTICI IUVANTUR ATQUE

---

[1] *spatium vacuum I lineae capax reliquit* **P**

ORATORES, IN QUIBUS VERO PROBABILIA AC NECESSARIA DOCENTUR, PHILOSOPHICAE DEMONSTRATIONI MINISTRATUR UBERTAS. A toto vel a genere. Vel est sola ostensio qualiter dialecticis ac philosophis illa facultas conveniat.

NON MODO IGITUR etc. Quia omnia probabilia sive necessaria sive non necessaria dialectico atque oratori competunt, philosopho vero probabilia sola cum necessario, IGITUR non admodum, id est non secundum unam tantum partem, DIALECTICUS ATQUE ORATOR, et non solum isti, sed ETIAM DEMONSTRATOR AC VERAE ARGUMENTATIONIS EFFECTOR HABET QUOD ASSUMERE POSSIT EX PROPOSITIS LOCIS,[1] scilicet probabilibus. Locum vero unde inferat subdit hoc modo: CUM INTER ARGUMENTORUM etc. PRINCIPIA, id est loca necessariorum argumentorum, in his Topicis MIXTA esse ideo dicit, quia non intendit ostendere nisi sola probabilia. Illud enim dicitur mixtum esse alicubi, quod ex habundanti videtur ibi esse. Principia vero loca ideo dicuntur ***[2]

QUOCIRCA TOPICORUM etc. (1.7.26/1182c) Quoniam demonstratum est quod dialectici atque oratores in his nostris iuvantur Topicis, QUOCIRCA UTILITAS TOPICORUM PATEFACTA EST. Quoniam vero ostendimus quae membra argumenti hic comprehendantur et quae hinc seiuncta sint, scilicet necessarium et non probabile[3] et neque probabile neque necessarium, ergo INTENTIO TOPICORUM PATEFACTA EST. A causa est utraque [[vel a repugnanti]] vel a contrariis immediatis \est ultima/. Ab immediatis quidem, ut si dicas: Aut est intentio topicorum tractare de probabili et necessario et probabili et non necessario argumenta\tione/ tantum, aut de aliis cum istis, scilicet necessario et non probabili[4] et neque probabili neque necessario, aut de illis aliis tantum; sed de aliis neque per se neque cum ipsis superioribus topicorum est intentio; ergo de illis est tantum intentio topicorum.

|20ʳ| Notat(?) igitur(?) quoque locum unde intulit hoc modo: HIS ENIM DICENDI FACULTAS etc.[5] Quasi dicat: Vere UTILITAS TOPICORUM PATEFACTA EST, nam, \ut/ ostensum est, [[quod]] FACULTAS DICENDI per topica AUGE[A]TUR ET INVESTIGATIO VERITATIS, ubi dictum est quod dialectici atque oratores et philosophi supradictis iuvantur.

---

[1] ASSUMERE POSSIT EX PROPOSITIS LOCIS] EX POSITIS LOCIS SIBI POSSIT ASSUMERE N, *sed cf. app.*
[2] *spatium vacuum VI fere vocum capax reliquit* P
[3] necessarium et non probabile] probabile et non necessarium P
[4] necessario et non probabili] probabili et non necessario P
[5] HIS ENIM DICENDI FACULTAS] HIS ENIM ET DICENDI FACULTAS N

NAM QUOD DIALECTICOS etc. Ostensio est sola quod facultas dicendi, id est doctrina argumentandi, vel ***[1] augeatur per topica. Quod est: Vere per topica augetur facultas dicendi, nam in eo[2] QUOD AGNITIO, id est regulae, LOCORUM IUVAT DIALECTICOS ATQUE ORATORES, PRAESTAT ipsa agnitio COPIAM, id est significata, ORATIONI, id est argumentationi, PER INVENTIONEM, id est per loca inventa. Quasi dicat: Per hoc tibi pateat quod facultas dicendi augetur per topica, quod agnitio locorum, id est topica per quae agnoscuntur loca, praestat significata ipsi argumentationi, scilicet ipsas res quae significata declarant, per illa loca inventa. Quod est: Vere facultas dicendi augetur his, nam argumentatio his augetur; nam cum significata argumentationis ostenduntur, ipsa quoque argumentatio quodammodo ostenditur.

QUOD VERO etc. Agnitio locorum praestat copiam orationi. Illud vero quod parat praecepta locorum animarum necessario arguentium, scilicet probabile, ILLUSTRAT vias VERITATIS QUODAMMODO, id est ipsa loca necessaria per quae fit vera argumentatio declarat; nam cum topica de omni, ut dictum est, probabili tractare intendat et cum dividatur in necessarium et in eius contrarium, bene dictum est quod probabile parat doctrinam necessariorum. QUODAMMODO ideo posuit quod illud probabile non ostendit vias totius veritatis, sed illius tantum probabilis et necessariae, necessariam scilicet et non probabilem relinquens.

MAGNUM ENIM POLLICETUR etc. (1.7.27)[3] Considerationem locorum hic accipe ipsorum regulas; VIAS vero INVENIENDI res ipsas quae quasi viae locorum esse videntur, ideo namque »animal« das locum quia quibusdam creaturis id congruere vides; per INVENIENDI vero ipsa loca quae dicuntur inventio. Bene dicit quod CONSIDERATIO LOCORUM ostendat INVENIENDI VIAS quia ipsis locis illa consideratione reppertis ipsae viae, scilicet illorum significata, locorum patent.

QUOD QUIDEM HI etc. Per id quod dicit EXPERTES illis qui[4] topica rentur non intelligere, QUANTUM HAC CONSIDERATIONE, id est his regulis, QUAERATUR, hoc suum opus commendat, et etiam per istud sequens: QUAE IN ARTEM REDIGIT VIM POTESTATEMQUE NATURAE. Quod est: Vis naturae est quod tu ab aliquo cogeris ut concedas quod prius negabas, potestas vero eiusdem est quod aliquem cogere potes ut quod negabat concedat. Quae utraque redigitur per haec praecepta locorum IN ARTEM, id est in modos et figuras; nam cum naturaliter insitum sit tibi ut cogas tuum adversarium vel ab eo cogaris ad veri

---

[1] *spatium vacuum VI fere vocum capax reliquit* P
[2] in eo] P *p.c. ut videtur* : illu *vel sim.* P *a.c.*
[3] MAGNUM ENIM POLLICETUR] MAGNUM ENIM ALIQUID LOCORUM CONSIDERATIO POLLICETUR N
[4] illis qui] illorum quae P

concessionem, illud levius fieri potest per modos ac figuras quae dicuntur ars et quae hac topicali consideratione habita citius percipiuntur.
SED DE HIS HACTENUS. (I.7.28/1182D) Necessarium et non probabile ac neque probabile neque necessarium dixi superius seiuncta esse ab hoc opere proposito, sed tamen de his tenus hac ratione dictum est, ut ostenderem quae facultas suis argumentis approbet uti. Deinceps autem, cum loca argumentis congruere ostendam, de reliquis duobus, probabili videlicet et necessario atque probabili et non necessario, explicabo; et hoc est quod dicit: NUNC DE RELIQUIS EXPLICEMUS.

LIBER SECUNDUS

1| OMNIA QUIDEM QUAE SUPERIORIS SERIE VOLUMINIS EXPEDITA SUNT etc. (II.1.1/1181D) Quidam volunt haec esse praemissae partis huius operis commendationem, quae quibusdam indoctis quodammodo vacillare videbatur quia quaedam quasi extranea \suae mat<e>riei/ secundum eos in ea praeposuit; quidam vero sequentis voluminis prologum esse dicunt, sed hoc illos nocere putatur quod nihil eorum quae sequntur in his notatum esse ostenditur, quod in omni prologo contingit fieri. Qui tamen in hoc aliquantulum se defendunt quod quicquid de superioribus in his dicitur[1] totum ad sequens attinet negotium. Nos autem utrisque faventes ea breviter quia facilia exponere temptemus.
OMNIA QUIDEM etc. Definitiones atque divisiones tam propositionis quam ceterorum quae in superiori volumine seriatim expedivimus non ERUDITIS videntur esse supervacua in hoc opere ET QUASI DEPENDENTIA. »Dependens« dicitur illud quod cum sit alicubi nullatenus debere ibi esse iudicatur. Ideo autem dicit illis videri ea esse QUODAMMODO superflua quia licet ea bene definivisset ac divisisset, quod in suo tractatu conveniens esset, nihil tamen ad hoc opus eis pertingere videntur. Subiungit vero causam quare eis illa SUPERVACANEA esse VIDEANTUR hoc modo: NAM CUM DE DIFFERENTIIS etc. (II.1.2)[2] »Gradus doctrinae« hic nuncupat propositionem et assumptionem, quaestionem quoque atque conclusionem, per quae fit |21ʳ| ad locum ascensus; FINEM OPERIS habet ipsa loca circa [ad] \quae/ totus iste versatur tractatus.
MIHI AUTEM VEL, id est valde, NECESSARIUM VIDETUR; HI ETIAM etc. (II.1.3/1183A) Quod dicit CONTEXTIONEM OPERIS idem habe ac si diceret »opus contextum«; MENTE AC RATIONE, id est memoria et discretione.

---

[1] dicitur] dicuntur P

[2] DE DIFFERENTIIS etc.] DE TOPICIS DIFFERENTIIS N, *sed. cf. app.*

ATQUE HOC[1] HACTENUS. (II.1.4) Ac si dicat: Mihi videtur esse necessarium quod ipsi iudicant superfluum, et tenus hac ratione, id est propter hanc rationem, illud praemisi.
SED QUONIAM DE HIS etc. Quod est: Haec quae dicta sunt de praemissis eis superflua esse videntur, scilicet DE PROPOSITIONE et QUAESTIONE ac CONCLUSIONE et etiam de ARGUMENTO,[2] sed licet eis ita esse videatur, tamen DE ARGUMENTATIONE consequenter TRACTEMUS post argumentum.
Causam vero reddit quare de argumentatione tractet hoc modo: QUONIAM DE HIS QUAE ANTEA etc. Quasi dicat: Quia propositum meum fuit de propositione, quaestione, conclusione, argumento, argumentatione tractare, cum de aliis omnibus praeter argumentationem sit tractatum, ergo sequens propositum meum consequenter post argumentum de argumentatione tractare debeo.

2| Inde causam quoque reddit quare consequenter post argumentum tractet de argumentatione hoc modo: ARGUMENTATIO EST PER ORATIONEM ARGUMENTI EXPLICATIO. (II.2.1) Quasi dicat: Idcirco de argumentatione post argumenti tractatum consequenter tracto quia ad argumentum hoc modo se habet quod eius sit explicatio. Quam definitionem sic exponas: Propositio et assumptio quae explicant arguentem animam PER ORATIONEM, id est propter quaestionem, recipiunt hoc nomen quod est ARGUMENTATIO; vel ita: Haec vox differentialis quae est EXPLICATIO cum hac determinatione, scilicet ARGUMENTI, EST ARGUMENTATIO, id est hanc vocem, »argumentatio\nem/« videlicet, comitatur EXPLICATIO in eiusdem rei designatione. Hoc autem habet argumentatio PER genus suum, scilicet ORATIONEM. Omnis enim species habens differentias habet eas a suo genere, nam illas habent species in sui definitione quas genus habet in sui divisione; nam quando ad interrogationem »Quid est homo?« »Animal rationale« respondetur vel »Rationale per animal«, patet quod ipsius animalis differentia divisibilis hominem constituat. <<Quonia>>m vero ab animali homo habet rationale, competens igitur potest responsio huiusmodi dari cum quaeritur »Quid est homo?«: »Rationale per animal«. Ergo et ibi haec competenter dabitur si quaeratur »Quid est argumentatio?«: »EXPLICATIO ARGUMENTI PER ORATIONEM«.
Qua definita eam hoc modo dividere intendit: HUIUS AUTEM SPECIES DUAE SUNT (II.2.2) Quod autem sic continuato: Argumenti, ut dictum est, sunt quattuor species, sed argumentationis non sunt nisi duae. Si autem dixeris et hanc quattuor habere species, enthymema videlicet atque exemplum cum his duabus, non tamen dices illas esse aequales, quia iste quas praemittit sunt

---

[1] HOC] HAEC N, *sed cf. app.*

[2] ARGUMENTO] ARGUMENTATIONE P

principales, ut in sequentibus manifestabitur; comprehendunt enim in se alias duas.

Syllogismum vero in divisione primo loco positum ante alias argumentationis species taliter definit: SYLLOGISMUS EST ORATIO etc. (II.2.3) Quod est: Haec specialis vox, scilicet SYLLOGISMUS, habet essentiam istius alterius vocis quae est ORATIO per has differentias constricta: IN QUA POSITIS QUIBUSDAM etc. Has voces differentiales quae iunctae cum ORATIO idem significant quod SYLLOGISMUS in definitione syllogismi iure posuit cum in cuiuslibet speciei definitione posito genere differentiae sequantur. Nota quod haec descriptio eos impugnet qui in suis quasi syllogismis concessa concludunt. Dicit enim quod in huiusmodi oratione ALIUD QUIDDAM NECESSE EST EVENIRE QUAM SINT[1] IPSA QUAE SUNT ibi CONCESSA. Si ergo in huiusmodi syllogismo: »Si animal est, animal est; sed animal est; animal igitur est« nihil aliud praeter concessa evenit, a syllogismi ratione dimovebitur. Per hoc quod dicit: IN QUA POSITIS QUIBUSDAM ET CONCESSIS has voces, scilicet »propositionem« et »assumptionem«, accipiendas esse puta, nam hae in hac voce quae est ORATIO sunt positae ut species in suo genere. Per id vero quod dicitur, scilicet ALIUD QUIDDAM PER EA IPSA QUAE CONCESSA SUNT EVENIRE NECESSE EST QUAM SINT[2] CONCESSA, hanc vocem, »conclusionem« videlicet, accipe. In quibus notandum est quod istae omnes differentiae idem significent quod »propositio« »assumptio« »conclusio«.

HUIUS DEFINITIONIS RATIONEM etc. (II.2.4) Quod est: Illud quod haec definitio retur, id est significat, et a quibus differat per singula[3] plenarie continent secundi sermones entes earum rerum, scilicet locorum, propter quos scripto mandavimus INSTITUTIONEM, id est modos et figuras, IN CATEGORICOS SYLLOGISMOS, |21ʳ| id est ad hoc ut ostenderemus quomodo categorica argumentatio fieri debeat. Quamvis autem dicat quod propter locos institutionem in categoricos fecerit syllogismos, non tamen intelligas locos omni modo esse diversos ab ipsis syllogismis cum quiddam sit ex illis. Bene vero dicit quod propter locos scripsit institutionem in syllogismos cum ****[4]

Potest quoque et ille versiculus, scilicet HUIUS DEFINITIONIS RATIONEM (II.2.4), hoc modo legi: RATIONEM HUIUS DEFINITIONIS CONTINET LIBER SECUNDUS EORUM, id est sequens ea, IN QUIBUS pontem fecimus IN

---

[1] SINT] SUNT N, *sed cf. app.*

[2] SINT] SUNT N, *sed cf. app.*

[3] id est...singula] *secundario inseruit* P *in spatio prius vacuo relicto*

[4] *spatium vacuum I-II linearum capax reliquit* P

CATEGORICOS SYLLOGISMOS. Quae enim in illo libro cuius principium est »Multa Grai veteres«[1] explicuit quasi pons in syllogismos[2] categoricos fuerunt.
SED PROPTER INTELLECTUS FACILITATEM etc. (II.2.5/1183B) Quod est: Licet in illo libro rationem huius definitionis plene possit repperiri, propter hoc ut sit hic intellectus facilior eandem tamen rationem exemplo concludamus breviter.
SIT <ENIM> SYLLOGISMUS HIC (et bene dico SIT, nam bene potest esse): »OMNIS HOMO ANIMAL EST etc.« TOTUM IGITUR HOC ORATIO EST (II.2.6) Quasi dicat: Quia his omnibus propositionibus competit syllogismus, ergo et istae aliae voces, scilicet ORATIO IN QUA POSITIS QUIBUSDAM etc., eis congruent; nam cuicumque convenit definitum, eidem definitionem convenire necesse est.
PER PROPOSITIONES ENIM etc. Probat quod per ea quae concessa sunt efficiatur aliquid. Hoc autem modo quaestionem facias: »Utrum ex his efficiatur aliquid a concessis diversum?«,[3] quam quaestionem propter litterae dispositionem oportet taliter converti: »Utrum hae efficiant aliquid?«, id est »Utrum istae voces, scilicet »efficiant aliquid«, comitentur hanc vocem quae est »hae« in designatione earundem rerum?«; »Propositiones efficiunt aliquid« (has voces accipe »propositiones« ac »efficiunt aliquid«, quas sic exponas: »propositiones« et »efficiunt aliquid« comitantur se in significatione), quam propositionem habes ubi dicitur: PER PROPOSITIONES ENIM. »Sed hae sunt propositiones«, id est »sed »hae« et »propositiones« comitantur se in significatione«, hanc quoque assumptionem habes ubi dicitur: SUNT AUTEM PROPOSITIONES. Illa etiam subdit significata in quorum designatione »propositiones« et »efficiunt aliquid« se comitantur hoc modo: »OMNIS HOMO ANIMAL EST« ET »OMNE ANIMAL SUBSTANTIA EST«. Hanc vocem, scilicet »aliquid«, quam in his frequenter habes determinationem, accipe diversum a determinatis significantem. Saepius quippe determinationes subduntur quae diverse a suis[4] significant determinatis, ut »Arnulfus est habens librum«; nam »librum« aliud significat quam »Arnulfus habens«. Conclude: »Quapropter hae efficiunt aliquid«. Quam conclusionem aequipollenter habes ubi dicitur: ATQUE EX HIS EFFICITUR ALIQUID[5] etc. Locus a toto. Maxima propositio: »Quod convenit toti, et parti«. Nam ista vox »propositiones« est totum huius vocis quae

---

[1] Boeth. *Introductio in categoricos syllogismos, libri duo* 793C
[2] syllogismos] syllogismis **P** *a.c.*
[3] diversum] diversis **P** *a.c.*
[4] ad suis] aduis **P** *a.c.*
[5] ALIQUID] ALIUD QUIDDAM **N**, *sed cf. app.*

est »hae«; potes enim propositiones ita dividere: propositiones aliae hae, aliae hae, aliae hae.
CONCLUDITUR ENIM. Quod est: Vere aliud efficitur, nam concluditur. Ipsius quoque »ali\ud/« significatum subiungit hoc modo: »OMNIS IGITUR HOMO SUBSTANTIA EST«.
QUOD LONGE DIVERSUM EST etc. Q<<uod, id est>> quod significatum conclusionis quod est »OMNIS IGITUR HOMO SUBSTANTIA EST« diversum esse ostenditur ET AB EA PROPOSITIONE QUAE DICIT »OMNIS HOMO ANIMAL EST« ET AB EA QUAE suum hoc modo PROPONIT significatum: »OMNE ANIMAL EST SUBSTANTIA«, quia istae sunt illam probantes, illa vero ab eis fit probata.
SYLLOGISMORUM VERO etc. (II.2.7/1183C) Quod est: Modo supradicto syllogismus definitur, hoc vero modo dividitur: SYLLOGISMORUM ALII PRAEDICATIVI, ALII CONDICIONALES. Quae divisio est generis per differentias. Licet autem SYLLOGISMORUM hanc vocem pluraliter efferat, non tamen erit diversum quam si diceret »syllogismus«, idem namque significant quodammodo. Tale vero est quale est illud: »animalium alia rationallia, alia irrationalia«.
ET PRAEDICATIVI QUIDEM SUNT etc. (II.2.8) Quasi dicat: ALII SYLLOGISMORUM, id est hic syllogismus et hic syllogismus, recipiunt hoc nomen quod est »praedicativus« ad consignificandum, nam recipiunt has alias voces ad illud idem, scilicet »conexum esse EX OMNIBUS PRAEDICATIVIS PROPOSITIONIBUS«. A definitione. Nam »quod conectitur EX OMNIBUS PRAEDICATIVIS PROPOSITIONIBUS«, istae videlicet voces, sunt definitio praedicativi syllogismi. Vel ita: Vere hic syllogismus et hic syllogismus comitantur hanc vocem quae est »praedicativus«, nam conectuntur cum ea suis significatis ex omnibus suis partialibus vocibus entibus praedicativis propositionibus. Praedicativus enim syllogismus ideo cum hac differentiali voce suis significatis copulatur quae est »praedicativus« quia suae partiales voces, scilicet »haec propositio« et »haec propositio«, suis nectuntur significatis cum hac differentia, scilicet »praedicativa«. Ideo namque hic syllogismus et hic syllogismus dicitur praedicativus quia haec propositio et haec propositio quae sunt ipsius partes dicitur praedicativa.
UT IS QUEM EXEMPLI GRATIA SUPERIUS ADNOTAVI. Quod est: Hic syllogismus dicitur praedicativus |22ʳ| quem habes in superioribus ubi easdem voces, scilicet »hic syllogismus«, ut gratum in significatis redderem exemplum annotavi. Dixit enim: »Sit enim syllogismus hic«,[1] illius significata subiungens. Vere is syllogismus superius annotatus dicitur praedicativus, id est hanc

---

[1] II.2.5/1183B

differentialem comitatur vocem, »praedicativus« scilicet, in consignificatione, nam comitatur has alias voces »texi [[ex]] OMNIBUS PRAEDICATIVIS PROPOSITIONIBUS«; et hoc est quod dicit: OMNIBUS ENIM PRAEDICATIVIS PROPOSITIONIBUS TEXITUR. A pari vel a definitione. Paria namque sunt praedicativus syllogismus et textum esse omnibus praedicativis propositionibus. Quem versiculum, scilicet OMNIBUS ENIM, sic expone ut superius expositum est QUI EX OMNIBUS PRAEDICATIVIS PROPOSITIONIBUS CONECTUNTUR.
HYPOTHETICI VERO etc. (II.2.9) Quod est: Hic et hic syllogismus qui ex omnibus praedicativis nectitur propositionibus dicitur praedicativus, hic vero et hic syllogismus dicitur hypotheticus QUORUM PROPOSITIONES, videlicet haec propositio et haec propositio, suis NECTUNTUR significatis cum hac voce quae est »condicio«. In significatis vero ostendit quod hic syllogismus nectitur condicione hoc modo: UT HIC: »SI DIES EST, LUX EST« etc. Vere hic syllogismus nectitur suis significatis cum hac voce »condicio«, nam prima propositio, eius scilicet pars, nectitur suo significato cum »condicio« voce; hoc vero est quod dicit: PROPOSITIO ENIM PRIMA etc. A parte. Nam hic syllogismus alia pars \est/ propositio prima, alia secunda propositio praedicativa propositio. Quod dicit CONDICIONEM HANC ***[1]
INDUCTIO <VERO> EST ORATIO etc. (II.2.10) »Syllogismus est oratio in qua positis quibusdam etc.«,[2] INDUCTIO VERO EST ORATIO, id est haec specialis vox INDUCTIO est eiusdem essentiae cuius est ORATIO per has differentiales voces coarctata, scilicet PER QUAM FIT A PARTICULARIBUS AD UNIVERSALIA PROGRESSIO. Supponit vero significata in quibus comitantur se INDUCTIO atque ORATIO sic constricta per differentias ut dictum est hoc modo: SI IN REGENDIS NAVIBUS etc.
VIDES IGITUR etc. (II.2.11/1183D) Quasi dicat: Quia his significatis convenit »inductio«, ergo »oratio currens per singulas res ad universale« eis conveniet. A pari. Cuicumque enim definitum convenit et definitionem convenire necesse est. Vel ita: ***[3]
QUI SCIT IGITUR MALUM etc., QUOD NON PROCEDIT. (II.2.14/1184B) »Utrum quidam sciens malum sit malus?«; »Omnis bonus est sciens malum«, [[Nu]] quam propositionem habes ubi dicitur: MALI QUIPPE NOTITIA DEESSE NON POTEST BONO. (II.2.15); »nullus autem bonus est malus; quidam igitur sciens malum non est malus.« Assumptionem et conclusionem habes extra. A contrariis. »Contrariorum posito uno aufertur reliquum«. Quae contraria in assumptione nota, bonus scilicet et malus. »Utrum bonus sciat malum?«, quam

---

[1] *spatium vacuum X fere vocum capax reliquit* P
[2] II.2.3/1183A
[3] *spatium vacuum II-III fere linearum capax reliquit* P

quaestionem a prima propositione accipis; »Si aspernatur malum, et scit malum«. Inter effectum et causam. »Sed hoc est, illud igitur«. »Utrum aspernetur malum?«; »Si diligit bonum, et aspernatur malum«. Inter contraria. »Sed hoc est, igitur illud«. »Oppositorum opposita propria esse oportere« vel haec: »Contrariis contraria conveniunt«. [[Di]] Bonum et malum sunt contraria, et diligere et aspernari similiter. »Utrum cum aspernatur malum, sciat malum?«; »Si cum nesciret malum non aspernatur malum, tunc cum aspernatur malum scit malum«. Inter causam et effectum. Quam propositionem habes aequipollenter ubi dicitur: NEC VITARE VITIUM etc. Assume ac conclude extra.

HIS ERGO DUOBUS etc. (II.2.16) Quod est: Quia argumentatio deprehenditur in HIS DUOBUS, scilicet syllogismo et inductione, ergo et ALII DUO MODI DEPREHENDUNTUR in HIS DUOBUS. A toto in partes. Hoc vero est quale est illud. Quia omne animal deprehenditur in rationali et irrationali, ergo et homo et equus. Licet autem has duas species argumentationis, enthymema videlicet atque exemplum, in his duabus principalibus deprehendi dicat, non tamen species vel partes illarum esse dices; sed [ad] quemadmodum quinque modi primae figurae in quattuor eiusdem figurae modis[1] comprehenduntur, non ut partes illorum sint vel species, sed ut vim ab eis et probabilitatem sumant, ita isti DUO ARGUMENTATIONIS MODI in syllogismo et inductione DEPREHENDUNTUR ut vim ac probabilitatem ab eis habeant.

|22ᵛ| IN QUIBUS <QUIDEM> PROMPTUM EST[2] etc. EXORDIUM vocat horum duorum modorum definitionis principium quod A SYLLOGISMO ducunt ET AB INDUCTIONE.

HAEC AUTEM SUNT ENTHYMEMA ATQUE EXEMPLUM. »Duo quidam«,[3] id est ignoti, in »his deprehenduntur«, sed modo fiant noti:[4] Unus dicitur ENTHYMEMA, alter vero EXEMPLUM.

ENTHYMEMA QUIPPE EST IMPERFECTUS SYLLOGISMUS (II.2.17) Quasi dicat: Bene dico enthymema suppositum esse syllogismo et ab eo sumere exordium, nam ENTHYMEMA dicitur SYLLOGISMUS, cum hac determinatione tamen quae est IMPERFECTUS.

ID EST ORATIO IN QUA NON OMNIBUS etc. Has accipito voces differentiales, IN QUA NON OMNIBUS ANTEA PROPOSITIONIBUS CONSTITUTIS INFERTUR FESTINATA CONCLUSIO, ut superius in descriptione syllogismi et [[enthymematis]] inductionis voces positas differentias habuisti.

---

[1] modis] modos P

[2] EST] SIT N

[3] II.2.16 : duo quidam] duo quidem N, *sed cf. app.*

[4] noti] nota P *a.c.*

UT SI QUI[1] SIC DICAT. Quod est: »Enthymema est oratio etc.«, UT »HOMO ANIMAL EST, SUBSTANTIA IGITUR EST«, SI QUI SIC proferat hanc propositonem: »HOMO ANIMAL EST« ut inde inferat: »SUBSTANTIA IGITUR EST«; potest enim ea intentione illam alio tempore proferre ut nihil inde velit inferri.

PRAETERMISIT ENIM etc. Vere haec significata propositionum »HOMO ANIMAL EST, SUBSTANTIA IGITUR EST« proferens non omnes propositiones, id est hanc et hanc propositionem, id est primam et secundam et tertiam propositionem, [non] antea protulit, nam PRAETERMISIT ALTERAM PROPOSITIONEM, id est secundam. Vel ita continuato: Vere hic syllogismus cuius significata sunt: »HOMO ANIMAL EST, SUBSTANTIA IGITUR EST« est imperfectus, nam PRAETERMISIT ALTERAM PROPOSITIONEM QUA PROPONITUR, id est cuius significata sunt haec: »OMNE ANIMAL SUBSTANTIA EST«.[2]

ERGO QUONIAM ENTHYMEMA etc. (II.2.18/1184C) Quasi dicat: Quia enthymema per omnia cum syllogismo convenit excepto quod alteram praetermittit propositionem, ergo QUASI, id est perfecte, SIMILE EST SYLLOGISMO.[3] Repetit vero locum unde inferat hoc modo: QUONIAM ENTHYMEMA AB UNIVERSALIBUS AD PARTICULARIA PROBANDA CONTENDIT, alterum tamen tacet unde haec illatio descendit dans illum ibi intelligere ubi dictum est: »Enthymema est oratio in qua non omnibus antea propositionibus constitutis infertur festinata conclusio«;[4] hoc enim solum removet in enthymemate, omnes scilicet propositiones ante conclusionem constitui. Cum ergo syllogismus partim ab universalibus ad particularia, partim vero ab universalibus ad universalia probanda contendat, enthymema ab his eisdem ad haec eadem probanda contendet cum perfectam in materia [si] similitudinem habeant.

EXEMPLUM QUOQUE <etc.>; EST ENIM EXEMPLUM (II.2.19) Vere EXEMPLUM DISSIDET ab inductione, nam contendit suum PARTICULARE PROPOSITUM PER aliud PARTICULARE OSTENDERE, cum inductio a pluribus particularibus ad aliquod universale intendat. PARTICULARE pro »singulari« hic accipe, significat enim utrumque, et »singulare« et »non singulare«. Si autem opponis illud unum divisionis superius positae propositionis membrum ubi dictum est »aliae singulares«[5] superflue positum esse cum »particulare« et

---

[1] QUI] QUIS N, sed cf. app.
[2] SUBSTANTIA EST] ESSE SUBSTANTIAM N, sed cf. app.
[3] EST SYLLOGISMO] SYLLOGISMO EST N, sed cf. app.
[4] II.2.17/1184C
[5] I.4.5/1175A

particulariter significet et singulariter, nullam facis oppositionem; nam quemadmodum »animal« in praedicamento substantiae licet sit aequivocum in speciali stringitur significatione, ita »particulare« ab aequivocatione coarctatum in divisione propositionis pro una accipitur differentia aliud quam »singulare« significante.

APPROBATUM EST ENIM ✱✱✱[1]
QUAE UTRAQUE PARTICULARIA ESSE AC NON UNIVERSALIA SINGULARIUM DESIGNAT INTERPOSITIO PERSONARUM. (II.2.20) »Personas singulares« hic accipe haec duo nomina, »Scipio« »Tullius«, posita videlicet inter »necari« et »interemptus«.

QUONIAM IGITUR PARS EX PARTE[2] <AP>PROBATUR. Hanc illationem facit a causa repetendo unde inferat. QUASI SIMILITUDINEM ideo dicit exemplum habere INDUCTIONIS quia particulare particulariter \non/ ut inductio probat, quae non est perfecta simi\litudo/; |23ʳ| inductio enim universale per particularia probat, non per unam tantum partem.

ITA IGITUR DUAE SUNT SPECIES ARGUMENTANDI (II.2.21/1184D)[3] Quia illae duae argumentationis species, enthymema atque exemplum, sunt secundariae, ergo istae DUAE, syllogismus videlicet ac inductio, SUNT PRINCIPALES. A relativis. Quia vero illae deprehenduntur in istis, ergo sunt sub eis, id est inferiores eis; hoc vero est quod dicit: SUB HIS AUTEM. A causa.

RESTAT NUNC QUID SIT LOCUS APERIRE. (II.2.23/1185A) Superiorum definitionibus divisionibusque, ut proposuit, seriatim ostensis de loco cuius causa illa praemittere curavit suum sequens propositum tractare intendit hoc modo incipiens: RESTAT NUNC etc. Quod est: Nunc instat reliquis retro expositis inde causa existentibus demonstrare quae sit essentia huius vocis, videlicet »locus«.

3| Cui vocabulo taliter alludit: LOCUS NAMQUE etc. (II.3.1) Quasi dicat: Bene dico aliquam rem posse nuncupari LOCUS, nam illa res quae dicitur SEDES ARGUMENTI appellatur LOCUS, quod Tulliana confirmat auctoritate ad hunc modum: UT M. TULLIO PLACET.

CUIUS DEFINITIONIS etc. Quasi dicat: Vim, id est causam, huius definitionis qua rebus imponitur ab obscuritate per pauca verba solvam, quae causa est argumentatio.

---

[1] *spatium vacuum VIII fere vocum capax reliquit* **P**

[2] PARS EX PARTE] EX PARTE PARS **N**, *sed cf. app.*

[3] DUAE SUNT SPECIES ARGUMENTANDI] DUAE QUIDEM SUNT ARGUMENTANDI SPECIES **N**, *sed cf. app.*

Quaeri solet quare huius definitionis causam reddat cum superiorum nullam dedisset definitionum. Quod tali solvitur ratione: Quia haec variis imponitur rebus, quod non contingit \in/ aliis.

Sed prius quam causam huius definitionis aperiam, hanc aliam reddo causam quare illam volo aperire: ARGUMENTI ENIM SEDES etc. (II.3.2) Quod est: Ideo huius definitionis ostendere causam \scilicet cur sit rebus imposita/ intendo quia ipsa diversis de causis rebus imponitur diversis; nam alio respectu MAXIMA PROPOSITIO [[in]] dicitur SEDES ARGUMENTI et PARTIM, id est alio intuitu, MAXIMAE PROPOSITIONIS DIFFERENTIA.

Hac vero causa ostensa ostendit quam promisit causam definitionis hoc modo: NAM NECESSE EST UT ILLAE propositiones TENEANT ANTIQUISSIMAM PROBATIONEM OMNIUM QUAE DUBITANTUR QUAE ITA ALIIS FIDEM FACERE POSSUNT[1] UT IPSIS NIHIL QUEAT NOTIUS INVENIRI. (II.3.3) Ac si dicat: Idcirco maxima propositio dicitur sedes argumenti quia firmam argumentationi dat evidentiam. Quoniam vero maxima propositio sedes argumenti ideo dicitur quia dat evidentiam antiquissimae probationi, id est argumentationi, patet quod ipsa argumentatio eius sit definitionis causa quare \ipsa/ maximae conveniat propositioni.

Causam quoque \<<...>>/ [[reddit]] quare hanc posuit determinationem »QUAE ITA ALIIS FIDEM FACERE POSSUNT[2] UT IPSIS NIHIL QUEAT NOTIUS INVENIRI«: CUM SINT ALIAE PROPOSITIONES QUAE CUM PER SE NOTAE SINT etc. Quasi dicat: Bene posui hanc determinationem »QUAE ITA ALIIS etc.« quia ALIAE PROPOSITIONES sunt PER SE NOTAE, aliae vero quarum fidem ipsae per se notae supplent. Potes etiam si placet in his argumentari hoc modo: »Aut illae tenent antiquissimam probationem quae aliis fidem faciunt aut illae quibus per eas fit fides«. Ab immediatis \inter immediata/; et hoc habes ubi dicitur: CUM SINT ALIAE PROPOSITIONES etc. Nega consequens et conclude ponendo antecedens.

Probat quoque quod ILLAE TENEANT ANTIQUISSIMAM PROBATIONEM, id est dent argumentationi evidentiam. »Vere maximae propositiones tenent argumentationem, nam tenent argumentum«, id est dant evidentiam argumento. A causa in effectum. »Utrum maxima propositio de[[n]]t argumento evidentiam?«; »Omne argumentum facit dubiae rei fidem; omne autem quod dubiae rei facit fidem est notius ac probabilius per maximam propositionem«, quae determinatio iudicatur posse hic accipi quia in conclusione notatur; »ergo omne argumentum est notius per maximam propositionem«, quod est aequipollens ac si diceret: »Omne argumentum recipit evidentiam a maxima

---

[1] POSSUNT] POSSINT N, *sed cf. app.*

[2] POSSUNT] POSSINT N, *sed cf. app.*

propositione«. Quem syllogismum habes hypothetice dispositum ubi dicitur: NAM SI ARGUMENTUM EST QUOD DUBIAE REI etc. (II.3.4/1185B) Locus a descriptione. Maxima propositio: »Quod convenit descriptioni, et descripto«.
SED HUIUSMODI PROPOSITIO (II.3.5) Quod est: Maxima propositio tribuit evidentiam argumentationibus et hoc non solum EXTRA ambitum ARGUMENTI POSITA facit, sed etiam INTRA AMBITUM ARGUMENTI posita. AMBITUM ARGUMENTI accipe hanc vocem, non eius significatum quod est argumentatio per quam anima arguens ambit adversarii animum; VIRES ARGUMENTI pro argumentatione probabili habeto.
ET EXEMPLUM QUIDEM EIUS etc. (II.3.6) EXEMPLUM ARGUMENTI et AMBITUM ARGUMENTI pro eodem habe. Nam EXEMPLUM dicitur quod ad alicuius rei fit similitudinem, argumentatio autem fit quodammodo ad similitudinem argumenti.
SIT ENIM QUAESTIO etc. Bene dico SIT QUAESTIO, nam bene potest esse. Quia vero ista potest esse quaestio, ITA IGITUR DICEMUS (A causa): »REGNUM DIUTURNIUS EST QUAM CONSULATUS, CUM UTRUMQUE SIT BONUM«. Nota quod non recte concluditur in hoc syllogismo secundum hoc quod hic est dispositus. Ut igitur rectius concludere possis ex eiusdem syllogismi materia duos compone syllogismos hoc modo: »Omne diuturnius bonum est melius bonum; regnum autem est diuturnius bonum; regnum igitur est melius bonum«. A toto. Item: »Omne brevius bonum est minus bonum; consulatus autem est brevius bonum; est igitur consulatus minus bonum.« Item a toto. Nota etiam quod sophisticum hic posuit syllogismum pro exemplo gratia exercendi lectoris; huic enim syllogismo maxima potest attribui propositio \extra/ quod non contingeret si hic inesset maxima |23ᵛ| propositio. Finge ergo syllogismum aliquem in quo maxima sit inserta propositio, et videbis non egere ibi aliqua extra data propositione maxima. Sit enim in quaestione utrum quoddam generalissimum praedicetur de specie: »Quod praedicatur de genere, praedicatur de specie; quoddam autem generalissimum praedicatur de genere; quoddam igitur generalissimum praedicatur de specie«. Cum igitur hic syllogismus nullo aliunde ad fidem sui egeat auxilio, patet quod insertam habet propositionem maximam.
HUIC IGITUR ARGUMENTATIONI (II.3.7) Quasi dicat: Quia argumentum retinet maximam propositionem intra hanc argumentationem suam, ergo maxima propositio est inserta, id est retenta, huic argumentationi. A causa in effectum. Est vero illi simile: »Quia sol praesto est, ergo aer lucidus est«. Ob hoc vero istud interponit, scilicet ID EST LOCUS, ut ostendat quod hoc vocabulum, »locus« videlicet, maximae competat propositioni sive intra sive extra argumentationem positae.

HOC ENIM ITA NOTUM EST etc. (II.3.8/1185C) Si sequendo sophisticum exemplum quod hic posuit istud legeris, sophistice etiam probabis illum syllogismum per insertam propositionem maximam firmum esse et nullo aliunde ad fidem sui indigere. Si autem bonum posueris exemplum, haec probatio recta, non sophistica erit. Sic ergo dices: Vere maxima propositio est huic argumentationi inserta, nam HOC ITA NOTUM EST UT exteriori PROBATIONE NON EGEAT ET IPSUM extra positum ALIIS POSSIT ESSE PROBATIO. A definitione maximae propositionis.
ATQUE IDEO, scilicet quia non eget extranea probatione, TOTAM aliam PROBATIONEM quam comitatur CONTINET, id est ei dat evidentiam, ET CUM INDE NASCITUR, id est fit, ARGUMENTUM, RECTE LOCUS VOCATUR. Istud CUM accipe causale.
UT VERO EXTRA POSITA etc. (II.3.9) Exemplum superius positum fuit datum ut ostenderetur quod maxima propositio intra ambitum argumenti posita fidem alii faciat probationi, TALE VERO SIT EXEMPLUM ad ostendendum quod illa EXTRA POSITA VIRES, id est virtuosas argumentationes, ARGUMENTO AFFERAT. Idem significat EXEMPLUM hic ut superius [quod] »argumentatio«.
SIT ENIM PROPOSITUM etc. Quaestionem converte aliter quam in libro habeas dispositam SAPIENS in subiecto ponens, quod hoc modo debere fieri conclusio ibi posita indicat.
IN HAC IGITUR ARGUMENTATIONE etc. (II.3.10) Quia maxima propositio extra posita dat fidem huic argumentationi, ergo nulla MAXIMA PROPOSITIO est IN HAC ARGUMENTATIONE INCLUSA, SED IPSA MAXIMA SUBMINISTRAT, id est parumper ministrat, vim et probabilitatem ARGUMENTATIONI. A repugnanti. Repugnat enim ut aliqua extra posita confirmet argumentationem et <ut> aliqua sit in ipsa argumentatione posita. Probat autem a duplici specie quod maxima propositio extra posita vires praebeat argumentationi, nam haec maxima propositio: »QUORUM DIVERSA EST DEFINITIO, IPSA QUOQUE ESSE DIVERSA« dat huic syllogismo fidem; hoc est quod dicit: EST ENIM HUIC SYLLOGISMO FIDES EX EA PROPOSITIONE PER QUAM COGNOSCIMUS syllogismum superius dispositum. Locus a specie argumentationis et a specie maximae propositionis vel a partibus utriusque.
EST AUTEM IN DEFINITIONE QUIDEM INVIDI Hoc AUTEM accipe discretivum. Quasi dicat: Hic totus syllogismus continetur ab hac maxima propositione: »Quorum diversa est definitio« vel »A quo removetur definitio etc.«, pars autem eius syllogismi, scilicet ALIENIS BONIS TABESCERE, deprehenditur sub eiusdem maximae propositionis differentia quae est »definitio«. Nam ideo haec maxima propositio attribuitur huic syllogismo quia eius pars suae differentiae, videlicet »definitioni«, ut significatum significanti datur per quam totus syllogismus fidelis efficitur, quod in omnibus differentiis maximae

propositionis similiter fieri contingit; sive enim »a genere« sive »a specie« vel »a toto« vel »a parte« vel aliqua alia fuerit differentia propositionis maximae, fidem argumentationi cui adaptatur necesse est per eam fieri.

Secundum vero eos qui »enim«[1] habent ita id legi oportet: Vere haec maxima propositio dat fidem huic syllogismo, nam in »definitione«, scilicet eius differentia, ipsius syllogismi pars comprehenditur, id est quia »definitio« illius propositionis differentia eidem syllogismo fidem praebet. A parte.

EST IGITUR UNO QUIDEM MODO LOCUS (II.3.11/1185D) Quasi dicat: Quia et intra POSITA et extra FIDEM argumentationi SUBMINISTRAT MAXIMA PROPOSITIO, ergo UNO MODO, id est una consideratione, ipsa dicitur LOCUS. \A causa./ MAXIMA ideo dicitur quia plures continet syllogismos, UNIVERSALIS vero quia unicuique illorum servit, PRINCIPALIS autem quia probat alias, INDEMONSTRABILIS vero quia a nullo probatur, PER SE vero NOTA quia sui termini sunt per se noti.

IDEO AUTEM UNIVERSALES (II.3.12) Quod est: Ideo dicitur maxima propositio locus quia subministrat vim argumentis et conclusionibus, ideo autem ipsae dictae loci hac de causa dicuntur UNIVERSALES ET MAXIMAE QUONIAM CETERAS CONTINENT PROPOSITIONES ET PER EAS FIT CONSEQUENS ET RATA CONCLUSIO.

Ostensa causa quare locus dicatur maxima propositio ostendit qua similitudine hoc vocabulum ei congruat tali modo: AC SICUT LOCUS IN SE CONTINET etc. (II.3.13/1186A) Quod est: Maxima propositio, ut dictum est, dicitur locus et hac similitudine, nam quemadmodum quantitativus locus continet in suis partialibus vocibus quantitativas partes quantitativi corporis (ubicumque enim sunt [[super]] longitudo, |24ʳ| latitudo, altitudo, ibi has corporis partes \esse/ necesse est: sursum, deorsum, dextrum, sinistrum, ante et retro), ITA HAE PROPOSITIONES CONTINENT[2] OMNEM probabilitatem ac necessitatem POSTERIORUM, id est propositionis et assumptionis, et CONCLUSIONIS CONSEQUENTIAM, id est consequentem conclusionem. Propositionem et assumptionem ideo posteriores vocat ipsa propositione quia licet per eas conclusio rata consequatur, tamen evidenti[us]or per maximam propositionem ostenditur.

ET HOC[3] QUIDEM MODO Quod est: Hac similitudine praemissa maxima propositio [[dicitur]] continet argumentationem et hac eadem meta ipsa dicitur locus.

---

[1] lectio enim *in apparatu Nikitae non memoratur*

[2] CONTINENT] *om.* N, *sed cf. app.*

[3] HOC] UNO N

Possunt quoque hi duo versus aliter continuari et legi ad hunc modum: Uno modo, ut probatum est, dicitur maxima propositio locus. Ideo autem ipsa locus dicta est quia ipsa, \id est/ suarum remota consideratione differentiarum, ceteras continet, id est cohaerentes esse ostendit, propositiones [[propositiones]] et per eam fit consequens, id est necessaria, et rata, id est probabilis, conclusio. Nam quemadmodum aliud est probare Socratem esse hominem album et aliud simpliciter album, ita quidem diversum est probare maximam propositionem dici uno modo locum ab eo quod ea probatur dici simpliciter locus.

Ostendit vero qua similitudine maxima propositio contineat ceteras propositiones hoc modo: AC SICUT LOCUS etc. (II.3.13/1186A) Quod est: Maxima propositio continet alias propositiones et hoc modo continet, scilicet quemadmodum locus quantitativas corporis partes in suis continet partibus ut [a] ostensum est, ita maxima propositio continet OMNEM VIM POSTERIORUM, id est necessitatem ac probabilitatem propositionis et assumptionis, et conclusionem simul cum eis sequentem; nam ubicumque illis duabus praecedentibus conclusio sequitur ad illarum omnium corroborationem universalis propositio necessario datur. Recte ergo dictum est ipsam alias continere propositiones ad modum continentiae loci in quantitativo corpore cum semper vel detur consequenter post illas vel intelligatur ut loci quantitativi partes in corporis eiusdem generis partibus consequenter accipiuntur. Quoniam vero taliter loco assimilatur quantitativo, ipsum etiam nomen, videlicet »locus«, sibi vindicavit; et hoc est quod sequitur: ET HOC[1] QUIDEM MODO LOCUS etc.

Ostenso quomodo maxima propositio dicitur locus [[ostendit]] dicit idem vocabulum earundem differentiis alio intuitu convenire hoc modo: ALIO VERO MODO LOCI VOCANTUR DIFFERENTIAE etc. (II.3.14)[2] Quasi diceret: Principalis propositio ideo locus dicitur quia continet ceteras, alio vero respectu ipsius differentiae hoc nomen retinent, illae scilicet maxime quae terminis inhaerent quaestionis.

Quaeritur quare quaestioni inhaerentes hic determinet[3] cum non inhaerentes etiam loci dicantur. Ad quod respondetur: quia illi sunt necessarii atque probabiles. Quamvis enim quidam alii differantiales loci sint quodammodo necessarii praeter inhaerentes, non tamen tantum habent evidentiae quantum illi qui inhaerent, et ob hoc illas etiam hic tacuit.

Hae autem DIFFERENTIAE vel istae possunt accipi, scilicet »a genere« »a toto« »a partium enum<er>atione« vel earum significata, videlicet »animal« »homo« et similia. Si autem has superiores differentias esse dixeris, sic expones

---

[1] HOC] UNO N

[2] VOCANTUR DIFFERENTIAE] VOCANTUR MAXIMARUM DIFFERRENTIAE N

[3] determinet] determinass P *a.c. ut videtur*

DIFFERENTIAE VOCANTUR LOCI QUAE DUCUNTUR a TERMINIS quaestionis: Voces quae dicuntur maximarum differentiae propositionum, scilicet \»a genere« »a toto«,/ recipiunt hanc vocem quae est »locus« ad consignificandum »animal« et ei similia, illae videlicet quas sumunt illi termini qui sunt in hac voce quae est »quaestio« positi ad hoc ut ab eis significentur. Si vero significata generis et speciei ac ceterorum a »differentia« voce significari volueris, hoc nomen quod \est/ »locus« ut significatis significans eis congruere concedes, et quod dicit: DUCUNTUR AB HIS TERMINIS QUI IN QUAESTIONE SUNT CONSTITUTI hoc modo expones: Illas voces dico differentias esse maximarum propositionum et vocari locus quae ducuntur a terminis quaestionis ad idem significandum, id est quae in significatione terminis in quaestione positis inhaerent.
DE QUIBUS DEINCEPS DISSERENDUM EST. Quod est: Quia loci inhaerentes terminis quaestionis sunt necessarii, merito de illis consequenter post maximae propositionis tractatum diligenter est <dis>serendum. Probat vero quod differentiae a terminis ductae quaestionis vocentur locus sic: »Si omnes maximarum differentiae propositionum vocantur locus, et differentiae a terminis quaestionis ductae vocantur locus«. Inter totum et partem. »Sed hoc est«, quam assumptionem habes ubi dicitur: EAS OMNES LOCOS VOCAMUS. Conclusio: »Illud igitur«. A toto.
Probat quoque quod differentiae maximarum propositionum vocentur locus, nam dividunt maximam propositionem quae dicitur locus. Ab effectu. Quod aequipollenter habes ubi dicit: CUM ENIM SINT PLURIMAE PROPOSITIONES QUAE MAXIMAE VOCANTUR et cum HAE INTER SE SINT[1] DISSIMILES, EAS OMNES differentias QUIBUS DIFFERENTIIS DISCREPANT VOCAMUS LOCOS. (II.3.15) Hoc quod dicit DISSIMILES facit huic quaestioni fidem, possent enim plurimae esse et inter se quodammodo discrepare, scilicet personaliter, sed tamen in eadem convenire essentia, ut Socrates et Plato ac Cato licet personaliter differant, tamen in consimili conveniunt natura.
Quod si quaeris unde illud consequatur si maxima propositio quam dividunt vocatur locus, et illae dividentes dicantur locus, dicemus a toto. Omnis namque differentia comitatur illam vocem in significatione quam comitatur illud cuius differentia est. Nam si corpus est substantia, id est comitatur »substantiam« vocem in significatione, ergo »animatum« et »inanimatum«, quae |24ʳ| illud dividunt, significabunt idem quod »substantia«, et si animal est substantia, ergo rationale et irrationale erunt substantia. Similiter et in aliis.
Probat quoque quod eaedem differentiae vocentur locus hoc modo: NAM SI IPSAE PROPOSITIONES <MAXIMAE> ARGUMENTORUM LOCI SUNT, ET

---

[1] SINT] om. N, sed cf. app.

DIFFERENTIAS EORUM[1] ARGUMENTORUM LOCOS ESSE NECESSE EST. (II.3.16) Inter minus et maius. Quasi dicat: Si maximae propositiones dicuntur locus quae nullam eius nominis aliam habent causam nisi quod ipsam declarant argumentationem, tunc illarum differentiae per quas eam habent declarationem et quibus infertur conclusio consequens vocabuntur locus.

Probat vero quod voces maximas propositiones dividentes sint differentiae sic: NAM UNIUSCUIUSQUE SUBSTANTIA etc. (II.3.17/1186B) Quasi dicat: In hoc patet quod voces quae dividunt maximam propositionem vocentur differentiae, nam uniuscuiusque maximae propositionis definitionem constituunt, id est quia sunt constitutivae. A specie. Si »animal« et »homo« differentias accipis maximarum propositionum, dices quod definitio\nem/ uni<us>cuius<que> maximae propositionis illa per sua constituunt nomina. »Genus« namque, quod est animalis nomen, constituit definitionem illius maximae propositionis cui nomine carenti imponatur »A«, cuius significatum est »Quod praedicatur de genere universaliter, et de specie«. Sic enim definitur illa: »A est maxima propositio constans ex genere«, item: »B est maxima propositio constans ex specie«, quod facere tibi licet per omnia differentialia nomina maximarum propositionum. In quibus liquescit quod differentiae maximarum propositionum per sua nomina obliquata illas constituunt definitiones. Nota vero quod vel »ex genere« vel »ex specie« in illa definitione positum aliud significat quam voces illud praecedentes, scilicet »maxima propositio constans«, quod in nonnullis descriptionibus aliis fieri contingit. Quod ut exemplo pateat generis descriptionem in promptu habeto, ibi enim invenies quaedam diversa significare.

UT HOMINIS EX RATIONALITATE[2] Quod est: Substantia et definitio uniuscuiusque maximae propositionis constat ex propriis differentiis quemadmodum vides quod substantia HOMINIS huius vocis constat EX RATIONALITATE.

QUAE EST EIUS[3] DIFFERENTIA. Ac si diceret: Bene posui rationalitatem pro exemplo, nam hominis EST DIFFERENTIA.

ET HI LOCI QUI SUNT DIFFERENTIAE etc. UNIVERSALIORES dicit esse differentialia nomina »animal« »homo« et his similia per sua nomina, scilicet per »genus«, per »speciem«, per »totum«, ipsis propositionibus maximis, nam illa differentia quae est »ex toto« [[cum sit in pluribus ...]] non tantum convenit illi maximae propositioni quae dicit: »Quod convenit toti, et parti«, sed etiam pluribus aliis, ut »Cui convenit totum, et pars«; similiter et in aliis. Si autem

---

[1] EORUM] EARUM N, sed cf. app.

[2] RATIONALITATE] RATIONABILITATE N, sed cf. app.

[3] EST EIUS] EIUS EST N

nomina »animalis« atque »hominis« et ceterorum differentias esse dicis, simili ratione universaliora dices esse ipsis quarum sunt differentiae. Et quia sunt universaliores, ergo sunt pauciores; hoc vero est quod dicit: ATQUE IDEO etc.
(II.3.18) Subiungit quoque unde id consequatur hoc modo: OMNIA ENIM QUAE SUNT UNIVERSALIORA[1] PAUCIORA ESSE SEMPER[2] CONTINGIT. Quasi dicat: Hoc consequitur a toto.
QUAE VERO SINT HAE DIFFERENTIAE MELIUS DIVISIONE PRODUNTUR.
(II.3.20) Quod est: Quamvis harum numerus differentiarum non sit multus, tamen per multiplicitatem divisionis quam in sequentibus dabo quas habeant proprietates melius ostendetur.
IN PRAEDICATIVIS VERO[3] QUAESTIONIBUS (II.3.21) Quod est: Licet quasdam maximarum differentias propositionum duci a terminis qui sunt in quaestione constituti dixissem,[4] in praedicativis tamen quaestionibus duos tantum terminos poni debere certum habeas, subiectum videlicet atque praedicatum. Posset enim aliquis ex hoc quod dixerat differentias duci a terminis quaestionis conicere in ipsa quaestione plures esse terminos quam duos, et ob hoc taliter adversatur: IN PRAEDICATIVIS VERO[5] QUAESTIONIBUS etc. Ut vero confirmet non ultra duos terminos ibi esse, haec subiungit: NIHILQUE IN PRAEDICATIVIS QUAESTIONIBUS ALIUD QUAERITUR NISI AN SUBIECTO PRAEDICATUS INHAEREAT. Quasi dicat: Per hoc tibi manifestum esse potest quod duo termini tantum in praedicativa quaestione ponuntur quod NIHIL in ea QUAERITUR NISI AN PRAEDICATUS terminus SUBIECTO INHAEREAT.
QUOD SI INESSE CONSTITERIT etc. (II.3.22/1186C) Quod est: Qui praedicatus terminus si ipsam quaestionem proferenti subiecto termino inesse constans fuerit, quaeritur post ea ab ipso, id est ipse proferens deinde quaerit illud in mente sua volvens an ita inhaereat ut aliqua harum quattuor vocum suppositarum, scilicet »genus« »accidens« »proprium« »definitio«, respectu alicuius nominis vocis subiectae ei conveniat. Quam consequentiam syllogistice secundum libri dispositionem probare potes taliter quaestionans: »Utrum si inesse constiterit quaeratur an insit ut genus an ut aliquod aliorum trium?«; »Si cum constat nullo modo inesse non quaeritur an [ut] insit secundum aliquod ex istis, tunc cum constiterit inesse quaeritur an insit ut aliquod istorum

---

[1] SUNT UNIVERSALIORA] UNIVERSALIORA SUNT N, *sed cf. app.*
[2] ESSE SEMPER] SEMPER ESSE N
[3] VERO] AUTEM N
[4] II.3.14
[5] VERO] AUTEM N

<***>

|25ʳ| (II.7.2/1188A) Vel ita: Vere haec vox MULTIFARIA iungitur cum hac voce DIVISIO HORUM ad consignificandum idem, nam haec quae est »PLURA loca« copulatur cum his aliis vocibus, scilicet ADHAERESCUNT SINGULIS SUBSTANTIIS, ut significent idem; nisi enim istae consignificarent, ab illis consignificatio removeretur. Istae voces, MULTIFARIA scilicet DIVISIO, significant illud genus divisum quod est »consequens substantiam« et id dividentia, scilicet »a toto« »a partibus« »a causis« et similia, nam active et passive potens est significare, ut »lectio« »motio« et his similia. Illa vero quae praedictum dividunt genus, quae sunt haec: »a toto« »a partibus« »a causis«, significant eadem quae istae aliae voces, PLURA LOCA ADHAERENT¹ SINGULIS SUBSTANTIIS, maximarum videlicet propositionum [[s]]differentias, quas communes terminos superius esse diximus. Per hoc autem quod dicit horum argumentorum multifariam esse divisionem innuit illam fieri debere in hoc tractatu, quam nusquam tamen faciet quia ubi huiusmodi loca dividet pro eodem habebis ac si ipsa argumenta dividat.

AB HIS IGITUR etc. (II.7.3) Quod est: Quia quaedam argumenta consequuntur substantiam terminorum in quaestione positorum, ergo quaedam argumenta ducuntur a locis terminorum substantiam comitantibus. A pari. Paria enim sunt consequi substantiam terminorum et duci a comitantibus substantiam terminorum. Illa quoque subdit quae cuiuslibet termini definitionem comitantur a quibus argumenta ducuntur hoc modo: AUT A TOTO AUT EX PARTIBUS etc. Ne autem intelligas haec [in]esse terminorum substantiam comitantia, sed eorum significata, ut »animal« »homo« »ignis« »ferrum«.

EFFICIENS CAUSA EST² QUAE MOVET ATQUE OPERATUR UT ALIQUID EXPLICETUR. (II.7.4) Ut »praesto« cum »sole« movet hanc vocem quae est »nox« ab aere atque operatur in eo lucidum ut per hanc vocem quae est »dies« explicari possit. Causa vero materialis EX QUA FIT est ut ex ferro fit ferreus et ex auro aureus et ex animali asinus. Fit enim causa ex qua fit vel materia et significatione vel significatione et non materia vel materia et non significatione, quarum plura repperies exempla quam ut aliquo indigeas. Illa vero IN QUA FIT est ut »animal« »corpus animatum« »substantia«, in quibus fiunt »rationale« »sensibile« »corporeum«; haec autem in illis ideo dicuntur fieri quia per ea significare monstrantur. Dicitur quoque finalis causa propter quam fit aliquid, ut victoria propter bellum, beatitudo propter iustitiam.

---

¹ ADHAERENT] ADHAERESCUNT N et P supra
² EFFICIENS CAUSA EST] ET EST EFFICIENS QUIDEM CAUSA N

Sunt etiam inter eos locos etc. (II.7.5/1188B) Quasi dicat: Ab illis quae superius enumeravimus, scilicet »a toto« »a partibus« ceterisque substantiam terminorum comitantibus, maximae ducuntur propositiones; diximus enim ab eisdem duci argumenta, et undecumque ducuntur argumenta, maximas inde propositiones sumi haud dubium est, et etiam inter eos locos, id est inter eas maximas propositiones, id est in illarum numero propositionum quae ex consequentibus substantiam sumuntur, sunt quaedam maximae quae sumuntur vel ab effectibus aut a corruptionibus aut ab usibus aut praeter hos omnes ex communiter accidentibus. Communiter accidentia ideo ab aliis quasi separavit quia non ideo firmam ut cetera fidem faciunt.

Quae cum ita sint et reliqua. (II.7.6) Quod est: Quia nostra intentio est de argumentis atque propositionibus maximis tractare \ac locis/ substantiam consequentibus, ergo illa inspiciamus. Quoniam vero ea omnia inspecturi sumus cum locum a toto superius in primo ordine locaverimus, ergo eum prius locum inspiciamus. Per prius quod ponit innuit se tractaturum de aliis.

Totum duobus modis dici solet Sui exsequitur propositum in eo quod totum aliis praeponit. Quod autem dicit totum duobus modis dici idem est ac si diceret: »Duae differentiales voces comitantur hanc vocem in designatione earundem rerum, scilicet »totum««; quas differentias subiungit ubi ait: aut ut genus aut ut id quod ex pluribus integrum partibus constat. Has voces quae sunt id quod ex pluribus partibus constat ad determinationem integri posuit, potest enim »integrum« et alia significare, ut integra anima. Sunt quoque genus et integrum relativa ad[1] illud cuius divisivae sunt differentiae, scilicet totum; dicimus namque integrum partium integrum et e converso et genus speciei genus et e converso.

Et illud quidem etc. (II.7.7) Quod dicit: saepe hoc modo[2] argumenta suppeditat pro eodem habe ac si diceret: »Saepe affirmative totalis vox significata a »genus« subministrat quaestionibus argumenta, ut in supposito habes syllogismo: »Omnis virtus utilis est etc.«« Hic est quaestio an utilitas, quod est accidens, iustitiae accidat accidenti, quod sic contingere per praecedentem ostensum est syllogismum. In quo veterum error infringitur qui nullum accidens in alio accidenti dicebant fundari. Locus qui in hac voce quae est maxima propositio ut significatum in significante consistit is est: »Quae generi |25ᵛ| adsunt, adsunt[3] et speciei«, id est »Quicquid generali accidit voci ut cum ea ad unum quid dirigatur significandum, cum speciali etiam voce ipsius generis idem significare necesse

---

[1] ad] *fortasse* in P

[2] saepe hoc modo] hoc modo saepe N

[3] adsunt, adsunt et] adsunt, et N, *sed cf. app.*

est«. Quod quia in plurimis falsum esse lippis etiam patet, aliquam huic maximae propositioni supple determinationem ut in omnibus eam facias veram. Sic ergo dicas: »Quaecumque generalis vox universalitatis determinata signo recipit ad consignificandum, ea etiam illius species[1] in consignificatione comitabitur.« Haec quoque maxima propositio quae toti attribuitur integro ut omnibus huiusmodi syllogismis congruere valeat, hoc modo determinanda esse videtur: »Quicquid venit cum aliqua totali voce signo totalitatis determinata ad rem significandam eandem cum partiali eius totius voce idem consignificare non est dubium.« Nam si dicis: »Tota domus est substantia vel alba vel nigra«, vere ilico inferam idem cuilibet suae parti congruere, quod si ea totali determinatione remota »Domus alba est« protuleris, non tamen mox inferendum est album in fundamentum quia solius causa parietis sive tecti album figuratim convenit domui. Cui sententiae per singulas totales currenti voces contradicere laborans se niti contra Aristotelem, istius principem artis, cognoscat, qui in oppositorum tractatu huiusmodi propositionem posse fieri innuit: »Socrates videt«.[2] Quoniam vero huic totali[3] »videt« coniungitur voci quae est »Socrates« unius tantum gratia partis auctoritate Aristotelica, ergo album domui adaptabitur causa solummodo parietis; et si hoc in domo conceditur, in ceteris continuis totis simili ratione igitur concedatur.

Nota quod totum ut genus ab integro differat toto, in eo videlicet quod se sibi suppositis omni modo tribuit, integrum vero totum non omnino se suis attribuit partibus. Potes enim dicere: »Homo est animal« et »Homo est substantia animata sensibilis«, sed non recte dices: »Paries est domus« nec »Paries est constans ex pariete et tecto et fundamento«. Quod autem domus cum sit totum integrum de parie[s] praedicari non possit in ostensione superioris consequentiae de continuo toto factae patenter ostenditur, quae hoc modo subdebatur: HOMINES AUTEM PARS MUNDI SUNT (II.7.8/1188C) Si enim huiusmodi totum uni suae parti suum accomodaret nomen, ibi procul dubio sic dictum fuisset: »Homines autem sunt mundus«, ita quidem ut mundus, quod est tale totum, de sua una sola parte, scilicet homines, praedicaretur; quod quia fieri \posse/ denegatur in aliis huic similibus totis idem firmum habeatur.

Differt etiam generale totum ab integro quod sua una parte quae est species posita ponitur atque ea remota[4] non removetur; integrum vero una sui parte posita non ponitur, sed illa negata et illud negabitur. Nam nullo modo dicis: »Si paries est, domus est«, ast »Si paries non est, domus non est« recte dices, quod in

---

[1] species] speciem **P** *a.c.*
[2] Arist. *Cat.* 10.13ᵇ22
[3] totali] tatali **P** *a.c.*
[4] remota] **P** *p.c. ut videtur; quid habeat* **P** *a.c. videre nequeo*

superiori toto¹ habes e contrario. Dicis enim: »Si homo est, animal est«, sed »Si homo non est, animal non est« si forte diceres, Balduinellus etiam insanabilis ambas tibi buccas inflaret.²
A PARTIBUS ETIAM DUOBUS MODIS ARGUMENTA NASCUNTUR (II.7.9/1188c) Quod est: Duae differentiales voces comitantur hanc vocem quae est »totum«, ut dictum est, in designatione vocum, et etiam duae aliae istam quae est »partes« comitantur in consignificatione, quas sic supponit: AUT ENIM A GENERIS PARTIBUS etc. Quasi dicat: Vere duae voces differentiales et »partes« consignificant, nam istae duae, scilicet »partes generis« et »partes integri toti« quae dignius partes dicuntur quam illae quae »species« nomen recipiunt, »partes« in designatione vocum comitantur. A toto. Vel est illarum ostensio differentiarum, quarum exempla utrarumque affirmative subiungit atque negative ut ostendat qualiter suis totis ponendo fidem faciant ac removendo hoc modo: SIT QUAESTIO »AN VIRTUS MENTIS BENE CONSTITUTAE SIT HABITUS?«. (II.7.10) Id est »AN istae voces, scilicet HABITUS MENTIS BENE CONSTITUTAE, sequantur hanc vocem quae est VIRTUS ut definitio definitum in rerum earundem designatione?« Cui quaestioni a definitione enti talis fiat argumentatio: »SI IUSTITIA FORTITUDO MODERATIO ATQUE PRUDENTIA HABITUS MENTIS BENE CONSTITUTAE³ SUNT«, id est »SI HABITUS MENTIS BENE CONSTITUTAE comitatur iustitiam, fortitudinem et alias duas species virtutis in designatione rerum, et ipsum genus, scilicet virtutem, comitabuntur«. Inter species et genus, quod ostendit ubi dicit: HAEC AUTEM QUATTUOR UNI VIRTUTI VELUT GENERI SUBICIUNTUR. Quasi dicat: Si quaeris unde id consequatur, »A speciebus« respondebo. Quod huius consequens propositionis sub conclusione posuit ideo fecisse videtur ut ostenderet in huiusmodi propositionibus antecedens debere concludi vel consequens. Consequens quidem antecedenti in [[*fere 1 vox erasa*]] assumptione \vel/ affirmative \vel negative/ posito ut in illa quam hic posuisse debuit assumptione ostenditur. Nam illa affirmata quae est anterioris antecedens propositionis eiusdem propositionis |26ʳ| consequens affirmative hoc modo concludit: »VIRTUS IGITUR BENE CONSTITUTAE MENTIS EST HABITUS«. Antecedens vero consequenti in assumptione negato affirmative concluditur. Si autem in assumptione defenditur consequens, in conclusione negabitur, quod in immediatis fieri contingit. MAXIMA PROPOSITIO: »QUOD ENIM SINGULIS PARTIBUS INEST, IDEM TOTI INESSE NECESSE EST«. Hanc quoque determinandam esse ut vera habeatur perpende. Omnibus namque animalis

---

¹ toto] tota **P** *a.c., ut videtur*
² *cf.* Hor. *Sat.* 1.1.21
³ MENTIS BENE CONSTITUTAE] BENE CONSTITUTAE MENTIS **N**, *sed cf. app.*

speciebus aliquid[1] inesse potest ut non tamen omnibus illarum partibus insit; si enim albedo omnibus individuis specierum animalis non inest, falsum erit dicere: »Omne animal album est«, licet omnibus suis speciebus albedo conveniat. Quapropter eam hoc modo determinemus: »Quod singulis partibus cuiuslibet totius universaliter inest, idem ipsi toti necesse est inesse«.

Ostenso quomodo partes generis suum probent totum ostendit qualiter integri partes suo fidem ingerant toti hoc modo: SIT QUAESTIO »AN SIT UTILIS MEDICINA«. (II.7.11/1188D)

HAEC QUAESTIO IN ACCIDENTIS DUBITATIONE CONSTITUTA <EST>. Quod est: Significatum ab hac voce quae est »haec quaestio« est statuta cum aliis significatis infra hanc vocem quae est »dubitatio accidentis«, id est »quaestio de accidenti«. Quoniam vero haec quaestio valere videtur, igitur eam probemus; hoc est quod dicit: DICIMUS IGITUR: »SI DEPELLI MORBOS SALUTEMQUE SERVARI MEDERIQUE VULNERIBUS[2] UTILE EST, UTILIS IGITUR[3] MEDICINA«. Has esse continui totius partes, scilicet DEPELLI MORBOS etc., ne dubites cum s[[c]]uum totum, scilicet MEDICINA, singulatim in praedicatione non recipiant. Non enim dicendum est: »Depellere morbos medicina est« vel »Salutem servari medicina est«, sed de omnibus illis in subiecto congregatim positis tantum modo medicinam praedicari congruum est, quamvis vulgaris usus id aliter habeat. Huius autem consequens propositionis conclusive ut superius posuit propter eandem quam praemisimus causam.

Demonstrato qualiter utriusque totius \plures/ partes fidem suis operentur totis ostendere intendit quomodo una quaelibet pars cuiuslibet totius suo toti fidem faciat superioribus taliter adversans: SAEPE AUTEM ET UNA QUAELIBET (II.7.12/1189A) Quod dicit: UT ARGUMENTATIONIS FIRMITAS CONSTET pro eodem habe ac si diceret: »ut maxima propositio quae argumentationem firmam facit rata cum ipsa stet argumentatione«.

De partibus autem generalis totius exemplum proponit hoc modo: UT SI DUBITETUR DE ALIQUO[4] »AN SIT LIBER FACTUS[5]«, talis fiat argumentatio: »SI VEL CENSU VEL TESTAMENTO VEL VINDICATA manumissus est, tunc LIBER FACTUS[6] est«. Inter partem et totum.

---

[1] aliquid] aliquod P
[2] VULNERIBUS] VULNERIBUS MORTALIBUS N, *sed cf. app.*
[3] UTILIS IGITUR] UTILIS EST N, *sed cf. app.*
[4] DUBITETUR DE ALIQUO] DE ALIQUO DUBITETUR N
[5] FACTUS] *om.* N, *sed cf. app.*
[6] FACTUS] *om.* N, *sed cf. app.*

Ostendit vero has esse liberi partes, scilicet species, hoc modo: ATQUE[1] HAE PARTES ERANT DANDAE LIBERTATIS. Quasi dicat: Aptum dedi exemplum de partibus generis quae positae suum ponunt totum, nam istae sunt partes huius generis quod est libertas. »Libertas« et »liber« pro eodem accipe.
Ostendit quoque, ut proposuit, quomodo una continui totius pars suum confirmet totum quaestionis praemittens materiam hoc modo: SI DUBITETUR »AN SIT DOMUS QUOD EMINUS PROSPICITUR« (II.7.13) Vere illud non est domus quia non habet parietetem. Habilius inter voces, ut libuerit, hanc dispone consequentiam, eius enim materiam tibi posuit. Illud vero VEL huic quaestioni praepositum copulativum habe; RURSUS vero est illius signum quod dixit: »pars quaelibet facit firmitatem argumentationis«.[2]
Ostenso[3] illis partibus quae per se vel subici vel praedicari possunt hoc nomen quod est »totum«[4] et hoc quod est »pars« competere posse, illas etiam partes quae tantum determinationes subiecti fiunt vel praedicati his nominibus, »toto« videlicet ac »parte«, designari demonstrare intendit hoc modo: LICET AUTEM NON SOLUM IN SUBSTANTIIS etc. (II.7.14) Substantias vocat voces illas quae per se in propositionibus aliis subiacere possunt. Quod autem dicit: IN MODO TOTUM PARTESQUE RESPICERE idem est ac si diceret: illae voces quae significantur ab hoc voce quae est »modus«, scilicet adverbiales, vel ita: illae voces quae consignificant eodem modo cum hac voce quae est »modus« et quae similiter consignificant cum »tempus« eundem significationis modum retinentes, et eodem modo cum QUANTITATIBUS et LOCO, recipiunt haec ad sui designationem vocabula, »totum« videlicet ac »pars«.
Probat vero quod »totum« consignificat cum hac voce quae est »tempus« eodem modo: ID ENIM QUOD DICIMUS »SEMPER« IN TEMPORE TOTUM[5] EST. (II.7.15) Ac si dicat: Vere TOTUM significat IN TEMPORE, nam ID TOTUM cuius significatum habes ad manum, scilicet SEMPER, significat IN TEMPORE, id est consignificat cum »tempus«. A parte totius.
Probat quoque quod »partes« consignificant cum »tempus« hoc modo: ID QUOD DICIMUS »ALIQUANDO« IN TEMPORE PARS.[6] Quod est: Vere PARS[7] significa[[n]]t IN TEMPORE, nam haec PARS cuius significatum est ALIQUANDO

---

[1] ATQUE] ATQUI P
[2] II.7.12
[3] ostenso] ostensis *a.c.* P
[4] totum] toto P *a.c.*
[5] TOTUM] P(ARS) P
[6] PARS] PARS EST N, *sed cf. app.*
[7] pars] partes P *a.c.*

significat IN TEMPORE. A parte partis. Nota quod »tempus« et »semper« pares sint in significatione voces.

Exemplificato vero de temporalibus vocibus quod[1] totum et partes dicantur de modalibus atque localibus exempla subiungit: RURSUS SI SIMPLICITER ALIQUID PROPONAMUS, IN MODO TOTUM EST (II.7.16/1189B) Hoc RURSUS est signum harum vocum, scilicet »totum« et »partes«. Quod est: Si cum aliquo subiecto vel praedicato hanc ponimus determinationem quae est SIMPLICITER, TOTUM facimus in illa voce significare, videlicet SIMPLICITER, quae consignificat cum MODO.

SI CUM ADIECTIONE ALIQUA ALIQUID PROPONAMUS |26ᵛ| PARS FIT IN MODO.[2] Id est si aliquam adiectionem minus quam »simpliciter« significantem et modum illius vocis quae est »modus« in significatione retinentem alicui subiecto vel praedicato termino proponimus, illam ab hac voce quae est PARS significari dicimus.

ITEM SI OMNIA DICAMUS IN QUANTITATE, TOTUM DIXIMUS. Istud ITEM est »totius« et »partis« signum. Quod est: Si hanc vocem quae est OMNIA alicui voci adiungimus ad consignificandum quae eodem modo ut voces quantitativae significat, illam dicimus ab hac voce quae est TOTUM designari. Cuius vocis, scilicet OMNIA, significationi quantitatis, ut dictum est, modum retinenti si aliquid excerpis, vocem illud aliquid quantitativo modo significantem ad sui designationem hoc nomen quod est »pars« recipere dicis; hoc vero est quod aequipollenter adiungit: SI ALIQUID QUANTITATI[3] EXCERPIMUS,[4] QUANTITATIS PONIMUS PARTEM.

EODEM MODO in vocibus ad loci metam significantibus totum repperies et partem. Nam UBIQUE quod significat ut »locus« cui par est in significatione recipit hoc nomen quod \est/ TOTUM; ALICUBI vero designatur a PARS.

HORUM AUTEM OMNIUM HAEC COMMUNITER DENTUR EXEMPLA. (II.7.17) Quasi dicat: Quamquam manifestum sit quod omnes istae determinationes »totum« et »pars« ad designationem sui recipiant, earum tamen exempla quibus clarescet qualiter inter se consequentiam faciant subdantur.

A TOTO AD PARTEM SECUNDUM TEMPUS (II.7.18) Id est: A totali determinatione ad partialem sequendo in significatione TEMPUS huiusmodi fit consequentia: »SI DEUS SEMPER EST, ET NUNC EST«. SEMPER enim significatur a »totum«, ut dictum est, et NUNC a »pars«. Bene dictum est SEMPER

---

[1] quod] *lectio incerta*

[2] FIT IN MODO] FACIMUS P

[3] QUANTITATI] QUANTITATIS N, *sed cf. app.*

[4] EXCERPIMUS] EXCERPSIMUS N

significare SECUNDUM TEMPUS cum quicquid significatur¹ a TEMPUS et a SEMPER significari valeat, et e converso. Nam quemadmodum TEMPUS omnia significat quae a suis divisivis differentiis, scilicet »praeteritum« »praesens« »futurum«, speciebusque, scilicet »dies« »nox« »hora« »mensis« »annus« significantur, ita SEMPER omnia illarum differentiarum significata specierumque quae sunt omnes res significare ne dubites. Illa vero consequentia quae dicit: »SI DEUS SEMPER EST, ET NUNC EST« hoc modo potest exponi: Si DEUS est in omnibus rebus a »dies« et »nox« aliisque temporis speciebus designatis, et in his rebus est quae ab hac voce quae est NUNC designantur. Quoniam autem temporis mentionem paritatis gratia ostensionis eius cum SEMPER fecimus, eius quasi descriptionem SEMPER etiam quodammodo competentem subiungamus; est enim haec: »Tempus est certa dimensio morae mutabilium rerum et motus«. »Quasi« ideo dixi quia nulla definitio vel descriptio suum significat definitum vel descriptum. Istae autem voces quae descriptio temporis esse a quibusdam videntur ipsum tempus et omnes eius species significant. Quapropter non descriptio, sed quasi quaedam assignatio esse dicentur illi similis quae dicit: »Animal genus est«. Illas autem temporis species morantium rerum certam appellat dimensionem quia per nomina ab eis derivata eis quidem aequipollentia, ut »diurnum« »nocturnum« et his similia, res ipsas ab illis significata<s> speciebus dimetimur. Dicimus enim: »Nocturna res agitur« vel »Ista a... est annua«. Hoc autem est temporale, illud vero sempiternum. Quia vero haec quae de tempore dicimus non multum firma esse putamus, ad sequentia transeamus exempla hic metam de tempore ponentes.
A PARTE AD TOTUM SECUNDUM MODUM (II.7.19) Id est sequendo hanc vocem in significatione quae est »modus«. »SI ANIMA ALIQUO MODO MOVETUR, ET SIMPLICITER MOVETUR«. Quod dicit ALIQUO MODO pro eodem accipe ac si diceret »irascibiliter«, quod in assumptione hac notare potes ubi dicit: »MOVETUR AUTEM, CUM IRASCITUR«. Igitur SIMPLICITER etiam MOVETUR, quod SIMPLICITER est quantum ad irascibiliter universale, quod notare potes ubi dicit UNIVERSALITER; significat enim illud etiam quod »gaudenter« »furibunde«. Animam sine plica dicit moveri quia non ita movetur ut corpus.
Rursus autem a totali voce ad partiales in modo quantitatis fit huiusmodi consequentia: »SI VERUS EST APOLLO IN OMNIBUS² VATES, et in quibusdam«; et hoc est quod aequipollenter dicit: VERUM ERAT³ PYRRHUM ROMANOS SUPERARE. (II.7.20)

---

[1] significatur] significetur P a.c.
[2] APOLLO IN OMNIBUS] IN OMNIBUS APOLLO N, sed cf. app.
[3] ERAT] ERIT N, sed cf. app.

Rursus a toto ad partes¹ in modo localium vocum haec datur consequentia: »Si Deus ubique est, et hic est«. (II.7.21)
Sequitur locus qui a causis nuncupatur. (II.7.22/1189c)² Quasi dicat: Quia in superiorum divisione locorum consequentium substantiam posuimus hanc differentiam quae est »a causis« post differentiam »a partibus«, ideo post locos a partibus expeditos sequitur explicatio loci illius qui nuncupatur a causis, id est ostensio illius communis terminis qui nuncupatur locus a causis, id est propter causas, vel a causis, id est a speciebus causae, scilicet ab efficiente, ab materiali, a finali, a formali, quae sunt species causae. Vel sequitur locus qui est a causis per simile dicitur. Quemadmodum si promisisses aliquid alicui te daturum sequeretur te donec promissum impleres, ita sequitur Boethium locus qui nuncupatur a causis expetens ut de eo tractet quemadmodum de praemissis secundum propositum.
Sunt vero plures causae quae³ vel <etc.> Quasi dicat: Quamvis »locus« ista una vox conveniat quibusdam communibus terminis, tamen plures sunt causae quibus ea competit. Hanc continuationem habes per vero. Quod si pro »enim« legas, continuabis: a[d] causis, praepositum nomen enim pluraliter⁴ positum est.
Quae vel principium motus praestant⁵ atque efficiunt. Vel non accipias hic disiunctivum, sed copulativum. Quasi dicat: Et illae voces dicuntur causae quae tales sunt et illae et illae. In primis ponit descriptionem efficientis causae, post ea materialis, deinde finalis, deinceps formalis. Efficientis descriptio talis est: |28ʳ| »Efficiens causa est vel quae principium motus praestant⁶ atque efficiunt«. Ut si dicas: »Sol praesto est, igitur aer lucidus est«, sol est efficiens causa lucidi in aere. Principium motus vocabis vel vocem hanc quae est »praesto« quam »sol« praestat significato suo; quae vox, id est »praesto«, mox ut »soli« coniuncta est aerem movet ab eo nomine quo prius designabatur. Vel hanc vocem quae est »lucidus« [[*fere II voces erasae*]] principium motus dicimus quam praestat sol aeri, quae statim aerem movet ab obscuro cum quo prius erat, atque hoc totum facit sol utpote causa. Praemissam habes descriptionem ubi dicitur: quae vel principium motus

---

¹ partes] partem N, *sed cf. app.*

² a causis nuncupatur] nuncupatur a causis N *et* P *infra*

³ causae quae] causae, id est quae N, *sed cf. app*

⁴ enim pluraliter] *lectio incerta*

⁵ motus praestant] praestant motus N, *sed cf. app.*

⁶ motus praestant] praestant motus N, *sed cf. app.*

PRAESTANT¹ ATQUE EFFICIUNT. Cui aequipollet littera illa quam praemisit superius ubi dicit: »Efficiens quidem causa est quae movet atque operatur ut aliquid explicetur«.²
Sequitur assignatio quaedam materialis causae hoc modo: VEL SPECIERUM FORMAS SUBIECTAE SUSCIPIUNT. Quasi dicat: Materialis causa est vox illa quae subiecta ut fundamentum suscipit FORMAS SPECIERUM, id est differentiales voces quae cum generali constituunt species. Subiectas appellat omnes voces generales quae subiectae dicuntur respectu formarum, id est differentialium vocum, quas suscipiunt vel in sui divisione vel in specierum constitutione. Notandum tamen voces illas subiectum posse vocari quae accidentium susceptibiles³ sunt, ut »corpus« coloris »iustitia« utilitatis, quae videlicet accidentia nequaquam quidem formae sunt specierum; quod ideo praemissa in assignatione tacuit quia ostenso quod generales voces differentialium subiecta sint palam est illas etiam voces subiecta posse vocari quae accidentium susceptivae sunt atque ita causas esse. Notandum vero quod assignatio haec illi tantum materiali causae convenit in qua fit; superius namque ita divisit: »Materia vero« est »in qua fit aliquid vel ex qua fit«.⁴ Et notandum quod exemplum suppositum, quod est: »Utrum Mauri habeant arma?« etc., ad eam pertinet tantum ex qua fit; reliquam vero quam descripsit, id est in qua fit, non exemplificavit. Huius igitur tale sit exemplum: »Vere rationale non est, quia animal vel anima non est« »Vere coloratum non est, quia corpus non est« »Vere utilitas medicinalis non est, quia medicina non est«. A causa materiali in qua fit.
Sequitur assignatio finalis⁵ causae hoc modo: VEL PROPTER EAS ALIQUID FIT. Quod est: Voces illae dicuntur finales causae PROPTER <quas> habendas ALIQUID FIT, ut si satagat quis fieri iustus ut postea fiat beatus vel si belletur ut victor dicatur. In hac autem causarum specie in rebus maxime videtur esse cum dicit PROPTER EAS ALIQUID FIT; cum enim dicit PROPTER EAS non voces quae causae sunt, sed res videtur assumere. Nos autem utrumque volumus accipi. Ideo enim panem vel nummum pauperi tribuis ut beatitudinem, id est Deum, adipisci merearis. Itaque in vocibus. Ideo enim diligis vocari iustus ut per hoc tandem voceris beatus. Nec nostrum est quod dicimus, compellimur enim ab auctoribus ut inter voces necessitatem hanc consideremus. Habes enim quod omnis propositio vox est, igitur et partes propositionis, praedicatus videlicet atque subiectus vel antecedens et consequens, quare »iustum esse« et

---

[1] MOTUS PRAESTANT] PRAESTANT MOTUS N, *sed cf. app.*
[2] II.7.4/1188A
[3] susceptibiles] susceptibilia P
[4] II.7.4/1188A
[5] finalis] similis P

»beatum esse« voces esse confiteri necesse est et alteram in consequentia propter alteram fieri.

Notandum quoque quod in hac causarum specie causa et effectus non videntur simul esse natura; effectus enim prius esse vide[[n]]tur, deinde causa, ut bellum prius quam victoria et iustum esse prius quam beatum. Interius tamen perscrutantibus liquet nequaquam alterum altero prius esse; dum enim bellatur miles, aut vincit aut vincitur; si vincit, eodem tempore »bellans« et »victor« eum significant, quorum alterum effectus, alterum vero causa dicitur. Eodem quoque modo et in ceteris, ut si vere quis iustus est, procul dubio iam beatus est; namque et in hac vita est veris requies data sanctis.

Sequitur assignatio formalis causae hoc modo: VEL QUAE CUIUSLIBET FORMA EST. Quod est: Communis ille terminus dicitur formalis causa QUAE CUIUSLIBET FORMA EST, id est qui differentia est alicuius generalis vocis, ut »rationalitas« vel »rationale« »animalis«; format enim differentia quaelibet genus suum in speciem. Quae causa sic facit fidem: »Vere asinus non utitur ratione, quia non est rationalis«. A causa formali. Sunt etiam qui accidentia naturalia formas appellent et ab eis argumenta ducant hoc modo: »Vere asinus non ridet, quia risibilitas in eo non est« »Vere oculus non videt, quia visio in eo non est«. Quod autem accidentia quaedam formae dicuntur in Libro divisionum habes ubi dicitur: »Quare forma quaedam intelligitur esse privatio«,[1] quamvis eo respectu hoc quibusdam dictum esse videatur quo privatio in generis divisione ponitur, non eo quo velut accidens accipiatur.

ARGUMENTUM IGITUR AB EFFICIENTE CAUSA etc. (II.7.23) Quasi dicat: Quandoquidem locus argumenti ab omni causa est, IGITUR est AB EFFICIENTE CAUSA. A toto ut genus.

Sequitur ostensio argumentationis ab efficiente causa hoc modo: CONGREGATIO HOMINUM etc. Huius quaestio haec est: »Utrum iustitia sit naturalis?«. »Iustitia« hic signat leges et publica praecepta, »natura« autem Deum signat, CONGREGATIO vero significat homines iuste viventes, sicut in Rhetoricis[2] habes. Erant enim homines quondam |28ʳ| in silvis soli atque ferino more viventes quos Orfeus atque alii sapientes in unum ad bene vivendum congregaverat, et leges atque praecepta quibus honeste viverent eis instituit, quae deinceps hominum congregatio servavit. Tale est igitur ac si quaeratur: »Utrum leges impleantur per naturam?«; »Si congregatio hominum fit per naturam, et iustitia fit per naturam; sed hoc est, illud igitur«. Antecedens \habes/ ubi dicitur: CONGREGATIO HOMINUM NATURALIS EST, consequens et conclusionem habes ubi dicitur: IUSTITIA IGITUR NATURALIS EST, medius

---

[1] Boeth. *Divis.* 883A
[2] *cf.* Cic. *De Inv.* 1.2.2 *et praesertim* M. Victorinus *In De Inv.* 164.11 *(ed. Halm)*

autem versiculus qui quasi assumptio esse videtur assignatio loci est. Si quis autem dicat syllogismum hunc bene et categorice in libro esse dispositum, noverit contra se Boethium esse. Omnis enim modificatus syllogismus vel primae vel secundeae vel tertiae figurae est. Primae autem figurae syllogismus communem terminum de subiecto quaestionis praedicat et subicit praedicato, secundae vero de utroque quaestionis termino praedicat, tertiae vero utrique subicit; quod hic minime repperies. Materiam itaque argumentandi et loci assignationem dices esse.
Est et aliud per quod cognoscitur categoricus non esse syllogismus. Aiunt enim quidam omnem argumentationem quae a causa fit in effectum vel ab effectu in causam hypothetice tantum debere disponi.
QUAESTIO DE ACCIDENTE. Notandum hic quod accidens accidenti accidat. Accidit enim naturalitas[1] iustitiae quae homini accidit. Sciendum tamen iustitiam hic non debere considerari ut accidens, sed tantum ut speciem. Sic et in huiusmodi: QUORUM EFFICIENTES CAUSAE etc. Non est haec maxima propositio, sed materia maximae et ostensio quomodo serviat argumento: per hoc quod dicit QUORUM EFFICIENTES CAUSAE ostendit quae sit maxima, per hoc quod dicit NATURALES ostendit maximam praemisso servire syllogismo. Est autem una maxima propositio omnibus a causa syllogismis quae diverso modo diversis servit, ista videlicet »Ex causis effecta perpende«, cuius expositiones sunt et haec quae dicta est et aliae quae per supposita dantur exempla, quas non esse maximas ex eo liquet quod quaestionis terminus inest.
LOCUS AB EFFICIENTIBUS. Quasi dicat: Communis terminus qui in hac argumentatione locus est comprehenditur in numero illorum qui efficientes dicuntur. QUOD ENIM CAUSA[2] etc. Quasi dicat: Merito hunc et consimiles terminos efficientes vocavi quia ID QUOD CAUSA EST UNIUSCUIUSQUE rei EFFICIT EAM REM CUIUS CAUSA EST. A definitione vel a toto.
Sequitur ostensio argumentationis a materiali causa hoc modo: RURSUS SI QUIS MAUROS (II.7.24) FERRUM hic accipe materialem causam non eam in qua fit, sed ex qua fit. ARMA vero, id est lanceam et ensem et alia huiusmodi, effectum esse dices. De quo si quaeritur utrum Mauri habeant arma, id est utrum »habens arma« praedicetur de hac voce quae est »Maurus«, non, quia non praedicatur inde »habens ferrum«. In huiusmodi quaestione versatur locus non circa praedicatum, sed circa determinationem praedicati sicut saepissime invenitur. Hanc huic maximam dat propositionem: UBI MATERIA DEEST etc. Haec nullum habet terminorum quaestionis sicut illa superior et ex hoc quodammodo maxima esse videtur cum nomen loci quod est »materia«, id est

---

[1] naturalitas] utilitas P
[2] CAUSA] UNIUSCUIUSQUE CAUSA N, *sed cf. app.*

»causa«, infra se teneat, quod proprium est omnis maximae propositionis, ex eo tamen perpenditur non esse maxima quia caret principali nomine loci, id est »causa«, ideoque maximae expositionem dicimus esse, illius videlicet »Ex causis effecta perpende«, quae praemissae servit argumentationi per hanc vocem quae est »materia«.

UTRUMQUE VERO etc. Quasi dicat: Quamvis ego dixerim superius »locus ab efficientibus« et hic dixerim »locus a materia« et neutri addiderim hanc vocem quae est »causa«, utrumque tamen dicitur causa.

AEQUE ENIM etc. Operantem vocat quemlibet artificem, ACTUM vero OPERANTIS appellat vocem illam quam creat artifex operando, utpote carpentarius componendo ligna aut lapides facit »domum« hanc vocem. Illud vero notandum quod generalis vox quamvis sit materialis causa in qua fit, aliter tamen probat ut genus, aliter ut causa. Probat ut genus hoc modo: »Utrum omnis homo sit substantia?«; »Omnis homo est animal et omne animal est substantia, omnis igitur homo substantia est«. Probat ut causa ita: »Utrum homo existat?«; »Si animal non existit, nec homo; sed hoc est, ergo illud«. Assignatio loci haec est: »quia homo fit ex animali«, praecedentis autem syllogismi loci assignatio est: »quia omne animal est substantia«. Ex diversis itaque assignationibus perpenditur eadem vox diversis probare modis, et ex hoc etiam quod quando ut genus probat, assumit universales determinationes, id est »omnia« et »nullum«, et disponitur tam categorice quam hypothetice. Quando vero ut causa probat hypothetice tantum disponitur et raro aut numquam praedictas suscipit determinationes.

Sequitur ostensio argumentationis a finali causa hoc modo: SI BEATUM ESSE BONUM EST etc. (II.7.25/1189D) De qua nihil aliud quam supra diximus dicendum esse putamus.

CUIUS FINIS BONUS EST etc. Qua ratione praedicta illa propositio quae maxima dicebatur in argumento ab efficiente causa non esse maxima ostensa est, illa eadem ratione inter maximas haec esse refutatur; habet enim alterum ex terminis quaestionis nec continet nomen loci, id est »causam«. Materiam itaque maximae continet propositionis et unde praemissae serviat argumentationi. Est autem maxima »Ex causis effecta perpende«, quae diversis argumentis diversis expositionibus |29ʳ| servit, quarum haec una est quae praemissa est.

Sequitur ostensio argumenti a forma hoc modo: NON POTUISSE VOLARE DAEDALUM etc. (II.7.26) Naturalem formam appellat hanc vocem quae est »volatilitas« quae substantialis est avi, sicut homini rationalitas; quae quia non convenit Daedalo, ideo non convenit ei »potens volare« ista vox.

TANTUM QUEMQUE POSSE etc. Non est haec maxima propositio, sed maximae propositionis assignatio; quod enim in aliis diximus, idem in hac consideramus.

Est autem maxima »Ex causis effecta perpende«, quae diversis diverso modo servit argumentis.

Sciendum vero Boethium sequendo Themistium diversas has unius maximae propositionis expositiones dedisse, ideo tamen non perfecte maximas fecisse, ut secundum Ciceronem ad unam omnes maximam reducerentur.

Universaliter de causis sciendum est quod remotae sua secum removent effecta, positae autem ponunt, sed non omnes. Quod de singulis exemplificando videndum est. Primum igitur de efficienti hoc modo: »Si sol praesto est, aer lucidus est«, item negando: »Si sol praesto non est, aer lucidus non est«. Item de efficienti: »Si congregatio hominum naturalis est, et iustitia naturalis est«, et removendo: »Si congregatio hominum naturalis non est, et iustitia naturalis non est«. Universaliter ergo dicendum quod omnis efficiens causa et posita ponit effectum suum et remota removet. Videndum est tamen ne quis nos sophistice impugnet dicens carpentarium rem ipsam causam esse domus efficientem et fabrum cultelli sicque concludat falsum esse quod dictum est, videlicet quod omnis causa efficiens posita ponat effectum suum et negata neget, quia posito alicubi carpentario non ponitur ibidem domus et posito alicubi fabro non ponitur cultellus. Nos autem libri huius propositum considerantes nullam esse dicemus huiusmodi obiectionem nec quicquam nostrae sententiae obesse. Nos enim hic illas tantummodo causas accipimus quae sedes argumenti sunt et locus, quas voces esse considerare necesse est; praedicatur enim in propositione vel subicitur. Sicut ergo aequivoce principium et locus dicitur genus, nec tamen concluditur ut de pluribus differentiis specie in eo quod quid sit praedicetur, sic concedemus quamlibet rem aequivoce causam vocari, locis tamen dialecticis nullatenus annumerari.

Est et aliud in supra positis considerandum exemplis, efficientium videlicet diversitas causarum. In prima enim consequentia quattuor termini sunt, in secunda autem tres. Quod, videlicet quattuor in eadem consequentia terminos, rare invenies.

Est et aliud considerandum, videlicet quod in quadam consequentia quae fit ab efficienti causa, in ea scilicet ubi tres tantum termini sunt, idem accidens effecto quod causae coniunctum est, ut »Si congregatio hominum naturalis est, et iustitia naturalis est«. In quadam vero consequentia aliam causa efficiens, aliam quidem eius effectum suscipit vocem, ut »Si sol praesto est, lucidus est aer« et »Si terra obicitur, luna deficit« et »Si ignis adest, exuritur aliquid«, quae consequentia nequaquam in aliis repperitur causis. In corruptionibus autem consimilis invenitur. Quae diversae consequentiae subdivisionem innuunt efficientis causae. Dicemus ergo: Causarum efficientium aliae sua vi efficiunt, aliae vero per aliud, quam subdivisionem in hypotheticis invenies syllogismis. Nec inculpandus est Boethius quod eam tacuit, habes enim in prologo libri huius: »et nunc quidem non in singulis immorabimur, sed de tota divisione communiter disseremus«.[1] Illae autem causae sua vi efficiunt quae tres terminos in consequentiis habent, illae vero per aliud \quae quattuor/, ut superius ostensum est.

Quoniam ergo de efficienti diximus, de materiali causa subdamus. Illud quidem de materiali sicut universaliter de omni causa sciendum reor, quod remota ab aliquo secum suum removet effectum, ut »Si animal non sit, non erit rationale neque irrationale«, quae fundantur in animali utpote differentiae in genere, et »Si non sit corpus, non erit album neque nigrum nec medius color«, quae fundantur in corpore utpote accidentia in subiecto, et »Si non sit ferrum, non erit lancea«. Habes ergo quod negata materialis causa negat effectum suum universaliter, posita autem non ponit universaliter. Nam posito ferro non ponitur lancea neque aliud huiusmodi et posito corpore non determinate ponitur album vel nigrum vel medium et posito animali non determinate ponitur rationale vel irrationale. Sciendum tamen posse inferri determinate effecta quaedam positis quibusdam materialibus causis, ut posito Aethiope inferes nigrum esse et posito cygno inferes album et posito corpore inferes coloratum esse et posito homine inferes risibile esse, sed haec tamen dicimus non inferri ex eo quod effecta sint eorum quibus positis inferuntur, sed eo respectu quo propria eorum esse dicuntur. Si enim quaeratur de Socrate utrum sit risibilis et probetur ita: »Si est homo, et risibilis«, non dicetur consequentia haec inter causam et effectum esse, sed inter paria vel inter speciem et proprium; proprii enim proprium est sequi speciem cuius proprium est. Patet ergo quod nulla causa materialis posita ponit effectum suum determinate, nam si determinate aliquid ponat, utpote corpus coloratum, non iam istud causa neque illud effectum dicetur, sed ut dictum est paria vel species et proprium dicentur.

Illud vero notandum quod, ut supra dictum est, materialium causarum aliae sunt in quibus aliquid fit et aliae ex quibus aliquid fit. Quod quia superius expositum est praetereundum puto.

Illud quoque sciendum quod quaedam voces per se, quaedam non per se, sed per aliud materiales causae dicuntur. Illae vero quae per se materiae sunt sunt ut »substantia« »corpus«, haec enim non per aliud sed per se accidentium susceptibilia sunt – accidentia dico ut album, nigrum etc. – homo autem et asinus et huiusmodi cum dicantur alba vel nigra, non per se sed per aliud hoc habent, videlicet per corpus; corpori enim haec principaliter accidunt, gratia autem corporis accidunt et homini et asino et aliis huiusmodi. Ex hoc autem perpendimus id quia destructo corpore destruitur omnis color; omnis enim color in corpore est. Destructo autem homine vel asino non destruitur color, et sicut

---

[1] I.1.4/1173C

homini gratia corporis accidit album vel nigrum, ita quoque corpori gratia hominis accidit grammaticum vel risibile. Sic in aliis. Habes ergo quod materiales causae, quaedam per se, quaedam per aliud, effectorum materiae sunt. Et ad pauca restringamus. Dicere possumus quod omnis vox quae accidentium materia est, nisi sint sibi propria, ut homini navigare atque numerare, gratia corporeae tantum vel incorporeae tantum substantiae ipsa suscipiat, vel gratia substantiae indeterminate acceptae.

8| |29ᵛ| Locorum omnium terminis quaestionis inhaerentium speculatione Themistiana plenarie explicata, de locis extrinsecus ipsi quaestioni positis ad hunc modum tractare intendit: EXPEDITIS IGITUR LOCIS etc. (II.8.1/1190B) A simili. Quod est: Quia locos inhaerentes expedivimus, ergo locos extrinsecus positos expedire debemus cum nostrum propositum de utrisque nos tractare compellat. Licet autem huiusmodi extrinsecus dicantur loci et quasi ad quaestionis terminos nullatenus attinentes, tamen sunt vel ipsius quaestionis iudicium vel eiusdem terminis similes vel maiores eis vel minores vel proportionales vel oppositi vel transsumptionis loci; quod habes ubi dicit: HI VERO SUNT VEL EX REI IUDICIO etc. (II.8.2) EX REI, \id est quaestonis/, IUDICIO et »ab auctoritate« pro eodem habe.
Sequitur: ET ILLE LOCUS etc. (II.8.3/1190C)¹ Quod est: Hoc habet ille locus qui dicitur iudicium quaestionis quod dicatur extrinsecus et hoc etiam quod sit huiusmodi UT SI DICAMUS QUOD OMNES IUDICANT etc.² Ut vero ostendat qualiter huiusmodi locus fidem rei faciat, eiusdem rei materiam praemittit sic dicens: HUIUS EXEMPLUM EST »CAELUM VOLUBILE ESSE«,³ QUOD ITA esse conceditur quia SAPIENTES ATQUE ASTROLOGI⁴ sic IUDICAVERUNT. Haec oratio, scilicet »quia ITA SAPIENTES IUDICAVERUNT«, non dicitur locus ex rei iudicio, sed ipsae illorum sapientum probationes vel regulae per hanc orationem repraesentatae. Haec QUAESTIO est DE ACCIDENTI. Quaeritur enim an volubile caelo ut accidens inhaereat. MAXIMA PROPOSITIO: »QUOD OMNIBUS etc.« Haec est bene maxima quia nomen loci, quod est DOCTIS, in se continet.
Sequitur quoque loci a similibus ostensio quaestionis etiam materia ut superius praecedente hoc modo: SI DUBITETUR AN HOMINIS etc. (II.8.4) Quam quaestionem hac meta astruere debes: »Utrum solus homo sit bipes?«, quod nomen, scilicet »solus« habes per hoc quod dicit PROPRIUM. Ideo enim huius quaestionis materiam in libro esse dicimus ne si dixerimus illam quaestionem

---

¹ ILLE LOCUS] ILLE QUIDEM LOCUS N, *sed cf. app.*

² UT SI DICAMUS QUOD OMNES IUDICANT] UT ID DICAMUS ESSE QUOD VEL OMNES IUDICANT N

³ VOLUBILE ESSE] ESSE VOLUBILE N

⁴ ASTROLOGI] IN ASTROLOGIA N, *sed cf. app.*

esse, fateri compellamur propositionem ex qua ipsa descendit ex significante et significato constare. Progredere: »Si solus equus non est quadrupes, nec solus homo bipes«. Inter similia. Assignatio huius consequentiae est ubi dicit: SIMILITER INEST EQUO QUADRUPES, UT HOMINI BIPES; quemadmodum enim quadrupes inest omni equo et semper, sed non soli, ita bipes inest omni homini, sed non soli. Bipes et quadrupes dicuntur similia propter qualitativam vocem quae est »inhaerentia« vel »idem modus inhaerendi« utrisque adaptatam. Assumptionis atque conclusionis materiam habes ubi dicit: NON EST AUTEM EQUI QUADRUPES PROPRIUM, NON IGITUR EST[1] HOMINIS PROPRIUM BIPES. Potest quoque dici quod homo et equus sunt similes, in hoc scilicet quod has voces qualitativas quae sunt »bipes« et »quadrupes« ad sui designationem recipiunt, quibus convenit similis inhaerendi modus. Maxima quam subdit propositio est aequipollens huic quae dicit: »De similibus idem iudicium«. LOCUS A SIMILIBUS. Quod est: Hic communis terminus qui est »quadrupes« dicitur locus quia unum est ex illis vocibus quae dicuntur similes.
HIC VERO locus etc. (II.8.5/1190D) Quamvis unum locum tantum de loco a simili dedissem, tamen HIC, id est talis, LOCUS a simili DIVIDITUR, id est vadit in duo, nam HAEC, id est talis, SIMILITUDO CONSISTIT, id est comprehenditur, AUT IN qualitativa voce AUT IN quantitativa; secundum enim qualitatem aliquam dicimur similes et dissimiles. Dico, quia »similitudo« haec vox consistit in quantitate. Quod est dicere: Secundum quantitativam vocem dicimur similes, immo(?) rectiori vocabulo paritas nuncupatur in quantitate, id est pares dicimur propter quantitativam vocem, id est aequales. Verbi gratia cum [vel] »Si ignis calidus est, caelum rotundum est«, ex hoc antecedenti non necessario sequitur illud consequens, sed merito talis fit consequentia ut ostendantur hae voces, scilicet »ignis« et »caelum«, esse pares in hac voce quantitativa quae est »semper« vel »sempiternum«, sicut enim ignis semper calet, ita semper caelum est rotundum.
RURSUS AB EO loco qui dicitur MAIUS[2] ita: »Utrum animal sit potens moveri ex se?« Huius quaestionis materiam habes ubi dicitur: AN SIT ANIMALIS DEFINITIO QUOD EX SE MOVERI POSSIT? (II.8.6). Eandem quam superius causam dedimus de commutatione quaestionis in hac etiam damus, scilicet ne de significantibus et significatis fieret, DEFINITIO enim haec vox significat has voces POTENS MOVERI EX SE, quae voces secundum quosdam definire animal videbantur. Prosequare: »Si non vivit naturaliter, hoc est si non per se vivit (quod repugnat cum ab anima hoc habeat), nec est potens moveri ex se; sed non vivit per se, ergo non est potens moveri ex se«. Huius assumptionis ac

---

[1] IGITUR EST] EST IGITUR N
[2] MAIUS] MAGIS N, *sed cf. app.*

conclusionis materiam habes in libro dispositam ubi dicitur: NON EST <AUTEM HAEC> DEFINITIO ANIMALIS QUOD NATURALITER VIVAT NEC EA QUIDEM QUAE MINUS VIDETUR ESSE DEFINITIO etc. Consequentiae vero assignationem praemittit ubi dicitur: MAGIS OPORTET ANIMALIS ESSE[1] DEFINITIONEM etc. Nota causam quare hanc vocem |30^r| <***>

---

[1] ANIMALIS ESSE] ESSE ANIMALIS N, *sed cf. app.*

APPENDIX

5| |27ʳ| Natura propositionis ut proposuit diligenter tractata suam exequitur promissionem quaestionis partes principales ac secundarias sive species \exponendo/ [o] hoc modo incipiens: QUAESTIO VERO EST DUBITABILIS PROPOSITIO (1.5.1/1176D) Quod sic continuabis: Propositio est oratio significans verum vel falsum, sed quaestio non dicitur propositio nisi cum hac determinatione quae est »dubitabilis«. Nam quemadmodum cadaver humanum non dicitur homo nisi cum hoc adiecto in quo inest oppositio quae est »mortuus«, ita quaestio non dicetur propositio nisi cum hoc augmento opposito quod est »dubitabilis«. Non autem »propositio« sibi competere negatur sine aliquo adiecto [[in quo insit aliqua oppositio]] secundum omnem significationem ipsius propositionis, sed secundum illam tantum significationem qua superius ipsam descripsimus propositionem; plura enim alia »propositio« significare ostenditur neque verum neque falsum significantia. Significat namque »propositio« idem quod »superpositio« vel »brevis locutio« et fortasse alia. Si vero hoc nomen per se quaestioni convenire Boethium in hoc loco negasse dixeris, eundem sibi contrarium per ea quae subsequenter ponit necessario fateberis; dicet enim quod quaestio thesis vocatur propositio vel propositum. Sed cum plura ut dictum est »propositio« significare ostendatur, hic stricte accepta »thesi« aequipollere dicitur idemque quod »superpositio« vel »antepositio« significare.

Sequitur: IN QUA NECESSE EST EADEM OMNIA CONSIDERARE QUAE DUDUM IN PROPOSITIONE PRAEDIXIMUS. Quod est: Illam dico quaestionem in qua omnia considere oportet quae dudum, id est in illa divisione quam mediam superius dedimus, in propositione praediximus, id est illa in propositione dignius esse quam in quaestione diximus. Quamvis enim eaedem voces materialiter sint in quaestione quae sunt in propositione, tamen haec nomina, scilicet »affirmatio« et »negatio«, non congruunt[1] eis nisi quando in propositione ponuntur. Non autem accipias eadem omnia quae dicta sunt in propositione quaestioni congruere nisi cum hac determinatione quae est »dubitabilis« quia aliter in plures incideres laqueos.

Exempla quoque supponit de his quae in propositione et in quaestione eadem esse videntur hoc modo: ALIAE NAMQUE SUNT SIMPLICES, ALIAE COMPOSITAE. (1.5.2)[2] Quasi dicat: Bene dico eadem quae sunt propositionis in quaestione considerari quia quemadmodum dicimus alias propositionum esse simplices aliasque compositas, simili quoque modo dicemus quaestionis alias esse simplices, alias compositas.

---

[1] congruunt] congruit P
[2] ALIAE COMPOSITAE] ALIAE VERO COMPOSITAE N, *sed cf. app.*

Illas vero quaestiones quas simplices appellat sic ostendit: SIMPLICES SUNT[1] UT HAE QUAE EX SIMPLICI PROPOSITIONE DESCENDUNT (1.5.3/1177A) Quod est: Illae quaestiones dicuntur simplices quae ab illa dignitate ipsius nominis quod est »simplex propositio« in hoc nomen quod est »quaestio simplex« descendunt, quae similiter simplices dicuntur ut hae propositiones a quibus descendunt. Quarum exemplum hoc modo supponit: UT SI QUAERATUR »AN SIT CAELUM VOLUBILE?«. Ad hoc vero quod aliquis quaereret an congruum dedisset exemplum de simplicibus quaestionibus a simplici propositione descendentibus hoc modo respondet: HAEC ENIM AB EA VENIT PROPOSITIONE VENIT[2] QUAE DICIT CAELUM ESSE VOLUBILE. Quasi dicat: Vere haec prolatio »An sit caelum volubile?« est simplex quaestio, nam ab illa propositione quae dicit caelum esse volubile venit in hoc nomen quod est »simplex quaestio«. Vel ita: Bonum dedi exemplum de simplicibus quaestionibus quae ab hoc nomine quod est »simplex propositio« in hoc nomen quod est »quaestio« descendunt, nam haec prolatio: »An sit caelum volubile?« venit ab hoc nomine quod est »propositio« in hoc nomen quod est »simplex quaestio«, quae propositio dicit caelum esse volubile.
AT SI EX CONDICIONALI COMPOSITA PROPOSITIONE PRINCIPIUM SUMAT, IPSA ERIT CONDICIONALIS ATQUE COMPOSITA (1.5.4) Quasi dicat: Illae voces quae a dignitate huius nominis quod est »propositio simplex« descendunt significantur ab hac voce quae est »simplex quaestio«, sed si illa vocum materies sumpserit principale nomen quod est »quaestio« ab hoc nomine, scilicet »condicionali propositione«, descendens, ipsa erit, id est vocabitur |27ᵛ| condicionalis atque composita. Ideo vero post CONDICIONALI COMPOSITA adiunxit ne videretur hic aliud accipere per condicionale quam superius in divisione per compositam.
Subdit quoque exemplum quaestionis huiusmodi ad hunc modum: »AN SI CAELUM ROTUNDUM EST, VOLUBILE SIT?«. Ad hoc vero quod quis quaereret an competens exemplum dederit de condicionali quaestione ab hoc nomine quod est »condicionalis propositio« descendens tal<<iter>> respondet: HAEC NAMQUE A CONDICIONALI PROPOSITIONE SUMPSIT INITIUM QUAE EST: »SI CAELUM ROTUNDUM EST, VOLUBILE <EST>«. Ac si dicat: De praefata quaestione aptum dedi exemplum ostensurus quod ex hoc nomine quod est »condicionalis propositio« huiusmodi quaestio hoc suum principale nomen, scilicet »quaestio«, sumat quia haec prolatio: »An si caelum rotundum est, volubile sit?« sumpsit initium, id est suum nomen principale, ab hoc nomine

---

[1] SUNT] om. N, sed cf. app.

[2] PROPOSITIONE VENIT] VENIT PROPOSITIONE N, sed cf. app.

quod est »condicionalis propositio«, quod his est impositum vocibus quae dicunt: »<<Si>> caelum rotundum est, volubile est«.
QUAESTIO ERGO ALIAS PRAEDICATICA EST, ALIAS QUIDEM CONDICIONALIS. (1.5.5)[1] Quasi dicat: Quia necesse est eadem omnia in quaestione considerare, ut dictum est, quae in propositione praedicta sunt, cum propositionis alia dicatur praedicativa, alia condicionalia, ergo quaestio alia erit praedicativa, alia condicionalis.

---

[1] QUAESTIO ERGO ALIAS PRAEDICATICA EST, ALIAS QUIDEM CONDICIONALIS] ERGO ET QUAESTIO ALIAS QUIDEM PRAEDICATIVA, ALIAS VERO CONDICIONALIS N, *sed cf. app.*

Radulphus Brito, Master of Arts and Theology
William J. Courtenay

Recent accounts of the life and works of Radulphus Brito, with one exception, have limited the biographical information to a minimum.[1] That basic minimum is that he was a famous master in the arts faculty at Paris in the last decade of the thirteenth century and the opening decade of the fourteenth, that he was probably from Brittany, and that he became a master of theology at Paris. This minimalist biography has been the end result of over a century of conflicting interpretations of evidence: that he was from Brittany or belonged to a Parisian family for which "le Breton" was a surname; that he was or was not identical with the Parisian master of theology referred to as Radulphus de Hotot; that he was or was not identical with the provisor of the Sorbonne known as Radulphus Brito, and that he was or was not identical with the Radulphus Reginaldi Britonis, master of theology, who was awarded an expectation of a canonical prebend in the cathedral chapter at Le Mans in 1316. The purpose of the following article is to reexamine the accumulated information and misinformation in order to arrive at a more accurate and detailed biography.

The earliest extended account of Radulphus Brito was written by Paul Fournier in 1927.[2] While leaving the matter of his place of origin unresolved, Fournier identified the Parisian arts master with the Radulphus Reginaldi Britonis who, as a doctor of theology, was made a canon at Le Mans in 1316, at which time he held a prebend in the

---

[1] The exception is the recent contribution of Jean-Luc Deuffic, "Un logicien renommé, proviseur de Sorbonne au XIVe s. Raoul le Breton de Ploudiry. Notes bio-bibliographiques," Pecia, 1 (2002), 45-154, to which Patrick Kernévez called my attention after the completion of the present article. Mine and that of M. Deuffic complement each other. I have given more attention to correcting previous false assumptions and manuscript readings, while M. Deuffic has uncovered important new information regarding the family of Radulphus Brito and has included a catalogue of the contents of Radulphus' works as well as an extensive bibliography. For a recent but, more cautious assessment, see Sten Ebbesen, "Brito, Radulphus (c.1270-c.1320)," in *Routledge Encyclopedia of Philosophy* (London, 1998), vol. 2, pp. 21-23; "Radulphus Brito. The Last of the Great Arts Masters, Or: Philosophy and Freedom," in *Geistesleben im 13. Jahrhundert*, ed. Jan. A. Aertsen and Andreas Speer, Miscellanea Mediaevalia, 27 (Berlin, 2000), pp. 231-251.

[2] P. Fournier, "Raoul Renaud, *dit* le Breton, Proviseur de Sorbonne," in *Histoire littéraire de la France*, 36 (1927), 169-180.

collegiate church at Saint-Quentin and half of the rectorship of the parish church of Sommery in the diocese of Rouen. To those provisions John XXII added an expectation at Beauvais in 1319, by which time, according to Fournier, Radulphus held a canonical prebend at Laon. The other "facts" that Fournier included were that Radulphus authored a commentary on the *Sentences* found in Pavia, Bibl. Univ. 244, that he was provisor of the Sorbonne between 1315 and 1320, and that he died in 1320, unless he is identical with the "Dominus Radulphus Brito cum sex sociis" listed in the *computus* of the University of Paris that Heinrich Denifle dated between 1329 and 1336, but which now can be dated to the academic year 1329-1330.[3]

In the entry for Raoul de Hotot in his *Repertoire des Maîtres en théologie de Paris*, Palémon Glorieux maintained that Radulphus Brito and Radulphus de Hotot, both doctors of theology at Paris, were one and the same individual.[4] He reaffirmed this assertion in a subsequent article, largely on the grounds that if they were not identical, we would be left with the unlikely hypothesis that there were two doctors of theology at Paris by the name of Radulphus Reginaldi at the same time, with parallel careers.[5] Only Radulphus Brito, however, carried the additional name of 'Renaud', not Radulphus de Hotot. Moreover, their theological careers were not precisely parallel. Radulphus Hotot was cited as a doctor of theology in 1308 while Radulphus Brito is said to have read the *Sentences* in 1308 or 1309 and incepted in 1311-1312.[6] Glorieux responded to the latter issue by arguing that the date of 1308 (or, more accurately, 1309) was the date for that manuscript copy of Radulphus'

---

[3] The document has been reedited : W. J. Courtenay, *Parisian Scholars in the Early Fourteenth Century* (Cambridge, 1999), pp. 218-246.

[4] P. Glorieux, *Repertoire des maîtres en théologie de Paris au XIIIe siècle* (Paris, 1933), #225, vol. I, pp. 453-456.

[5] P. Glorieux, "Raoul Renaud," *Recherches de théologie ancienne et médiévale*, 7 (1935), 405-407, 407 : "Sinon, il faudra admettre qu'il y eut à Paris, à la même date, deux maîtres en théologie, deux Renaud, dont les deux carrières auront couru parallèlement, tout près l'une de l'autre, et de tout point semblables."

[6] Radulphus de Hotot is mentioned as a doctor of theology in March 1308 (*Chartularium Universitatis Parisiensis* [henceforth cited as *CUP*], ed. H. Denifle and É. Châtelain, vol. II (Paris, 1891), #664, pp. 125-128). The date for the *Sentences* commentary of Radulphus Brito is based on the date given in the sole copy of that work, which is found in Pavia, Bibl. Univ. 244, ff. 15r-54v. The date for his magisterial exercises is based on their inclusion among the contemporary texts recorded by Prosper de Reggio Emilia, O.E.S.A., in Vat. lat. 1086, whose contents date to 1311-1316, except for Prosper's quodlibetal questions (1316-1317).

lectures, not the date of the lectures themselves, which could have occurred earlier. Thus, for Glorieux, Radulphus read the *Sentences* early in the first decade of the fourteenth century, was licensed in 1308 (and thus could be referred to as doctor of theology in the proceedings against the Templars), but incepted later because of delays caused by the Council of Vienne.[7]

Victorin Doucet questioned the identification of Hotot and Brito, not on the grounds of any incompatibility in the timing of their theological careers, but because the Radulphus Brito who authored the *Sentences* commentary in Pavia 244 opposed the idea of the Immaculate Conception, while Radulphus de Hotot was described by Jean de Pouilly as publicly supporting that theological position.[8] Without responding to Doucet's objection, Glorieux continued to maintain the identification of Hotot and Brito in his *La littérature quodlibétique*, in his two-volume work on the Sorbonne, and in his *Repertoire des Maîtres des arts en*

---

[7] Glorieux, "Raoul Renaud," 407: "Un recours est possible toutefois qui concilierait toutes ces données: C'est que, pour telle raison qui nous échappe (n'oublions pas par exemple le Concile de Vienne et ce qui le prépara), Raoul Renaud ayant obtenu la licence en théologie en 1308, n'ait tenu ses actes de maîtrise que trois ans plus tard, au moment d'ouvrir école." The argument is without merit. Although 1307-1308 was a year in which the chancellor of Notre-Dame could license candidates in the higher faculties at Paris in the biennial cycle, university statutes required a four-year interval as *baccalarius formatus* between reading the *Sentences* and being licensed in theology, except in cases of papal intervention – a practice that developed later and seems to have been limited to candidates in religious orders. This would push the sentential year of Radulphus Brito back to 1302-1303, which poses difficulties because of Radulphus' familiarity with John Duns Scotus' Paris lectures; see M. Rossini and C. Schabel, "Time and Eternity among the Early Scotists. Texts on Future Contingents by Alexander of Alessandria, Radulphus brito, and Hugh of Novocastro, " forthcoming in *Documenti e studi sulla tradizione filosofica medievale*, 16 (2005). Moreover, although masters from the University of Paris participated in the Council of Vienne, that council began in October 1311 and there is no evidence that preparations for it disrupted academic activities at Paris in the 1308-1311 period. Finally, the title of 'doctor of theology' comes with inception as master, not with the license to teach.

[8] V. Doucet, *Commentaires sur les Sentences. Supplément au Répertoire de M. Frédéric Stegmueller* (Firenze, 1954), p. 73; the question appears in Pavia 244, f.46rb-46va. For Jean de Pouilly's mention of Radulphus de Hotot, see below, note 15. The use Jean de Pouilly makes of Hotot's sermon is discussed in B. Hauréau, "Raoul de Hotot," in *Histoire littéraire de la France*, 32 (1898), 575-576, and in Glorieux, *La littérature quodlibétique de 1260 à 1320*, vol. I (Kain, 1325), p. 223.

*Paris.*⁹ Subsequent scholars have side-stepped this and other unresolved issues regarding the life of Radulphus Brito. In the face of such uncertainty, caution is understandable.

Without wading any further through this historiographical tangle, the following remarks will definitively separate Radulphus de Hotot and Radulphus Brito, and then construct as full a biography of the latter as is presently possible.

Radulphus Brito and Radulphus de Hotot, Doctores in theologia

There is little room for doubt that the prolific master of arts known as Radulphus Brito studied theology while he continued his teaching in the faculty of arts. A Venice manuscript of his questions on the *Prior Analytics* ends with this (autobiographical?) statement: "Expliciunt questiones libri Priorum date a magistro Radulpho Britone qui nunc studet in theologia in qua magnum profectum facit, domino concedente. Amen."[10] Numerous references in documents from 1315 to 1319 to a Radulphus Brito with the title of doctor of theology has led to the generally accepted view that he completed his theological degree, and that the *Sentences* commentary in Pavia 244 attributed to Radulphus Brito as well as the inception and magisterial exercises attributed to him in Vat. lat. 1086 are probably the work of the famous master of arts.[11] But which of the references to Radulphus as doctor of theology apply to the famous master of arts?

The master of theology cited in documents as Radulphus de Hotot came from Normandy, as Barthélemy Hauréau noted more than a century ago.[12] Hotot, or Hautot, is a common place name in Normandy. There

---

[9] Glorieux, *La littérature quodlibétique*, vol. II (Paris, 1935), pp. 236-237; *Aux origines de la Sorbonne* (subsequently cited as *Sorb.*), vol. I: *Robert de Sorbon* (Paris, 1966), pp. 133-136; *La faculté des arts et ses maîtres au XIIIe siècle* (Paris, 1971), #375, pp. 297-299.

[10] Venice, Bibl. San Marco, cl. X cod. 39, fol. 52, cited from Glorieux, "Raoul Renaud," 406.

[11] Pavia, Bibl. Univ. 244, f. 15r-54v (*Sent.* I-III); his vesperal questions, given at the time of his inception as master of theology, probably in 1314, are contained in Vatican, Vat. lat. 1086, f. 156r-158r, as well as his participation in the disputation "in aula" at the time of Thomas Wilton's inception between 1312 and 1314 (Worcester F 69, f. 165r). There are also other magisterial questions, some belonging to a quodlibetic disputation, in Vat. lat. 1086, f. 195r-208r; see Glorieux, *Répertoire des maîtres en théologie* I, p. 455; *La littérature quodlibetique*, pp. 236-237.

[12] Hauréau, "Raoul de Hotot," pp. 575-576.

are at least five in the diocese of Rouen, one in the diocese of Lisieux, and one in the diocese of Bayeux.[13] Radulphus de Hotot was already doctor of theology in March 1308 when he was among the theologians consulted by Philip the Fair in the proceedings against the Templars, and he was also among the twenty-one masters of theology who censured Marguerite Porete on 11 April 1310.[14] In neither case were these the actions of theological masters acting in their official capacity as active regents in the faculty of theology. The names of several regents are missing in both documents, and among those who did sign the actions, there are a number of non-regent masters of theology.

Radulphus de Hotot was a doctor of theology and probably a regent master at the time of both deliberations (March 1308 and April-May 1310), which would make him active in the faculty of theology in the three academic years from 1307 to 1310. He was also the doctor of theology who publicly preached at Paris in favor of the Immaculate Conception, for which he was attacked by a fellow regent master, Jean de Pouilly.[15] The date of that sermon is usually given as 1309 because it

---

[13] The suffix '-tot' is common to many place names in Normandy, especially in upper Normandy. The Latin 'Hotot' can designate Hautot-l'Auvray, Hautot-sur-Mer, Hautot-sur-Seine, Hautot-Saint-Sulpice, and Hautot-le-Vatois, all in the diocese of Rouen. The 'Hotot' in the diocese of Lisieux is Hotot-en-Auge, and for the diocese of Bayeux, Hottot-les-Bagues. Similarly, the name of the notary Johannes de Plumecoc in document #16 in Glorieux, *Sorb.* I, p. 211, and document #418 in *Sorb.* II, p. 538, should probably be transcribed as Plumetot, a town north of Caen in lower Normandy, despite his self-identification as a clerk from the diocese of Rouen; see *Recueil des historiens de la France. Pouillés*, vol. 2: *Pouillés de la Province de Rouen*, ed. A. Longnon (Paris, 1903), p. 110. This last example shows that a place name, by itself, does not necessarily identify the immediate topographical background of an individual, whose family may have migrated elsewhere.

[14] For the response of the masters to Philip the Fair, see *CUP* II, #664, pp. 125-128, edited from Paris, Archives Nationales J 413, n.1. The documents for the proceedings against Marguerite Porete are found in Paris, Arch. Nat., J 428. The latter collection of documents are all from April and May of the fifth year of Clement V's pontificate (5 June 1309 to 4 June 1310), which places them in 1310 although many of them are dated 1309, possibly because the proceedings in Paris began before the change of the year on 25 March.

[15] Jean de Pouilly, Quodlibeta III, q. 4 (Paris, Bibl. Nat. lat. 14565, f. 145ra): "Utrum potest teneri pro opinione probabili quod ipsa [Beata Virgo] non contraxit originale peccatum. Et arguitur quod sic, quia nullus doctor sacre scripture videtur aliquid in pleno et generali sermone predicare Parisius nisi quod potest teneri Parisius pro opinione probabili, aliter enim esset eius doctrina periculosa et contraria fidei aut bonis moribus vel omnia improbabilis. Sed Beatam Virginem non contraxisse originale peccatum est pre-

was mentioned in the fourth question of the third *Quodlibeta* of Jean de Pouilly, whose quodlibet is in turn dated by this reference to Radulphus de Hotot – a classic circular argument. Whatever the date, Hotot's sermon obviously had occurred by the time Jean de Pouilly composed his quodlibetal question, but it need not have occurred in the same year as Pouilly's question. Jean de Pouilly states only that Hotot preached the view that Mary was conceived without the stain of original sin, and does not mention any date. One can assume, however, that the sermon was a relatively recent event and that it belonged to the same period as the declarations against the Templars and Marguerite Porete, that is, in 1308-1310.

It has always been assumed that Radulphus de Hotot was a secular theologian, which is likely but not certain. On his parchment strip with seal attached to the bottom of the Templar document, he is listed as magister Radulphus de Hotot, but several of those in religious orders were also accorded the title of 'magister' rather than 'frater' on their sealed strips.[16] His name appears twice in the documents preserved from the action against Marguerite Porete. He is first listed among the twenty-one masters of theology who pronounced against Marguerite on 11 April 1310.[17] Because no affiliation with a religious order follows his name in either document, it has been assumed he was a secular theologian. But Petrus de Sancto Dionysio is also listed without further identification, although he is identified in another document as a Benedictine.[18] Apart from Johannes de Poilliaco, whose name was listed in between Gerardus

---

dicatum Parisius a doctore sacre scripture in pleno et in generali sermone universitatis, ut dicebat ...." The marginal note reads "a .R. de Hotot," not "Ra. de Hotot," as cited by Hauréau and repeated by Glorieux. The same text, without the marginal note, occurs in Paris, Bibl. Nat. lat. 15372, f. 76rb.

[16] *CUP* II, p. 127, edited from Paris, Arch. Nat., J. 413, n. 1.

[17] Paris, Arch. Nat., J 428, #15: "venerabili et discretis viris Symone decano, Thoma de Balliaco, Guillelmo Alexandri, ac Johanne de Gandavo canonicis Parisien., Petro de Sancto Dyonisio, Gerardo de Sancto Victore, Jacobo Caroliloci, Gerardo Carmelita, Johanne de Poilliaco, Laurencio priore Vallis Scolarium, Alexandro, Henrico Teutonico, ac Gregorio de Luca ordinis Heremitarum sancti Augustini, Johanne de Monte Sancti Eligii, Radulpho de Hoitot, Berengario ordinis Predicatorum, Johanne de Claromarisco, Nicolao de Lira, ac Jacobo de Esquillo ordinis Minorum, Jacobo Cistercien., et Rogero de Roseto, magistris in theologia ...."

[18] Paris, Arch. Nat., J 428, #16: "Petro de Sancto Dyonisio ordinis sancti Benedicti". The monastery of St-Denis maintained a house of studies in Paris, near the convent of the Augustinian Hermits. This theologian is listed as a secular master by Glorieux, *Répertoire des maîtres en théologie*, I, #221, p. 248.

Carmelita [of Bologna] and Laurentius, prior Vallis Scolarium, many of the names in the Porete document are grouped by order: Alexander [de Sancto Elpidio], Henricus [de Vrimaria] Teutonicus, and Gregorius de Lucca, all Augustinian Hermits; Johannes de Claromarisco, Nicolaus de Lyra, and Jacobus de Esquillo, all Franciscans. That opens the possibility of reading the sequence "Radulpho de Hoitot, Berengario ordinis Predicatorum" as identifying both as belonging to the Dominicans. Yet in the action taken at the Dominican convent in Paris on 3 April 1310 against Guiard de Cressonessart, named as a supporter of Marguerite Porete, only eleven masters of theology are mentioned as passing judgment at this earlier meeting, and Hotot is not listed among them.[19] In that document Hotot's name appears later as one of those witnessing and consenting to those actions: "Presentibus religiosis viris fratribus Alexandro de Marcia [de Sancto Elpidio, O.E.S.A.], Radulpho de Hotot, Jacobo de Dyvione Cistercien. ordinis, et Gregorio de Luca ordinis sancti Augustini, magistris in theologia, qui etiam consilio doctorum magistrorum consenserunt ...."[20] The simplest reading of that passage is that Radulphus de Hotot, like the other *viri fratres*, was a friar.

But if Hotot belonged to a religious order, which is admittedly not certain, what order might it have been? His support of the Immaculate Conception makes it unlikely that he was a Dominican, although there may have been Dominicans who disagreed with Thomas Aquinas on this theological issue. It was a position closely identified with John Duns Scotus and favored by Franciscans. That suggests that Hotot may have been a Franciscan, although Scotus also had followers among secular theologians, such as Henry of Harclay. Pending further evidence, the

---

[19] On the actions against Guiard, see R. E. Lerner, "An 'Angel of Philadelphia' in the Reign of Philip the Fair: The Case of Guiard of Cressonessart," in *Order and Innovation in the Middle Ages. Essays in Honor of Joseph R. Strayer*, ed. W. C. Jordan, B. McNab, and T. F. Ruiz (Princeton 1976), pp. 343-64, 529-40. Lerner described this event as "a judgment by canon lawyers," but in the document it is a joint action of masters of theology and canon law, with the theologians listed first.

[20] Robert Lerner used the "Jacobo de Divione" in this document to identify the "Jacobo Cist." in the declaration against Marguerite Porete a week later on 11 April 1310. Denifle had incorrectly identified the Cistercian Jacobus to be Jacobus de Furno (Jacques Fournier, later pope Benedict XII). Jacobus de Divione (Jacques de Dijon) became abbot of the Cistercian monastery of Preuilly near Sens in 1312; see R. Lerner, "A Note on the University Career of Jacques Fournier, O. Cist., Later Pope Benedict XII," *Analecta Cisterciensia*, 30 (1971), 66-69.

question of whether Hotot was a secular or mendicant theologian remains open.

Radulphus de Hotot is not known to have left any surviving scholastic work. Nor is there any mention of him before the Spring of 1308 or after the Summer of 1310, unless the arguments of Radulphus Normannus cited by Prosper de Reggio Emilia in Vat. lat. 1086 are those of Radulphus de Hotot.[21] He is not known to have held any benefice. His name does not appear as the recipient of any papal grace during the pontificates of Boniface VIII, Clement V, or John XXII. Nor is it certain that the sermon in Paris, Bibl. Nat. lat. 14 859, f.173ra-173vb, attributed in the manuscript to R. de Ratot and often said to be by Radulphus de Hotot, is actually his.[22] In fact, if the connection with Radulphus Brito is severed, there is nothing associated with Hotot's tenure as a doctor of theology at Paris beyond his participation in the actions against the Templars and Marguerite Porete, appearing as a witness at the condemnation of Guiard de Cressonessart, his stand on the issue of the Immaculate Conception, and possibly his participation in the disputations connected with the inception of Prosper de Reggio Emilia, O.E.S.A.

On the basis of the foregoing analysis of the evidence, it is apparent that Radulphus de Hotot and Radulphus Brito were, in fact, two different persons. First, Radulphus de Hotot was from Normandy, not from Brittany. There are no towns or villages in Brittany called Hotot or Hautot, while there are many in Normandy, and a master from Normandy would not be referred to as a Breton. Second, Radulphus de Hotot is never cited as "dictus Brito" or "le Breton," and Radulphus Brito is never given the additional name of "de Hotot". Third, Radulphus de Hotot is known to have supported the Immaculate Conception, while Radulphus Brito opposed it. Finally, and most compelling, Radulphus de Hotot was already a doctor of theology four or five years before Radulphus Brito incepted as a master of theology and could legitimately be referred to as 'doctor'. Despite the fact that both were doctors of theology at Paris in

---

[21] Vat. lat. 1086, f. 26v: "Rationes magistri Radulphi normanni," "opinio magistri Radulphi normanni," "ad argumenta Radulphi normanni." In Prosper's work, this individual is clearly distinguished from Radulphus Brito, whom he cites frequently.

[22] Although the sermon itself is undated, Glorieux, *Répertoire des maîtres en théologie*, I, p. 455, gives the date of the sermon as 10 May 1310, presumably on the grounds that the scriptural text is appropriate for the third Sunday after Easter and that Hotot was still active at Paris in 1310. The other sermons in the manuscript, however, date before 1300.

the first two decades of the fourteenth century, their theological careers were sequential, not simultaneous.

It should be noted that there is another Radulphus de Hotot, namely Radulphus Sellonis de Hotot, also called Ranulphus, who was master of arts at Paris in the second decade of the fourteenth century, and who became a doctor of medicine at Paris in the 1330s.[23] This Radulphus de Hotot was a regent master in the arts faculty and a representative of the Norman nation along with Guillelmus de Hotot, also a regent in arts from Normandy, when they witnessed and approved a university action in favor of the Sorbonne in 1317.[24] Guillelmus de Hotot, who came from the diocese of Rouen, would later become a doctor of theology and canon at Notre-Dame in Paris.[25] Despite their close association at Paris, Radulphus/Ranulphus de Hotot came from the diocese of Bayeux, probably from Hottot-les-Bagues.[26]

Radulphus Brito, Radulphus de Plebe diriaco, and Radulphus Reginaldi

Having distinguished Radulphus de Hotot from Radulphus Brito, another assumption of Glorieux needs to be examined, namely that the Radulphus, doctor of theology, who rented a house from the College de Sorbonne in June 1315 is identical with the Radulphus Brito who, according to Glorieux, became provisor of the Sorbonne later that year. The document of June 1315, edited by Glorieux, deserves close examination because of errors in transcription and in the arguments based on it and the following document in Glorieux's edition.[27] The full name of the doctor of theology in the rental document was transcribed by Glorieux as "Radulphus de Plebe diriaco." The connection with Brittany is provided by the "de Plebe," or "Plebs," which is a common first part of many place names in Brittany, especially in the northwestern region, and

---

[23] *Rotuli Parisienses. Supplications to the Pope from the University of Paris* (subsequently cited as *Rot. Par.*), vol. I: *1316-1349*, ed. W. J. Courtenay, p. 82; E. Wickersheimer, *Dictionnaire biographique des médecins en France au Moyen Age* (Paris, 1936), pp. 683-84.

[24] Glorieux, *Sorb.* I, p. 210: "magistris ... Radulpho Britone, Thoma de Wiltone, ... Guillelmo et Radulpho de Hotot ...."

[25] *Rot. Par.* I, pp. 81, 82, 203n, 248n.

[26] In addition to their names being linked in the Sorbonne document of 1317, Guillelmus de Hotot was executor on a papal provision for Radulphus/Ranulphus in 1337; *Rot. Par.* I, p. 82.

[27] The rental agreement of 1315 is edited in Glorieux, *Sorb.* II, #415, pp. 529-531.

rendered in modern forms as Pleu-, Ploe-, Plou-, Plo-, or Plu-. References to two doctors of theology from Brittany by the name of Radulphus in documents from 1315, one a renter of property belonging to the Sorbonne and the other provisor of the Sorbonne, led Glorieux to argue that they were one and the same person. The fact that the Radulphus who rented a house was not acknowledged as the provisor of the Sorbonne became the basis for Glorieux's assertion that Radulphus Brito became provisor between late June 1315 (the date of the rental document) and the end of that year.[28]

There is one major problem with Glorieux's reasoning. The document immediately following the rental agreement is dated three weeks earlier than the rental agreement, and in it Radulphus Brito is referred to as provisor of the college.[29] If Radulphus the renter is identical with the Radulphus who became (and in fact already was) the provisor of the Sorbonne, why was not the renter referred to by the name "Radulphus Brito" and acknowledged as the provisor of the college?

Before answering that question, a problem with "de Plebe diriaco" needs to be resolved. While "Plebe" suggests a parish in the western part of Brittany, there is no known town or village in the fourteenth century called "Plebs diriacum" nor any today that could be derived from that name. The problem is solved, as is often the case, by a fresh look at the original document.[30] What appears in Glorieux's edition as "magister Radulphus de Plebe **dyriaco** regens Parisius in theologia" is actually "magister Radulphus de Plebe **Dyri actu** regens Parisius in theologia." The second place in the document where Glorieux's edition gives

---

[28] Glorieux, *Sorb.* I, p. 134: "Si, comme on semble fondé à la croire, l'accensement d'une maison de la rue Coupe Gueule faite en juin 1315 à «Radulphus de plebe dyriaco regens Parisius in theologia" (C. 415) concernait Raoul Breton, on aurait là et une précision sur son origine et sur la date de son élection (entre le 29 juin et la fin de l'année). Son nom parait pour la première fois avec son titre de proviseur dans un acte de 1315 (Doc. 16) ...." The house that was rented was not in the rue Coupe Gueule but in the Cloître de S. Benoît, with a rear entrance on the rue de Sorbonne, as the property description makes clear. Document 16, pp. 210-211, to which Glorieux referred his readers, actually dates to November 1317, and although Radulphus Brito is mentioned in the document, it is not in his capacity as provisor of the Sorbonne. The first document in which Brito is accorded that title, as we shall see, is in June 1315.

[29] Glorieux, *Sorb.* II, #416, pp. 531-535, at 531: "magister Radulphus Brito doctor in theologia, magister et provisor domus magistrorum et scolarium de Serbona ...."

[30] Paris, Archives Nationales, S 6219, dossier 4 (côte 199), n. 10. The document location cited as doss. 2 in Glorieux, *Sorb.* I, p. 530, is incorrect.

"magistro Radulpho de Plebe diriaco sacre pagine doctori actu regenti Parisius in theologia," the manuscript reads "magistro Radulpho de Plebe diri sacre pagine doctori actu regenti Parisius in theologia." While there is no such place in Brittany (or anywhere else in France) that corresponds to the Latin "Plebs diriacum," there is a "Plebs diri," rendered in the Pouillés as "Ploediri," referring to the modern Ploudiry in Finistère, arrondisement of Brest.[31]

If Raoul de Ploudiry was the Radulphus Brito who was the provisor of the Sorbonne at the time of the rental agreement, why was that not stated? The answer lies in the legal language of such documents. Property documents, whether of sale or lease, require that the identity of the parties be specified in a way that is later not open to question or legal challenge. There could be, and in fact probably were, several persons from Brittany at Paris in this period by the name of Radulphus or Raoul.[32] However famous Radulphus Brito might be in the university community, that form of the name was not precise enough for legal purposes. But why not identify him as the provisor of the Sorbonne? That position, like ecclesiastical benefices or offices in the university – and unlike a status, once gained, that remained with one for life, such as "doctor of theology" – was held for a period of time and might not apply at some point in the future. The fact that he was provisor of the Sorbonne at the time was irrelevant to the rental agreement. The most accurate legal description of Radulphus was by his place of origin, Ploudiry, a wealthy village in the southern part of the diocese of St-Pol-de-Léon, between Landerneau and Landivisiau.[33] In some cases a sur-

---

[31] *Recueil des historiens de la France. Pouillés*, vol. 3 : *Pouillés de la Province de Tours*, ed. A. Longnon (Paris, 1903), p. 334. Deuffic arrived at the same conclusion regarding Radulphus' place of birth through the reference to Radulphus' uncle, "Herveus Eveni Danielis dictus de Plebedyri, oriundus de dioceso Leonensi, clericus civis parisiensis," who in his will of 20 July 1317 left the usufruct of his properties to "magistro Radulpho de Plebedyri, ejus nepoti, nunc doctori in theologia." The document is edited in Deuffic, "Un logicien renommé," 146-149.

[32] See Courtenay, *Parisian Scholars*, for a "dominus Rodulphus Brito cum 6 sociis" living in rue du Four, pp. 209-210, 227, and a "Raulfus Brito" living in rue S.Hilaire, p. 228.

[33] The actual size of Ploudiry in the early fourteenth century is not known. The population in 1800 was 1,061, which had grown to 1,369 by 1911, before declining to 770 in 1968; see *Guide des archives du Finistère*, ed. J. Charpy (Quimper, 1973), p. 342. The parish church of Ploudiry had a value of 60 solidi around 1330, one of the highest in the region; see *Pouillés de la Province de Tours*, p. 334.

name or father's name might be added, but that was usually for persons from towns or cities for whom a place name would be insufficient identification. No matter what offices Radulphus held in the present or future, in and after 1315 he would always be Radulphus de Plebe diri, magister in theologia.

But how can one be certain that Radulphus Brito, provisor of the Sorbonne, and Radulphus Brito de Plebe diri, and, for that matter, Radulphus Reginaldi Britonis were one and the same? First, all three were described in documents from 1315 and 1316 as regent master in the faculty of theology at Paris. Given the fact that at any one time there were no more than five or ten secular regent masters in theology at Paris in this period, it is implausible that there could be two of them, let alone three, from Brittany by the name of Radulphus. The theological studies of the arts master Radulphus Brito at the opening of the fourteenth century corresponds perfectly with a Radulphus who incepted as master in theology around 1313 and was provisor of the Sorbonne by 1315.

This connection is further supported by two other pieces of evidence that have not until now been part of the dossier. First, the only cathedral chapter in which Radulphus Brito, doctor of theology, ever held a canonical prebend was St-Pol-de-Léon in Brittany. The oft-cited provision of a canonical prebend at Laon is the result of a mistake by Fournier, who mistranslated the diocese mentioned in the 1319 provision for Radulphus Brito (Leonensis in Latin, or St-Pol-de-Léon in French) as Laon, the Latin for which is Laudunensis.[34] Glorieux and all subsequent scholars simply repeated Fournier's error.

Second, how was it that Radulphus Brito became rector of the parish church of Sommery in the diocese of Rouen rather than of a church in Brittany, or in the area of Paris? The answer lies in the identity of the person who held the advowson, or right of collation, for that church. In the Pouillé of 1337, the patron of Sommery was Hervé de Léon (Herveus de Leone), knight and lord of Noyon-sur-Andelle (today Charleval) in Normandy, east of Rouen, near Fleury-sur-Andelle.[35] He is mentioned as

---

[34] *Jean XXII (1316-1334), Lettres communes analysées d'après les registres dits d'Avignon et du Vatican* (henceforth cited as *LC Jean XXII*), ed. G. Mollat et al., 16 vols. (Paris, 1904-1947), #10344, dated 12 September 1319: "non obst. in Leonen. et s. Quintini in Viromandia eccl. canon. cum preb."

[35] *Pouillés de la Province de Rouen*, p. 39. The index to *LC Jean XXII*, vol. 15, col. 768, mistakenly placed the first mention of Sommery (Radulphus Brito's 1316 provision) in the diocese of Noyon, assuming it to be in the same diocese as St-Quentin,

lord of Noyon in 1306, having inherited that seigneurie and other lands in the Bray region of Normandy at the death of his father, Hervé V, in 1304.[36] Hervé VI de Léon died in 1337, leaving to his heirs the patronage of a church (Bellefosse) for which he shared rights of appointment, as the Pouillé of 1337 mentions.[37] Hervé VI held the advowson of eight other churches in the Bray region of Normandy, one of them, Radepont, close to his principal seigneurie. The other seven were clustered near Forges-les-Eaux, including Sommery.[38] The road east of Sommery to what was once the monastery of Beaubec still today crosses through Bois de Léon. Sommery was the wealthiest of the parish churches in the gift of Hervé, having a tithe value of 200 pounds in 1337.[39] Even split between two rectors at the time Radulphus Brito was rector, it provided substantial income. But awarding any church to a petitioning cleric depended on its being vacant, so the fact that Radulphus Brito obtained the richest church in Hervé's gift was probably a fortunate coincidence of timing.

Hervé VI de Léon bore two territorial identities in the opening decades of the fourteenth century. The revolt of Hervé III against Jean le Roux, duke of Brittany, in the late 1230s had cost the family some of its lands and titles in Brittany, and the marriage of Hervé IV to Mahaut de Poissy, dame de Noyon-sur-Andelle and heir to other lands in the Bray region and the Norman Vexin gave the family a strong territorial position in that region of France. Although all the activities of Hervé VI recorded in the documents for the reign of Philip the Fair were centered in eastern

---

since no other diocese was mentioned in the document. The same index, col. 738, correctly identifies the 'Sommeriaci' mentioned in Radulphus Brito's 1319 provision as located in the diocese of Rouen. Glorieux, *Répertoire des maîtres en théologie* I, p. 453, "Raoul Renaud," p. 406, and *Sorb.* I, p. 324, mistakenly renders the name of the church and village as Sillery.

[36] *Registres du trésor des chartes*, vol. I : *Règne de Philippe le Bel*, ed. R. Fawtier (Paris, 1958), no. 246. On the family of Hervé VI, see Patrick Kernévez and Frédéric Morvan, "Généalogie des Hervé de Léon (vers 1180-1363)," *Bulletin de la Société archéologique du Finistère*, 131 (2002), 279-312.

[37] *Pouillés de la Province de Rouen*, p. 26. The patronage of the church of Bellefosse (today Allouville-Bellefosse near Yvetot) was shared with Robert d'Estouteville, who also died in 1337.

[38] Hervé's rights over Sommery and the immediate region are attested to by 1310; see *Registres du trésor des chartes*, I, no. 1178. The other six churches, from west to east, were Vieux-Manoir, St-Martin-du-Plessis, Buchy, Bosc-Bordel, Bois-Héroult a little to the south, and Nesle-Hodeng to the north.

[39] *Pouillés de la Province de Rouen*, p. 39.

Normandy,[40] Hervé nevertheless maintained his ties with the region of Léon, whose name he bore. When, in 1336, perhaps fearing death, he petitioned Benedict XII for absolution of sins, *in articulo mortis*, he identified himself simultaneously as lord of Noyon and from the diocese of St-Pol-de-Léon.[41] His wife Jeanne, daughter of Érard de Montmorency, lord of Conflans and maître échanson de France, whom Hervé VI married in 1307, also petitioned for an indulgence *in articulo mortis* at the same time.[42] Hervé held several fiefs in Brittany, including Roche-Maurice near Ploudiry. It is possible, therefore, that Radulphus' appointment to a canonical prebend at St-Pol-de-Léon resulted from the influence of Hervé VI.

When Radulphus Brito was appointed rector of Sommery is not known. It could have occurred while he was simply a master of arts, but it more likely was granted to him after he became a bachelor or master in theology. Either through personal contact with Radulphus or on the advice of others, Hervé VI de Léon appointed Radulphus rector of the church at Sommery, temporarily splitting the income of the church into a

---

[40] *Registres du trésor des chartes*, I, nos. 246, 1178, 1582.

[41] *Benoît XII (1334-1342), Lettres communes analysées d'après les registres dits d'Avignon et du Vatican* (henceforth cited as *LC Benoît*), ed. J.-M. Vidal, vol. 1 (Paris, 1902), #3397, from Reg. Vat. 121, f. 29r: "Nob. Herveo de Leonia, dom. de Noyone, mil. Leonen. dioc." Hervé VII de Léon and his wife Marguerite [d'Avangour] also petitioned the pope for plenary indulgences, *in articulo mortis*, at the same time (*LC Benoît XII*, #3390, 3391). The younger Hervé, was also listed as a noble from the diocese of Léon; *LC Benoît*, # 3390, from Reg. Vat. 122, f. 148v: "Nob. Herveo de Leonia, juniori, mil., dom. de Treizfaveim [or better Treizfaveny, as in the indulgence for his wife, f. 148v], Leonen. dioc." Treizfaveny is most likely Tréfaven in Morbihan, a stronghold between Lorient and Hennebont, not Tréflaouénan, southwest of St-Pol-de-Léon, as suggested in the index of *LC Benoît*; see *Guide des archives du Finistère*, pp. 205, 493. I am grateful to Patrick Kernévez for informing me on the location of Tréfaven. On the later history of the family, see Kernévez and Morvan, "Généalogie des Hervé de Léon," 308-311, and Pol Potier de Courcy, *Nobiliare et armorial de Bretagne* (Mayenne, 1970), vol. II, p. 173.

[42] The dowry for the marriage of Hervé and Jeanne is recorded in a 'vidimus' document of January 1311, which is summarized in *Registres du trésor des chartes* I, no. 1582. The indulgence of absolution *in articulo mortis* for Jeanne was granted on 29 January 1336 and is found in *LC Benoît*, # 3398, from Reg. Vat. 121, f. 39v: "Nob. mulieri Joanne de Montemoranciaco, uxori nobilis viri Hervei de Leona militis Leonen. dioc."

double rectorship, presumably so that Radulphus could be supported at Paris while the care of souls was handled by the other rector or a vicar.[43]

The Theological Career of Radulphus Brito

As the *explicit* in the Venice manuscript of Radulphus Brito's commentary on Aristotle's *Prior Analytics* makes clear, he continued to teach in the faculty of arts while he pursued his studies in theology. That document, however, does not provide a date or inform us how far in Radulphus Brito's theological career he had progressed by that time. The claims that he incepted as a master of theology in 1311-1312, or that his quodlibetal questions were composed in 1312-1314, are based on nothing more than the inclusion of his vesperal and quodlibetal questions in Prosper de Reggio Emilia's manuscript (Vat. lat. 1086), the contents of which – apart from Prosper's own quodlibetal questions – presumably took place before Prosper himself incepted in 1316. It is possible, however, to date Radulphus' theological career more precisely, starting with his lectures on the *Sentences*.

The only known copy of Radulphus Brito's questions on the *Sentences* is found in Pavia, Bibl. Univ. 244, with the *explicit* (f. 54v): "Expliciunt questiones supra tercium sentenciarum disputate a magistro Radulfo Britone, deo gratias, anno domini M.CCC.VIII, die sabbati post festum beati benedicti." Despite the present location of the manuscript, the handwriting of this section (15r-56v), which originated separately and was later bound with the other parts, is a small, cursive version of *littera parisiensis*, such as would be used for notes or draft copies. That suggests, at the very least, that it was either written in the Paris region or by someone trained in that Parisian hand. Further, the quality of the hand suggests that it might either be Radulphus Brito's personal copy or a *reportatio* copy of Brito's *lectura*.[44]

---

[43] By 1337 the church at Sommery was no longer split between two rectors; see *Pouillés de la Province de Rouen*, p. 39.

[44] The manuscript, in its present arrangement, also contains Walter Burley's *De comparatione specierum* (ff. 1r-2v, 57r-64v, 3r-4v), *Utrum contradictio sit maxima oppositio* (ff. 4v-6v), and *De intensione et remissione formarum* (ff. 6v-9v, 65r-66v, 10r-14r), as well as the first quodlibet of James of Viterbo (ff. 67r-78r). For a description of the manuscript (Aldini 244), see L. De Marchi and G. Bertolani, *Inventario dei manoscritti della R. Biblioteca universitaria di Pavia*, vol. I (Milan, 1894), 17-138; and *Catalogo di manoscritti filosofici nelle biblioteche italiane* (Firenze,

Because the date mentioned in the *explicit* (the Saturday after the feast of St. Benedict [21 March]) falls before the feast of the Annunciation as well as before Easter in 1308 and 1309 – the two ways of calculating the beginning of the year in France at that time – the actual date of the *explicit* is 22 March 1309, which can be read either as the completion date for Brito's lectures on the third book of the *Sentences* or, as Glorieux argued, the completion date for this copy of the work.[45] The manuscript does not contain questions on a fourth book.

But was 22 March 1309 the date for the completion of the lectures on the third book of the *Sentences* or the completion of this particular manuscript or section of the manuscript? At the end of Book II of Brito's questions on the *Sentences* (Pavia 244, f. 45v) he refers his audience or readers to the first quodlibet of Jean de Pouilly, which was a product of disputations held during Advent in 1306 or Lent in 1307.[46] But for Radulphus to call it Pouilly's first quodlibet implies that Radulphus already knew there was a second quodlibet, which can be dated precisely. In his last question in Quodlibet II Pouilly discusses the proceedings against the Templars and of disclosing the secrets of the Templars to the pope.[47] Pouilly noted that the king had already investigated and uncovered these secrets, presumably referring to the confessions of the Grand Master Jacques de Molay on 24 and 25 October and of Hugues de Pairaud on 9 November.[48] The issues under debate suggest that the

---

1980-), vol. VII, ed. G. M. Cao. I am grateful to Hester Gelber and Stefano Caroti for providing access to this information.

[45] The date given by Fournier and repeated by Glorieux (15 March 1309) is an error. The manuscript reads '*post*', not '*ante*'.

[46] The reference is part of the question and is in the same hand as the rest of the text. This dating of Pouilly's first quodlibet departs from that suggested by Glorieux, *La littérature quodlibétique*, I, pp. 223-24. Jean de Pouilly was already regent master in theology (i.e., had incepted) when he petitioned Pope Clement V in the summer of 1307 for a dispensation to receive the income from his prebend and benefices while continuing to teach at Paris. His petition was granted on 7 September 1307 (*CUP* II, p. 123-24, at 123: "in theologia facultate, in qua magister existis, Parisius regere dinoscaris ..."). Glorieux assumed that Pouilly began his regency in the fall of 1307 and that the first quodlibet was given during Advent 1307. While Glorieux's dating of the first quodlibet to 1307 is probably true, Pouilly was already an active regent master in 1306-1307.

[47] In Paris, Bibl. Nat. 14565, f. 124rb-125vb, this question is n. 13, although in Glorieux's list it is n. 19.

[48] Ibid., f. 124rb: "Utrum expediat simpliciter quod secreta cuiuslibet religionis revelentur papae." Ibid., f. 125rb: "non potest scire papa regulas quas confirmare habet

events of October-November 1307 were recent and still worthy of debate, which places Pouilly's second series of quodlibetal questions in December 1307.[49] Whether Radulphus Brito lectured on the *Sentences* in the order of the books (I, II, III, and IV, in contrast to the sequence I, IV, II, and III favored by some mendicant theologians, especially Franciscans), Brito's lectures on book two would have been delivered between January and February of the year in which he was *sententiarius*.[50] The reference to Pouilly's first quodlibet, implying as it does the existence of a second series of quodlibetal questions, narrows the dating range of Brito's lectures on books II and III of the *Sentences* at Paris between January 1308 and March 1309, thus during the academic year 1307-1308, or more likely, 1308-1309. Glorieux's desire to view the date of 1309 as the date of the manuscript of a work composed much earlier was motivated by his belief that Radulphus Brito was identical with Radulphus de Hotot, and if the later was regent master in March 1308, the *Sentences* commentary had to have been written several years earlier. Yet with the separation of Brito and Hotot, that "requirement" is not relevant.

Before turning to Brito's inception as master of theology, it should be noted that Pavia, Bibl. Univ. 244, f. 55v-56v, contains a brief anonymous commentary on Psalms 1-4, immediately following Brito's questions on the *Sentences*. In Friedrich Stegmüller's survey of biblical commentaries,

---

nisi sibi revelentur, ideo etc. Et forte, potest esse quod multa fiunt in collegiis, et plus in uno quam in alio, que si scirentur nullatenus permittenda essent. ... Sed etiam communiatem que papa cum omni diligentia deberet inquirere et corrigere, sicut rex diligenter inquisivit facta istorum pessiorum<?> apostatarum et sodomitarum inquisitione et reduxit ad lucem de quibus non puto processu temporas<?> cervit, quia parvus error in principiis magnus est in fine ...." On the Templar affaire, see Malcolm Barber, *The Trial of the Templars* (Cambridge, 1978).

[49] This means, in turn, that 1307-1308 was Jean de Pouilly's second year as regent master. Although Pouilly was a firm opponent of the Templars, he was not among those masters of theology whose names and seals were on the parchment strips attached to the response of the masters of theology on 25 March, possibly because their statement did not give the king the right to proceed immediately against the Templars as lapsed heretics. For Pouilly's stand against the Templars, see Noel Valois, "Jean de Pouilli, Théologien," *Histoire littéraire de la France*, 34 (1914), 220-81, at 224-31; Barber, *The Trial of the Templars*, pp. 152-53.

[50] The length of Radulphus' commentary on book I of the *Sentences* is twice as long as either books II or III. Assuming he began his lectures at the beginning of the fall term in October and completed book III by late March, he would have begun his lectures on book II in January.

this work is attributed to Radulphus Brito, O.F.M., presumably on the grounds that the previous work was attributed to Radulphus Brito.[51] Yet, there does not seem to be anything in the brief commentary that would suggest a Franciscan author.[52] If this is a work by Radulphus Brito, for which the only evidence is proximity in the Pavia manuscript, this would date back to Brito's biblical lectures as cursor, which in the theological program at Paris preceded the lectures on the *Sentences*, or might be a product of his years as regent master in theology, also known as master of the sacred page. The form of this biblical commentary, however, is basic, which suggests that if it is the work of Brito, it belongs to an academic exercise before he was *sententiarius*.

Assuming that Radulphus Brito followed the statutory requirements of the faculty of theology, he stayed at Paris as a *baccalaurius formatus* for four years (1308-1312 or 1309-1313), would have been licensed around late November or December 1313, and afterwards incepted as a master of theology in the winter or spring of 1314.[53] This dating accords

---

[51] F. Stegmüller, *Repertorium biblicum medii aevi*, vol. 5 (Madrid, 1955), p. 37, # 7090.

[52] There was a Radulphus de Cornaco, OFM, who was promoted to the magisterium in 1346 (*CUP* II, #1132, pp. 597-98), but he was not from Brittany. Stegmüller's supposition was probably based on the heading, written in a hand different from that of the text, at the beginning of Radulphus' commentary on f. 15r. The upper right-hand side of the page (f. 15rb) is missing, and with it, the portion of the heading between "Istud est opus super quatuor libros sententiarum R.? bricton." and "de Fiore? ordinis minorum ...," the latter part perhaps identifying the scribe or a possessor.

[53] The early fourteenth century statutes for the faculty of theology at Paris spell out the customary procedures of the faculty at that time (*CUP* II, #1188, p. 692): "Item, nota quod bachalarii qui legerunt Sententias, debent postea prosequi facta facultatis per quatuor annos antequam licentientur, scilicet predicando, argumentando, respondendo; quod verum est, nisi papa per bullas, vel facultas super hoc faceret eis gratiam, immo et per quinque annos aliquando expectat, scilicet quando annus jubileus non cadit in quarto anno post lecturam dictarum Sententiarum." Licenses in the higher faculties at Paris were granted by the chancellor of Notre-Dame every other year (*annus jubileus*). Whether Radulphus completed his four years in 1312 or 1313, the next *annus jubileus* in which one could be licensed and incept would be the academic year, 1313-1314. Papal requests that the chancellor license a bachelor before the four-year period seem to have applied almost entirely to those in religious orders. The faculty of theology granted a dispensation only when the fifth year was not an *annus jubileus* and the candidate would have to wait until his sixth year, and even those exceptions appear rare. For a discussion of the timing of licensing in the faculty of theology, see Z. Kaluza, "Nicolas d'Autrécourt. Ami de la vérité," *Histoire littéraire de la France*, 42.1 (Paris, 1995), p. 68.

149

with the contents of Vat. lat. 1086, compiled by Prosper de Reggio Emilia, which contains works from or citations to many masters of theology active at Paris between 1311 and 1316, including Radulphus Brito.[54] In his commentary on Book I of the *Sentences* Prosper mentions an opinion of Radulphus Brito that can be found in the first question of Radulphus' vesperal disputation at the time of his inception, questions of Radulphus that Prosper included in the second section of his manuscript.[55] We know that Prosper incepted in March 1316 and that 1315-1316 was an *annus jubileus* in which licensing normally took place.[56] That need not mean that Prosper read the *Sentences* four years earlier, and that Radulphus Brito incepted even earlier. As a mendicant, Prosper would probably have read the *Sentences* at a *studium* of his order and engaged in disputations for one or more years before being sent to Paris to read, and those additional years at the advanced level of theological study were often used as grounds for early licensing. John Duns Scotus, who read the *Sentences* at Oxford before going to Paris to read the *Sentences* a second time, was licensed and incepted as doctor of theology in the year after he completed his lectures at Paris. Peter Aureol, having lectured on the *Sentences* at Toulouse, proceeded to the doctorate

---

[54] A. Pelzer, "Prosper de Reggio Emilia, des Ermites de Saint-Augustin, et le manuscrit latin 1086 de la Bibliothèque Vaticane," *Revue Neo-Scolastique de Philosophie*, 30 (1928), 316-351; Pelzer, ed., *Bibliothecae Apostolicae Vaticanae Codices manu scripti recensiti. Codices Vaticani Latini*, vol. II, pars prior: *Codices 679-1134* (Vatican, 1931), pp. 654-83; P. Glorieux, "A propos de Vatic. lat. 1086. Le personnel enseignant de Paris vers 1311-14," *Recherches de Théologie ancienne et médiévale*, 3 (1933), 23-39; Glorieux, "Duns Scot et les Notabilia Cancellarii," *Archivum Franciscanum Historicum*, 24 (1931), 3-14.

[55] Vat. lat. 1086, f. 80ra: "Ideo alii aliter respondent, quod actus rectus est obiectum actus reflexi, ideo non oportet quod sit simul cum actu reflexu ..." In the margin: "m. Radulphus brito." In the first question of his vespers (Vat. lat. 1086, f. 156rb), Radulphus Brito makes the following remark: "dilectio et delectatio habent idem obiectum, sed rectus et reflexus habent diversa obiecta, nam obiectum reflexi est actus rectus, obiectum autem recti est res ipsa." This discussion was probably stimulated by Durand of St. Pourçain's argument that the enjoyment of God in the Beatific Vision is a reflexive act of knowing that one is enjoying God rather than the direct act of knowing God. Durand proposed this view in debate with Thomas Wilton at Paris in 1312-1313; see R. L. Friedman, "On the Trail of a Philosophical Debate: Durand of St. Pourçain vs. Thomas Wylton on Simultaneous Acts in the Intellect," forthcoming in *Philosophical Debates at the University of Paris in the Early Fourteenth Century*, ed. S. F. Brown, T. Dewender, and T. Kobusch , Studien und Texte (Leiden, 2006).

[56] Prosper gave his inception responses "in aula" on 1 March 1316 (Vat. lat. 1086, f. 294r).

in the year after he completed his reading at Paris, albeit with the help of a letter from John XXII to the chancellor.[57] It appears that Prosper was able to bypass the four-year waiting period and obtain the license in the year following his lectures on the *Sentences*.[58] He could not, however, have obtained a papal bull requesting the chancellor to grant him the license, since there was no one on the papal throne during the academic year 1315-1316. While it is possible that the view Prosper attributes to Radulphus Brito occurred in an earlier work, for example in his questions on the *Sentences*, the chronology of Radulphus Brito incepting early in 1314, Prosper reading the *Sentences* in 1314-1315 and incepting in March 1316, better accords with the biographical information we have for Prosper's contemporaries mentioned in his questions on the *Sentences*.[59]

Under whom had Radulphus studied theology and been promoted? His work shows a favorable attitude toward Jean de Pouilly, to whose quodlibetal questions he directed his readers and with whom he shared the same position on the Immaculate Conception. The most likely promoter, however, is Alain Gontier, a prominent master of arts and theology at Paris, who was appointed bishop of St-Malo in 1317.[60] Gontier appears as one of the executors on the papal provisions to Radulphus in 1316 and 1319. Since neither his appointment to half the rectorship of Sommery nor his canonical prebend at St-Pol-de-Léon came by way of papal provision, Gontier may have played a role in bringing Radulphus to the attention of the de Léon family, if he had not already

---

[57] *CUP* II, #772, p. 225. There is no known papal request in the case of Scotus.

[58] Many examples of papal intervention on behalf of Augustinian Hermits (Prosper's order), Franciscans, Dominicans, and Benedictines date to the pontificate of John XXII. In the absence of a pope, Prosper (or some influential person on his behalf) would have had to have petitioned the faculty of theology. Yet something like this must have occurred. To argue that Prosper read the *Sentences* at Paris in 1310-1311 and yet in that work cited doctors of theology who incepted after 1311 (e.g. Alain Gontier, Durand of St. Pourçain OP, Hugh de Novo Castro OFM, Thomas Wilton) makes no sense.

[59] The most likely place in Radulphus Brito's questions on the *Sentences* for the *rectus/reflexus* discussion to occur is in dist. 1, q. 2: "Utrum solo Deo sit fruendum" (Pavia 244, f. 18rb-18vb), but no such discussion appears there. If the issue was introduced in the debate between Durandus and Thomas Wilton in 1312-1313, and Prosper was aware in 1314-1315 of Radulphus' contribution to this debate, that again places Radulphus' licensing and inception in 1313-1314. I am grateful to Russell Friedman for helping contextualize and date this debate.

[60] It is possible that Alanus Gontier belonged to the same family as the Franciscan theologian, Aufredus Gontier.

made that contact in his home diocese. Pouilly and/or Radulphus' *Landsmann* Gontier, both of whom held burses at the Sorbonne, may have facilitated Radulphus' appointment as provisor of the Sorbonne. In turn, Radulphus may have been in a position, along with Gontier, to facilitate the academic career of another, younger, arts master from the diocese of St-Pol-de-Léon, Oliverius Salhadini, who went on to become a doctor of theology and later bishop of Nantes.[61]

The Ecclesiastical Benefices of Radulphus Brito

During Radulphus' years as a master of arts and theology, he was able to assemble an enviable income from ecclesiastical sources. The earliest of these may have been the half-rectorship of the parish church at Sommery, which as we have seen provided an income well above that of a normal parish church. By 1316, when he was regent master of theology at Paris, he also held a canonical prebend at one of the wealthier collegiate churches in northern France, St-Quentin in the diocese of Noyon.[62] At that time he was seeking to add a cathedral prebend at Le Mans. By September 1319 he had obtained a canonical prebend in the cathedral chapter at St-Pol-de-Léon, was allowed to retain his expectation at Le Mans, and in addition received an expectation of a prebend at the cathedral of Beauvais.[63] While his actual ecclesiastical income in 1319 came only from Sommery and St-Pol-de-Léon, the additional expectations reveal a person high in papal favor, probably through the patronage of others.[64] The most likely patrons were Hervé de Léon and Alain Gontier.

To gain a sense of the significance of such a beneficial career for a Parisian master, we might compare it to that of the most prominent master of arts at Paris in the second quarter of the fourteenth century, albeit one who did not pursue studies in theology, Jean Buridan. Across a thirty-year career Buridan was never able to obtain ecclesiastical

---

[61] On Oliverius Salhadini see Courtenay, *Parisian Scholars*, pp. 194-95.

[62] *Rot. Par.* I, p. 32. In 1362 there were 71 prebends at St-Quentin, each with a value of 40 pounds, in addition to three dignities and 42 chaplains; see see *Recueil des historiens de la France. Pouillés*, vol. 6: *Pouillés de la Province de Reims*, ed. A. Longnon (Paris, 1908), pp. 195-96.

[63] *LC Jean XXII*, #10344.

[64] It was rare for a university master to be allowed to retain two expectations. Moreover, the usual pattern was for any new appointment to result in the resignation of a position presently held.

income beyond the rectorship of a parish church in the diocese of Arras, the custodianship in the collegiate church of St-Sauveur at St-Pol-sur-Ternoise, and a chaplaincy at St-André-des-ars in Paris, which he obtained through the university toward the end of his career.[65] By contrast, of the twenty-one masters with less seniority listed after Buridan in the supplication of the Picard nation in 1349, eight already held canonical prebends or dignities in collegiate churches.[66] Several of them, like Buridan, had served one or more terms as rector of the unversity, but none indicate study in any higher faculty. If intellectual achievement and prominence within the university community were the means for obtaining outside ecclesiastical income, Buridan should have matched or exceeded his peers in the Picard nation. The fact that he did not reveals that other factors, such as family background or personal connections, were more significant. Radulphus Brito's career follows this second pattern, where prominence in the university was matched by personal associations that provided him access to ecclesiastical positions. The fact that Radulphus studied theology and became a regent master in that faculty simply improved his access to those sources. Whatever the route, Radulphus was clearly successful inside and outside the university context.

Radulphus Brito and the Collège de Sorbonne

The property Radulphus rented in 1315 was located on one of the wealthier streets in the Latin Quarter, rue du Cloître-de-St-Benoît, in which the Collège de Sorbonne owned several houses. This was a closed or gated street that ran from the church of St-Benoît-le-Bestourné north to the rue des Thermes, between the Grande rue St-Jacques and rue de Sorbonne. At one time or another between 1315 and 1330 that street and the adjacent rue de Sorbonne were home to some of the leading masters and churchmen in Paris, including Amanevus de Ramaforti, cantor of Langres, Johannes de Maiori Monasterio, doctor of theology, Johannes de Villa Rosa, doctor of canon law, Nicolaus de Vienna (Vienne, on the

---

[65] W. J. Courtenay, "Philosophy's Reward: The Ecclesiastical Income of Jean Buridan," *Recherches de Théologie et Philosophie Médiévales*, 68 (2001), 163-169. Buridan obtained an expectation of a canonical prebend at the cathedral of Arras in 1341, which apparently was never realized, and unlike the way Radulphus' expectations were treated, Buridan was required to resign his sinecure at St-Sauveur if and when he obtained a prebend at Arras.

[66] *Rot. Par.* I, pp. 424-31.

Rhône), Marsilius de Padua and Johannes de Genduno (Jandun), masters of arts, Robertus de Bardis, theologian and later chancellor of Notre-Dame, and for a year in 1329-1330 Richard Fitzralph and John Northwode, nephew of John Grandisson, bishop of Exeter. Like several of the houses on the western side of the cloister, the one Radulphus rented for 14 pounds per year was large, multi-storied, and ran through to the rue de Sorbonne on the back side. As far as we know he retained his residence there throughout his years as provisor.

The dates for Radulphus Brito's time in office as provisor of the Sorbonne are invariably given as 1315-1320. But these dates are based on Alfred Franklin's edition of the *Catalogus Provisorum* contained in an eighteenth-century manuscript that purports to be based on an earlier record from the Sorbonne.[67] That manuscript is inaccurate in numerous respects, not the least of which is its listing a Hannibaldus and Annibaldus de Ceccano as separate individuals, and placing the provisorate of Petrus de Croso ("1327-1361") before that of "Clemens papa, cum praecedente eligitur") and "Annibaldus de Ceccano, cum praecedentibus provisor, moritur 1350." All that is certain is that Radulphus became provisor of the Sorbonne at some point between June 1312 (the date of the last document in which the previous provisor, Johannes de Vallibus, is mentioned) and June 1315 (the date of the first document mentioning Radulphus as provisor).[68] Similarly, the date for the end of Radulphus' provisorate falls between 1319 (the date of the last document in which he is mentioned as provisor) and 1321 (the date of the first document in which Annibaldus is mentioned as provisor).[69]

The provisor was the administrative head of the college, whose major responsibilities were to represent the college in official matters and to oversee the acquisition and leasing of properties belonging to the college. He was appointed to that position by an electoral committee composed initially of the archdeacon and chancellor of Notre-Dame, regent masters

---

[67] A. Franklin, *La Sorbonne* (Paris, 1875), 221-231, transcribed from Paris, Bibl. Arsenal, ms 1228, f. 336r, sqq. The dates for the provisorate of Radulphus Brito is on f. 338, and in Franklin on p. 224: "nominatus 1315, moritur 1320."

[68] Both documents have been edited in P. Glorieux, *Les origines de la Sorbonne*, vol. II: *Le cartulaire* (Paris, 1965), #414, pp. 525-529, and #416, pp. 531-535. Glorieux, *Les origines*, I, p. 129, claims that Jean de Vallibus is last attested as provisor of the Sorbonne in a document of December 1312, but the only documents of 1312 edited by Glorieux that mention Jean de Vallibus date to April and June; see Glorieux, *Les origines*, II, #413 and #414, pp. 522-529.

[69] Glorieux, *Les origines* I, #19, p. 213, and #22, p. 214.

in theology, the deans of the faculties of canon law and medicine, the rector of the university, and the procurators of the four nations in the faculty of arts.[70] The day-to-day running of the college was handled by the prior, who was elected annually, and two procurators, who assisted the prior and the provisor in their official tasks. After the death of the founder and first provisor, Robert de Sorbon, in 1274, the provisor was selected not from among the fellows of the college but from among masters of arts with no known previous connection to the college, yet who held an important ecclesiastical position in Paris and who was well-enough connected in the university and Parisian communities to be of use in defending and advancing the interests of the college. The first successor as provisor was Guillaume de Montmorency, who was a master, presumably of arts, and archpriest of the church of St-Séverin on the left bank in Paris.[71] His successor, Pierre de Villepreux, was dean of the chapter of the collegiate church of St-Marcel in Paris and had been chaplain to the bishop of Paris, Étienne Tempier.[72] The same pattern can be seen in the third successor to Robert de Sorbon, Jean de Vallibus, who as provisor continued to hold the position of rector of the church of St-Eustache on the right bank in Paris.[73]

The appointment of Radulphus Brito as provisor of the Sorbonne followed much the same pattern: a master of arts with no known previous connection to the college, who held a canonical prebend in an important collegiate church in northern France, albeit not in the Paris region, and who was respected in the university community. Brito had the additional qualification that he was a regent master of theology and may have studied theology under Alain Gontier, a master from Brittany, who was a fellow of the Sorbonne at the time Radulphus Brito was appointed.[74] As was suggested earlier, Brito may also have received support from another

---

[70] Glorieux, *Sorb*. I, pp. 118-119, II, pp. 314-315.

[71] Glorieux, *Sorb*. I, pp. 118-124. Glorieux, p. 119, speculated on whether this Guillaume de Montmorency might have been connected to the Montmorency family prominent in the twelfth and thirteenth centuries.

[72] Glorieux, *Sorb*. I, pp. 124-129.

[73] Glorieux, *Sorb*. I, pp. 129-133.

[74] Alanus Gontier came from the diocese of Quimper in the western part of Brittany and incepted as master of theology, probably in the middle of the 1309-1310 academic year. He was among the regent masters of theology in April 1310 who signed the declaration against Marguerite Porete. He was not only a regent master in theology from Radulphus' region, but he was one of the productive and prominent masters at Paris at this time.

fellow of the Sorbonne and regent master in theology, Jean de Pouilly, with whom Brito shared an opposition to belief in the Immaculate Conception and whose Quodlibetal questions Brito recommended in his own lectures on the *Sentences*.[75] By 1315 Alain Gontier, Jean de Pouilly, and Radulphus Brito all held canonical prebends in the collegiate church at St-Quentin in the diocese of Noyon.[76] A further influential connection with the Sorbonne may have come through the wife of Hervé VI de Léon, Jeanne de Montmorency, whose family may have included the earlier provisor of the Sorbonne, Guillaume de Montmorency. If previous provisors, with the exception of Robert de Sorbon himself, are not known to have studied or become masters in theology, Radulphus Brito may have been the first provisor after the founder with this particular qualification to head a college composed of theologians.[77]

It has been presumed, on the basis of the *Catalogus Provisorum* referred to above, that this first generation of provisors died in office, including Radulphus Brito. That may well have been the case, but it is not certain. The statutes provide for a change of provisor, apart from death, and the two provisors after Radulphus Brito, Annibaldus de Ceccano and Petrus Rogerii (later pope Clement VI), resigned that office: Ceccano when he became a cardinal, and Pierre Roger while archbishop of Rouen and two years before being appointed cardinal. The following provisor, Petrus de Croso, apparently continued as provisor after being appointed cardinal. Since death was not necessarily the reason for the election of a new provisor, what might have ended Radulphus' term as provisor other than death?

The reason was not, as it was for Ceccano and Roger, the entry into high ecclesiastical office with increased responsibilities and residence away from Paris. There is no evidence that Radulphus Brito obtained any office beyond those he already held in 1319. On the other hand, the end of his term as provisor coincides with a major shift in the type of person chosen to lead the Sorbonne. Ceccano, Roger, and Croso were all noble and came from powerful families. Annibaldus de Ceccano was not only a doctor of theology but also the nephew of cardinal Jacobus

---

[75] Pavia, Bibl. Univ. 244, f. 45v: "Istam questionem require in Quolibet I mag. Johannis de Poliaco."

[76] For Radulphus' prebend, see *Rot. Par.* I, p. 32. Alain Gontier held a prebend at St-Quentin by 1308; see *CUP* II, #671, p. 135. According to Denifle, *CUP* II, p. 124n, Jean de Pouilly also held a prebend at St-Quentin-en-Vermandois by 1307.

[77] This is a point made earlier by Glorieux, *Sorb.* I, p. 133.

Caietanus Stephanescis and related to the family of Boniface VIII. Pierre Roger came from an important noble family in the Limousin, and at the time of his appointment as provisor he was already abbot of Fécamp, an advisor to the king of France, and soon to be bishop of Arras (1328). He continued to hold the office of provisor while serving as archbishop of Sens (1329) and archbishop of Rouen (1330). Petrus de Croso was a nephew of Roger, who made him a fellow of the Sorbonne, vice-provisor, then provisor. Thus the end of Radulphus Brito's time as provisor of the Sorbonne marked a shift to an entirely different type of provisor. With a change in papal policy under John XXII that allowed the University of Paris and its colleges to supplicate the pope directly for benefice support, the advantages of having a provisor closely involved with papal administration was of considerable advantage to the college.[78]

It is possible, therefore, that Radulphus Brito was eased out of the office of provisor in order to appoint someone who could better serve the larger needs of the college and its members. But if that is the case, where did he go? The only mention of a Radulphus Brito after 1320 is in the accounts of the financial collection of the university in 1329-1330. As mentioned earlier, that record lists a Rodulphus Brito and six *socii*, presumably students, living as a group in the rue du Four, and also a Raulfus Brito in the rue St-Hilaire, both locations near the schools of canon law.[79] The first of these bears the title "dominus," which could imply noble status but in university records is usually the designation of someone who holds an ecclesiastical position, which Radulphus Brito certainly did. It is more likely, however, that the "dominus Rodulphus Brito" of 1329-1330 is Radulphus de Insula, master of arts by 1328 and canon with expectation of prebend at St-Pol-de-Léon in 1328.[80] It is possible that Radulphus Brito resigned as provisor and moved his place of residence, but what would explain such a move? Although he received considerable additional income from the estate of his uncle in 1317, he is not known to have received any further ecclesiastical positions, and the records of the University of Paris are silent on him

---

[78] On the origins of university *rotuli* of supplication, see the introduction to *Rot. Par.* I, pp. 17-19.

[79] Courtenay, *Parisian Scholars*, pp. 209-10, 227, 228.

[80] His appointment to the chapter of St-Pol-de-Léon in October 1328 was in response to a university supplication (*Rot. Par.* I, p. 47), to which was added an expectation of a benefice from the archbishop, dean, or chapter of Sens in February 1331, again in response to a university supplication (*Rot. Par.* I, pp. 58, 60).

after 1320, apart from these two persons of similar name who appear in the *computus* of 1329-1330.[81]

On balance, then, it is likely that Radulphus Brito died in or around 1320. Several houses owned by the Sorbonne in the Cloître de St-Benoît that were near to or identical with the one occupied by Brito received new tenants between 1320 and 1324, suggesting that 1320 or 1321 may well be the date for Brito's death.[82]

The known facts for Radulphus Brito, then, fit together into a consistent picture. He came from the village of Ploudiry in the arrondisement of Brest, in the northwest corner of Brittany. He is also called Radulphus Reginaldi in the 1316 provision, which means Reginaldus was his father's name. There is no indication that he was of noble birth, but the fact that he was able to secure one of the fifteen canonical prebends in the cathedral chapter at St-Pol-de-Léon suggests that his family background and/or his association with persons of influence was not insignificant. Thanks to the new evidence uncovered by M. Deuffic, we know that his uncle, Hervé Even Daniel, was a prominent citizen and property owner in Paris, and it is likely that Hervé's household was the first place of residence for his young nephew upon coming to Paris for his studies in the faculty of arts. If Radulphus' career followed a normal pattern without undue interruption, the date of his *Sentences* commentary (probably 1308-1309) and datable references to him would mean that he began the study of theology by 1299 and incepted as master in 1313-1314. The date on the Erfurt manuscript of Radulphus' *Quaestiones super libros Topicorum* confirms that he became a master of arts at Paris before 1295. That places his date of birth around 1270, certainly no later than 1273.

Not long after obtaining the doctorate in theology, Radulphus Brito was appointed provisor of the Sorbonne and continued teaching as a

---

[81] Positions for which Radulphus Brito was qualified by reason of academic achievement, membership in the cathedral chapter, and having the support of the most important noble family in the region, were cathedral dignities in the chapter, or even bishop of St-Pol-de-Léon. Although the few records that survive for the cathedral of St-Pol-de-Léon for this period are silent on the officers of the chapter immediately after 1319, the office of bishop was occupied, first by Guillelmus [de Kersauson?] (1317-1327) and then by Petrus Bernardi (1328-1332); see *LC Jean XXII*, #2915, 17841; P. Gams, *Series Episcoporum Ecclesiae Catholicae* (Regensburg, 1873), p. 622; Eubel, *Hierarchia Catholica Medii Aevi*, vol. I (Münster, 1898), p. 315.

[82] Glorieux, *Sorb.* II, #421, pp. 541-43; #423, pp. 544-47.

regent master in theology. He was among the seven doctors of theology, presumably all regents at the time, who received provisions as a result of the first rotulus of the University of Paris in November 1316.[83] Five of the seven, Galterus de Auxiaco, Raynerius Alemanni, Thomas Wilton, Johannes de Blangiaco, and Radulphus Brito were also connected with the Sorbonne. Beyond 1319 we have no firm evidence concerning Radulphus, possibly because he may have died soon thereafter. He would have been only around 50 at that time, not unusual in that age but young for a university master, many of whom lived into their 50s and 60s. In any event, in theology and more especially in philosophy, he had achieved a large body of philosophical work that was preserved and studied by later generations.

---

[83] *Rot. Par.* I, pp. 31-33.

Walter Burley, Quaestiones libri Elenchorum: Quaestiones XVIII de fallaciis, quae 'in dictione' nuncupantur Qq. 1-3, 13-18

Mischa von Perger

Walter Burley (1275/76 – 1344 or later) wrote running commentaries on most of the books of the Aristotelian *Organon*. Some of these books he commented on twice or even three times. But two of them he may have left out: the *Analytica priora,* and *De sophisticis elenchis.*
No commentary on the *Analytica priora* is ascribed to Burley in the manuscripts. There is, however, an anonymous, incomplete, and formally heterogeneous treatise which August Pelzer identified as Burley's missing commentary on that book. But this treatise has not been edited yet, and the only manuscript copy known to preserve it is scarcely readable, so it is difficult to argue for or against Burley's authorship.[1]
The second exception is the final book of the *Organon: De sophisticis elenchis.* Burley did not write a running commentary on that work, either, but he provided a substitute for such a commentary, that is, a treatise on sophistic paralogisms (fallacies). This treatise has been transmitted to us in two manuscripts. In one of them, the text is said to be a commentary on the *Liber Elenchorum,* but Sten Ebbesen recently demonstrated that the work commented on in fact must be a Latin book about fallacies.[2]

---

[1] The anonymous author treats selected themes of *Analytica priora* I, beginning at chapter 2 (25a 1). The first part of the treatise is composed of *quaestiones,* then it changes to mere explications without discussions. The subjects are: De conversionibus – De generatione syllogismorum – De mixtione necessarii et inesse – De mixtione contingentis de inesse – De mixtione necessarii et contingentis – De inventione medii – De reduplicativis – De obliquis – De potestate syllogismi. Inc.: "Circa conversiones dubitatur primo, utrum conversio sit species argumentationis. Communiter tenetur, quod non, et hoc, quia: si esset species argumentationis, posset reduci in syllogismum; sed non potest reduci ad syllogismum; ergo etc. ..." Expl.: "... syllogismus ex hypothesi est, qui aliquid supponit extra rationem generalem syllogismi, vel falsitatem praemissarum, ut in syllogismo ex falsis, vel convertibilitatem terminorum, ut patet in syllogismo circulari. Et sic de aliis." Ms.: Vatican City, BAV, cod. Vat. Lat. 901, fol. 17r–19v; saec. xiv. Cf. August Pelzer, *Bibliothecae Apostolicae Vaticanae codices manu scripti recensiti,* vol. XVIII: *Codices Vaticani Latini,* vol. II 1 (Codices 679–1134), Rome, 1931, 291.
[2] Cf. Sten Ebbesen, "Burley on Equivocation in his Companion to a *Tractatus Fallaciarum* and in his Questions on the *Elenchi*", CIMAGL 73 (2003), 151–207, 153 sq. – A catalogue entry of the 15th century from St Augustine's Abbey, Canterbury, may

Besides running commentaries, Burley also wrote several series of *quaestiones* concerning works of Aristotle or of the Aristotelian tradition. This holds for four books of the *Organon:* Porphyry's *Isagoge* (eight questions), *De interpretatione* (five questions), *Analytica posteriora* (14 questions in outline, but only 13 of them were actually written down or transmitted to us), and *De sophisticis elenchis* (18 questions). Each of these series of questions today is preserved in only one or two manuscripts.

1. Quaestiones VIII super logicam in generali necnon super librum Porphyrii
The first four questions are about logic in general, questions 5–8 are concerned with Porphyry's *Isagoge*. According to the prologue and to the first sentence of q. 5, this series was meant to be only the first part (or the first two parts) of a collection of questions about logical problems.[3]

(Q. 1) Quaeritur, utrum logica sit scientia.
(Q. 2) Quaeritur, utrum logica sit scientia practica vel speculativa.
(Q. 3) Quaeritur, utrum logica sit scientia una per se.
(Q. 4) Circa subiectum logicae quaeritur, utrum syllogismus sit subiectum in tota logica.
(Q. 5) Circa veterem logicam in speciali quaeratur, utrum universale sit subiectum in libro Porphyrii.
(Q. 6) Consequenter quaeritur, utrum sint quinque universalia et non plura nec pauciora.
(Q. 7) Circa quaestiones, quas movet Porphyrius in littera, quaero primo, utrum universale habeat esse extra animam.
(Q. 8) Supposito, quod universale habeat esse extra animam, quaero, utrum universale sit alia res ab individuo.

2. Quaestiones V super Aristotelis librum *De interpretatione* (a. d. 1301)
Only two questions (nos. 1 and 3) are treated on account of Aristotle's text, the other three are about well-known sophismata.[4]

---

also be a misinterpretation of the same work: "Expositio Walteri Burley super librum *Elenchorum*" (Montague Rhodes James, *The Ancient Libraries of Canterbury and Dover. The Catalogues of the Libraries of Christ Church Priority and St Augustine's Abbey at Canterbury and of St Martin's Priority at Dover. Now first collected and published with an introduction and identifications of the extant remains,* Cambridge, 1903, 354, no. 1332.
[3] Ms.: Wrocław, University Library, ms. IV. Q. 4, fol. 114r–129r or 100r–115r; written by Nicolaus Fructus at Bologna, a. d. 1420.[3] An edition of these questions has been prepared by the present writer and is ready to be printed.
[4] Stephen F. Brown (ed.), "Walter Burley's *Quaestiones in librum Perihermeneias*", *Franciscan Studies* 34 (1974), 200–295.

(Q. 1): *Primum oportet constituere, quid sit nomen* etc. Quaeratur, utrum vox primo significet rem vel passionem.
(Q. 2) 'Si tantum pater est, non tantum pater est.' Quaeratur, an haec consequentia valeat: 'Tantum pater est, igitur non tantum pater est.'
(Q. 3) Circa enuntiationem quaeratur, utrum enuntiatio componatur ex vocibus vel ex rebus vel ex conceptibus.
(Q. 4) 'Omnis phoenix est.' Circa istud quaerantur duo. Primo: an esse existere sit de essentia rei causatae.
(Q. 5) 'Omnis phoenix est.' Quaeratur de veritate huius: 'Omnis phoenix est.'

3. Quaestiones XIV super Aristotelis librum *Posteriorum*
In questions 1–3, Burley deals with general problems concerning the scope of the *Analytica posteriora*. A short introduction then leads to the first sentence of Aristotle's work and to q. 4. (q. 3 in Sommers's edition).[5] Of the remaining questions, only q. 8 (Sommers's q. 7) aims at the solution of a sophism, all the others are connected to lemmata of the *Analytica posteriora*. At two places, in front of q. 6 and of q. 8 (Sommers's qq. 5 and 7), there are explanatory passages which in a broader context can also be found in Burley's running commentary on the *Analytica posteriora*.[6]

(Qq. 1–3): Circa istum librum primo quaeratur, an mere logicus possit facere demonstrationem ex principiis propriis, deinde, an aliquis sit syllogismus demonstrativus, et tertio, supposito, quod possit facere demonstrationem ex principiis propriis et quod aliquis sit syllogismus demonstrativus, quaeratur tunc, an de illo possit esse scientia.
(Introduction to q. 4) De subiecto cuiuslibet scientiae debet praesupponi ipsum esse ...
(Q. 4) *Omnis doctrina et omnis disciplina* etc. Circa istam litteram quaeratur, utrum aliquis possit acquirere aliquam scientiam de novo.
(Q. 5) Quaeratur, utrum homo possit per suas potentias naturales absque illustratione agentis superioris devenire in cognitionem cuiuslibet conclusionis in demonstratione.
(Notabilia de praecognitionibus) Quia omnis doctrina et disciplina fit ex praeexistenti cognitione, ideo circa praecognitiones est intelligendum ...
(Q. 6) Quaeratur, utrum omnis demonstratio sit syllogismus faciens scire.
(Q. 7) Quaeratur, utrum ad scientiam proprie dictam requiratur cognitio omnium causarum.

---

[5] Mary Catherine Sommers (ed.), Walter Burley, *Quaestiones super librum Posteriorum*, Toronto, 2000. – Sommers does not give a number to the question which Burley announces in the third place but which is not present in the manuscripts; and she gives number 9 not to a single question but to a pair of questions. So in her edition the questions are presented as twelve, whereas Burley outlined fourteen.
[6] Cf. Mischa von Perger, "Walter Burley über das Vorwissen des Schlußwissens. Eine provisorische Edition von Prolog und Kap. 1 der *Expositio super librum Posteriorum*", *Traditio* 57 (2002), 239–288, 242–245.

(Notabilia de 'de omni', 'per se' et 'universale') Philosophus intendens probare, ex quibus et ex qualibus procedit demonstratio, primo determinat de quibusdam, quae antecedunt cognitionem huius ...
(Q. 8) "Rationale per se est animal." Quaeratur de veritate istius, et hoc est quaerere, utrum propositio sit per se vera, in qua praedicatur genus de differentia.
(Q. 9) *Quaestiones sunt aequales* etc. Circa istud quaeratur, utrum quaeribilia et vere scibilia sint eadem numero.
(Q. 10) Circa sufficientiam istarum quaestionum, an sint tantum quattuor, sit quaestio sine argumentis.
(Qq. 11–12) Quaeratur, utrum quaestio 'Quid est' sit quaestio pertinens ad demonstratorem. ... Iuxta istud quaeratur, utrum quaestio 'Si est' sit quaestio pertinens ad demonstratorem.
(Q. 13) Quaeratur, utrum ad concludendum passionem de subiecto sit definitio subiecti medium vel definitio passionis.
(Q. 14) Quaeratur, utrum omnis quaestio sit quaestio medii.

4. Quaestiones libri *Elenchorum:* Quaestiones XVIII de fallaciis, quae 'in dictione' nuncupantur

For an outline of this work and for the only manuscript that preserves it see Sten Ebbesen's edition of qq. 4–12.[7] The first three questions are about the sophistic syllogism in general. Then Burley treats the six types of fallacies *in dictione* presented by Aristotle mainly in the first part of his book (chapters 2–4). Only for the fifth type, which is based on the accentuation of a word, there is no discussion in form of a question, but Burley merely characterizes it by three short remarks inserted between q. 17 and q. 18.

Thanks to Ebbesen's edition, both structure and content of qq. 4–12 are quite comprehensible – and that means a victory over a poor manuscript copy full of ambiguities and mistakes. But at some places Ebbesen failed to represent correctly the text of the manuscript, or the text Burley is likely to have had in mind. I therefore proposed to him a number of corrections, virtually all of which he has adopted in the revised edition published in this issue of CIMAGL.

In his treatise *Super tractatum quendam fallaciarum,* Burley included some short questions *(dubitationes)* about the fallacies *in dictione*. Ebbesen edited the *dubitationes* in which Burley struggles with equivocation (see above, nt. 2). I shall not here edit the remaining part of that work, but just note that there is a remarkable lack of close parallels between the *Quaestiones* and the *Super tractatum,* even when a *quaestio* and a *dubitatio* happen to concern the same problem. Of course, some doctrines occur in both works, but the *Super tractatum* has been of no help for the editing of questions 13–18.

---

[7] Ebbesen, "Burley on Equivocation" (see above, nt. 2), 152 sq.

Here is a list of the seven *dubitationes* concerning the last five fallacies *in dictione*.[8] An asterisk marks those two *dubitationes* which correspond to questions in the other work:

<De amphibolia.>
1. Circa primum modum amphiboliae dubitatur: Non videtur, quod oratio manens eadem secundum materiam et formam significet aliqua aeque primo, quia: ...
2. *Dubitatur, an haec sit distinguenda penes tertium modum: 'Scit saeculum.' – Cf. q. 14.

<De compositione et divisione.>
1. *Iuxta istas fallacias in generali dubitatur, an istae fallaciae sint distinctae secundum se. – Cf. q. 15.
2. Adhuc dubitatur, an sit prolatio alia media inter compositum et divisum.
3. Adhuc dubitatur, an quaelibet oratio distinguenda secundum compositionem et divisionem sit uno sensu[9] vera et alio sensu falsa.

<De accentu.>
Circa illam fallaciam dubitatur, an sit una vel plures.

<De figura dictionis.>
Circa illam fallaciam dubitatur, an haec sit fallacia in dictione.

In both the *Quaestiones* and the *Super tractatum,* Burley often refers to "Aegidius" (i. e. Aegidius Colonna, Aegidius Romanus), known as the "Expositor" of the *De soph. el.* Giles' running commentary apparently was as important for Burley as for many others, though sometimes he sides Giles only reluctantly – or not at all.
Other texts that may have been Burley's sources are more difficult to identify. In the *Quaestiones,* several times he refers to a certain 'Alexander' who had written a commentary on the *De soph. el.,* too.[10] Of the latin translation of that commentary only fragments are known today.[11] In the prologue of his

---

[8] The transcription follows the manuscript copy preserved in Cambridge, Gonville & Caius College, ms. 448/409, pp. 95–115.
[9] A corrector added 'simpliciter' here.
[10] See the text below, q. 3, § 2; q. 15, §§ 1.3, 3.1; q. 18, § 1.2; Ebbesen's edition (see above, nt. 2), q. 4, § Ad 1.3 (p. 161, doubtful reference), q. 7, § 1.2 (p. 169); qq. 6–8, § 3 (p. 173, doubtful).
[11] 'Alexander', *In Aristotelis Sophisticos Elenchos commentarii in Latinum translati fragmenta,* ed. Sten Ebbesen, in: Ebbesen, *Commentators and Commentaries on Aristotle's Sophistici elenchi. A Study of Post-Aristotelian Ancient and Medieval Writings on Fallacies,* vol. II (Corpus Latinum commentariorum in Aristotelem Graecorum, vol. VII 2), Leiden, 1981, 331–555; Ebbesen (ed.), "New Fragments of

commentary on the *Analytica posteriora,* Burley quotes from John Philoponus' commentary on that book. This commentary was widely held to be a work of the same 'Alexander'.[12] So the dependence upon 'Alexander' connects Burley's works on the *Analytica posteriora* and on the *De sophisticis elenchis.* In fact, the four series of questions on books of the *Organon,* the 'middle' commentaries on the *Categories* and the *De interpretatione,*[13] and the commentary on the *Analytica posteriora,* all these works are likely to represent Burley's teaching at the faculty of arts of Oxford University, ca. 1300–1307.[14]

In the notes on the edited text below, the reader may find some hints to more or less 'parallel' passages written by Simon of Faversham and by an anonymous author, respectively, in their own *Quaestiones super librum Elenchorum.* I dare not say whether Burley had read them or not. But it seems to be quite certain that Burley had read the questions written by John Scotus. Sometimes he seems to intend merely an apology and, thereby, a deeper comprehension of John's decisions. Compare Walter's q. 15, §§ 1.3 and 3.2, with John's qq. 23/24! There are five opinions (A–E) presented by Scotus; Burley is not interested in the second one (B), but discusses all the others:

A: Unitas materialium est causa apparentiae in compositione et divisione; igitur non sunt duae fallaciae, sed una sola.

B: Unitas materialis est causa apparentiae generalis in compositione et divisione, ipsa tamen diversificata per diversas habitudines diversos locos constituit.

C: Causa apparentiae in compositione est unitas materialis sub actuali prolatione sensus divisi veri; causa apparentiae in divisione est unitas materialis sub actuali prolatione sensus compositi veri.

D: Causa apparentiae in compositione est unitas materialium prolata in sensu composito falsa; causa apparentiae in divisione est unitas materialium prolata in sensu diviso falsa.

'Alexander's' Commentaries on *Analytica Posteriora* and *Sophistici Elenchi*", CIMAGL 60 (1990), 113–120, 119 sq.

[12] When I edited the beginning of that commentary ("Walter Burley über das Vorwissen", see above, nt. 6), I was not aware that the "Averroes" quoted by Burley (according to the mss.) is in fact 'Alexander'. So here are the references: p. 263, nt. f: Cf. Ebbesen, "New Fragments" (see the preceding note), 114, no. 2.24 – 3.1; nt. g: Cf. "New Fragments", 114, no. 2.9–16; nt. 65: "non", not "enim", is the correct word.

[13] "Walter Burley's Middle Commentary on Aristotle's *Perihermeneias*", ed. Stephen F. Brown, *Franciscan Studies* 33 (1973), 42–134. A hitherto unpublished edition of the 'middle' commentary on the *Categories* has been prepared by Alessandro D. Conti; its publication would promote Burleian studies a lot, though philosophically it is inferior to the well-known 'last' commentary.

[14] Cf. Conor Martin, "Walter Burley", in: William A. Hinnebush et al. (edd.), *Oxford Studies Presented to Daniel Callus,* Oxford, 1964, 194–230; 201–204.

E: Unitas materialis est causa apparentiae generalis in compositione et divisione; unitas materialium cum similitudine orationis compositae ad divisam est causa apparentiae in compositione; unitas materialium cum similitudine orationis divisae ad compositam est causa apparentiae in divisione.

Scotus first quotes and rejects opinion A, begins anew with opinion B, rejects it, establishes opinion C, rejects it, comes to opinion D, rejects it, and finally decides to hold opinion E. Burley begins with opinion A (§ 1.3), then argues for opinion C (§ 1.3.1) and opens a discussion between these two opinions; as a result, there appears opinion E, which Burley says to be commonly held (§§ 1.3.2.3/4). But then there is a series of objections against E (§ 1.3.2.5). These must be settled; Scotus himself seems not to have been aware of such objections. At the end, Burley crowns opinion E – that is, John's opinion –, and explains once again that it is better than C/D (§§ 3.2.1 and 3.2.2).

There are some connections between the *Quaestiones* and the well-known logical works Burley wrote later on. In q. 17, for instance, Burley extensively tries to elucidate the sophisma: 'Impossibile potest esse verum.' The solution finally reached at is the same which he presents in a very short form in his *De puritate artis logicae tractatus brevior,* pars I, particula 2. – Unfortunately, the editor of the latter text, Philotheus Boehner, printed some errors which make bad sense.[15] Most of them have already been corrected by Paul Vincent Spade:[16]

241, 6 non minor, ergo maior *read:* non maior, ergo minor
241, 13 maiorem *read:* minorem
241, 14 Impossibile est impossibile *read:* Impossibile est possibile
241, 15 possibile est impossibile *read:* impossibile est possibile

I'd like to thank Sten Ebbesen, who encouraged me to edit this supplement to his own edition,[17] and Jonathan Harrison, who once again welcomed me at St. John's College, Cambridge, and gave me enough time to check ms. D 25.

---

[15] Walter Burleigh, *De Puritate Artis Logicae Tractatus Longior. With a Revised Edition of the Tractatus Brevior,* ed. P. Boehner, St. Bonaventure, New York – Louvain – Paderborn, 1955, pp. 240 sq.
[16] P. V. Spade, *Boehner's Text of Walter Burley's 'De puritate artis logicae': Some Corrections and Queries,* 1998, to be found on Spade's website, p. 14; cf. Walter Burley, *On the Purity of the Art of Logic. The Shorter and the Longer Treatises,* transl. P. V. Spade, New Haven – London, 2000, p. 52.
[17] Ebbesen also proposed to me several corrections and some fine emendations of the latin text. Most of his conjectures are marked in the apparatus.

Codex manu scriptus:

C   Cambridge, St. John's College, D 25 (James 100), fol. 153rA–162vA.

Libri adhibiti:

Aegidius Romanus, *Expositio supra libros elenchorum Aristotelis,* impr. Bonetus Locatellus, Venice, 1496, repr. (*Super libros Posteriorum Analyticorum,* Venedig 1488 – *Super libros Elenchorum,* Venedig 1496) Frankfurt a. M., 1967.

Albertus Magnus, *Liber elenchorum,* in: *Opera quae hactenus haberi potuerunt,* ed. Pierre Jammy, vol. I, Lyon, 1651, 840–953.

'Alexander', *In Aristotelis Sophisticos elenchos commentarii in Latinum translati fragmenta,* in: Sten Ebbesen, *Commentators and Commentaries on Aristotle's Sophistici elenchi. A Study of Post-Aristotelian Ancient and Medieval Writings on Fallacies,* vol. II (Corpus Latinum commentariorum in Aristotelem Graecorum, vol. VII 2), Leiden, 1981, 331–555.

Aristoteles, *Analytica priora et posteriora,* ed. W. D. Ross, Oxford, 1964, corr. ^{4}1982.
-- *Analytica posteriora. Translatio Iacobi,* ed. L. Minio-Paluello et Bernard G. Dod, in: *Aristoteles Latinus* [A. L.], vol. IV, Bruges, 1968, 5–107.
-- *Analytica posteriora. Translatio anonyma sive 'Ioannis',* ed. L. Minio-Paluello, ibid., 109–83.
-- *Analytica posteriora. Recensio Guillelmi de Moerbeka,* ed. Bernard G. Dod, ibid., 283–343.
-, *Categoriae,* ed. Lorenzo Minio-Paluello, Oxford, 1949, ^{7}1980.
-, *De anima,* ed. W. D. Ross, Oxford, 1956, ^{5}1979.
-, *De sophisticis elenchis,* ed. W. D. Ross, in: *Topica et Sophistici elenchi,* Oxford, 1958, corr. ^{3}1970, ^{7}1986, 190–251.
--, *De sophisticis elenchis. Translatio Boëthii, Fragmenta translationis Iacobi et Recensio Guillelmi de Moerbeke,* ed. Bernard G. Dod (A. L. VI, 1–3), Leiden – Bruxelles, 1975.
-, *Metaphysica,* ed. Werner Jaeger, Oxford, 1957, ^{11}1992.
--, *Metaphysica. Translatio anonyma sive 'media',* ed. Gudrun Vuillemin-Diem (A. L. XXV, 2), Leiden, 1976.
-, *Topica,* ed. W. D. Ross, in: *Topica et Sophistici elenchi,* Oxford, 1958, corr. ^{3}1970, ^{7}1986, 1–189.

Auctoritates Aristotelis, ed. Jacqueline Hamesse (*Philosophes Médiévaux,* vol. XVII), Louvain – Paris, 1974.

Averroës, *In Aristotelis Metaphysicorum libros XIV commentarii,* in: *Aristotelis opera cum Averrois commentariis,* vol. VIII, impr. apud Iuntas, Venice, 1562, repr. Frankfurt a. M., 1962, fol. 1r–355v.

Gualterus Burlaeus, *De puritate artis logicae tractatus brevior,* ed. Philotheus Boehner (W. Burleigh, *De Puritate Artis Logicae Tractatus longior. With a Revised Edition of the Tractatus Brevior*), St. Bonaventure, New York – Louvain – Paderborn, 1955, 199–260.
- *Tractatus super tractatum quendam fallaciarum,* Cambridge, Gonville & Caius College, ms. 448/409, 95–115.

Incerti auctores, *Quaestiones super Sophisticos elenchos,* ed. Sten Ebbesen (*Corpus philosophorum Danicorum medii aevi,* vol. VII), Copenhagen, 1977.

Ioannes Buridanus, *<Summulae logicae, tractatus IV:> Tractatus de suppositionibus,* ed. Maria Elena Reina, *Rivista critica di storia della filosofia* 12 (1957), 175–208; 323–352.

Ioannes Duns Scotus, *Quaestiones super libros Elenchorum Aristotelis,* in: *Opera omnia,* vol. I, ed. patres Franciscani de observantia (iuxta editionem Waddingi), Paris (Vivès), 1891, 1–80.

Priscianus Grammaticus, *Institutionum grammaticarum libri XVIII,* 2 voll., ed. Martin Hertz, in: Heinrich Keil (ed.), *Grammatici Latini,* voll. II–III, Leipzig, 1855/1859, repr. Hildesheim, 1961.

Ricardus Sophista ("Magister abstractionum"), *Abstractiones,* ed. Paul A. Streveler, not yet printed, but see the text (without apparatus) at Peter King's website (http://individual.utoronto.ca/pking/resources/rufus/Magister_abstractionum.txt).

Simon de Faverisham, *Quaestiones super libro Elenchorum,* ed. Sten Ebbesen, Thomas Izbicki, John Longeway, Francesco del Punta, Eileen Serene, Eleonore Stump, Toronto, 1984.

/153rA/ Hic¹ incipiunt **quaestiones libri *Elenchorum*²** datae a domino **Waltero de Burley³**.

*De sophisticis autem <elenchis> et de his, quae⁴ videntur⁵ elenchi <etc.>*ᵃ

<Quaestio 1>

Quaeratur: Utrum de syllogismo sophistico est scientia?

<1. Rationes in unam partem.>

Quod non, probatur.
<1.1> Nam sophista⁶ non est sciens; igitur sophistica non est scientia. Antecedens verum, igitur consequens. Consequentia⁷ apparet per locum a coniugatis⁸·ᵇ. – Assumptum patet per Philosophum dicentem sophistam⁹ se existimare scire, cum tamen non scit¹⁰. Nam modus sophistae est sistere circa apparentiam, et non circa rei veritatem.ᶜ

ᵃ Arist., *De soph. el.* 1, 164a 20 sq.; transl. Boëth. 5, 2; rec. Guill. 77, 2.
ᵇ Cf. Arist., *Top.* VI 1, 151b 30 sq.; 3, 153b 25.
ᶜ Aliter Arist., *De soph. el.* 1, 165a 19–24; *Metaph.* IV 2, 1004b 16–26; Averr., *In Metaph.* IV, § 5, fol. 70 H: "Sophista ... nullam habet scientiam, sed tantum facit existimare se esse scientem, et non est." Locus vero communis vult sophistam ipsum se esse scientem existimare; cf. e. g. Simon de Fav., *Qq. in De soph. el.*, q. v. 2, p. 31, 8 sq. – Totum argumentum (§ 1.1) iam invenias apud inc. auct., *Qq. in De soph. el.*, q. 801, p. 249 (arg. 1).

---

¹ hic] *lectio incerta* **C**
² Elenchorum] helencorum **C**
³ Burley] burle **C**; hic – Burley] *in marg. sup.* **C**, questiones (*vel* questio) de Elenchis *in marg. inf.* **C**
⁴ quae] qui A. L.
⁵ videntur] quidem *add.* A. L.
⁶ sophista] so()ta *vel* so()ca **C**
⁷ consequentia] consequentiam **C**
⁸ coniugatis] congugatis **C**
⁹ sophistam] so()tam *vel* so()cam **C**
¹⁰ scit] sit **C**

<1.1.1> Huic potest dici, quod sophistica est scientia pro eo, quod de illo potest esse scientia, de quo intellectus capit conceptum diversum et passiones diversas; et de syllogismo sophistico intellectus capit diversitatem a syllogismo simpliciter et demonstrativo; igitur[1] de eo est scientia, et per consequens sophistica est scientia.

<1.1.2> Contra: Impossibile est, quod intellectus capiat aliquem conceptum nisi ab eo, quod ens verum vel secundum imaginationem; syllogismus sophisticus neutrum eorum est; igitur de eo non est scientia.

<1.2> Praeterea[2]: Aristoteles dicit, quod intellectus intelligat ut ens in actu;[a] cum igitur syllogismus sophisticus (nec sophistica) non est talis, sed magis est privatio, igitur etc.

<1.3> Item: De non-ente non est scientia; syllogismus sophisticus est talis; igitur de eo non est scientia. – Probatio[3] <maioris>: Nam scientia est ex veris vel ex his, quae sunt vera[4]; sed illud, quod <non> est, non est verum;[b] igitur etc.

<1.4> Item: Aristoteles in sexto *Metaphysicae* commendat Platonem, quia numeravit sophisticam inter non-entia.[c] Tunc arguo[5] sicut prius: De eo, quod non est, nihil potest sciri[6], per Aristotelem in libro *Posteriorum*, quia de subiecto scientiae oportet praecognoscere, quia est et quid est;[d] igitur etc.

<1.5> Item: Obliquitates et privationes non sunt entia nisi per accidens, et per consequens nec cognoscibilia nisi per accidens, quia idem est disponere in entitate et in veritate;[e] syllogismus sophisticus quaedam obliquitas est syllogismi dialectici; igitur non debet cognosci alia cognitione quam syllogismus dialecticus.[f]

---

[a] Cf. Arist., *De an.* III 5, 430a 18.
[b] Cf. Arist., *An. post.* I 2, 71b 20–26.
[c] Cf. Arist., *Metaph.* VI 2, 1026b 14 sq.
[d] Cf. Arist., *An. post.* I 1, 71a 11–17.
[e] Cf. Arist., *Metaph.* II 1, 993b 30 sq.
[f] Idem fere argumentum invenias apud Io. Scot., *Qq. in De soph. el.*, q. 3, p. 3a (arg. 2).

---

[1] igitur] *om.* C^{ac}
[2] praeterea] probatio C
[3] probatio] *om.* C^{ac}
[4] vel – vera] *om.* C^{ac}, *fort. legendum:* ... quae sunt <per> vera *(cf. Aristoteles,* Top. *I 1, 100a 27–29)*
[5] arguo] arguit C
[6] sciri] fieri C

<1.5.1> Et potest haec ratio confirmari per Aristotelem primo *De anima* dicentem, quod rectum est iudex sui et[1] obliqui.[a] Igitur de syllogismo sophistico non est scientia alia a syllogismo dialectico.

<1.6> Item: Privatio non facit speciem in anima <aliam> a suo habitu (nam negatio speciem non facit); sed syllogismus sophisticus est obliquitas seu privatio syllogismi dialectici; igitur de eo non potest esse scientia vel, si aliqua, non alia, quam continetur in libro *Priorum* et in[2] libro *Topicorum*.

<1.7> Item: Eadem cognitione cognoscitur id, quod[3] alterum apparet, inquantum[4] apparet, qua cognoscitur illud[5] <alterum>, quod[6] apparet, quia cognoscere unum similium[7] definite est cognoscere alterum[8], cum ad invicem referantur, per Aristotelem.[b] Cum[9] igitur syllogismus sophisticus est id, quod apparet syllogismus simpliciter vel dialecticus, eadem cognitione <cognoscitur>, qua[10] cognoscitur syllogismus simpliciter vel syllogismus dialecticus.

<1.7.1> Nec potest dici, quod, licet[11] syllogismus sophisticus sit illud, quod apparet syllogismus dialecticus[12] vel <simpliciter>, quia in illo syllogismo sophistico est non-existentia praeter apparentiam, quod propter hoc est aliqua scientia alia ab illo.

<1.7.2> Non potest esse ita, quia non-existentia est sola negatio, et potest argui sicut prius, quod de eo, quod non est, nihil potest sciri, et secundum hoc nulla scientia est de ipso.

---

[a] Arist., *De an.* I 5, 411a 5–7; *Auct. Arist.*, 6 (De an.), 21, p. 176. Cf. Io. Scot., loc. cit.
[b] Cf. Arist., *Cat.* 7, 8b 13–15; 6b 9–11.

---

[1] et] *om.* C^{ac}
[2] et in] *om.* C^{ac}
[3] quod] per *add.* C
[4] inquantum] ei *add.* C
[5] illud] *in ras.* C
[6] quod] *verbum non legibile (fort.* cui*)* C
[7] similium] syllogismum C
[8] est – alterum] re C^{ac}, est cognoscere in re C^{pc}
[9] cum] *om.* C^{ac}
[10] qua] *om.* C^{ac}
[11] quod licet] *inv.* C
[12] syllogismus dialecticus] in syllogismo dialectico C

<2. Ad oppositum.>

Ad oppositum est Aristoteles, ut videtur, praemittens se determinare "de sophisticis elenchis et de his, quae¹ videntur² elenchi".ᵃ Et demum concludit: "Ob hanc igitur causam et, quae dicendae sunt, est" aliquis "syllogismus apparens" et "non-existens".ᵇ

<3. Responsiones ad quaestionem.>

<3.1.1 Responsio prima.>
Ad quaestionem potest dici, quod de syllogismo sophistico non est scientia /153rB/ alia nec separata a syllogismo dialectico. Ratio huius potest esse ista: Nam syllogismus sophisticus est obliquitas syllogismi dialectici, et³ de necessitate eadem⁴ cognitione cognoscuntur⁵ habitus et privatio. Tamen in isto libro determinatur quodammodo de syllogismo sophistico, sed non tamquam de principali subiecto propter, quod obliquitas non potest esse alicuius subiectum principale.
Quod autem syllogismus sophisticus sit obliquitas syllogismi dialectici⁶ non addens aliquam differentiam positivam supra syllogismum simpliciter vel dialecticum, hoc sic apparet: Si enim syllogismus descenderet⁷ in syllogismum sophisticum⁸ per differentiam positivam, tunc de syllogismo sophistico, inquantum talis, solum esset haec scientia: sophistica, inquantum talis⁹; sed manifestum est, quod nulla scientia¹⁰ sophistica, inquantum sophistica, est.

ᵃ Cf. supra, lemma quaestioni 1 praepositum.
ᵇ Arist., *De soph. el.* 1, 165a 17–19; transl. Boëth. 6, 13 sq.; rec. Guill. 77, 27 sq.

---

¹ quae] qui A. L.
² videntur] quidem *add.* A. L.
³ et] est C
⁴ eadem] g *add.* Cᵃᶜ
⁵ cognoscuntur] cog()tur *i. e.* cognoscitur C
⁶ dialectici] hoc apparet *add.* C
⁷ descenderet] decenderetur C
⁸ in – sophisticum] solum in syllogismum C
⁹ talis – talis] tale – tale C, *corr.* Ebbesen
¹⁰ scientia] est *add.* Cᵃᶜ

Unde elenchus est subiectum in isto libro, et ideo liber iste intitulatur: 'Liber elenchorum'; sed determinatur de syllogismo sophistico ex consequenti, et sic potest dici 'materia'[1] huius libri, quia subiectum est illud, de quo principaliter intenditur in libro, et 'materia' potest dici illud, de quo determinatur[2] ex consequenti.

<3.1.2 Rationes contra responsionem primam.>
Sed contra illud potest ratio ostendi diversa, quod syllogismus sophisticus non est obliquitas syllogismi simpliciter vel dialectici.
<3.1.2.1> Nam Aristoteles in ostendendo necessitatem huius scientiae suum propositum ostendit in "loco aptissimo et publicissimo";[a] ideo possumus propositum ostendere in eodem. In paralogismo enim aequivocationis apparentia est unitas vocis incomplexae[3] secundum formam, non-existentia est significatio diversa. Sed ista significata non sunt privationes solum. Nam, quod integrat paralogismum, illud non <est> solum[4] obliquitas sive privatio. Ista igitur videntur positiva entia[5]; et per consequens per ista principia potest scientia esse de syllogismo sophistico.
<3.1.2.2> Item: Aristoteles necessitatem huius doctrinae ostendit per hoc, quod de syllogismo sophistico hanc passionem ostendit, quae est decipere.[b] Igitur de eo est scientia.
<3.1.2.3.1> Item: Si syllogismus sophisticus esset sola privatio syllogismi dialectici, in alia[6] scientia nec primo modo nec ex consequenti deberet determinari. – Consequentia potest negari a respondente. Probatio consequentiae est per rationem, quam adducunt: quod privatio cognoscitur per cognitionem sui habitus.[c] Unde non alia cognitio privationis quam habitum[7] cognoscere; igitur est per habitum cognoscere privationem.

---

[a] Arist., *De soph. el.* 1, 165a 5; transl. Boëth. 6, 3; rec. Guill. 77, 18 sq.
[b] Cf. ibid. 1, 165a 13–19; 12, 172b 20 sq.
[c] Cf. supra, § 3.1.1.

---

[1] materia] forma C
[2] determinatur] terminatur C
[3] incomplexae] in complexione C
[4] non – solum] solum non C
[5] positiva entia] positivaenia *ut videtur* C
[6] alia] aliqua C
[7] habitum] g *add.* C[ac]

<3.1.2.3.2> Ad illud potest sic responderi, quod ratio verum concludit, scilicet quod¹ non est scientia separata syllogismi sophistici a syllogismo dialectico; tamen sunt libri separati. Sed diversitas syllogismorum non facit diversas² scientias, quia, sicut libri naturales sunt diversi (sicut liber *Physicorum* est de corpore mobili in communi, liber *De generatione* de eo mobili ad formam), <et>, licet libri isti sint³ diversi, tamen scientia est una – sic est in proposito.

<3.2 Responsio altera.>
Aliter potest dici ad quaestionem, quod de syllogismo sophistico⁴ potest esse scientia.
Nam, sicut dicit Aristoteles libro *Posteriorum,* una est scientia genere subiecti, "quaecumque ex primis componitur⁵ et passiones sunt partes horum".[a] Illud igitur, quod habet principium, ex quo componitur, et passionem sibi inhaerentem, subiectum scientiae potest esse; syllogismus sophisticus est huiusmodi (ut patet per hoc, quod dicit "publicissimum et aptissimum",[b] quoniam per unitatem vocis et diversitatem significati potest de eo ostendi deceptionem esse; ista autem principia /153vA/ sunt positiva et non tantum ut privationes); ideo de syllogismo sophistico potest esse scientia ab alia separata.

<3.2.1 Corollarium.>⁶
Sed potest dici: Quod aliqua scientia sit sophistica, dupliciter consideratur: vel, quod dicatur 'sophistica', quia facit scire de syllogismo sophistico, vel, quod⁷ dicatur 'sophistica', quia sophisticat.

---

[a] Arist., *An. post.* I 28, 87a 38 sq.; transl. Iac. 60, 21 – 61, 1 ("... ex primis componuntur et partes aut passiones horum sunt per se"); transl. Io. 151, 14–16 ("... ex primis simul ponitur et partes sunt aut passiones istorum secundum se"); rec. Guill. 316, 11–13 ("... ex primis componuntur et partes sunt aut passiones horum per se").
[b] Vide supra, § 3.1.2.1.

---

¹ quod] *om.* C^{ac}
² diversas] *om.* C^{ac}
³ sint] sunt C
⁴ sophistico] *om.* C^{ac}
⁵ primis componitur] propriis cum ponitur C
⁶ *hoc corollarium in fine quaestionis pos.* C, *sed cf. infra,* § 4.1
⁷ quod] quae C

Isto secundo modo nulla est scientia de ipso. Cum enim scientia est necessariorum per Aristotelem in *Posterioribus,*ᵃ dicit¹, quod nulla scientia decipit.ᵇ Tamen primo modo de eo potest esse scientia, quae² de eo docet, quod decipit.

<4. Ad rationes in primam partem factas.>

<4.1: Ad 1.1> Ad primam rationem potest dici: Concesso antecedente non valet consequentia <consequente> quocumque³ sensu sumpto; tamen sumpta 'sophistica' in consequenti⁴, ut nominat habitum falsum aggregatum in anima decepti, potest consequens esse verum, et sic sequitur. Tamen alio sensu sumpto hoc⁵, quod est 'sophistica', est consequens falsum, ut dictum est;ᶜ et tunc non sequitur.
<4.1.1: Ad 1.1.2> Ad aliud in contrarium potest dici, quod intellectus potest concipere principia et passiones eius in suo conceptu diversa esse ab alio syllogismo et syllogismo simpliciter⁶.
<4.2: Ad 1.4> Ad aliud potest dici, quando dicitur, quod Philosophus commendat Platonem etc.: Non est, quod pro tanto commendat ipsum ponentem sophisticam non esse entem, quia omnino non est⁷ ens, sed, quia sophistica non est ens tale, quale apparet (cum quo est, quod habeat principium positivum). Modo tamen non valet: 'Hoc non est ens tale, quale apparet; igitur non-ens.' Non sequitur. Nam stagnum vel lithargyria⁸ non est tale, quale apparet;ᵈ ideo non sequitur, quod sit non-ens, sed est ibi fallacia secundum quid et simpliciter. Igitur possumus dicere, quod syllogismus sophisticus est ens; et per consequens de eo scientia esse potest.

ᵃ Cf. Arist., *An. post.* I 33, 88b 30–32.
ᵇ Cf. ibid. II, 100b 5–8.
ᶜ Cf. supra, §. 3.2.1.
ᵈ Cf. Arist., *De soph. el.* 1, 164b 23; transl. Boëth. 5, 13; rec. Guill. 77, 12; Aegid., *In De soph. el.* I, § 7 (ad *De soph. el.* 1, 164ba 21–24), fol. 5rA 40–46.

---

¹ dicit] *fort. legendum* sequitur
² quae] quia **C**
³ quocumque] quaecumque **C**
⁴ consequenti] consequente **C**
⁵ hoc] ad haec **C**
⁶ simpliciter] primo **C**
⁷ est] *om.* **C**ᵃᶜ
⁸ lithargyria] litargiria *(singularis, cf. Aegid.)* **C**, litargirea *(pluralis)* A. L.

<4.3: Ad 1.5> Ad aliud argumentum, quando[1] dicitur, quod est privatio et obliquitas syllogismi simpliciter etc., potest dici: non sola privatio syllogismi, sed aliquid addit supra privationem, sicut nigrum non est sola privatio albi, sed est aliquid addens supra eius privationem.

<4.3.1> Contra hoc potest sic argui: Si syllogismus sophisticus sic aliquid addit supra privationem syllogismi simpliciter, sicut nigrum supra <privationem> albi[2], adhuc non erit alia unius cognitio quam alterius, cuius[3] privationem importat. – <Probatio:> Sicut dicit Philosophus[4] in decimo *Metaphysicae,* in unoquoque genere est reperire unum primum, quod est mensura et perfectio illorum, quae sunt in genere isto.[a] Illa perfectio, quae est in nigro, est albedo. Nam, quicquid est in nigro praeter illam perfectionem, est sola privatio. Sed, si cognoscitur album, cognoscitur[5] perfectio illa, quae est in nigro, cuius privatio perfectionis cognoscitur; igitur, si cognoscatur album, totum, quod est nigrum[6], cognoscitur. Si igitur syllogismus sophisticus se habet ad syllogismum simpliciter sicut nigrum ad[7] album, non oportet aliam scientiam esse de syllogismo sophistico, quam de syllogismo simpliciter vel[8] dialectico.

<4.3.2> Huic potest dici, quod syllogismus sophisticus non solam privationem addit supra istam perfectionem, quae est in syllogismo simpliciter vel dialectico, sicut nigrum addit solam privationem supra album, sed habet principia positiva supraaddita, quibus de eo potest concludi passio.

<4.4: Ad 1.2–3> Et per hoc patet ad duas rationes praecedentes.

<4.5: Ad 1.6> <Deest.>[b]

<4.6: Ad 1.7> <Deest.>

---

[a] Cf. Arist., *Metaph.* X 1, 1052b 18 sq.
[b] Argumentum 4.3 valet ad refutationem argumenti 1.6.

---

[1] quando] quoniam C
[2] albi] album C, *sed fort. punctis correxit*
[3] cuius] in *add.* C
[4] Philosophus] quod *add.* C
[5] cognoscitur] eius *add.* C^{ac}
[6] nigrum] nigro C
[7] ad] et C
[8] vel] quam C

<Quaestio 2>

Quaeratur, utrum syllogismus sophisticus sit syllogismus.

<1. Rationes in unam partem.>

Et quod sic, probo:
<1.1> Syllogismus sophisticus differt a syllogismo dialectico per differentiam propriam[1]; igitur aliquid habent, in quo conveniunt, quia "differentia" sunt illa, quae "<diversa> sunt idem entia".[a] Illud commune non est aliud quam syllogismus; igitur syllogismus sophisticus est syllogismus.
<1.2> Item: Iste est syllogismus: 'Omnis aqua est naturalis; balneum est aqua; igitur est naturale.' Hic est sophisticus syllogismus eo, quod concludit conclusionem falsam ex praemissis veris; sed ex vero non sequitur falsum, sicut patet in secundo *Priorum*;[b] igitur est syllogismus deceptivus. Est syllogismus, quia sub medio[2] accipitur minor tamquam eius pars.
<1.2.1> Ad <hoc> potest dici, quod balneum non est pars medii, quia est accidentale respectu aquae; et ideo non est syllogismus.
<1.2.2> Contra: Ad bonitatem syllogismi non requiritur, quod <minor> sit[3] pars medii, sed sufficit, quod significetur esse.
Ratio est haec: Iste[4] syllogismus est bonus: 'Omnis homo est animal; lapis est homo; igitur lapis est animal' (aliter enim non valeret ars Aristotelis in libro *Priorum,* ubi docet syllogizare ex falsis);[c] sed in isto syllogismo ultimo dicto <lapis> non est pars medii, sed tantum significatur[5] <esse>; sufficit igitur ad bonitatem syllogismi, quod minor sic esse[6] significetur sub medio. Et sic in proposito.

---

[a] Arist., *Metaph.* V 9, 1018a 12; transl. anon. 96, 23 sq.: "Differentia ... dicuntur, quaecumque diversa sunt, idem aliquid entia".
[b] Cf. Arist., *An. pr.* II 2, 53b 7–25.
[c] Cf. ibid. II 2–4, 53b 26 – 57b 17.

---

[1] propriam] pi()o()am **C**, *fort. legendum* po()i()am *i. e.* positivam, *sed cf. infra, § 4.1*
[2] medio] maiore **C**
[3] sit] est **C**
[4] iste] illud **C**
[5] significatur] significetur **C**
[6] esse] dici **C**

<2. Ad oppositum.>

<2.1> Ad oppositum est Aristoteles in libro *Topicorum* dicens, quod syllogismus peccans in forma, ut sophisticus, non est /153vB/ syllogismus.[a]
<2.2> Item: In secundo huius reducit syllogismos sophisticos in ignorantiam elenchi ex eo, quod deficiunt contra particulas syllogismi.[b]

<3. Responsio ad quaestionem.>

Ad quaestionem dici potest, quod syllogismus sophisticus non est syllogismus. Et hoc patet per Aristotelem in primo huius: Syllogismi sophistici videntur imperitis "propter" eorum "imperitiam"[1] ("speculantur" enim "imperiti" sicut "longe distantes"), sed syllogismi non sunt.[c] Nam omnis syllogismus concludit "aliud[2] de necessitate" sequens "a[3] positis" in eo, quod haec sunt;[d] "illi autem" sophistici "hoc non faciunt"; ideo syllogismi non sunt. Ex quo concludit, quod non sunt[4] elenchi; syllogismus enim est elenchus.[e]

---

[a] Cf. Arist., *Top.* I 2, 100b 23 – 101a 4.
[b] Cf. Arist., *De soph. el.* 6, 168a 17 – 169a 21.
[c] Ibid. 1, 164b 25–27; transl. Boëth. 5, 15 sq.: "… videtur autem propter imperitiam; nam imperiti velut distantes longe speculantur"; fere idem textus: rec. Guill. 77, 14 sq.
[d] Ibid. 1, 164b 27 – 165a 2; transl. Boëth. 5, 17 sq.: "Nam syllogismus quidem ex quibusdam positis est, ut dicatur diversum quid (*var. lect.:* dicatur aliud) ex necessitate ab his, quae posita sunt"; rec. Guill. 77, 15 sq.: "... ut dicatur aliud aliquid ex necessitate ..."; cf. *Top.* I 1, 100a 25–27.
[e] Ibid. 1, 165a 2–4; rec. Guill. 77, 16–18; transl. Boëth. 5, 18 – 6, 2 ("... illi vero ...").

---

[1] imperitiam] inperientiam **C**
[2] aliud] aliquis **C**
[3] a] in **C**
[4] sunt] est **C**

Et hoc sic est manifestum: cum syllogismus sophisticus peccat in forma. Utitur enim quattuor terminis ut in pluribus, sicut manifestum est in aequivocatione et in omnibus aliis praeter non-causam-ut-causam[1] et petitionem principii fallaciis. Quarum[2] primus locus sophisticus peccat contra formam syllogismi eo, quod non infert conclusionem in eo, quod haec sunt. Et petitio principii deficit in forma syllogismi, quia connumerat in praemissis illud, quod in principio esset probandum; unde peccat contra illam particulam, quae est, quod syllogismus concludit aliud[3] a positis.

<4. Ad rationes in primam partem factas.>

<4.1: Ad 1.1> Per hoc ad primam rationem dicendum est, quod <syllogismus sophisticus non> est differens proprie a syllogismo dialectico, quia[4]: Proprie differentia[5] sunt species coaequae; sed syllogismus sophisticus non est species <coaequa> syllogismo dialectico[6]; et ideo magis debet dici ab ipso 'diversus' quam 'differens' – nisi dicantur[7] 'differentia'[8] respectu alicuius prioris quam syllogismi.[a]

<4.2: Ad 1.2> Ad aliud argumentum potest dici: Quando dicitur: 'Omnis aqua est naturalis' etc., dicendum est, quod est paralogismus secundum[9] accidens respectu conclusionis intentae.

Et cum arguitur, quod minor non est pars medii, dico, quod non oportet, sed sufficit ad bonitatem syllogismi, quod minor significetur[10] esse pars medii. – Vel potest dici, quod, medium nisi est, non est minor. Non enim <minor> significatur esse pars medii in praedicto syllogismo, quia medium non est, quia <in> isto paralogismo sunt quattuor termini[11]. Propter quod non est simile hic et in proposito.

---

[a] Cf. Arist., *Metaph.* X 3, 1054b 22 – 1055a 2.

---

[1] non-causam-ut-causam] non-causam-ad-causam C
[2] fallaciis quarum] fallaciam quare C
[3] aliud] aliquis C^{ac}
[4] quia] quae C
[5] differentia] differentiae C
[6] syllogismo dialectico] syllogismi dialectici C
[7] dicantur] d *add. in fine lineae (dittogr.)* C
[8] differentia] differentiae C
[9] secundum] sicut C
[10] significetur] significatur C
[11] termini] syllogismi C

<Quaestio 3>

Quaeratur: Utrum causa apparentiae est formale in syllogismo sophistico?

<1. Rationes in unam partem.>

Et quod non, videtur.
<1.1> Nam omne formale in aliquo ente reponit ipsum, cuius est formale, sub entitate; causa apparentiae non reponit syllogismum sophisticum sub entitate, cum tamen syllogismus sophisticus sit per se ens (aliter non esset per se scibilis[1]); igitur etc.
Maior patet[2] sic: Per Philosophum actualitas cuiuscumque est a forma;[a] sed ab[3] eodem est actualitas, a quo entitas[4].
Minor apparet. Nam si sic, tunc apparentia esset entitas – quod falsum est. Nam tunc sequitur: 'Habet apparentiam essendi aliqualiter[5], igitur habet entitatem' – <quod> tamen est fallacia secundum quid et simpliciter.
<1.2> Praeterea: Illud est formale in unoquoque, per quod[6] ipsum distinguitur ab aliis; sed per non-existentiam syllogismus sophisticus distinguitur a dialectico[7] et a syllogismo[8] simpliciter; igitur non-existentia <etc.>.
Maior patet per Aristotelem septimo <*Metaphysicae*>: Actus separat et distinguit.[b]
Minor patet. Nam in syllogismo sophistico tantum sunt duo, scilicet apparentia et non-existentia; et in apparentia convenit syllogismus sophisticus cum dialectico[9]; igitur per non-existentiam distinguitur.
<1.2.1> Potest dici, quod distinguitur per apparentiam, nec in apparentia conveniunt, sed apparentia aequivoce in eis reperitur.

---

[a] Cf. Arist., *Metaph.* VIII 6, 1045a 31–33; *De an.* II 2, 414a 17.
[b] Cf. Arist., *Metaph.* VII 13, 1039a 7.

---

[1] scibilis] cibilis **C**
[2] patet] nam si *add.* **C**^ac
[3] ab] sub **C**
[4] a quo entitas] identitas **C**
[5] aliqualiter] aliter **C**
[6] per quod] *inv.* **C**
[7] dialectico] demonstrativo **C**
[8] et a syllogismo] est syllogismus **C**
[9] dialectico] demonstrativo **C**

<1.2.2> Contra.
<1.2.2.1> Syllogismus sophisticus c...[1] apparet habere evidentiam boni syllogismi; sed evidentia est apparentia; igitur apparet habere apparentiam[2] <boni syllogismi>.
<1.2.2.2> Similiter: Per suam apparentiam apparet esse syllogismus simpliciter per eius apparentiam; sed nihil est alteri simile per illud, quod totaliter diversae rationis est ab ipso; igitur oportet istas apparentias esse eiusdem rationis. Sed, quae sunt eiusdem rationis[3], conveniunt in specie, et talia non sunt principia <distinguentia>[4] aliqua secundum speciem. Cum igitur syllogismus sophisticus specie distinguitur a demonstrativo et[5] dialectico, hoc non erit per apparentiam – et per consequens per non-existentiam.

<2.> Ad oppositum.

Illud est formale in aliquo, quod est principium[6] distinguens ipsum ab alio specifica distinctione; apparentia in syllogismo sophistico est huiusmodi; igitur etc.
Maior patet[7]. Nam rationale est forma in homine, quia specifice distinguit hominem ab asino.
Minor patet. Nam secundum Alexandrum commentatorem loci sophistici, qui differunt specie ad invicem, distinguuntur per eorum causas apparentiae.[a]

<3. Responsio ad quaestionem.>

<3.1> Ad quaestionem potest dici, quod apparentia secundum, quod sumitur a principio positivo, est formale in syllogismo sophistico.

---

[a] Cf. 'Alex.', *In De soph. el.*, fragmenta ad *De soph. el.* 4, 165b 23–27 spectantia, pp. 392 (frg. C 2), 394 (frg. C 6).

---

[1] c...] *duo verba humore illegibilia facta* C
[2] apparentiam] evidentiam C
[3] rationis] quae non *add.* C^{ac}
[4] principia <distinguentia>] prin()cia C
[5] et] *om.* C^{ac}
[6] principium] primum C
[7] patet] *om.* C^{ac}

Ideo secundum, quod sunt diversa¹ <principia> positiva, a quibus sumuntur apparentiae, secundum hoc sunt diversae apparentiae, et diversa sunt formalia diversas species syllogismorum sophisticorum constituentia; secundum, quod sunt diversi loci sophistici, diversa sunt principia positiva et diversae species syllogismorum sophisticorum. Et tota ratio est, quare apparentia est principium formale, ut tamen accipitur a principio positivo: quia, ut sic, est principium positivum distinguendi specifice syllogismum sophisticum unius loci sophistici ab alio alterius loci sophistici.

<3.2> Est tamen intelligendum, quod distinctio inter res duplex est. Cui /154rA/ distinctioni duplici correspondet² duplex principium distinguendi. Quaedam est distinctio generalis, quaedam specifica sive specialis. Exemplum primi potest esse: Nam asinus et lapis differunt genere. Exemplum secundi est: Homo et asinus differunt specie.

Principium primae distinctionis est materiale in utroque distinctorum. Cuius ratio est: Nam ex cuius identitate sumitur unitas aliqualis³, ex eius diversitate sumitur diversitas; sed unitas generalis sumitur a principio potentiali secundum Philosophum in septimo⁴ *Metaphysicae;*ᵃ et per consequens differentia aliquorum⁵ secundum genus sumitur ex differentia materiali⁶ in⁷ utroque. – Diversitas autem specifica sumitur a forma per Philosophum, quia a forma sumitur unitas specifica.ᵇ

ᵃ Locum non inveni; cf. notam sequentem.
ᵇ Locum non inveni. Cf. Arist., *Metaph.* VII 12, 1038a 25 sq.; VIII 6, 1045a 7–33; X 9, 1058a 37 – b 3.

---

¹ diversa] *crucem fort. verbum omissum indicantem supra lin. add.* C
² correspondet] quo respondet C
³ aliqualis] a()alis C
⁴ septimo] viiiº Cᵃᶜ, viiº Cᵖᶜ
⁵ aliquorum] aliqua C
⁶ materiali] ex altero vel *add.* C
⁷ in] *om.* Cᵃᶜ

Ideo, cum in syllogismo sophistico sint duo principia, apparentia et non-existentia, oportet unum esse materiale et reliquum formale. Nam ex duobus in actu per Philosophum non fit unum.[a] Cum igitur ponitur, quod[1] apparentia a principio determinate positivo sit sumpta, erit formale, et non-existentia erit materiale. Et per consequens <per apparentiam> distinguitur[2] syllogismus sophisticus unius loci sophistici ab alio syllogismo sophistico alterius loci, sed per non-existentiam distinguitur ab aliis, a quibus distinguitur[3] secundum genus; cuiusmodi[4] sunt syllogismus simpliciter et dialecticus et demonstrativus.

<4. Ad rationes in primam partem factas.>

<4.1: Ad 1.2> Et per hoc patet ad formam secundae[5] rationis, quae[6] concludit, quod per non-existentiam[7] differt a syllogismo simpliciter. Non est inconveniens, quod aliquid distinguitur secundum genus ab alio per illud, quod est materiale in eo. Et[8], cum accipitur: 'Solus actus separat' etc., verum est de distinctione specifica, et non de alia.

<4.2: Ad 1.1> Ad primum argumentum dicendum est concedendo apparentiam esse quid[9] positivum. Nec ex hoc sequitur, quod <sic dicto>: 'Hoc apparet esse ens', quod sequatur: 'Igitur est ens', sed tantum hoc sequitur, quod haec consequentia sit bona: '<Hoc> secundum apparentiam habet a principio positivo ortam, ut sit tale ens; igitur hoc est ens aliquo modo.' Nec est ibi secundum quid et simpliciter. Primum est igitur concedendum.

---

[a] Cf. Arist., *Metaph.* VII 13, 1039a 4 sq.

---

[1] quod] quia **C**
[2] distinguitur] formale *add.* **C**^{ac}
[3] distinguitur] dicitur **C**
[4] cuiusmodi] unius modi **C**
[5] secundae] secundi **C**
[6] quae] quod **C**
[7] non-existentiam] s *add.* **C**^{ac}
[8] et] cetera *add.* **C**^{ac}
[9] quid] quod **C**

<Quaestiones 4–12: Circa aequivocationem>

<Vide editionem a Sten Ebbesen primo CIMAGL 73 (2003) curatam, nunc infra pp. 239 sqq. emendatiorem repetitam.>

<Quaestio 13>

/159rB 18/ Quaeratur circa amphiboliam: Utrum operatur actualem multiplicitatem?

<1. Rationes in unam partem.>

Quod non, videtur.
<1.1> Nam[1] actualis multiplicitas est ex hoc, quod eadem est forma orationis vel[2] dictionis in quocumque sensu. Si igitur oratio habens identitatem formalem haberet multiplicitatem amphiboliae, tunc haec esset multiplex: 'Homo est animal', eo, quod iste terminus: 'homo', potest construi ex parte ante vel ex parte post. – Consequentia patet. Nam forma faciens multiplicitatem dicitur 'modus proferendi'.
<1.2> Item: Si sic, haec esset congrua: 'Albus currit', vel: 'Albus est currens', quia 'albus' potest construi a parte post huius verbi: 'est', et 'currens' a parte ante.[a]

---

[a] Secundum grammaticum nomina adiectiva adiective tenta, non substantivata in neutro genere, "non possunt reddere suppositum verbo; ideo etiam non possunt esse subiecta propositionum propter defectum congruitatis. ... Tamen verum est, quod adiectivum substantivatum in neutro genere potest esse subiectum, quia resolvitur in subiectum et adiectivum, ut 'album', id est 'res alba'." Sic Io. Buridanus, SL IV (tract. de suppositionibus), cap. 2, 28–35 (p. 186).

---

[1] nam] na C
[2] vel] *om.* C^{ac}

<1.3> Praeterea: Hic ponitur multiplicitas amphiboliae: 'Pugnantes vellem me accipere',[a] ubi tamen alia prolatio est secundum unam sententiam et[1] aliam. Secundum unam sententiam debet sic proferri: 'Vellem me accipere pugnantes', sed secundum aliam sic: 'Pugnantes[2] vellem me accipere.' Sed istae solum[3] diversae sunt orationes[4], ex quo diversa prolatio facit diversitatem in forma, et per consequens multiplicitatem potentialem, ut patet in compositione et divisione. Si igitur hic sit diversitas in modo proferendi secundum diversas sententias, hic erit multiplicitas potentialis et non actualis.

<1.4> Item: In amphibolia sunt diversae constructiones[5], <id est> diversa ordinatio materialium[6] secundum diversam prolationem; sed diversa prolatio materialium est causa potentialis multiplicitatis; igitur a primo[7]: In amphibolia est multiplicitas potentialis et non actualis.

<2.> Ad oppositum est Aristoteles.[b]

---

[a] Arist., *De soph. el.* 4, 166a 6 sq.; transl. Boëth. 9, 2: "velle (*var. lect.:* vellem) accipere me pugnantes"; rec. Guill. 79, 8: "vellem ..."
[b] Cf. infra, § 3.1.

---

[1] et] ad **C**^ac
[2] pugnantes] pugnantis **C**
[3] solum] sunt **C**
[4] orationes] prolationes **C**
[5] constructiones] conconstractiones *ut videtur* **C**
[6] diversa – materialium] diversa oratio materialium et diversae <...> *(signum dubium)* diversa ordinant **C**
[7] primo] primum **C**

185

<3. Responsio ad quaestionem.>

<3.1> Ad quaestionem dicendum, quod sic. – Quod patet in exsecutione[1] Aristotelis secundum Expositorem[2] (et etiam secundum Albertum), qui ponit Philosophum ponere tres modos esse communes aequivocationi et amphiboliae,[a] ut patet in littera.[b] Ex quo aequivocatio operatur actualem multiplicitatem, similiter erit[3] de amphibolia.

<3.2.1> Propter hoc tamen dicendum est, quod actualis multiplicitas sumitur ex parte formae vel materiae dictionis vel orationis, intelligendo per materiam vocem, per formam – quoad propositum – modum proferendi. Ubi igitur[4] eadem oratio secundum vocem et modum proferendi potest[5] diversas designare sententias, ibi est[6] actualis multiplicitas. Et ideo, quia in amphibolia eadem oratio quoad vocem et modum proferendi diversas sententias repraesentat[7], ideo ibi est[8] multiplicitas actualis, ut patet hic: 'Pugnantes me vellem accipere.' Haec enim sub hac forma prolata neutram sententiam sibi determinat[9], sed amphibolice utramque repraesentat.

<3.2.2> Aliud est sciendum: quod ad hoc, quod oratio distinguenda sit penes amphiboliam, requiritur, quod ex sua forma et modo proferendi non sint modi generales incomplexorum determinati ad certam constructionem. Si enim sint[10] incomplexa[11] determinata per[12] prolationem ad certam constructionem, tunc non est oratio amphibolica.

---

[a] Cf. Aegid., *In De soph. el.* I, § 47 (= cap. 2, § 26; ad *De soph. el.* 4, 166a 14–16), fol. 12rA 37–39; Alb., *Liber Elench.* I, ii, 5, pp. 852 sq.
[b] Arist., *De soph. el.* 4, 166a 14–21.

---

[1] exsecutione] extentione C
[2] Expositorem] expositores C
[3] erit] esset C
[4] ubi igitur] verbi gratia C
[5] potest] praeter C
[6] ibi est] inest C
[7] repraesentat] repraesentant C
[8] est] *om.* C^{ac}
[9] determinat] determinet C
[10] sint] sing *ut videtur* C
[11] incomplexa] p de *add.* C
[12] per] pro C

<4. Ad rationes in primam partem factas.>

Per idem patet ad rationes.
<4.1: Ad 1.1–2> Ad primas duas: quod prima non est distinguenda, quia ex modo proferendi significatur 'homo' construi in vi suppositi et 'animal' in vi appositi[1]. Nec etiam erit congrua: 'Albus currit', quia ex modo proferendi denotatur[2] 'albus' construi[3] in vi suppositi, quod non permittitur[4] stante congruitate.
<4.2: Ad 1.3> Ad aliam: quod de vi vocis nec est haec distinguenda: 'Vellem me accipere pugnantes[5]', nec haec: 'Pugnantes vellem accipere me', sed in illis sunt sensus <determinati>, et ibi determinata[6] est constructio ex modo proferendi. Haec tamen distinguenda est: 'Pugnantes vellem me accipere', quia hic ex prolatione[7] non determinatur[8] constructio[9] ad unam sententiam magis quam ad aliam, sed permittitur utraque ambiguitate.
<4.2.1> Et cum accipitur, <quod> istae sententiae non proferuntur sub una prolatione – contra arguitur[10]: Oratio, quae[11] significat utramque istarum sententiarum, sub una prolatione profertur, puta haec: 'Pugnantes /159vA/ me vellem accipere.' Et hoc sufficit ad multiplicitatem actualem, sicut[12] patet in aequivocatione penes dictionem[13].

---

[1] appositi] opositi C
[2] denotatur] denominatur C
[3] construi] congruum C
[4] permittitur] promittitur C
[5] pugnantes] pugnantis C
[6] ibi determinata] indeterminate / -tae C
[7] hic ex prolatione] hoc est ex significatione C
[8] determinatur] determinetur C
[9] constructio] complexio C
[10] arguitur] …tur *(verbum non legibile)* C
[11] quae] cumque C
[12] sicut] sed C
[13] dictionem] dictionum C

<In aequivocatione enim dictio significans sub una prolatione profertur,> sed significata sunt diversimode[1] prolata[2], ut patet: animal latrabile[3], caeleste sidus etc. Quodlibet enim istorum diversam[4] habet prolationem; quia tamen haec vox: 'canis' omnia ista sub una prolatione confundit in significando, ideo actualis multiplicitas est. Sic in proposito, licet alia sit prolatio huius: 'Vellem me accipere pugnantes', et huius: 'Pugnantes vellem accipere me', quia tamen utraque istarum significatur per istam: 'Pugnantes me vellem accipere', ideo est actualis multiplicitas, et hoc sufficit.
<4.3: Ad 1.4> Per idem ad ultimum: Solum contingit, quod sensibus orationis amphibolicae correspondent[5] diversae prolationes. Cum quo tamen stat, quod oratio sub uno modo proferendi istas sententias repraesentat.

<Quaestio 14>[6]

<Quaeratur circa tertium modum amphiboliae>, utrum[7] haec sit distinguenda: 'Scit saeculum.'

<1. Rationes in unam partem.>

Quod non, videtur.
<1.1.1> Haec <enim> est incongrua, igitur nec vera nec falsa nec distinguenda. Consequentia patet. Nam quodlibet istorum praesupponit congruum.

---

[1] diversimode] de versimode **C**
[2] prolata] probantur **C**
[3] latrabile] latrabili **C**
[4] istorum diversam] istarum diversarum **C**
[5] correspondent] quo respondent **C**
[6] *initium novae quaestionis non indicat* **C**
[7] utrum] tamen **C**

Assumptum patet per Priscianum primo *Constructionum* notantem[1] in verbis primae et secundae personae definite intelligi nominativum, in verbis autem tertiae solum infinite;[a] sed definitum suppositum[2] requiritur ad congruitatem orationis; cum igitur hoc verbum: 'scit' non det intelligere[3] suppositum definitum, nec erit haec congrua.

<1.1.2> Huic dicitur, quod haec non est distinguenda: 'Scit saeculum', absolute, sed[4] coniuncta tertio, puta huic pronomini: 'hoc', a parte suppositi. Unde haec est distinguenda: 'Hoc scit saeculum', et[5] non alia. Et hoc est, quod intendit Aristoteles, cum dicit, quod <nec> 'saeculum' nec 'scit' habent multiplicitatem, sed "ambo" coniuncta tertio.[b]

<1.1.3> Contra: Si haec sit distinguenda: 'Hoc scit saeculum', secundum amphiboliam eo, quod hoc pronomen: 'hoc' construeretur a parte ante vel a parte post, tunc quaelibet propositio, ubi[6] ponitur hoc verbum: 'est' tertium, esset amphibolica[7], ut haec[8]: 'Homo est animal', et quaelibet consimilis; et per consequens in talibus de vi vocis non esset contradictio – quod est impossibile.

<1.2> Item: Si sic, haec esset congrua[9] aliquo sensu: 'Albus currit', vel: 'Albus est homo', vel consimilia[10], quia ly 'albus' potest construi a parte appositi[11].[c]

---

[a] Cf. Prisc., *Inst. gramm.* XVII, ii, 14, pp. 116, 27 – 117, 2: "inest ... intellectu nominativus in ipsis verbis, quo sine substantia significari non poterat, in prima quidem persona et secunda definitus, in tertia vero, quia innumerabiles sunt personae tertiae, infinitus ..."

[b] Cf. Arist., *De soph. el.* 4, 166a 18–21; transl. Boëth. 9, 12–16; rec. Guill. 79, 16–19. – Argumentum est Aegidii: *In De soph. el.* I, §§ 42 sq.; 49 sq. (= cap. 2, §§ 21 sq. et 28 sq.; ad *De soph. el.* 4, 166a 6–9; 17–23).

[c] Cf. supra, q. 13, § 1.2. – Burlaeus et alibi utitur argumentis 1.1.3 et 1.2: Cf. *Tract. super tract.*, cap. de amphibolia, dub. 2, p. 99a.

---

[1] notantem] vocantem C
[2] suppositum] sumptum et appositum C
[3] intelligere] s *add. in fine lineae (dittogr.)* C
[4] sed] *iter.* C, *fort. legendum* sed solum
[5] et] *om.* C^{ac}
[6] ubi] unde C
[7] amphibolica] amphibolia C
[8] haec] hic C
[9] congrua] in *add.* C^{pc} *(cf. infra, § 4.2)*
[10] consimilia] consimila C
[11] appositi] oppositi C

<2. Ad oppositum.>

Ad oppositum est Aristoteles in littera ponens istam esse multiplicem penes tertium modum amphiboliae;[a] igitur distinguenda.

<3. Responsio ad quaestionem.>

<3.1> Ad quaestionem dicendum est, quod haec locutio: 'Scit saeculum', multiplex est penes[1] tertium modum amphiboliae, non tamen est[2] locutio secundum se nec vera nec falsa nec distinguenda, quia est incongrua.
Primum patet per processum in littera.[b] Nam <tres> sunt modi communes aequivocationis et amphiboliae.
<i.> Primus est, quod, sicut in aequivocatione, quando vox incomplexa aeque primo repraesentat duas significationes, ut 'piscis'[3] et 'canis'[c] – 'piscis' enim aequivocum est[4] ad piscem caelestem <et> ad piscem terrestrem aquaticum secundum[5] Expositorem –,[d] sic in amphibolia penes primum modum <vox complexa> repraesentat aeque primo duas sententias, ut haec: 'Pugnantes vellem me accipere.'

---

[a] Cf. supra, § 1.1.2.
[b] Cf. supra, q. 13, § 3.1.
[c] Cf. Arist., *De soph. el.* I 4, 166a 16; transl. Boëth. 9, 11; rec. Guill. 79, 15.
[d] Cf. Aegid., *In De soph. el.* I, § 47 (= cap. 2, § 26; ad *De soph. el.* 4, 166a 14–16), fol. 12rA 50 sq.

---

[1] penes] penis C^{ac}
[2] est] *om.* C^{ac}, *verbum non legibile* C^{pc}
[3] piscis] spissis *(sic passim)* C
[4] est] *om.* C^{ac}
[5] secundum] est C

<ii.> Secundus modus est, quod, sicut in aequivocatione vox incomplexa ab impositione absoluta repraesentat unum significatum, et ab impositione¹ respectiva – qua² <non> imponitur, ut dictum est prius,ᵃ sed excedit ad transumptionem – significat aliud (ut 'ridere' significat signum laetitiae in homine proprie et primo, et ex consequenti³ significat floritionem in prato), sic oratio amphibolica penes secundum modum primo significat unam sententiam, <et> ex consequenti per transumptionem, quae est ab impositione respectiva complexorum, repraesentat aliam sententiam, sicut patet: 'Arare litus'ᵇ primo et principaliter significat terram scindere⁴, ex consequenti tamen⁵ et ex transumptione significat opus perdere, quia arans <litus> in sua operatione convenit cum operante in vanum; ideo significat idem, quod 'operam⁶ perdere', transumptione.

ᵃ Cf. q. 12, responsio (§ 3), CIMAGL 73, 193–195.
ᵇ Cf. Ovidius, *Heroides* V, 116; 'Alex.', *In De soph. el.*, fragmenta ad *De soph. el.* 4, 166a 14–22 spectantia, pp. 443 sq.

---

¹ impositione] re- *add. in fine lineae (dittogr.)* C
² qua] quae C, *corr. Ebbesen*
³ consequenti] consequente C
⁴ scindere] terrestrem C
⁵ ex – tamen] et *praem.* C, *fort. legendum* et ex consequenti tantum
⁶ operam] opera C

Sed tamen sciendum est, quod Aristoteles in littera[a] de isto secundo modo non exemplificat[1], quia, quamquam[2] exempla posuisset in sua lingua[3], ista eadem exempla non potuerunt transferri[4] ad aliam linguam[5], quia ista vox, quae sub una[6] lingua significat unum aliquid transumptive et aliud intransumptive[7], non oportet idem, si transfertur ad aliam, significare. Ista enim oratio, quae transumitur ad sententiam impropriam sub una voce, tamen sub alia voce ad eandem sententiam non transumitur. Et ideo, quamquam ab Aristotele in lingua Graeca de secundo modo fuerat exemplificatum, contingere potest, quod transferens[8] eadem exempla non potuit habere ad propositum. Et eadem causa patebit de accentu[9]. Ibi enim, cum quattuor sunt modi accentus, tamen exemplificatur <solum> de secundo modo, et eadem est causa.[b]

<iii.> Tertius est modus communis aequivocationi et amphiboliae, quod, sicut vox incomplexa, quamquam de[10] se et absoluta impositione tantummodo habeat <unum> significatum[11], per respectum[12] tamen ad aliquid aliud[13] potest eadem vox habere diversa significata[14], ut patet hic: 'Laborans sanabatur'[c], sic est in tertio modo amphiboliae, quod oratio aliqua, quae <de> se non habet[15] pluras sententias, immo quae de se nullum intellectum perfectum habet[16], ipsa tamen alteri /159vB/ orationi comparata potest diversas sententias repraesentare, vel saltim unum intellectum habere, in quo[17] est perfecta sententia.

---

[a] Arist., *De soph. el.* I 4, 166a 16 sq.; transl. Boëth. 9, 11 sq.; rec. Guill. 79, 16.
[b] Cf. infra, notabilia de fallacia accentus inter quaestiones 17 et 18 inserta, § 3.
[c] Arist., *De soph. el.* I 4, 166a 1 sq.; transl. Boëth. 8, 21 sq.; rec. Guill. 79, 3.

---

[1] non exemplificat] *om.* C[ac], non explanat C[pc]
[2] quamquam] quemquam C
[3] lingua] sig()a C
[4] potuerunt transferri] poterunt transferre C
[5] linguam] sententiam C
[6] una] s *add.* C[ac]
[7] intransumptive] transumptive C[ac]
[8] transferens] transfere C
[9] accentu] acceptu C
[10] de] *om.* C[ac]
[11] significatum] consignificatum C
[12] per respectum] *inv.* C[ac]
[13] aliud] alterum C[ac]
[14] significata] consignificata C
[15] habet] habet *vel* haberet C
[16] habet] *om.* C[ac]
[17] quo] qua C

Sic est in proposito: Haec oratio: 'Scit saeculum', secundum se una est et non perfecta de¹ se, immo incongrua. Ipsa tamen alteri comparata in syllogismo vel in enthymemate distinguenda est et aliquem intellectum perfectum² habere potest. Verbi gratia, si sic arguatur syllogistice: 'Quicumque³ habet <scientiam> de saeculo, scit saeculum; Socrates est huiusmodi; igitur scit saeculum', vel in enthymemate sic: 'Socrates habet scientiam de saeculo, igitur scit saeculum', haec conclusio, quamquam absolute sumpta non sit⁴ multiplex, per relationem tamen in enthymemate contrahit multiplicitatem eo⁵, quod virtute relationis ad praecedens potest dare intelligi suppositum, ut Socratem, et sic congrua, vel non dare, et tunc incongrua⁶·ᵃ.

<3.2.1> Et si dicatur: 'Distinctio praesupponit perfectum <intellectum> in utroque sensu' – dicendum, quod non oportet. Sufficit enim distinctioni, quod altero sensu sit perfectus intellectus. – Probatio: Nam intellectus perfectus distingui potest ab intellectu imperfecto; quod non esset, si utrumque membrum cuiuslibet distinctionis requireret⁷ perfectionem intellectus. Sic imperfectum esset perfectum.

<3.2.2.1> Contra illud: Secundum illud huiusmodi non esset multiplex amphiboliae: 'Scit saeculum', quia multiplicitas amphiboliae est ex diversa constructione, et huiusmodi non fit distinctio penes diversam constructionem, propter duo: tum, quia⁸ in distinctione nulla fit mentio, an aliqua vox construatur a parte ante vel a parte post, tum⁹, quia in altero sensu non est constructio, quia constructio est "congrua dictionum¹⁰ ordinatio".ᵇ

ᵃ Haec doctrina, licet aliquantulum elaboratior sit, fere est eadem, quam profert Io. Scot., *Qq. in De soph. el.,* q. 22, pp. 35b–36a.
ᵇ Cf. Prisc., *Inst. gramm.* II, iv, 15, p. 53, 23: "Oratio est ordinatio dictionum congrua, sententiam perfectam demonstrans"; Simon de Fav., *Qq. in De soph. el.,* q. v. 22, p. 89, 90: "Constructio est congrua dictionum ordinatio"; sic et Io. Scot., *Qq. in De soph. el.,* q. 20, p. 30b.

---

¹ de] *om.* Cᵃᶜ
² perfectum] imperfectum C
³ quicumque] quaecumque C
⁴ sit] f()t *i. e.* fit *vel* facit C
⁵ eo] ex C
⁶ incongrua] congrua Cᵃᶜ
⁷ requireret] rece...et *(verbum non legibile)* C
⁸ tum quia] tamen quaeritur C
⁹ tum] tamen C
¹⁰ dictionum] dictionem C

Ex quo arguo: Si non esset diversitas constructionis amphiboliae, cum diversitas¹ constructionis sit eius causa non-existentiae, et ad quemlibet locum sophisticum duae causae requiruntur, puta ut non-existentiae et apparentiae, quarum altera si deficit², non <est> locus sophisticus, <tunc amphibolia non esset locus sophisticus>.

<3.2.2.2> Ad illud³ dicendum, quod in proposito est diversitas constructionis, et, quamquam non esset⁴ diversitas constructionis, adhuc posset esse amphibolia.

<3.2.2.2.1> Primum patet. Nam, quamquam in ista: 'Scit saeculum', secundum se non accipitur⁵ nec fit diversa constructio, quia ibi nulla est constructio congrua, per relationem⁶ tamen eius ad praecedens posset esse constructio, sicut patet a Prisciano⁷: Quamquam haec dictio: 'honestas' per se accipit nullam⁸ <nec> facit⁹ constructionem, ipsa tamen per relationem ad praecedentem designare potest orationem et constructionem debitam¹⁰. Si enim quaeratur, quid sit summum bonum in vita, et respondeatur¹¹: 'Honestas', convenienti oratione respondetur, per Priscianum.ᵃ Sic in proposito: 'Scit saeculum', licet¹² non habeat constructionem perfectam, si tamen sic dicatur: 'Socrates habet scientiam de saeculo, igitur scit saeculum', potest huius¹³ esse distinctio ex eo, quod 'Socrates' expresse potest construi a parte ante huius verbi: 'scit' – et tunc est oratio perfecta –, vel non; sed, si construatur a parte post huius verbi: 'scit'¹⁴, tunc non est constructio perfecta.

ᵃ Cf. Prisc., *Inst. gramm.* II, iv, 15, p. 54, 1–4.

---

¹ diversitas] diversita C
² si deficit] s definite C
³ illud] aliud C
⁴ esset] esse C
⁵ accipitur] accipit C
⁶ relationem] lationem C
⁷ Prisciano] pri()ne C
⁸ nullam] nam C
⁹ secundum se – facit] *fort. legendum (ut coni. Ebbesen) secundum se accepta non fit ... per se accepta nullam facit*
¹⁰ debitam] debiter C
¹¹ respondeatur] respondetur C
¹² licet] quod C
¹³ huius] haec *ut videtur* Cᵃᶜ
¹⁴ scit] et *add.* C

Per hoc ad formam <rationis>: Patet, quod ad diversitatem[1] constructionis non requiritur perfecta constructio in utroque sensu, sed sufficit perfectio alterius sensus, sicut nec ad bonitatem distinctionis requiritur perfectio[2] utriusque sensus, sed sufficit, quod alterius[3] sensus facit intellectum perfectum, ut dictum est.[a]

<3.2.2.2.2> Pro secundo[4] est intelligendum, quod diversitas constructionis non est per se causa non-existentiae ipsius amphiboliae. In secundo enim modo amphiboliae, quae est ex transumptione orationis, eadem est constructio in utroque sensu. Sed per se causa non-existentiae amphiboliae est ex diversitate sententiarum. <Ad> quam diversitatem quandoque[5] manifesto requiritur diversitas constructionum, sicut in primo modo et tertio[6] modo, ut dictum est; non tamen in secundo modo. – Et per illud solvitur, quod <quaeritur, si> quaeratur, utrum causa non-existentiae amphiboliae sit diversitas constructionis vel sententiae.[b]

<4. Ad rationes in primam partem factas.>

<4.1: Ad 1.1> Ad <primam> rationem patet, quod, quamquam haec[7]: 'Scit saeculum', secundum se sit incongrua, ipsa tamen per relationem ad aliud praecedens potest habere sensum congruum, et ita multiplicitatem.

<4.2: Ad 1.2> Ad aliud dicendum – cum accipitur: Cum haec esset distinguenda: 'Scit saeculum', haec foret aliquo sensu congrua: 'Albus currit' – dicendum, quod verum concluderet, si haec: 'Scit saeculum', haberet multiplicitatem secundum se; cuius oppositum dictum est.

---

[a] Cf. supra, § 3.2.1.
[b] Cf., e. g., Io. Scot., *Qq. in De soph. el.*, q. 19.

---

[1] diversitatem] veritatem C
[2] perfectio] perfectus C
[3] alterius] alteri C
[4] secundo] quo secundum C
[5] quandoque] quando C
[6] tertio] secundo C
[7] haec] hic C

<Quaestio 15>

Quaeratur circa compositionem, utrum compositio sit fallacia distincta a divisione.

<1. Argumenta in unam partem.>

Et quod non[1], probo.
<1.1> Nam multiplicitas[2] potentialis in dictione non facit unam fallaciam distinctam[3] ab alia; igitur multiplicitas potentialis in oratione non facit distinctionem, sed unam.
Consequentia patet per locum <a> proportione. Sicut enim est multiplicitas potentialis dictionis ad dictionem <et ad fallaciam operantem multiplicitatem in dictione>, sic multiplicitas potentialis orationis ad orationem et ad fallaciam operantem multiplicitatem in oratione. – Assumptum patet de fallacia accentus. Nam, qualis est similitudo orationis compositae ad orationem divisam <et e converso secundum complexionem>, talis est similitudo gravis accentus ad acutum[4] et e converso secundum in- /160rA/ complexionem. Si igitur primae similitudines faciunt fallacias distinctas, igitur et secundae; et per consequens a destructione consequentis: Si secundae similitudines in dictione non faciunt duas fallacias in dictione, igitur nec primae duas[5] faciunt in oratione.[a]
<1.2> Item: <Cum> actualis multiplicitas in oratione tantum constituat unam fallaciam, ut amphiboliam, igitur pari ratione multiplicitas potentialis in oratione tantum constituet unam fallaciam, scilicet compositionem et divisionem; et per consequens compositio et divisio erunt una fallacia. – Consequentia patet per locum a proportione, sicut prius.[b]

---

[a] Argumentum fere idem invenias apud inc. auct., *Qq. in De soph. el.*, q. 827, p. 328 (arg. 2); cf. Simon de Fav., *Qq. in De soph. el.*, q. v. 23, p. 91 (arg. 2); q. n. 16, p. 142 (arg. 1); Io. Scot., *Qq. in De soph. el.*, q. 23, p. 36a (arg. 2).
[b] Cf. supra, § 1.1. – Idem argumentum recitat Io. Scot., loc. cit. (arg. 1).

---

[1] non] *om.* **C**ᵃᶜ
[2] multiplicitas] multiplicita **C**
[3] distinctam] destinctam **C**
[4] ad acutum] et acutus **C**
[5] duas] duae **C**

<1.1.1> Ad primum argumentum potest dici, quod non oportet, quod similitudines diversae penes accentum faciant diversas fallacias, quamquam hoc oportet in compositione et divisione, quia diversis similitudinibus penes accentum est aliqua communis ratio, quae non accipitur in compositione et divisione.
<1.1.2> Contra hoc quaero de ista ratione in communi: Aut se tenet a parte prolationis, aut a parte materialium in accentu?
<i.> Si primo modo, tunc accentus operaretur actualem multiplicitatem, quia: Materialia sunt eadem et aliqua ratio prolationis foret eadem, et per consequens haberet unitatem materialium et formalium; et haec sufficiunt ad actualem multiplicitatem.
<ii.> Si a parte materialium, igitur idem accidit in compositione et divisione. Ibi enim, quicquid est a parte materialium, idem est in utroque sensu sola diversitate existente in modo proferendi et in his, quae sequuntur modum proferendi diversum; et per consequens, si ista eadem ratio se teneret a parte materialium, non esset maior[1] ratio, per quam compositio et divisio sint duae fallaciae, quam accentus.
<1.3> Item ad principale: Secundum Alexandrum loci sophistici distinguuntur per suas causas apparentiae.[a] Quorum igitur est una et eadem causa, non possunt esse diversi loci; compositionis et divisionis est una causa apparentiae, puta unitas materialium; igitur etc.[b]
Minor patet. Nam propter unitatem materialium in sensu composito et diviso credimus sensus non differre, et per consequens propter illud decipimur – quod non esset, nisi illud esset causa deceptionis et per consequens causa apparentiae.
<1.3.1> Huic potest dici, quod unitas materialium non est causa apparentiae compositionis <et> divisionis absolute, sed unitas materialium secundum substantiam sub prolatione sensus compositi est causa apparentiae divisionis. –

---

[a] Cf. supra, q. 3, § 2.
[b] Argumentum fere idem invenias apud inc. auct., *Qq. in De soph. el.*, q. 827, p. 328 (arg. 1); cf. Simon de Fav., *Qq. in De soph. el.*, q. v. 23, p. 91 (arg. 1); Io. Scot., *Qq. in De soph. el.*, q. 23, p. 36a (arg. 3).

---

[1] esset maior] est magor C

Illud patet. Nam[1] opponens in disputando sophistice per compositionem intendit tria occultare, puta diversitatem[2] sensuum et prolationum[3] et falsitatem alterius sensus. Prima duo occultare potest per identitatem materialium, sed[4] non occultat <tertium nisi> per prolationem sensus veri.[a]

<1.3.2> Contra hoc dupliciter primo probo, quod unitas materialium absolute sit causa apparentiae; secundo, quod unitas sub prolatione non sit causa.

<1.3.2.1> Probatio primi:

<1.3.2.1.1> Nam illud est causa apparentiae compositionis sufficiens, per cuius multiplicitatem occultantur diversae prolationes diversos sensus repraesentantes; huiusmodi est unitas materialium (in ista enim unitate conveniunt omnes prolationes); igitur etc.

<1.3.2.1.2> Praeterea: Si unitas materialium praecisa non esset causa sufficiens, vel igitur aliquid aliud praeter istam unitatem esset sufficiens causa apparentiae, vel ipsa unitas materialium cum aliquo addito.

<i.> Non est dare primum, quia: Nihil aliud est ad esse orationem praeter unitatem materialium quam modus proferendi; sed modus proferendi non est sufficiens causa apparentiae, sed magis manifestans non-existentiam; per prolationes enim sensus distinguuntur ad invicem, et per consequens per[5] eas[6] non apparent[7] sensus esse eosdem.

<ii.> Nec secundum[8], nam prolatio magis apparentiam[9] impedit[10], si materialia sumantur sub ipsa, quam promovet[11], cum ipsa, ut dictum est, sit principium[12] manifestandi distinctionem unius sensus ab alio[13].

---

[a] Eandem fere opinionem recitat et refutat Io. Scot., *Qq. in De soph. el.,* q. 24, p. 37b.

---

[1] nam] non C
[2] diversitatem] diversitate C
[3] prolationum] prolatem *ut videtur* C
[4] sed] si C
[5] per] *om.* C^{ac}
[6] eas] idem C
[7] apparent] apparens C^{ac}
[8] secundum] idem *add.* C
[9] apparentiam] apparet C
[10] impedit] *om.* C^{ac}, impedire C^{pc}
[11] promovet] promovere C
[12] principium] primum C
[13] alio] praeterea consequentia *add.* C

<1.3.2.2> Probatio secundi:
<1.3.2.2.1> Omne, quod apparet esse substantiale, apparet esse tale per aliquid, quod est in isto – sicut patet: Stagnus apparet esse argentum per colorem sibi inhaerentem. Causa igitur apparentiae compositionis debet esse[1] aliquid, quod est in oratione composita[2], et per consequens non debet esse identitas materialium prolatorum sub sensu divisionis; hoc enim, ut sic, <non> est in oratione[3] composita.
<1.3.2.2.2> Praeterea: Prolatio se tenet a parte nostra[4]; sed causa apparentiae compositionis non[5] se tenet a parte nostra[6]; igitur prolatio non requiritur ad eius causam apparentiae.
Maior <patet>. Nam nos efficimus prolationes.
Minor patet. Nam, si unitas compositionis esset[7] a parte nostra, tunc possent esse ad placitum nostrum quattuor fallaciae secundum compositionem et divisionem, sicut duo.
<1.3.2.3> Ideo autem dicitur rationi, quod compositio et divisio, licet sint fallaciae distinctae specifice, non tamen distinguuntur secundum genus. Et, cum[8] loci sophistici distinguantur per suas causas apparentiae[9], ideo ponenda est duplex causa[10] apparentiae compositionis et divisionis: una generalis, in qua conveniunt; alia[11] contrahens istam causam apparentiae generalem – per quam contractionem differunt specifice.

---

[1] esse] per *add.* C
[2] composita] proposita C, *fort. legendum* proposita <continue>
[3] in oratione] movere *vel* manere C
[4] nostra] nostraliter C
[5] non] no C
[6] nostra] nostraliter C
[7] esset] est C
[8] cum] tunc C
[9] apparentiae] apparentias C
[10] causa] causas C
[11] alia] aliam C

Causa apparentiae primo modo <dicta>, puta generalis utrique, est unitas materialium, quae¹ secundum se eadem est in sensu composito <et> diviso. Causa autem apparentiae secundo modo dicta /160rB/ non est <unitas materialium> absolute, sed, ut contrahitur per diversas sententias specifice distinctas². Unde causa apparentiae specialis compositionis est unitas materialium prolatorum³ continue, ut similis est orationi divisae; causa autem apparentiae divisionis est eadem identitas materialium, prolatorum⁴ tamen discontinue⁵, sub qua prolatione sunt similia eisdem sub prolatione sensus compositi.ᵃ

<1.3.2.4> Et hoc est, quod dicitur communiter: quod similitudo orationis compositae (id est materialium in oratione composita) ad divisam⁶ est causa apparentiae compositionis, et similitudo e contra est causa apparentiae divisionis.ᵇ Et istae similitudines⁷ specifice differunt, quia termini harum similitudinum specifice differunt, sicut patet in exemplo.ᶜ

ᵃ Haec opinio est Io. Scoti, *Qq. in De soph. el.*, q. 24, p. 38a–b; cf. Simon de Fav., *Qq. in De soph. el.*, q. v. 23, p. 91, 73–78: "Aliqui dicunt, quod causa apparentiae specialis ... in divisione ... <scil. est> unitas orationis secundum materiam cum modo proferendi actualiter expresso secundum sensum divisum et secundum habilitatem ad sensum compositum."

ᵇ Cf. Io. Scot., loc. cit.; Simon de Fav., op. cit., q. v. 23, p. 92, 87–95. Ubi Simon duas opiniones distinguit, Burlaeus vult eandem opinionem esse aliis et aliis verbis expressam (§§ 1.3.2.3/4).

ᶜ Eadem fere verba, quae noster vult communiter esse dicta, invenias apud eundem Burlaeum, *Tract. super tract.*, cap. de compositione et divisione, initio, p. 100b.

---

¹ quae] quod **C**
² distinctas] distinctiones **C**
³ prolatorum] prolatarum **C**
⁴ prolatorum] prolatarum **C**
⁵ discontinue] divisione *ut videtur* **C**
⁶ divisam] diversam **C**
⁷ similitudines] simila... *(verbum non legibile)* **C**ᵃᶜ

Nam eadem est res subiecta proportioni duorum ad[1] unum et e contra, puta unius ad duo; istae tamen proportiones specifice differunt, quia termini <specifice> differunt. Una enim proportio, scilicet[2] prima, dicitur 'dupla' (duo enim respectu unius se habent in dupla proportione), sed proportio secundo modo dicitur 'subdupla' (unum enim est subduplum respectu duorum[3]). Sic in proposito: Quamquam compositio et divisio secundum quamcumque[4] combinationem habeant aliquam identitatem, proportiones tamen vel similitudines sub diversa combinatione specifice differre[5] possunt.

<1.3.2.5> Contra illud: quod similitudo ista non sit causa apparentiae.

<1.3.2.5.1> Nam causa apparentiae loci in dictione obicitur sensui; haec[6] similitudo non; igitur etc.

Maior patet. Nam loci in dictione sumunt principium apparentiae a parte vocis; vox est qualitas[7] sensui inferens passionem; <igitur etc.>

Minor patet. Nam ista, quae obiciuntur sensibus[8], solum sunt[9] qualitates sensibiles primae (ut calidum[10]), vel secundae, vel aliae qualitates, quae[11] ab istis oriuntur et <ad> istas[12] reducuntur; <haec similitudo non est huiusmodi; igitur etc.> – Minor patet. Nam haec similitudo est relatio, sicut[13] omnis similitudo, ut videtur, attribuitur relationi; non igitur est qualitas.

<1.3.2.5.2> Item: Quod similitudo <non> sit causa apparentiae, ostendo. Nam similitudo est deceptio inter orationem compositam et divisam; vel igitur ratione materialium vel prolationis (non enim sunt plura in oratione prolata).

Non ratione primi, quia ratione materialium est identitas simpliciter[14], et per consequens[15] non est similitudo, cum similitudo est[16] a qualitatibus diversis secundum numerum in specie[17] convenientibus.

---

[1] ad] et **C**
[2] scilicet] sed **C**
[3] duorum] istorum **C**
[4] quamcumque] quamquam **C**^{ac}
[5] differre] defere **C**
[6] haec] huic **C**
[7] qualitas] sensi *add.* **C**^{ac}
[8] obiciuntur sensibus] obicitur sensubus **C**
[9] sunt] significat **C**
[10] calidum] cadcum *ut videtur* **C**
[11] quae] quia **C**
[12] istas] istis **C**
[13] sicut] igitur *ut videtur* **C**
[14] simpliciter] similiter **C**
[15] consequens] compositionem **C**
[16] est] *om.* **C**^{ac}
[17] specie] speciem **C**

Nec ratione secundi. Nam prolationes omnino sunt diversae et non convenientes, cum¹ una sit continua et alia sit discontinua.

<1.3.2.5.3> Item: Quaero de similitudine: De quo capit speciem? Non a materialibus, quia ipsa sunt eadem simpliciter², et ab eodem non possibile <est> diversas similitudines secundum speciem accipere speciem et entitatem. Nec a prolationibus propter hoc, quod dictum est. Nam prolationes sunt diversae compositionis <et> divisionis.

<2.> Ad oppositum est Aristoteles.[a]

<3. Responsio ad quaestionem.>

<3.1> Ad quaestionem dicendum est, quod³ ad hoc, <quod> loci sophistici specifice⁴ distinguuntur, sufficit distinctio specifica inter eorum causas⁵ apparentiae secundum Alexandrum;[b] sed causae apparentiae istarum⁶ fallaciarum specifice distinguuntur; ideo etc.

<3.2.1> Propter tamen rationes intelligendum est, quid oportet esse ratione⁷ subiecti illius similitudinis, quae est <causa> apparentiae⁸ compositionis, et etiam, quid <se> habet ratione termini eiusdem similitudinis, et etiam de similitudine, quae est causa apparentiae divisionis.

---

[a] Cf. Arist., *De soph. el.* 4, 165b 24–27.
[b] Cf. supra, q. 3, § 2.

---

¹ cum] *iter. ut videtur* C
² simpliciter] similiter C
³ quod] sic *add.* C
⁴ sophistici specifice] specifici sic C
⁵ inter – causas] interimens causam C
⁶ istarum] isarum C
⁷ ratione] rationes C
⁸ apparentiae] apparentia C

Pro quo est intelligendum, quod in oratione prolata continue, quae repraesentat sensum compositum, contingit plura consignificare, puta ipsa materialia secundum se et ipsa materialia sub respectu ad ipsam prolationem continuam, qui[1] quidem respectus vocitari potest 'habilitas'[2] in materialibus;[a] <et> respectu talis formae proferendi[3] contingit aliud consignificare, scilicet ipsam prolationem secundum se.

<i.> In materialibus secundum se non fundatur similitudo, cum significata circumscripta a prolatione ista et a respectu vel habilitate ad ipsam prolationem eadem sunt, et per consequens non sunt proprie similia.

<ii.> Nec in prolatione potest fundari similitudo secundum se accepta, <quia> ipsa prolatio continua distinguitur a prolatione discontinua, et per consequens in ipsa non est similitudo respectu alterius prolationis sufficiens ad causam apparentiae.

Ideo dicendum est, quod nullum istorum est[4] absolute <subiectum> nec terminus similitudinis, quia, <quod> subiectum unius[5] similitudinis est, ut causa apparentiae compositionis, illud idem est terminus alterius similitudinis (et e converso), qui[6] est causa apparentiae divisionis.

<iii.> Subiectum igitur similitudinis orationis prolatae continue[7] ad orationem divisam nihil aliud est quam ipsa materialia non absolute sumpta, sed sub respectu vel habilitate ad prolationem continuam. Et terminus eius similitudinis sunt ipsa materialia sub respectu <vel> habilitate[8] ad orationem vel /160vA/ prolationem discontinuam.

---

[a] Eo termino: 'habilitas' utuntur, e. g., Simon de Fav., *Qq. in De soph. el.*, qq. v. 23 sq.; inc. auct., *Qq. in De soph. el.*, q. 827.

---

[1] qui] quae **C**
[2] habilitas] abillitas *(sic passim)* **C**
[3] proferendi] proferendae **C**
[4] est] a()d *i. e.* aliquid *add.* **C**
[5] subiectum unius] solum uius **C**
[6] qui] quae **C**
[7] continue] compositae **C**
[8] habilitate] habilitatis **C**

Similitudo autem <orationis continuae ad> discontinuam – non ut sub prolatione prolata, sed habitudine vel habilitate vel respectu determinato ad prolationem continuam, et eadem sunt materialia sub respectu ad prolationem discontinuam – est causa apparentiae compositionis, et similitudo vice[1] versa est causa apparentiae divisionis. Quae similitudines differunt sicut proportio[2] duorum ad unum <et proportio unius ad duo>, sicut dictum est.[a]

<3.2.2> Et aliud est sciendum: quod multiplicitas actualis[3] in oratione tantum constituit[4] unam fallaciam, licet non sic sit de multiplicitate potentiali in oratione.

Et ratio haec est: Nam multiplicitas actualis est ex hoc, quod oratio[5] sub una forma proferendi plures[6] sententias repraesentat, et ideo inter orationem sic prolatam et[7] aliquid aliud non est ponenda[8] similitudo talium. Sed in multiplicitate potentiali oratio sub diversa forma proferendi et diversa diversos sensus repraesentat; ad quas diversas formas ipsa oratio diversum habet respectum; sub quibus respectibus possunt in materialibus diversae similitudines[9] significari; quae similitudines sunt causae apparentiae distinctae. Sed cum actualis multiplicitatis[10] tantum sit una forma in materialibus, respectu formae proferendi[11] tantum erit unus respectus; ideo inter materiam sub isto respectu et materiam sub alio respectu non est similitudo, cum alius[12] respectus non sit, in quo similitudo possit fundari.

---

[a] Vide supra, § 1.3.2.3. – Hanc opinionem recitat et refutat Simon de Fav., *Qq. in De soph. el.,* q. v. 23, 73–86 (pp. 91 sq.).

---

[1] vice] via **C**
[2] proportio] d *add. in fine lineae (dittogr.)* **C**
[3] actualis] quod *add.* **C**
[4] constituit] constituat **C**
[5] oratio] ratio **C**
[6] plures] pluras **C**
[7] et] sic **C**
[8] ponenda] ponendo **C**
[9] similitudines] signas *ut videtur* **C**
[10] actualis multiplicitatis] actuale multiplicitate **C**
[11] proferendi] proferendae **C**
[12] alius] a()is *i. e.* aliquis **C**

<4. Ad argumenta in primam partem facta.>

<4.1: Ad 1.2> Et per hoc patet ad secundum argumentum. Tunc¹ ad formam rationis dici potest, quod non oportet, quamquam sit tantum² una ratio multiplicitatis³ in oratione actualis et una fallacia penes istam multiplicitatem in oratione – non oportet, quod sic sit⁴ de potentiali multiplicitate; et dicta causa est.

<4.2: Ad 1.1> Ad primum argumentum dictum est.ª Ad formam dicitur, quod non sequitur: 'Penes accentum est una fallacia tantum operans potentialem multiplicitatem in dictione, igitur penes compositionem et divisionem tantum in oratione⁵ erit fallacia una', sicut⁶ dictum est.ᵇ

<4.3: Ad 1.3> Ad tertium⁷ patet, sicut dicebatur.ᶜ

<4.3.1: Ad 1.3.2.1–5> Ad primum contra hoc et ad rationes omnes in oppositum patet per ea, quae dicta sunt in positione.ᵈ

<Quaestio 16>

Quaeratur: Utrum eadem sunt materialia in sensu composito et in sensu diviso?

<1. Argumenta in unam partem.>

Et quod non, probo.

ª Vide supra, §§ 1.1.1; 3.2.1.iii.
ᵇ Vide supra, § 1.1.1.
ᶜ Vide supra, § 1.3.1.
ᵈ Vide supra, §§ 3.2.1–2.

---

¹ tunc] *om.* **Cᵃᶜ**
² tantum] tamen **C**
³ multiplicitatis] multiplicitas **C**
⁴ sit] erit **C**
⁵ oratione] una *praem.* **Cᵃᶜ**
⁶ sicut] sic **C**
⁷ tertium] *lectio dubia* **C**

<1.1> Nam sic dicto: 'Omnis homo, qui est albus, currit', haec propositio distinguenda est secundum compositionem et divisionem; non tamen[1] eadem sunt[2] materialia in sensu composito et in sensu diviso; igitur etc.
Probatio assumpti: Nam sensus divisus est iste: 'Omnis homo currit, et iste est albus'; sensus compositus est iste: 'Omnis homo, qui est albus, currit.' In quibus non sunt eadem materialia; igitur etc.
<1.1.1> Huic dicitur, quod ad identitatem materialium sufficit identitas vocis; quia igitur eadem est vox utroque sensu, ideo eadem sunt materialia.
<1.1.2> Contra illud: In proposito non est eadem vox.
<1.1.2.1> Nam hoc pronomen: 'iste' est unum materiale in sensu diviso et non ingreditur sensum compositum.
<1.1.2.2> Item quaero: Quid <est> illud, a quo dicitur haec identitas materialium in utroque sensu? Vel est vox ipsa vel significatio (non enim sunt plura in oratione prolata).
<i.> Si sit vox, contra: Tunc significatio esset formale respectu vocis, et per consequens nulla una vox posset repraesentare plura significata; quod est impossibile. – Consequentia patet. Nam impossibile est plures formas simul perfecte eandem materiam numero <habere>; si tunc significatio esset forma vocis, non esset possibile plures significationes per unam vocem numero repraesentare simul.
<ii.> Si significatio sit materiale, tunc potest[3] argui sicut prius: quod[4] non sunt eadem materialia, cum aliud <sit> significatum incomplexi[5] in sensu composito et in sensu diviso. Nam aliud significat hoc[6] relativum: <'qui'>, prout tenetur relative, prout sumitur in sensu diviso, et, prout sumitur implicative in sensu composito.
<1.2> Item ad principale: Haec est distinguenda secundum compositionem et divisionem: 'Omne animal esse hominem est falsum'; et non eadem materialia in utroque sensu; igitur etc.

---

[1] tamen] tantum C
[2] sunt] sint C
[3] potest] oportet vel *praem.* C
[4] quod] quae C
[5] incomplexi] in complexione *ut videtur* C
[6] hoc] haec *ut videtur* C

Maior patet, cum omnis talis¹ propositio sit <sic> distinguenda (per regulam communem), in qua modus nominalis de dicto enuntiatur² propositionis;ᵃ cuiusmodi <modi> nominales sunt isti: 'verum' et 'falsum'.

Minor patet. Nam in sensu composito hoc pronomen: 'haec'³ est subiectum propositionis. Iste enim est sensus: 'Haec est falsa: ›Omne animal est homo.‹'

<1.3> Praeterea: Haec est distinguenda: 'Omnis propositio vel eius contradictoria est vera.' Ubi tamen sumitur haec dictio: 'vel' <sine> distributione⁴ in sensu diviso, et diversimode sumitur sub distributione⁵ in sensu compositoᵇ – quod non esset, si eadem essent materialia in sensu uno et alio.

<1.4> Item: Haec est distinguenda secundum compositionem et divisionem: 'Album esse nigrum est possibile', cum tamen⁶ non sint eadem materialia in sensu composito et diviso. Oportet enim sumere extrema pro forma et secundum intellectum distinctum in sensu diviso, pro subiecto vel pro toto aggrega<to et secundum intellectum indistinctum in sensu composi>to – quae non faciunt eadem materialia, sicut nec alba res et albedo.

<2. Ad oppositum.>

Ad oppositum est Aristoteles volens, quod in compositione et divisione est potentialis multiplicitas; quae quidem multiplicitas potentialis sumitur ex identitate materialium diversimode existente in forma proferendi; /160vB/ igitur etc.ᶜ

ᵃ Cf. Ricardus Sophista, *Abstractiones*: "... cum omnis sermo sit multiplex secundum compositionem et divisionem, in quo ordinatur modus nominalis cum dicto"; Burlaeus, *De puritate artis logicae tract. brevior* I, ii, p. 239, 22–24: "... notandum pro regula, quod, quandocumque modus modalis <*recte:* nominalis> ordinatur cum dicto, multiplex est locutio secundum compositionem et divisionem. In sensu composito praedicatur modus ...; sed in sensu diviso est modalis ..."

ᵇ Cf. Burlaeus, loc. cit., p. 244, 1–10.

ᶜ Aristoteles non loquitur de possibili multiplicitate; sed cf. 'Alex.', *In De soph. el.*, fragmenta ad *De soph. el.* 4, 165b 27–30 spectantia, pp. 395–427.

---

¹ omnis talis] *inv.* C
² enuntiatur] no... Cᵃᶜ
³ haec] hoc C
⁴ distributione] dis()ne *i. e.* disiunctione C
⁵ sumitur sub distributione] mutatur sub disiunctione C
⁶ tamen] tantum Cᵃᶜ

<3. Responsio ad quaestionem.>

<3.1> Ad quaestionem potest dici, quod eadem sunt materialia in sensu composito et in sensu diviso. Nam propter hoc est multiplicitas potentialis, quae distinguitur ab actuali multiplicitate, quia in multiplicitate actuali manet oratio eadem secundum materialia et formalia, prout repraesentat unam sententiam et[1] aliam, sed in multiplicitate potentiali tantum sunt[2] eadem materialia, prout oratio unum sensum repraesentat, et forma, quae est modus proferendi, est alia et[3] alia.

<3.2> Propter rationes tamen intelligendum est, quod 'materialia'[4] in sensu composito et diviso non dicuntur significata nec complexi nec incomplexi, sed 'materialia' dicuntur litterae et syllabae dictionis, quae eaedem sunt sub quacumque prolatione. Significatio enim non est materiale (nec[5] formale, ut ad propositum spectat formale; immo formale, ut sic, est modus proferendi). – Quod non sit materiale, patet. In actu enim penes diversum sensum, licet maneant[6] eaedem litterae et syllabae, non tamen manet eadem[7] significatio.

Et ideo, sicut in multiplicitate huius dictionis: 'metuo'[a] solum manent litterae et syllabae eaedem in quolibet sensu, et non significatio (significatio enim non manet[8] in actu), sed litterae et syllabae habent rationem[9] materialem, et modus[10] proferendi rationem[11] formalis – sic in compositione et divisione nec significatio complexi nec incomplexi habet rationem[12] formalis et[13] materialis, sed <materialia in> dictione litterae sunt <et> syllabae, et modus proferendi habet rationem formalem.

---

[a] Cf. infra, notabilia de fallacia accentus inter quaestiones 17 et 18 inserta, §§ 1 et 2.1.

---

[1] sententiam et] formam ad C
[2] sunt] v *add.* C
[3] et] ad C
[4] materialia] sunt *add.* C
[5] nec] et C
[6] maneant] manifestant C
[7] eadem] edem *i. e.* eaedem C
[8] non manet] est materiale C
[9] rationem] rem C
[10] modus] modum C
[11] rationem] rationes C
[12] rationem] res C
[13] et] *om.* C[ac]

<3.2.1> Dicetur: In quolibet composito necesse est unum habere rationem formalem et <unum> rationem[1] materialem; quia oratio est quid compositum artificiatum ab intellectu ex voce et[2] significatione, igitur, cum vox sit substantia et materia orationis[3] prolatae, oportet significationem esse formam.

<3.2.2> Dicendum, quod forma prolatae orationis duplex est: intrinseca et extrinseca. <Forma primo modo dicta est significatio, quae est orationi intrinseca. Forma secundo modo dicta est orationi extrinseca;> et iste est modus proferendi. De forma autem secundo modo dicta loquor[4] ad praesens. A diversitate[5] enim talis formae et identitate materialium sumitur potentialis multiplicitas.

<4. Ad argumenta in primam partem facta.>

<4.1> Ad primum argumentum dicendum est, quod haec est distinguenda: 'Omnis homo, qui est albus, currit', etc., et eadem sunt materialia. Et, cum accipiuntur[6] materialia in sensu diviso, ingreditur hoc, quod est: 'et iste'.

Dicendum pro isto, quod materialia dupliciter possunt intelligi: vel sic, quod oratio multiplex utramque sententiam repraesentans secundum se accepta eadem habet materialia, ut unam[7] sententiam repraesentat et aliam; vel ita, <quod,> quando dicitur[8] ad diversos sensus, sunt eadem materialia in his diversis sensibus.

---

[1] rationem] rem C
[2] et] ad C
[3] materia orationis] materiae vocis C
[4] loquor] loquor *vel* loquitur C
[5] a diversitate] ab identitate C
[6] accipiuntur] acci()tur *i. e.* accipitur C
[7] unam] unna C
[8] dicitur] diceretur C

Primo modo sunt eadem materialia in compositione sicut in amphibolia et aequivocatione; secundo modo in nullo istorum trium sunt eadem materialia, nec isto secundo modo fit quaestio. In aequivocatione enim, si accipiatur multiplex determinate in altero sensu, non sunt materialia <eadem> in sensibus; alia enim materialia sunt hic: 'Animal latrabile currit', et 'Caeleste sidus currit'. Primo[1] modo tamen eadem sunt materialia. Nam, sicut haec: 'Canis currit', sub istis materialibus eisdem repraesentat quodlibet suum significatum, sic et haec: 'Omnis homo, qui est albus, currit', sub esse, quod habet inspecifice sub eisdem materialibus, quamquam illis sensibus expressis tenentur nova materialia. Nam sensus compositus[2] est iste: 'Omnis homo ens albus currit', et sensus divisus iste: 'Omnis homo currit, et iste est albus.'
<4.1.1> Si dicatur: 'Homo, qui est albus' et 'homo ens albus' non possunt esse idem, cum hoc verbum: 'est' importet distantiam et 'ens' solam unionem actus cum substantia – dicendum, quod ipsa sunt idem, sicut circumloquens et circumlocutum.
De modo tamen circumlocutionis est intelligendum, quod in hoc verbo: 'est' sunt duo et in relativo 'qui' alia duo consimilia, videlicet materiale et formale. Materiale in verbo est actus vel unio ipsa, formale est modus distantis. Materiale in hoc, quod est 'qui', est substantia mera, quam designat quodlibet pronomen, formale autem qualitas, quam sibi acquirit per relationem. Et utrumque istorum quandoque accipitur sub ratione formali, quandoque sub ratione materiali. Sub ratione formali sumitur hoc verbum: 'est' in compositione formali, ubi extrema distant et non faciunt unum conceptum simplicem. Et hoc relativum: 'qui' sumitur formale, quando tenetur relative. Hoc verbum: 'est' sumitur sub ratione materiali in eo, quod causat in compositione materiali, et haec dictio: 'qui' similiter, quando[3] tenetur implicative.
Ex his ad propositum. In isto sensu composito: 'Omnis homo, qui est albus, currit', sumitur 'qui' implicative, et per consequens pro substantia ipsa, non pro re, quam refert formaliter; et hoc verbum: 'est' pro materiali in ipso, puta pro actu. Ex illis duobus habentur[4] ista simul: actus et substantia; sed haec duo sunt simplex: sunt actus unicus substantiae; actus autem unicus substantiae facit significatum participari.

---

[1] primo] secundo C
[2] compositus] composito C
[3] quando] quandoque C
[4] habentur] e *add.* C^{ac}

<4.1.2> Et si dicatur: Manet hoc verbum: 'est', igitur modus significandi /161rA/ specificus, qui¹ est modus distantis – conceditur², quod, sicut manet hoc verbum: 'est', sic modus eius specificus manet materialiter ita, quod †consimiliter <verbum> sumitur³ pro re istius, quae⁴ materiale est in ipso, et modus eius, qui est formale, in ipso sensu se† concomitatur⁵ materialiter. Sed modus distantis sic concomitans⁶ materialiter non causat distantiam specifice unius extremi. Unde ad formam dicendum, quod distantia verbi⁷ materialiter sumpta non impedit unitatem extremorum⁸, sed solum ipsa sumpta formaliter – et sic sumitur, si⁹ verbum sumitur †pro re istius tamquam per illud formale†.

<4.2> Ad aliud dicendum, quod haec est distinguenda secundum compositionem et divisionem: 'Omne animal¹⁰' etc. <In sensu diviso et in sensu composito> modus expressus in se vel in suo nominali¹¹ ostenditur cum dicto propositionis in ratione <attributi>¹² vel appositi secundum vocem – et eadem sunt materialia in utroque sensu.

Et, cum accipitur: 'Sensus compositus¹³ est iste: ›Haec est falsa: »Omne animal est homo«‹', concedatur; nec oportet, quod in propositione sensus multiplicis sit identitas materialium eadem, quae est in aliquo sensu, sed sufficit, quod prolatio utrumque sensum repraesentans¹⁴ accepta¹⁵ secundum se habeat¹⁶ eadem materialia, prout utrumque sensum designat¹⁷.

<4.3> Ad aliud dicendum, quod eadem¹⁸ sunt materialia, licet haec dictio: 'vel' <diversimode sumatur> in uno sensu et in alio, quia identitas significati non requiritur ad identitatem materialium.

---

¹ qui] quae C
² conceditur] concedetur C^ac
³ sumitur] *verbum dubium (fort.* formantur*)* C
⁴ quae] quam *vel* qua C
⁵ concomitatur] componitur C
⁶ concomitans] comp C^ac
⁷ verbi] id est *add.* C
⁸ extremorum] extremi C
⁹ si] quod C
¹⁰ animal] currit *add.* C
¹¹ nominali] convertibili *ut videtur* C
¹² ratione <attributi>] re *lacuna sequente* C
¹³ compositus] compositi C
¹⁴ repraesentans] utrumque sensum praepraesentet *add.* C
¹⁵ accepta] p()p()a *i. e.* propterea *ut videtur* C
¹⁶ habeat] habent C
¹⁷ designat] designant C
¹⁸ eadem] iadem C

<4.4> Ad aliud dicendum: Quando dicitur: 'Album esse nigrum est possibile', dicendum est, quod hoc¹: 'album esse nigrum' est distinguendum multiplici² distinctione.ª

<i.> Primo ex hoc, quod extrema proposita³ accidentalia sumi possunt pro forma vel aggregato ex forma et subiecto, et hoc est sub aliis verbis, quod possunt⁴ sumi secundum intellectum distinctum vel⁵ indistinctum.
Possibilitas huius distinctionis patet per Commentatorem super primum *Physicorum*ᵇ et etiam in quinto *Metaphysicae*ᶜ (et in septimo⁶),ᵈ ubi redarguit⁷ Avicennam, qui posuit terminum concretum accidentalem primo significare subiectum et ex consequenti accidens – dicens, quod e converso debet esse. Quod ipse sic probat: 'Hoc est corpus album.' Si 'album' primo significaret subiectum (et non solum ex ratione visus), et aliud adhuc posset exprimi subiectum; et ita⁸ bene diceretur: 'Hoc est corpus corpus album', et sic <in> infinitum,ᵉ quia, quod distincte et primo significat aliquid⁹, ipsum significat quocumque alio cum ipso expresso, licet non sic sit, <si> indistincte significat aliquid¹⁰ illud, quod distincte solum datur intelligi.

<ii.> <Alia distinctione hoc: 'album esse nigrum' distinguendum est secundum compositionem et divisionem. –

ª Hanc solutionem aliquantulum abbreviatam invenias apud eundem Burlaeum, *De puritate artis logicae tract. brevior* I, ii, pp. 230 sq.
ᵇ Cf. Averr., *In Phys.* I, § 25 (ad *Phys.* I 3, 186a 22–32): "... 'album' significat albedinem et recipiens albedinem ..."
ᶜ Cf. Averr., *In Metaph.* V, § 14 (ad *Metaph.* V 7, 1017a 22 – b 8), 86–94 (pp. 130 sq.).
ᵈ Locum non inveni; sed cf. Averr., *In Metaph.* VII, § 20 (ad *Metaph.* VII 6, 1031a 15 – b 15).
ᵉ Cf. Averr., loc. cit. (supra, nt. c), 91–94 (p. 131): "... tunc idem esset dicere: 'Socrates est albus', quod dicere: 'Socrates est corpus album', et idem esset dicere 'corpus album' et 'corpus <supple: corpus> album', et sic in infinitum, quoniam, cum dixerimus hoc vocabulum: 'album', collocabitur in eo corpus."

---

[1] hoc] haec C
[2] multiplici] multiplice C
[3] proposita] p()p()a i. e. propria *ut videtur* C
[4] possunt] potest C
[5] vel] et C
[6] septimo] actavo (!) Cᵃᶜ
[7] redarguit] redarguat C
[8] ita] iste C
[9] aliquid] ad C
[10] aliquid] ad C

Per hoc ad propositum dicendum, quod hoc: 'album esse nigrum', si accipiatur> sumptis extremis distincte[1], nullum sensum verum permittit[2]; si indistincte, distinguendum est secundum compositionem et divisionem.
Et in sensu[3] composito falsa est. Tunc enim est †significare, et non monstratur proprie†, et tunc iste est intellectus: 'Haec est possibilis: ›Album est nigrum.‹'
In sensu diviso distinguendum est ultra eo, quod extrema possunt accipi sub[4] acceptione, quod est, vel, quod potest esse. Et quomodo sic distinctae propositiones sunt, et hoc verae, patebit. Et sic patet hoc argumentum.

<Quaestio 17>

Quaeratur de veritate huius: 'Impossibile potest esse verum.'

<1. Rationes in unam partem.>

Et quod sit vera, probo:
<1.1> Quia, quod potest esse impossibile, potest esse verum; igitur impossibile potest esse verum.
Antecedens est verum, quia, quod potest esse <im>possibile, non est actu impossibile, et, quod non[5] est actu impossibile, cum est possibile, omne[9] tale potest esse verum. – Consequentia patet, quia terminus supponens verbo potentiae supponit pro eo, quod potest esse.
<1.2> Praeterea: Verum potest esse impossibile, igitur impossibile potest esse verum.

---

[1] distincte] distinctis **C**
[2] permittit] permuttit *vel* permuttat **C**
[3] sensu] sensi **C**
[4] sub] ac *add. (dittogr.)* **C**
[5] quod non] quidem *vel* quoddam **C**
[9] omne] o()e *i. e.* omne *vel* e()e *i. e.* esse **C**

Consequentia patet, quia propositio de possibili affirmativa potest converti in terminis, et quocumque modo sit[1] possibile, semper potest propositio affirmativa converti. – Antecedens patet, quia aliquid, quod[2] est verum, potest esse impossibile.

<2.> Ad oppositum.

<2.1> Impossibile privat omnem potentiam; igitur, si posset esse verum, illud, quod non potest[3] esse, posset[4] esse.
<2.2> Item: Cuius actus est impossibilis, et potentia ad illum[5] actum non est possibilis; sed iste actus est impossibilis: 'Impossibile est[6] verum'; igitur non est <potentia> possibilis[7] ad illum actum. Prima igitur propositio significans potentiam ad illum actum est impossibilis.

<3. Responsio prima.>

Ad problema dici potest, quod est distinguendum secundum compositionem et divisionem.
<i.> In sensu composito falsa est, quia tunc virtute continuae prolationis intelliguntur extrema pro se ipsis, et, quia non est distinctio[8] inter potentiam[9] et actum, ideo intellectus intelligit 'impossibile' eodem modo respectu[10] actus et potentiae – et quia respectu potentiae stat pro toto, ideo respectu actus intelligitur totum. Et causa est: quia non est distinctio[11] in sermone inter potentiam et actum, quae[12] continuatur per prolationem.

---

[1] modo sit] *inv.* **C**
[2] quod] non *add.* **C**
[3] potest] est **C**^{ac}
[4] posset] possit **C**
[5] illum] illud **C**
[6] est] *om.* **C**^{ac}
[7] possibilis] possibile **C**
[8] distinctio] divisio **C**
[9] potentiam] potentia **C**
[10] respectu] respectum **C**
[11] distinctio] divisio **C**
[12] quae] quae *vel* quia **C**

<ii.> In sensu diviso est vera, quia ex discontinua prolatione accipitur 'impossibile' uno modo respectu actus et alio modo respectu potentiae. Totum est¹ respectu actus subiectum, et hoc permittit propositio. –
Causa huius² distinctionis non est prolatio penitus, sed secundum †relationem exprimunt sensus†³ est in materialibus secundum se potentia ad distinctionem. Dicitur tamen, quod non in sensu composito, cuius⁴ iste intellectus: 'Impossibile esse verum est possibile', et tunc propositio de inesse.
Et sicut est de ista propositione, sic est de qualibet alia dicendum <de possibili> secundum⁵ compositionem et divisionem, quia: In sensu composito est propositio de inesse; quia tunc totum dictum supponit et est in ratione subiecti⁶, ideo oportet, quod 'possibile' sit in ratione attributi. In sensu diviso est propositio modalis, et tunc 'possibile' est⁷ modus. Et sic propositio habet acceptiones duas.

<4. Ad rationes in utramque partem factas: Refutationes secundum responsionem primam.>

<4.1.1: Ad 1.1> Ad primam negatur consequentia accipiendo consequens in sensu⁸ composito, quia sic non habet acceptionem istam.
<4.1.2: Ad 1.2> Ad secundam dicitur, quod maior est falsa sensu composito, sicut conclusio. /161rB/
<4.2.1: Ad 2.1> Ad primum in oppositum dicitur, quod, licet impossibile privet omnem potentiam⁹, virtute tamen¹⁰ discontinuae¹¹ prolationis accipitur pro subiecto, et a subiecto non privatur omnis potentia, licet a subiecto informato privetur omnis potentia.
<4.2.2: Ad 2.2> Ad secundum dicitur, quod iste actus non est eius in sensu diviso.

---

¹ est] et **C**
² causa huius] *inv.* **C**
³ relationem – sensus] *locus corruptus debet sic intelligi:* quod prolatio distinguit materialia et exprimit sensus, et *(cf. infra, § 7.2.2.1.ii)*
⁴ cuius] *lectio incerta (fort.* est) **C**
⁵ secundum] *lectio incerta* **C**
⁶ subiecti] suppositi **C**
⁷ possibile est] potest esse **C**
⁸ in sensu] *iter.* **C**
⁹ potentiam] potentialem **C**
¹⁰ tamen] tantum **C**
¹¹ discontinuae] disconvenientiae **C**

<5. Rationes contra responsionem primam.>

Contra ista:
<5.1> Videtur, quod propositio sit modalis in sensu composito, quia:
<5.1.1> Omnis propositio de inesse habet aliquam de possibili, quia omnis actus est terminus potentiae; haec est propositio de inesse: 'Impossibile est verum'; igitur habet aliquam de possibili. Ista propositio de possibili aut accipitur in sensu composito aut in sensu diviso secundum, quod correspondet actui^1. Tamen non potest dici, quod in sensu diviso, quia in sensu diviso est propositio de possibili vera, ut dictum est,[a] et non potest actus esse impossibilis et tamen propositio de possibili vera esse^2; igitur erit in sensu composito; et de possibili est; igitur erit modalis in sensu composito.
<5.1.1.1> Huic dicitur: Nego maiorem propositionem, quia^3 non oportet, quod potentia correspondeat actui, si actus sit impossibilis; sed maior est vera, si actus sit verus.
<5.1.1.2> Contra illud: Quicquid est possibile significare per propositionem de praesenti, possibile significare possibiliter per propositionem de possibili; sed haec propositio: 'Impossibile est verum', significat extrema uniri pro praesenti; igitur possibile significare istam unionem esse possibilem per aliquam de possibili.
<5.1.1.3> Nec valet dicere, quod 'actus est impossibilis, ideo non potest potentia significari^4', quia: Etsi in re numquam sit impossibile verum, potest tamen significari^5 impossibile esse verum; igitur^6 potest significari^7 impossibile posse esse verum.^{8}

---

[a] Vide supra, § 3.ii.

---

^{1} actui] actu C
^{2} esse] est C
^{3} quia] quod C
^{4} significari] significare C
^{5} significari] significare C
^{6} igitur] si *add.* C
^{7} significari] significare C
^{8} impossibile – verum] verum possibile esset impossibile C

<5.1.1.3.1> Illud confirmatur¹: Possibile est apud intellectum, quod intelligatur² impossibile uniri³ cum vero mediante nota possibilitatis⁴, et simul haec intelligatur aliquo modo; igitur possibile significare hoc per aliquam de possibili, ubi 'possibile' modificat unionem prius intellectam.

<5.1.2> Item: Ad quamlibet propositionem de inesse sequitur aliqua de possibili, quia sequitur: 'Hoc est, igitur potest esse'; et ad quodlibet esse sequitur aliquod possibile; igitur ad istam: 'Impossibile est verum', sequitur aliqua de possibili. Non potest illud sequi in sensu diviso, quia: Sicut actus sunt distincti⁵, ita et possibile; sed actus huius: 'Impossibile⁶ potest esse verum', est distinctus ab isto actu: 'Impossibile est verum', accipiendo istam: 'Impossibile potest esse' etc., in sensu diviso; haec igitur in sensu diviso: 'Impossibile potest esse verum', non habet ordinem ad hunc actum: 'Impossibile est verum'; igitur, si sequeretur ad istum actum, erit in sensu composito. Et per consequens simul stant, quod sit in sensu composito et, quod sit de possibili, et per consequens modalis.

<5.1.2.1> Item: Possibile est, quod aliqua propositio sit in sensu composito impossibilis et in sensu diviso vera. Et e contra accipiatur⁷ aliqua propositio, quae sit in sensu composito vera, in sensu diviso impossibilis. In sensu composito est⁸ de inesse, igitur non potest sequi ad istam propositio de possibili in sensu diviso, et hoc in eisdem materialibus, quia per positionem antecedens est verum, consequens impossibile; et <quod> aliqua de possibili sequatur⁹ in eisdem materialibus, possibile est¹⁰; ex quo ista non est in sensu diviso, sed in sensu composito. Et per consequens est possibile¹¹, quod aliqua sit de possibili in sensu composito. Haec ratio est confirmatio praecedentis.

<5.1.3> Item: Si haec sit de inesse: 'Impossibile potest esse verum', sensu composito, igitur potest modificari¹², si addatur modus; igitur possum addere iterato 'potest' ad hoc totum: 'Impossibile potest esse verum'; et per consequens haec erit intelligibilis: 'Impossibile potest <posse> esse verum' – quod est impossibile.

---

¹ confirmatur] conformatur **C**
² intelligatur] *lectio dubia, fort.* -etur **C**
³ uniri] unire **C**
⁴ possibilitatis] possibiliter **C**ᵃᶜ
⁵ distincti] distinctii *ut videtur* **C**
⁶ impossibile] impossibili **C**
⁷ accipiatur] accipitur **C**
⁸ est] *om.* **C**ᵃᶜ
⁹ de possibili sequatur] impossibili sequitur *vel* dicitur **C**
¹⁰ est] igitur *add.* **C**
¹¹ possibile] de possibili **C**
¹² modificari] modificare **C**

<5.1.4> <Item:> Si hoc totum esset subiectum: 'Impossibile esse[1] verum', cum hoc totum non habeat aliquam communitatem (nec aliqua propositio indicativa habet communitatem ad supposita, quia nulla supposita habet, et per consequens nec[2] dictum suum habet communitatem), tunc non sequitur: 'Hoc impossibile potest esse verum, igitur impossibile[3] potest esse verum', quia[4] in consequenti[5] est hoc totum subiectum: 'impossibile esse verum', et in antecedenti[6] est subiectum: 'hoc impossibile esse <verum>', et non est ordo inter magis commune et minus commune inter ista duo. <Et sic> dato, quod totum dictum[7] sit subiectum, talis consequentia[8] deficeret in sensu composito, quae apparet esse necessaria.

<5.1.5> Item: Si in sensu composito hoc totum esset subiectum: 'impossibile esse verum', non esse<t> sensus compositus intelligibilis, quia hic non est aliquis sensus intelligibilis: 'Impossibile-esse-verum potest', nec erit aliquis intellectus, sed 'potest' resolvi[9] in suum participium debet et in[10] hoc verbum: 'est'. In istis igitur materialibus non est potentia ad istum <intellectum>, qui proponitur.

<5.1.5.1> Nec valet dicere, quod hoc verbum: 'potest' est idem quod 'possibile' in proposito, quia: Tunc posset dici, quod haec consequentia est logica: 'Socrates est, igitur Socrates est ens[11] secundum, quod <"ens"> est nomen', quia: Sicut se habet hoc verbum: 'potest' ad hoc, quod est: 'possibile', ita se habet 'esse' ad 'ens', quod est nomen; igitur, si posset dici, quod hoc verbum: 'potest' possit[12] resolvi in hoc[13], quod dico: 'possibile', quod est nomen, similiter posset dici, quod in hac propositione: 'Socrates est', possit[14] esse resolvi in 'ens'[15], quod est nomen.

---

[1] esse] est **C**
[2] nec] hic **C**
[3] impossibile] impossibili **C**
[4] quia] in- *add. in fine lineae (dittogr.)* **C**
[5] in consequenti] inconveniens **C**
[6] in antecedenti] *lectio dubia, fort.* ma()or *i. e.* maior **C**
[7] dictum] subiectum **C**
[8] consequentia] convenientia **C**
[9] potest resolvi] *inv.* **C**
[10] in] *om.* **C**[ac]
[11] est igitur Socrates est ens] est ens igitur Socrates est **C**
[12] possit] posset **C**
[13] hoc] p **C**[ac]
[14] possit] posset **C**
[15] ens] esse **C**

<5.1.6> Praeterea ad eandem conclusionem: Ubi est compositio et divisio, ibi materialia habent significatum, quia materiale non est vox tantum, sed vox cum significato. In compositione et divisione est identitas materialium. Ex hoc sic arguitur: Impossibile est aliquid habere unum significatum commune ad modum et ad rem; sed in sensu composito est hoc verbum: 'potest' in ratione attributi; igitur accipitur ut categorema[1] et non ut modus, cum[2] in sensu diviso est modus; igitur est aequivocatio ex parte huius, et per consequens non erit identitas materialium.

Maior patet, quia, si aliquid haberet significatum commune, et tamen illud idem posset[3] esse modus et res, illud /161vA/ igitur commune posset intelligi; aut igitur esset intellectum per modum absoluti aut compositi. Si primo modo, igitur accipitur[4] ab intellectu ut categorema, et per consequens non ut esse ad aliud.[5] Si secundo modo, accipitur ut modus, quia intelligere hoc, quod est, erit, ut ad alia[6] comparatur, hoc est intelligere, ut modificat aliquam compositionem. Sola igitur vox est communis ad ipsum[7] in eo, quod res est, et ad ipsum in eo, quod[8] modus est. –

Per hoc redarguuntur[9] rationes,[a] quia, si propositio sit modalis in sensu composito, igitur habebit acceptiones duas; et tunc sequitur: Quod potest esse impossibile, potest esse verum; igitur impossibile etc.

<5.2> Item: Quod in sensu composito sit propositio vera, ostendo. <…>

<5.3> <Item: Quod in sensu diviso sit propositio falsa, ostendo.> Haec est absolute necessaria: 'Impossibile est impossibile'; igitur impossibile non potest non-esse impossibile; igitur non potest esse verum; igitur etc.

<5.3.1> Ad istam rationem dici potest, quod haec est distinguenda: 'Impossibile non potest non-esse impossibile', secundum compositionem et divisionem. In sensu diviso est falsa, sicut prima propositio; in sensu composito vera, et secundum hoc sequitur conclusio.

---

[a] Vide supra, § 3.

---

[1] categorema] categremua vel categreuma *(sic passim)* C
[2] cum] .9. *i. e.* composit... C
[3] posset] potest C
[4] accipitur] accipiatur *ut videtur* C
[5] aliud] illud C
[6] alia] *lectio dubia, fort.* aliud C
[7] ipsum] tempus C
[8] in eo quod] quod in eo C; communi *add.* C[ac]
[9] redarguuntur] reduntur C

<5.3.2> Contra hoc: Ista †duo est esse†: 'Impossibile non potest non-esse impossibile', et: 'Impossibile determinate est impossibile'; igitur, quot sensus potest una propositio habere, tot sensus et reliqua; sed in una secundum responsionem[a] potest 'impossibile' accipi pro subiecto; igitur in alia. Ex quo sequitur, quod in sensu eodem <...>

<5.4.1> <...> istae duae sunt simul verae: 'De necessitate omnis homo albus est homo', et 'De necessitate omnis homo niger est homo', accipiendo utrumque in sensu diviso, quia homo inest homini de necessitate. Et si[1] illud concedatur, sequitur, quod haec erit necessaria: 'Omnis homo albus est homo', quia sequitur: 'De necessitate omnis[2] homo albus est homo, igitur omnis homo albus est homo.'

Antecedens est necessarium. – Consequentia probatur: quia ex opposito consequentis sequitur oppositum antecedentis: 'Aliquis homo albus non est homo', vel 'Non[3] omnis homo albus est homo'; igitur potest[4] non-esse hominem; et ulterius: igitur non omnis homo albus de necessitate est homo.

<5.4.2> Item: Hic non esset fallacia dictionis: 'Quicquid heri vidisti, hodie vides; album[5] heri vidisti; <igitur> etc.>, quia posset accipi pro subiecto.[b]

<5.4.3> Item: Haec non esset absolute vera: 'Omne album de necessitate est album', quia 'album' posset accipi pro subiecto. Et tunc sequeretur, quod ista consequentia non foret bona: 'Haec propositio est necessaria simpliciter, igitur est absolute vera omni modo necessitatis', quia haec est necessaria absolute: 'Album est album', et tamen tu distinguis istam: 'De necessitate album est album', et per consequens, si uno sensu[6] sit vera[7], alio sensu falsa, non est absolute vera omni[8] modo necessitatis.

---

[a] Cf. supra, §§ 3.ii et 4.2.1.
[b] Idem argumentum invenias apud Io. Scot., *Qq. in De soph. el.*, q. 26, p. 41a

---

[1] si] *om.* **C**ᵃᶜ
[2] omnis] *iter.* **C**ᵃᶜ
[3] non] *om.* **C**ᵃᶜ
[4] potest] non *praem.* **C**ᵃᶜ
[5] album] hominem *add.* **C**
[6] uno sensu] unus sensus **C**
[7] vera] e()a **C**
[8] omni] cum **C**

<5.5> Item: Quod propositio sit falsa sensu¹ diviso, videtur adhuc: In sensu diviso significatur potentia ad unionem aliquorum extremorum; sed subiectum impossibilitatis absque hac² forma non est in hac propositione, quia tunc non esset idem materiale in sensu composito et diviso. Si igitur significetur possibilitas³ ad unionem aliquorum extremorum, hoc erit ad istorum⁴ unionem: 'impossibile' et 'verum', quia non sunt alia extrema in ista propositione significata. Si igitur propositio sit vera, sequeretur, quod unio impossibilis cum vero sit possibilis, et ita aliquo tempore erit haec vera: 'Impossibile est verum.'
<5.5.1.1> Huic dicitur uno modo sic, quod unio huius cum isto est possibilis. Sed hoc potest esse vel pro se ipsis vel pro aliis. Pro se ipsis non <est> possibilis⁵. Et ideo possibilis <pro> aliis⁶ unio huius cum isto <est> per accidens, quia pro subiecto.
<5.5.1.2> Contra illud: Ex ista responsione sequitur, quod ista sit vera per accidens: 'Impossibile est verum', vel saltim⁷ aliquo modo possibilis, quia tu dicis, quod possibilitas attribuitur huic pro subiecto, et ista possibilitas est secundum alia⁸; igitur haec aliquo modo possibilis.
<5.5.2.1> Alio modo dicitur, quod non significatur potentia ad unionem istorum, sed ad unionem subiecti impossibilis cum vero.
<5.5.2.2> Contra:
<5.5.2.2.1> Ex isto sequitur, quod in sensu diviso non sit iste terminus: 'impossibile' loco unius extremi, quia 'impossibile' non⁹ significat subiectum impossibilitatis.
<5.5.2.2.2> Item: Ex ista responsione sequitur, quod sic dicto: 'Impossibile potest esse <im>possibile', non praedicatur idem <de> se ipso in sensu diviso, quia subiectum impossibilis hic supponit et 'impossibile' praedicatur.

---

¹ sensu] sensus C
² hac] *om.* Cᵃᶜ
³ possibilitas] possibilitates C
⁴ istorum] istam Cᵃᶜ, istarum Cᵖᶜ
⁵ possibilis] possibilitas C
⁶ aliis] alliis C
⁷ saltim] f()m *i. e.* falsum C
⁸ secundum alia] *fort. legendum* pro aliis *vel* secundum accidens
⁹ non] *om.* Cᵃᶜ

<5.6> Item: Quod propositio sit vera sensu composito, videtur sophistice: Omne possibile, quod est falsum, potest esse verum; sed[1] impossibile est possibile, quod est falsum, quia: Haec est falsa: 'Impossibile est possibile'; sed <si> propositio est falsa, praedicando 'falsum' de ista fit propositio vera (sicut hic: 'Hominem esse asinum est falsum'); <igitur> praedicando 'falsum' de ista: 'Impossibile est possibile', est propositio vera, scilicet[2], cum dicitur sic: 'Impossibile est possibile, quod est falsum.' <Igitur impossibile est possibile, quod est falsum; igitur impossibile potest esse verum.>

<6. Responsio secunda necnon refutatio eius.>

<6.1> Ad problema aliter potest dici, quod propositio est falsa simpliciter loquendo, quia impossibile privat omnem potentiam possibilitatis, et in nullo tali potest esse veritas – sive distinguatur secundum compositionem et[3] divisionem, sive non, semper est falsa.
<6.2.1> Contra istud potest sic argui: Sequitur: 'Hoc potest esse verum; hoc potest esse impossibile; igitur impossibile potest esse verum.' Praemissae possunt esse verae, ut, si dicatur: 'Me esse Romae est nunc impossibile, tamen potest esse verum'; igitur conclusio vera est.
<6.2.1.1> Huic potest dici: Licet praemissae inferant conclusionem, tunc oportet intelligere: 'pro eodem tempore'; et si sic, si una sit vera, reliqua erit incompossibilis sibi; et ideo simul esse verae non possunt secundum, quod inferunt[4] conclusionem. Si pro tempore diverso, praemissae nihil inferunt, et tunc aliae praemissae sunt verae <tem>poribus diversis.

---

[1] sed] omne *add.* C
[2] scilicet] sed C
[3] et] sive C
[4] inferunt] inferant C

<6.2.1.2> Contra hoc:
<6.2.1.2.1> Aristoteles dicit hanc esse veram in sensu diviso: 'Sedens potest ambulare'.ᵃ Sed non potest haec esse vera, quia possibile est Socratem ambulare. Nam non sequitur: 'Socratem ambulare est possibile, igitur sedens potest ambulare', quia oportet addere: 'Iam Socrates est sedens', vel: 'Socrates prout est sedens'.ᵇ Et tunc quaero: Aut accipiuntur ista duo pro tempore uno vel pro tempore diverso <et diverso>?
<i.> Si pro tempore uno, tunc una alteri est incompossibilis, sicut dicitur ex altera parte.
<ii.> Si pro tempore diverso et diverso, nihil verificant. –
Conclusio igitur ex praemissis non sequitur, nec verificari habet ex his in sensu diviso. <Igitur haec:> 'Sedens potest ambulare', nullo modo sequitur habita responsione.
<6.2.2> Item: Haec responsio non prohibet, quin haec sit vera: 'Verum[1] potest esse impossibile', quia verum non privat potentiam; et si sic, igitur sua conversa erit vera. Vel igitur erit veritas[2] pro subiecto vel pro praedicato. Quocumque modo fuerit[3], semper est haec aliquo modo vera: 'Impossibile /161vB/ potest esse verum[4].'
<6.2.3> Praeterea: 'Impossibile' est unus terminus communis, ut hic accipitur; sed terminus communis supponens verbo[5] potentiae habet duplicem acceptionem; igitur in ista potest accipi 'impossibile' pro eo, quod est[8], vel pro eo, quod potest esse <im>possibile – et tunc potest fieri argumentum principaleᶜ.

ᵃ Cf. Arist., *De soph. el.* 4, 166a 23–30.
ᵇ Cf., e. g., inc. auct., *Qq. in De soph. el.,* q. 829, p. 338, 45–48.
ᶜ Argumentum principale, hoc est: supra, § 6.2.1.

---

[1] verum] igitur C
[2] veritas] *fort. legendum* verum
[3] fuerit] fuerat C
[4] verum] vera C
[5] verbo] verbum C
[8] est] *intelligendum et fort. legendum* est <impossibile>

<7. Responsio tertia.>

<7.1> Aliter potest dici ad problema, quod haec propositio est vera: 'Impossibile potest esse verum', sensu diviso, quia in hac propositione non significatur nisi potentia unius ad alterum; sed illud, quod est in potentia, est impossibile vel verum; ideo propositio permittit[1] vel, quod verum accipitur primo loco et impossibile secundo loco, vel e converso; et, quia uno modo est veritas, et ideo propositio vera, igitur haec vera: 'Impossibile potest esse verum.'
<7.2.1> Contra illud:
<7.2.1.1> Secundum istam responsionem haec esset vera: 'Homo potest non-esse animal', quia posset habere istum sensum: 'Animal potest non-esse[2] homo', quia non[3] significatur potentia in ista propositione nisi unius ad alterum.
<7.2.1.2> Item: Universalis negativa de contingente[4] utrolibet[5] posset converti in terminis dato isto, quia: Haec propositio: 'Contingit nullum hominem[6] esse album[7]', non significat potentiam huius ad illud ita, quod hoc praecedit, illud[8] subsequitur[9] de virtute sermonis (quia tunc eodem modo faceret haec[10]: 'Impossibile potest esse verum'); permittit igitur, quod 'album' accipitur ut praecedens vel ut subsequens. Sicut igitur haec est vera: 'Impossibile potest esse verum', quia verum potest esse impossibile, et istum ordinem permittit sermo, ita haec: 'Contingit nullum hominem esse album', potest[11] esse vera, quia contingit nullum album esse hominem, cum istum ordinem permittat iste sermo: 'Contingit nullum hominem esse album.'
<7.2.2.1> Ad primam dicendum est, quod propositio est distinguenda secundum compositionem et divisionem. In sensu composito est propositio falsa et modalis, in sensu diviso propositio vera et modalis. – Distinctio sensuum est haec:

---

[1] permittit] permittitur C
[2] potest non-esse] non potest esse C
[3] non] *om.* C^{ac}
[4] contingente] contingenti C
[5] utrolibet] utrumlibet C
[6] nullum hominem] *inv.* C; nullum] omnem C^{ac}
[7] album] asinum C
[8] illud] quod *add.* C
[9] subsequitur] et *add.* C
[10] haec] hic C
[11] potest] non *add.* C

<i.> In sensu composito intelliguntur¹ extrema pro uno tempore et eodem, et potentia similiter et actus similiter, et in eodem. Et illud est de virtute continuae prolationis. Propter quam prolationem non permittit² propositio, quin accipiat<ur> extremum respectu potentiae uno modo, respectu actus alio modo, sed similiter intelligitur, sicut est de voce aequivoca³: Si velim proferre significata huius vocis: 'canis' sub ea ratione, qua per istam vocem importantur⁴, secundum, quod possum, non erit facere⁵ punctuationem in prolatione significatorum, sed oportet continuo proferre; et illud est, ut prolatio continua significet, quod ista simul sunt sub voce. Eodem modo est de prolatione sensus compositi.

<ii.> In sensu diviso virtute discontinuae⁶ prolationis movetur <intellectus> ex possibilitate in materialibus ad comprehendendum⁷ 'impossibile' respectu potentiae uno modo et respectu actus alio modo. Nec est ista distinctio tantum ex parte prolationis, sed ex parte materialium; tamen ex parte materialium, inquantum ista distinguuntur⁸, et ex parte prolationis, inquantum prolatio manifestat sensus actualitatis. Et ideo potentia erit ex parte materialium et actualitas ex parte prolationis; secundum quam actualitatem distinguit unum sensum ab alio.

In sensu tamen diviso intelligitur potentia in uno tempore et pro uno tempore, non tamen actus pro eodem significatur esse, sed significatur, quod in isto tempore sit potentia et pro isto⁹ sit potentia ad actum¹⁰, sed non significat potentiam ad actum pro isto tempore. Et ideo, quantum est ex parte actus, non determinatur, ut <sit vel ut> non sit, nec, ut in illo tempore sit. Et ideo potest intellectus accipere uno modo potentiam, alio modo actum, ratione cuius propositio est vera.

<7.2.2.2> <Et per idem patet ad secundam rationem.>

---

¹ intelliguntur] inte()tur *i. e.* intelligitur C
² permittit] permittis C
³ aequivoca] extrinseca C
⁴ importantur] importatur C
⁵ facere] non erit fa *add.* C
⁶ discontinuatione] disconvenientiae C
⁷ comprehendendum] inprehendendum C
⁸ distinguuntur] distinguitur C
⁹ pro isto] per istum C^ac
¹⁰ actum] actus C

<8. Ad rationes in utramque partem factas: Refutationes secundum responsionem tertiam.>

<8.1.1: Ad 1.1> Ad primam rationem dicendum est, quod terminus communis subsistens verbo potentiae ampliatur ad tempora et[1] non ad supposita – nec posita[2] sub communi per se nec per accidens. Et isto modo sunt istae acceptiones[3], quod potest esse impossibile, quod potest esse[4], et non illae acceptiones, quod[5] aliquid designatur nunc[6] esse in potentia, ut sit sub communi, quia semper est sub forma. Haec igitur est impossibilis: 'Quod potest esse impossibile, potest esse verum', si intelligatur ista acceptio et ampliatio ex parte temporis. Et similiter haec est falsa: 'Quod potest esse impossibile, non est actu impossibile', quia semper illud est sub communi, etsi semper non sit pro tempore isto[7], quia non semper illud tempus est.

Tunc ad formam rationis dicendum, quod ista: 'Quod potest esse impossibile' <etc.> – non est acceptio huius in sensu composito. Et quando dicitur: 'Supponit verbo potentiae', dicendum, quod, quando supponit verbo potentiae in sensu composito, supponit pro eo, quod potest subsistere, et non pro eo, quod potest esse sub communi. Et ideo haec est acceptio, qua potest habere[8] impossibile, quod potest esse, et haec est ita falsa, sicut altera.

<8.1.2: Ad 1.2> Ad secundam rationem dicendum est, quod antecedens est falsum in sensu composito.

<8.2.1: Ad 2.1> Ad <primum> argumentum in oppositum dicendum est, quod[9], licet 'in-' privet[10] omnem potentiam in impossibili per se, et ideo subiectum istius non possit[11] esse verum in isto sensu – sed non privat omnem potentiam in impossibili[12] per accidens, quia illud non est[13] per se impossibile, et, sicut aliquid est impossibile, ita potentia sua privatur, et non alio modo.

---

[1] et] non *add. in fine lineae (dittogr.)* C
[2] posita] positum C
[3] acceptiones] exceptiones C
[4] potest esse] est C
[5] acceptiones quod] exceptiones ut C
[6] nunc] hunc *vel* habent C; possibile *add.* C^{ac}
[7] isto] isti C
[8] habere] *fort. legendum* haberi
[9] quod] impossibile *add.* C^{ac}; *fort. solum* -possibile *expunxit*
[10] privet] privat C
[11] possit] potest C
[12] impossibili] impossibile C
[13] est] *om.* C^{ac}

<8.2.2: Ad 2.2> Ad aliam rationem dicendum est, quod actus¹ sensu² diviso debet accipi pro subiecto, et si illud appellatur 'A', tunc³ est actus suus: 'A⁴ est verum.' Sed tamen illud subiectum suum debet esse istius, quod est impossibile per accidens, et non illius, quod est impossibile per se.

<9. Argumenta contra responsionem tertiam necnon redargutiones eorundem.>

<9.1.1> Contra id⁵, quod dicitur in positione, probo, quod propositio sit vera in sensu composito. Dicitur 'falsa', quia non potest esse ibi alius⁶ respectus quam ad idem tempus et pro tempore eodem; sed hoc non obstante adhuc propositio potest esse vera, quia haec est vera: 'Impossibile in A potest esse verum⁷ in A', <et sit A aliquod futurum tempus>. Hoc sic ostenditur: Me⁸ esse mortuum potest esse verum⁹ in A; et potest esse impossibile in A; igitur impossibile in A potest /162rA/ <esse> verum¹⁰ in A in sensu composito.
<9.1.2 Item: Data hac responsione sequitur: 'Homo potest currere (in sensu composito), <igitur homo currit>', quia: Secundum hanc responsionem in isto sensu actus et potentia intelliguntur pro tempore individuali et in eodem tempore; igitur utrumque sumitur pro tempore praesenti, quia utrumque mensuratur in tempore praesenti; igitur requiritur, quod cursus insit homini pro praesenti, ad hoc, quod haec sit vera.
<9.2.1.1> Ad primum istorum dicendum est, quod ibi est fallacia ignorantiae elenchi, quia praemissae sunt verae in alio tempore quam conclusio – eo, quod sic dicto: 'Me <esse> mortuum potest esse verum in A', haec est nunc vera, pro A tamen est vera; et sic alia propositio est vera nunc, sed pro A; et ita veritas in praemissis non potest esse in A¹¹, quia nondum est A et per positum 'A' designat aliquod futurum tempus; et in conclusione accipitur veritas¹² in A et pro A; ideo conclusio ex praemissis non sequitur.

---

¹ actus] in *add.* C^ac
² sensu] sensus C
³ tunc] et *praem.* C
⁴ A] al liter (*fort. legendum* 'a' *littera*) C; et *add.* C^ac
⁵ id] id *vel* illud C
⁶ ibi alius] maior C
⁷ verum] vera C
⁸ me] *lectio dubia, fort.* te C
⁹ verum] vera C
¹⁰ verum] vera C
¹¹ in A] vera C
¹² veritas] verita C

<9.2.1.2> Contra illud: Si †hoc sit verum hoc esse† in aliquo tempore – sit in B – sit¹ veritas in praemissis; igitur in tempore eodem possum dicere²: 'Impossibile in A potest esse verum³ in A', et ita in aliquo tempore potest esse vera.

<9.2.1.3> Huic potest dici, quod in nullo tempore est haec vera, quia semper copulat verbum pro A et in A; et, si proferatur in B tempore, oportet ad hoc, quod sit veritas, quod A et B essent simul vel possent esse simul; et, quia simul esse non possunt, ideo non est veritas in illa, quando profertur in B.

<9.2.2> Ad aliam rationem post tactam dicendum est, quod non sequitur: 'Homo potest currere, igitur homo currit.' Non valet, quia non significatur potentia, ut ista duo uniantur pro hoc instanti, sed virtute verbi ampliativi⁴ est ampliatio ad tempora, non tamen, quod subiectum sit pro tempore uno et praedicatum pro tempore alio, nec, quod significentur pro hoc instanti uniri, sed ista significantur⁵ uniri pro praesenti, ampliate tamen. Et, quod illud praesens sit hoc vel illud, hoc accidit. Sed, quia in ista: 'Homo currit', non ampliatur praesens tempus nec habet communitatem ad multa simul, ideo veritas huius inducitur pro praesenti; et ideo non sequitur.

<Notabilia tria de fallacia accentus>

<0.> Circa fallaciam accentus intelligendum est primo, quae sit causa apparentiae istius fallaciae, secundo, quot sint⁶ modi fallaciae accentus⁷, tertio – dato, quod sunt plures modi –, quare Aristoteles non exemplificet⁸ de omnibus istis.

---

¹ sit] sint C
² dicere] verum *add.* C
³ verum] impossibile C
⁴ ampliativi] amplicativi C
⁵ ista significantur] istam significatur C
⁶ sint] sunt C
⁷ fallaciae] fallacia C
⁸ exemplificet] exemplificat C

<1. Quid sit causa apparentiae fallaciae accentus.>

Pro primo sciendum, quod causa apparentiae accentus est "unitas vocis incomplexae secundum materiam"[a] – non tamen qualitercumque[1] vocis incomplexae, quia unus modus accentus est ex hoc, quod aliquod prolatum potest esse dictio vel oratio; sed, sicut unitas vocis incomplexae secundum materiam et formam est causa apparentiae aequivocationis, non tamen, ut incomplexum ibi privat quamcumque complexionem[2], sed ut privat complexionem, quae est, <quando> in aliquo[3] multa[4] sunt coniuncta per compositionem universalem (si enim quamcumque[5] complexionem privaret, hoc, quod est: 'iste homo', non hoc, quod est: 'omnis homo', sic esset aequivoce dictum), sic est in proposito: Unitas vocis incomplexae secundum materiam tantum est causa apparentiae accentus, non tamen, ut incomplexum privat quamcumque complexionem, sed ut privat complexionem per compositionem universalem. Quare unitas talis <in>complexionis est causa apparentiae; sed materia eius causae[6] apparentiae accentus cum prolatione. – Si dicatur sic: 'metuo',[b] uno sensu designat orationem, alio sensu designat dictionem. Dicendum tamen est, quod est dictio, si uno sensu resolvitur <in orationem,> in qua <non> est copulatio partium per verbum, quo modo[7] requiritur ad compositionem et divisionem.

<2. De modis fallaciae accentus.>

De secundo sciendum est, quod accentus sunt quattuor modi[8].

---

[a] Istam doctrinam reicit inc. auct., *Qq. in De soph. el.*, q. 832, pp. 347 sq.; cf. Simon de Fav., *Qq. in De soph. el.*, q. n. 16, p. 143; Io. Scot., *Qq. in De soph. el.*, q. 34, p. 50a.
[b] Exemplum in translatione Latina libri *Elenchorum* positum sunt versus Horatii: "Me tuo longas pereunte noctes, / Lydia, dormis?" (carm. I 25, vv. 7 sq.).

---

[1] qualitercumque] *lectio dubia (fort.* qualiscumque) C
[2] complexionem] incomplexionem C
[3] aliquo] a()a *i. e.* aliqua C
[4] multa] complexa *add.* C
[5] quamcumque] quantumcumque C
[6] causae] causa C
[7] quo modo] co()do C
[8] quattuor modi] duo modi primi C

<2.1> Primus modus est ex hoc, quod aliquod prolatum potest esse dictio vel oratio (sumendo 'orationem' pro 'congerie dictionum') – ut hoc, quod est 'metuo', potest esse una dictio, et tunc est verbum, vel duae dictiones, et tunc sunt duo pronomina, scilicet 'me' et 'tuo', vel tres[1] dictiones, et tunc sunt duo pronomina et una dictio interiectionis: duo pronomina ut 'me' et 'tu', una interiectio ut hoc, quod est: 'o'.[a]

<2.2.0> Circa <alios> tres[2] <modos> accentus intelligendum est, quod accentus est proprietas[3] dictionis vel syllabae comparatae orationi vel dictioni[4]. Ideo secundum hoc, quod diversa sunt accidentia syllabae, diversi[5] possunt esse modi accentus. Accidentia syllabae sunt quattuor, scilicet tempus, numerus, tenor et spiritus. Penes numerum non accipitur aliquis modus accentus. Et causa est: quia, si variaretur[6] numerus litterarum[7],[b] non maneret unitas materialium, et per consequens non multiplicitas potentialis, quae requiritur ad accentum. Sed penes alia accidentia sumuntur tres modi residui.

<2.2.1> Penes enim tempus sumitur secundus modus secundum, quod alicui syllabae alicuius dictionis plus correspondet de tempore secundum hoc, quod est unius sensus, quam[8] alterius; et hoc est, quod aliqua syllaba alicuius dictionis potest corripi[9] vel produci, sicut huius dictionis: 'populus'. Syllabae[10] enim productae[11] duplo correspondet de tempore in ratione mensurae <quam> tali correptae[12], <et> eidem correspondet diversum inte<n>tum secundum correptionem[13] et productionem.

---

[a] Cf. Aegid., *In De soph. el.* I, § 61 (= cap. 2, § 40; ad *De soph. el.* 4, 166b 3–8), fol. 14rB 12–20.
[b] Cf. Burlaeus, *Tract. super tract.*, cap. de accentu, initium, p. 105a–b; Aegid., loc. cit., § 62 (= cap. 2, § 41; ad *De soph. el.* 4, 166b 8 sq.), fol. 14rB 35–39; Prisc., *Inst. gramm.* II, ii, 12.

---

[1] tres] duae **C**^{ac}
[2] tres] tertiam **C**
[3] accentus – proprietas] proprietas accentus est **C**
[4] orationi vel dictioni] dictioni in ratione **C**^{ac}, dictioni in oratione vel **C**^{pc}
[5] diversi] diversae **C**
[6] variaretur] variatur **C**
[7] litterarum] syllabarum **C**, *corr. Ebbesen*
[8] quam] et **C**
[9] corripi] corrumpi **C**
[10] syllabae] se()ae **C**
[11] productae] in *add.* **C**
[12] correptae] corruptae **C**
[13] correptionem] corruptionem **C**

<2.2.2> Alius modus¹ sumitur secundum spiritum² vel secundum aspirationem (quae idem est), ut patet de hoc, quod dico: 'amo', quod³ significat idem, quod 'diligo', et de hoc, quod <dico:> 'hamo', quod⁴ significat idem, quod 'decipio'; et sic diversimode.

<2.2.3> Alius modus sumitur a tenore. Qui modus sumitur vel accipitur ex hoc: inesse <alicui> syllabae alicuius dictionis plus correptum⁵ tenore<m> in prolatione vel⁶ productum <secundum hoc, quod est> unius sensus, quam alterius, sicut patet de hac dictione: 'pendere'.ᵃ

<3. Quare Aristoteles non exemplificet de omnibus modis fallaciae accentus.>

<Ad> aliud est sciendum, quod, quamquam sint quattuor modi secundum veritatem, tamen⁷ <Aristoteles> in littera non /162rB/ de omnibus exemplificat⁸ in primo libro et secundo, saltim <prout> potest dici secundum istam translationem. Causa potest esse: quia exempla Aristotelis edita in Graeca lingua non potuerunt⁹ <transferri> ad linguam Latinam eo, quod lingua Latina¹⁰ <non> valet¹¹ ad propositum, quia id, quod in uno¹² idiomate habet unum accentum, nihil prohibet in alio¹³ idiomate eandem rem designare per vocem alterius accentus. Nec est mirum, quia¹⁴ accentus est proprietas consequens dictionem vel orationem vel syllabam; ideo, cum variante idiomate eandem rem significante variantur dictiones et syllabae, nihil prohibet accentum variari.

ᵃ Ad ultimos tres modos fallaciae accentus et exempla eorum cf. Aegid., loc. cit., dubitatio prima post § 62 (= cap. 2, § 40) posita (ad *De soph. el.* 4, 166b 8 sq.), fol. 14rB 31–54.

---

¹ alius modus] alio modo *vel* alio modus C
² spiritum] speciem *ut videtur* C
³ quod] qui *vel* quae C
⁴ quod] qui *vel* quae C
⁵ correptum] corruptum C, *corr.* Ebbesen
⁶ vel] quam C
⁷ tamen] quare C
⁸ exemplificat] seplicat C
⁹ potuerunt] posterierunt C
¹⁰ Latina] Latino *ut videtur* C
¹¹ valet] *verbum non legibile* (...et) C
¹² uno] una C
¹³ alio] alia C
¹⁴ quia] quod C

<Quaestio 18>

Circa fallaciam¹ figurae dictionis quaeratur: Utrum² figura dictionis operatur aliquam multiplicitatem?

<1. Argumenta in unam partem.>

Et quod non, probo:
<1.1> Per Aristotelem quarto *Metaphysicae* actus et potentia sunt differentiae entis maxime oppositae, inter quas non cadit medium;ª igitur inter potentialem multiplicitatem et actualem non videtur medium esse; sed figura dictionis nec operatur actualem³ nec potentialem; igitur nullam, quia inter illa non est medium.
<1.2> Praeterea: Alexander dicit⁴, quod figura dictionis operatur tantum phantasticam multiplicitatem, <id est> apparentem;ᵇ igitur non operatur aliquam multiplicitatem. – Consequentia patet, <quia:> Illud, quod tantum est apparens, non <est> tale, quale apparet (sicut patet, quod stagnum tantum est apparens argentum⁵; ideo⁶ propter⁷ rei veritatem non est argentum); si igitur figura dictionis operatur tantum apparentem multiplicitatem, igitur non operatur multiplicitatem.
<1.3> Item: Multiplicitas est in voce, et est ex hoc, quod sub una voce multa plicantur; sed hoc non est in figura dictionis; igitur etc.

ª Cf. *Auct. Arist.* 6 (De an.), 26, p. 176; Burlaeus ista auctoritate iam usus est (q. 5, § 1.6, p. 164). Cf. et Arist., *Metaph.* V 7, 1017a 35 – b 8; VI 2, 1026 b 1 sq.
ᵇ Cf. 'Alex.', *In De soph. el.*, fragmenta ad *De soph. el.* 4, 165b 27–30 spectantia, pp. 423–428.

---

¹ fallaciam] fallacia **C**
² quaeratur utrum] *inv.* **C**
³ actualem] actuale **C**
⁴ dicit] *lectio incerta (fort. om.)* **C**
⁵ argentum] argenteum **C**
⁶ ideo] et **Cᵃᶜ**
⁷ propter] propter *vel* propterea **C**, *fort. legendum* et propterea <secundum> rei veritatem ... *(cf. nt. 6)*

Maior apparet in ostensione huius dictionis[1]: 'multiplex'. Dicitur enim, quod 'multa plicans' est, quando multa sub una voce latent[2].

Minor patet, quia: Sub uno multa plicantur, puta sub una voce[3]; sed[4] una vox est una[5] unitate materiae tantum vel formae et[6] materiae (non enim sunt plura in voce[7]). Non secundo modo, quia tunc esset multiplicitas actualis, cuiusmodi non est in figura dictionis. Nec primo modo, <quia> tunc tam[8] multiplicitas potentialis quam materia esset[9] in figura dictionis.

<1.4> Item: Hic est figura dictionis: 'Homo est species; Socrates est homo; igitur' etc.; ubi[10] tamen in voce non est aliqua[11] multiplicitas – nam nec in dictione multa nec in oratione. Quaelibet enim <una> dictio simpliciter unum significatum importat, et quaelibet una oratio unam sententiam.

<1.4.1.1> Huic potest dici: Multiplicitas est a parte dictionum et a parte orationis. Maior enim habet multiplicitatem eo, quod subiectum potest sumi pro intentione vel pro supposito; et subiectum minoris multiplex est – hoc enim, <quod> est: 'Socrates', dicitur de multis, et non sub una ratione; ideo est multiplex.

<1.4.1.2> Contra illud: Hoc[12] non est ad propositum. Nam ista multiplicitas in maiore arguit aequivocationem penes tertium modum, multiplicitas in minore arguit aequivocationem[13] penes primum modum; sed impossibile est idem principium secundum numerum esse causam diversarum deceptionum[14] secundum speciem; cuius<modi> deceptiones[15] sunt aequivocatio et figura dictionis.

---

[1] dictionis] vel nominis *add.* C
[2] latent] latant C
[3] voce] vel ista *add.* C
[4] sed] sub C
[5] una] unam C
[6] et] vel C^{ac}
[7] voce] *crucem add.* C *(fort. supplendum* prolata*)*
[8] tam] tem *ut videtur* C
[9] esset] est C
[10] ubi] unde C
[11] aliqua] alia C
[12] hoc] haec C
[13] aequivocationem] multiplicitatem C
[14] deceptionum] difinitionum C
[15] cuius<modi> deceptiones] huius difinitio C

<1.4.2.1> Ideo aliter potest dici, quod hic est figura dictionis propter similitudinem dictionis ad dictionem. Quia enim similitudo est inter hanc dictionem: 'homo', ut verificatur in ista propositione: 'Homo est species', et eandem¹ dictionem, ut verificatur <in> ista: 'Socrates est homo', ideo credimus verificationem² sequi extremi de extremo, quae significantur³ per hanc dictionem: 'speciem' <et per hanc: 'Socratem'>: 'Socrates est species.'
<1.4.2.2> Contra hoc:
<1.4.2.2.1> Si per istam similitudinem dictionis ad dictionem esset multiplicitas, in omni oratione esset figura dictionis. Hoc <est> falsum. – <Consequentia patet.> Nam in omni oratione contingit accipere dictionem, quae cum aliqua dictione habet inclinationem vel similitudinem.
<1.4.2.2.2> Praeterea: Si propter similitudinem dictionis ad dictionem esset figura dictionis, vel igitur est propter similitudinem eiusdem dictionis ad se ipsam, vel ad aliam.
<i.> Non primo modo, quia sibi ipsi non idem est simile⁴. Haec enim est differentia inter similitudinem et identitatem, quod identitas est relatio eiusdem ad se, similitudo autem relatio est fundata⁵ in multis aequalibus habentibus unitatem specificam.
<ii.> Si detur aliud, redarguere⁶ possum, quod universaliter ubique⁷ est figura dictionis, ubi sit dictio habens similitudinem aliqualem in voce cum alia dictione.

<2.> Ad oppositum:

<2.1> Figura dictionis est locus in dictione per Philosophum;[a] igitur operatur aliquam multiplicitate<m>. – Consequentia patet. Nam Philosophus⁸ fere in principio huius dicit, quod totidem sunt loci sophistici in dictione, quotiens "eisdem nominibus vel orationibus non idem significamus".[b] Per hoc enim ipse probat, <quod> tantum sex fallaciae sunt in dictione.

---

[a] Cf. Arist., *De soph. el.* 4, 165b 24–27.
[b] Cf. ibid., 27–30; transl. Boëth. 8, 11 sq. ("et orationibus"); cf. rec. Guill. 78, 33–35.

---

¹ eandem] eadem C
² verificationem] verificatione C
³ significantur] significatur C
⁴ simile] simili C
⁵ fundata] sunta *(fort. intelligendum* sumpta*) ut videtur* C
⁶ redarguere] redargumentum C
⁷ ubique] ubicumque C
⁸ Philosophus] per Philosophum C

<2.2> Item: In isto capitulo: <*Aut*> *igitur sic dividentes*[1][a] reducit Philosophus aequivocationem, amphiboliam et figuram dictionis in ignorantiam elenchi ponens causam reductionis[2] esse, <quod> in omnibus his est peccatum penes duplex[b] – quod non esset, nisi operarentur[3] multiplicitatem[4].

<2.3> Item in isto capitulo: *Fallacia <autem> fit in his*[c] dicit[5] Aristoteles, quod loci in dictione specialiter peccant <contra> elenchum, quia <contra> contradictionem, magis quam loci extra dictionem.[d] Cuius non est alia causa nisi, quia loci in dictione habent multiplicitatem a parte vocis, quia ibi est unitas vocis et diversitas significationis, cum tamen vice[6] versa est in quibusdam locis, qui[7] sunt extra dictionem.

<3. Responsio ad quaestionem.>

Ad quaestionem dicendum est, quod figura dictionis operatur aliquam multiplicitatem, non tamen ita veram multiplicitatem, sicut operantur alii loci in dictione.[e]

---

[a] Cap. I 4 in editione Aegidii et aliorum auctorum medii aevi; cap. 6 in editionibus nostris (168a 17 – 169a 21).
[b] Cf. Arist., *De soph. el.* 6, 168a 19–26.
[c] Cap. I 5 in editione Aegidii et aliorum auctorum medii aevi; cap. 7 in editionibus nostris (169a 22 – b 17).
[d] Cf. Arist., *De soph. el.* 7, 169 37–40.
[e] Eisdem fere verbis Io. Scot. quaestionem determinat: *Qq. in De soph. el.*, q. 36, responsio, p. 52.

---

[1] dividentes] dividendum C
[2] reductionis] redargutionis C
[3] operarentur] operaretur C
[4] multiplicitatem] impotentiam C[ac], -potentiam *expunxit* C[pc]
[5] dicit] dicitur C
[6] vice] via C
[7] qui] quae C

<3.1> Primum patet per auctoritates praeadductas, et maxime per ultimam secundum expositionem Aegidii. Nam ideo per ipsum loci in dictione potissime peccant contra elenchum et contra contradictionem magis quam loci extra dictionem, quia in locis in dictione est unitas vocis et diversitas rei significatae ita, quod ab unitate vocis est causa apparentiae in his in dictione; in his autem, quae sunt extra dictionem, causa apparentiae est ex parte rei.[a]

<3.2> Tamen sciendum est, quod multiplicitas est triplex. Quod est secundum /162vA/ gradum:

<i.> Una, quae est actualis. Quae provenit in dictione vel in oratione ex hoc, quod aliquod nomen vel aliqua[1] oratio manens idem secundum materiam <et formam> plura repraesentat; et haec est multiplicitas potissima.

<ii.> Alia, potentialis, est ex hoc, quod nomen vel oratio manens idem tantum secundum materiam repraesentat multa; et haec est multiplicitas magis tenuis quam prior, quia unitas repraesenta<n>s multa <magis tenuis est> in ista[2] multiplicitate.

<iii.> Tertia est multiplicitas phantastica, quae vera est multiplicitas secundum se – aliter non esset multiplicitas loci in dictione –, non tamen ita vera sicut aliae praedictae[3], quia nec est ibi[4] unitas secundum materiam et formam nec unitas, secundum quam[5] dictio vel oratio repraesentant multa, sed solum est ibi multiplicitas ex eo, quod aliqua dictio propter similitudinem, quam habet cum aliqua[6] dictione a parte vocis, interpretatur significare plura; quae tamen[7] secundum[8] rei veritatem secundum se non significat plura. –

---

[a] Cf. Aegid., *In De soph. el.* I, § 149 (= cap. 5, § 7; ad *De soph. el.* 7, 169a 36–40), fol. 27vA 16–24.

---

[1] aliqua] *lectio dubia, fort.* aliquis C^{ac}, aliqua C^{pc}
[2] ista] iste C
[3] aliae praedictae] alia praedictam C
[4] ibi] sibi *ut videtur* C
[5] quam] <…> *(lacuna)* quae C
[6] aliqua] aliqua *vel* alia C *(cf. infra, § 4.4.1)*
[7] tamen] tantum C
[8] secundum] *lectio dubia* (s…), *fort. corr.* C

Unde multiplicitas figurae dictionis non est ex hoc, quod qualitercumque sub una <voce> multa[1] plicantur, sed ex hoc, quod[2] propter similitudinem vocis ad vocem multa significata vel multas rationes significandi sub una voce plicari[3] interpretatur. Quae autem sint illae significationes, et quomodo[4] <se> habeant[5] in causando multiplicitatem in figura dictionis, patebit.

<4. Ad argumenta in primam partem facta.>

<4.1: Ad 1.1> Ad primum argumentum dicendum est, quod, quamvis inter actum et potentiam non cadit medium secundum se accepta <vel> entibus comparata (quia non est dare ens aliquod, quin sit ens actu[6] vel ens in potentia), tamen inter actualem multiplicitatem et potentialem potest cade<re> medium, sicut patet de hoc, quod est per se esse et per se non-esse[7]: Licet esse et non-esse contradicant et inter ea non sit[8] medium, ipsa tamen comparata alicui tertio non contradicunt, sed habent medium, sicut patet[9]; neutrum enim verificatur de materia. Sic ad hoc argumentum.

<4.2: Ad 1.2> Ad aliud dicendum est, quod <scil. figura dictionis> pro tanto operatur[10] phantasticam multiplicitatem, quod non dicitur esse similitudo rei sensibilis;[11] ideo phantasma[12] et similitudinem penitus[13] dicimus esse, quia multiplicitas est, quae consistit in similitudine vocis ad vocem; et non dicitur 'apparens' multiplicitas, quia apparet esse multiplicitas, cum non sit[14].

---

[1] multa] multae **C**

[2] quod] est *add.* **C**

[3] plicari] plicare **C**

[4] quomodo] quam non *ut videtur* **C**

[5] habeant] habent **C**

[6] actu] acta **C**

[7] de – non-esse] *post* medium sicut patet *pos.* **C** *(cf. nt. 9)*

[8] sit] est **C**

[9] patet] de hoc quod est per se esse et per se non-esse *add.* **C** *(cf. nt.7)*

[10] operatur] operantur **C**

[11] sensibilis] *lectio dubia, fort. legendum* sen... vel **C**

[12] phantasma] *lectio dubia* (fan...) **C**

[13] penitus] p()n()e **C**

[14] sit] vacat *add. supra lin.* **C**, ad aliud dicendum est quod multiplicitas potest esse in voce quia sub una voce multa plicantur secundum materiam et formam plura plicantur in locis in dictione secundo modo in proposito *add., sed verba delenda esse lineis indicavit* **C**

<4.3: Ad 1.3> Ad aliud dicendum, quod multiplicitas potest accipi vel significative vel interpretative. Primo modo sub una voce secundum materiam et formam plura plicantur in locis in dictione. Alio modo in proposito in figura dictionis interpretatur sub una voce <plura> plicari[1] propter similitudinem vocis ad vocem.

<4.4: Ad 1.4.1.2> Ad aliud dicendum est, quod in isto proposito[2] est fallacia figurae dictionis et fallacia[3] aequivocationis. Nec est hoc inconveniens, cum hoc sit diversorum principiorum[4] ratione.

<4.4.1: Ad 1.4.2.2.2> Ad aliud dicendum contra rationem datam, cum quaeritur: 'Aut est deceptio[5] propter similitudinem dictionis ad se ipsam vel ad aliam?' – dicendum est: Quod per se deceptio est propter[6] similitudine<m> dictionis ad dictionem <ita>, quod aut ad eandem dictionem vel ad aliam, hoc accipit. Et cum accipitur, <quod> eaedem dictionis[7] ad se ipsam non est similitudo, sed identitas, dicendum est, quod hoc verum est, si accipitur[8] per rationem, qua est dictio, nec sub alia ratione sumitur haec dictio in maiore et minore – quod sufficit ad hoc, ut inter se ipsam, ut in maiore et minore accipitur, sit similitudo.

<4.4.2: Ad 1.4.2.2.1 et 1.4.2.2.2.ii> Ad ultimum argumentum dicendum, quod, cum arguitur[9], quod tunc est figura dictionis in qualibet oratione, cum in qualibet sit dictio habens similitudinem cum dictione – dicendum est, quod non qualiscumque dictionis ad dictionem similitudo sufficit ad figuram dictionis, sed similitudo, ratione cuius interpretatur, quod una dictio est alia, et hoc interpretatur identitatem esse, ut inter actionem et passionem.

Expliciunt quaestiones datae super librum *Elenchorum*.

---

[1] plicari] plicare **C**
[2] proposito] processu **C**
[3] fallacia] accentus c *add*. **C**
[4] principiorum] in *add*. **C**^{ac}
[5] deceptio] defectus **C**
[6] propter] *verbum non legibile* **C**
[7] eaedem dictionis] eandem dictionem **C**
[8] accipitur] causatur **C**
[9] arguitur] causatur **C**

Gualterus Burleus
Quaestiones super Sophisticos Elenchos 4-12
ed. Sten Ebbesen
A revised edition incorporating changes suggested by M. von Perger

In CIMAGL 74 (2003) I published quu. 4-12 of Burley's *Quaest. SE*. Since then Mischa von Perger, who in this issue of CIMAGL publishes the remaining questions, has both pointed out an embarrassing number of errors in my 2003 edition and proposed many plausible conjectural emendations of this desperately corrupt text. His work introduces so many changes that it would be very cumbersome to use the original edition together with a list of *addenda & corrigenda*. Consequently, I here print the text anew. Whenever von Perger has pointed out that I have misreported the manuscript, I have tacitly incorporated his corrections in the new edition. His conjectural emendations – whether accepted or rejected – are attributed to him in the apparatus. At a few of the many points at which he has made me aware of textual difficulties I have devised other means to emend the text than proposed by him.

A minor point: in the first edition I had left *posset* at some places where sense and good grammar require *possit*, as e.g. *Quaeratur utrum terminus aequivocus contrahi posset per aliquid immediate adiunctum*. With some hesitation I have now written *possit* in such places. The reason for my hesitation is that in English mss from the late 13th and early 14th c., unstressed *i* (whether long or short) is often spelled *e*, and in particular the abbreviation $poss_3$ = *posset* frequently stands at places at which we would expect *possit*. It seems possible that a pronunciation that did not distinguish between unstressed *i* and *e* was, in fact, obliterating the functional distinction between *possit* and *posset*.

Bracketed numbers like **[162]** mark the beginning of a new page in the 2003 edition. Von Perger in his edition of quu. 1-3 & 13-18 refers to quu. 4-12 by the 2003 pagination.

In order to make further consultation of the 2003 edition superfluous, I repeat below its information about the manuscript, and also repeat the list of questions (emended in the light of information provided by v. Perger).

Ms C = Cambridge, St. John's D.25: 153rA-162vA.
Parchment, mm. 224 x 165 (thus f. 159; some leaves elsewhere smaller, thus ff. 101-112 approx. mm. 210 x 140), ff. 163. Composite ms: (a) 2-30, (b) 31-46, (c) 47ff. Examined by the writer 1988 & 2003. Part (a), which contains Cicero's *De inventione* seems to be from the 13th c., while the rest of the ms is from the (early) 14th c. Parts (b) - (c) contain philosophical works, including – in part (c) – some by Burley.

The parchment is not of high quality and further seems to have suffered the effects of moisture. The text is somewhat sloppily written and contains many errors as well as many ambiguities. Thus, in a normal manuscript mo^9 may safely be taken to represent *modus*, but in this one it may represent *modum* or *modi* as well. There are many textual errors, some of them very serious, as well as several examples of unusual or simply bad spelling, such as *quit* for *quid*, *ac* for *hac* and vice versa, *abitudine* for *habitudine*, *cio* for *scio*. Besides genuinely corrupt text, there are some syntactic and stylistic infelicities which could suggest that the text originated as a reportation of oral teaching.

An attribution to Burley is found at the top of f. 153r: *Incipiunt questiones libri helencorum date(?) a domino Waltero de burle*.

Incipit: DE SOPHISTICIS AUTEM ET DE HIS QUE VIDENTUR ELENCHI. <Q>ueratur utrum de sillogismo sophistico est scientia. Quod non probatur, nam
Explicit: ratione cuius interpretatur quod una dictio est alia et hec interpretatur ydem esse ut inter accionem et passionem. Expliciunt questiones date super librum elencorum.

Tabula quaestionum

```
01 Utrum de syllogismo sophistico est scientia ............................................ 153rA-153vA
02 Utrum syllogismus sophisticus sit syllogismus ........................................ 153vA-153vB
03 Utrum causa apparentiae est formale in syllogismo sophistico ............... 153vB-154rA
04 Utrum aliquod nomen sit aequivocum .................................................... 154rA-154vA
05 Utrum nomen aequivocum sit nomen unum vel multa nomina .............. 154vA-155rB
06 Utrum terminus aequivocus penes primum modum aequivocationis
    importet suas significationes copulative ............................................... 155rB-155vA
07 Utrum terminus aequivocus penes primum modum respicit sua
    significata disiunctive ............................................................................ 155vA-155B
08 Utrum aequivocum penes primum modum repraesentet sua
    significata actu ....................................................................................... 155vB-156vA
09 Utrum terminus aequivocus contrahitur per mediate <adiunctum>
    ad alterum eius significatum ................................................................. 156vB-157rB
10 Utrum terminus aequivocus contrahi possit per aliquid immediate
    adiunctum .............................................................................................. 157rB-158rB
11 An distributio semel posita distribuat terminum aequivocum simul
    pro suppositis cuiuscumque significati ................................................. 158rB-158vB
12 Utrum aliqua vox analoga unum significare possit proprie et aliud
    improprie ................................................................................................ 158vB-159rB
13 Utrum amphibolia operatur actualem multiplicitatem ......................... 159rB-159vA
14 Utrum haec sit distinguenda 'scit saeculum' ........................................ 159vA-159vB
15 Utrum compositio sit fallacia distincta a divisione ............................. 159vB-160vA
16 Utrum eadem sunt materialia in sensu composito et in sensu diviso ... 160vA-161rA
17 De veritate huius 'impossibile potest esse verum' ............................... 161rA-162rA
   Notabilia de fallacia accentus ................................................................ 162rA-162rB
18 Utrum figura dictionis operatur aliquam multiplicitatem ................... 162rB-162vA
```

[158] *Quaestio 4*

Quaeritur circa primum modum aequivocationis utrum aliquod nomen sit aequivocum.

1. Et quod non probatio.

1.1 Nullum nomen univocum est aequivocum; omne nomen est univocum; ergo nullum nomen est aequivocum. Probatio minoris, nam non esset instantia nisi de nomine aequivoco, sed tale est univocum. Probatio, nam in Praedicamentis univoca dicuntur ista quorum nomen commune est et ratio substantialis eadem secundum idem nomen;[1] sed aequivocum est huiusmodi, cuilibet enim aequivocorum inest hoc nomen commune 'aequivocum' et ratio essentialis huius nominis, quae est habere idem nomen et diversam significationem; ergo etc.

Huic potest dici quod non oportet quod etsi cuilibet nomini aequivoco insit hoc nomen idem 'aequivocum' et ratio huius nominis eadem, quod propter hoc sibi insit idem nomen et ratio eadem, quia ratio huius nominis est[2] non esse eadem nisi secundum quid.

Contra. Unius nominis secundum numerum vel secundum speciem tantum est una ratio secundum numerum vel secundum speciem; sed hoc quod dico [cum] 'aequivocum' est unum nomen saltim specie[[s]] designans;[3] ergo eius ratio erit una secundum speciem; sed definitio vel ratio quae est una secundum speciem simpliciter[4] est una, non enim alia unitas requiritur ad definitionem cum sola species definitur per Boethium.[5] Et ulterius, cum sit una ratio, ergo est eadem: idem enim et diversum sunt differentiae entis.

Praeterea, sequitur 'ratio huius nominis est, ergo ratio nominis est' a per se inferiori ad superius, et ultra: ergo aliqua ratio est; ergo a primo sequitur 'ratio huius nominis est, ergo ratio est.

1.2. Item, ad principale. Si sic, ergo aliquod nomen aeque[6] primo significaret plura [primo]. Consequens impossibile est. Consequentia patet, nam hic ponitur esse primus modus aequivocationis, quia[7] vox primo et principaliter plura designat. Falsitas consequentis patet, nam ponit opposita. Sequitur enim [159] 'hoc nomen, ut A, primo significat plura, ergo primo significat B et C'[8], ita quod B et C sint sua significata diversa, et sequitur ulterius 'ergo non primo

---

[1] *Arist. Cat. 1.1a6-7*

[2] nominis est] est nominis C, *sed signis additis voces transponendas esse indicavit.*

[3] designans] *lectio fort. corrupta.*

[4] simpliciter] similiter C.

[5] *Cf. Boethii De divisione pp. 32-34 Magee = PL 64: 885d-886b.*

[6] aeque primo – [primo] *Perger*] commune primo – primo C.

[7] quia] quo *Perger.*

[8] et C] vel C.

nunc[1] significat C', quia quod \per/ superabundantiam dicitur uni soli convenit per Philosophum in sexto Topicorum;[2] non possibile enim est ponere duo prima, in eodem genere saltim, et sequitur 'A primo significat plura, puta B C, ergo A primo significat B,[3] /154rB/ ergo A non primo significat C'.

1.3 Item, ad principale. Impossibile est plura simul intelligere mediante uno intellectu; ergo impossibile simul[4] plura significare primo per unam vocem. Antecedens patet, nam intellectus, cum sit indivisibilis, ad quod se convertit totaliter se convertit. Consequentia patet per hoc quod significare sequitur intelligere.

Huic potest dici negando consequentiam. Ad probationem dicitur quod licet significare sequitur intelligere, non tamen secundum quemcumque modum essendi. Illud enim quod significatur prius intelligitur; non tamen oportet quod si aliquid intelligitur per modum successionis quod per illum modum significatur, bene enim possunt <plura>[5] simul significari.

Contra. Actus imponendi vocem rei praesupponit actum intelligendi eandem rem; si ergo in actu imponendi non sit successio, ergo nec in actu intelligendi, et per consequens ex opposito: si in actu intelligendi sit successio ita quod res diversae non simul intelliguntur, ergo in actu imponendi erit ita quod non simul significentur.

1.4 Item, ad principale. Per Philosophum quarto Metaphysicae. Dicit "quod non unum significat nihil significat";[6] sed quod significat multa non significat unum; ergo etc. Minor patet, nam unum et multa opponuntur.

1.5 Praeterea, si sic, plures formae eiusdem speciei simul essent in subiecto in eodem,[7] quod \est/ impossibile, quia tales sunt incompossibiles respectu eiusdem, sicut patet de duabus albedinibus respectu eiusdem partis superficiei. Consequentia patet, nam diversorum significatorum diversae sunt rationes significandi, \quae sunt/ in voce tamquam in subiecto; si ergo una vox plura habet significata, plures erunt rationes significandi in eadem voce, quae sunt formae eiusdem speciei.

---

[1] nunc **C**, *ut mihi visum est*; non, *ut Pergero visum est. Delendum censet Perger.*

[2] *Arist. Top. 5.5.134b23-24. Cf. Ioh. Felmingham, Quaest. SE, qu. 5, 1.6 (cod. GC 512/543: 30vA):* "Ad principale. Quod per superabundantiam dicitur uni soli convenit; ergo nullum nomen potest primo plura significare, quia quod primo dicitur per superabundantiam dicitur, et ita nullum nomen est aequivocum penes primum modum."

[3] B] *nescioquid* **C**.

[4] simul] et primo *s.l. add.* **C**, *quas voces supra, inter* simul *et* intelligere, *inseri debuisse cj. Perger.*

[5] bene enim possunt <plura>] non enim possunt **C** : res enim possunt *Perger.*

[6] *Arist. Metaph. 4.4.1006b7*

[7] subiecto in eodem] subiectum in eodem **C** : in eodem subiecto *Perger.*

[160] Huic dicitur quod ratio significandi non est in voce sicut in subiecto sed in re significata. Ideo sicut plures sunt rationes, sic plura[1] significata.

Contra. Si sic, ergo ratio significandi manere posset in quacumque re voce circumscripta, sed quodlibet per id idem per quod habet rationem significandi circumscripte, per id idem potest significare; res ergo circumscripta quacumque voce se ipsa posset significari.

2. Ad oppositum est Aristoteles ponendo primum \modum/ aequivocationis principaliter plura significare.[2]

3. Ad quaestionem dicendum est quod nomen unum potest plura significare. Et hoc est possibile et necessarium.

Primum apparet tripliciter: ex parte rei cui imponitur vox, ex parte vocis impositae, et ex parte imponentis.[3]

Primo modo quia res secundum se est indifferens ad quamcumque vocem; ergo per quamcumque vocem potest indifferenter nominari; ergo non obstante quod vox aliqua unam rem designet, cum adhuc res alia cui non imponitur vox sit indifferens ad illam vocem, et[4] possibile \est/ eam per illam vocem significari.

Secundo modo apparet, nam vox quantum est de se nullam rem sibi determinat; ergo sibi non repugnat quamcumque designare[5].

Tertio modo est quia imponens nomina imponit ea <ad> placitum etc.

Secundum patet, nam secundum Philosophum res sunt infinitae et voces finitae; ergo necesse est unam vocem plures[6] res designare, ut[7] ipsemet concludit in Littera.[8] Ut autem sciatur qualiter res sunt infinitae et voces finitae, intelligendum est quod hoc potest esse verum quocumque modo sumatur '\in/finitum', nam infinito attribuitur duplex acceptio:[9] nam uno modo propositio habet veritatem suam[10] a rebus secundum istarum rerum esse [d] indivisibile, individua enim sunt infinita secundum Philosophum ponentem generationem esse perpetuam (quod est verum quantum est ex parte naturae, licet contrarium[1]

---

[1] plura] plures C.

[2] *Arist. SE 4.166a15-16*

[3] *Eadem fere probatio tripertita in "Super tractatum fallaciarum" Dub. I.1 §2 (CIMAGL 74 [2003] 198).*

[4] et *secludendum esse censet Perger.*

[5] quamcumque designare] quacumque designari C.

[6] plures] pluras *(sic!)* C.

[7] ut] et C.

[8] *Arist. SE 1.165a10-13*

[9] acceptio *Perger*] actio C.

[10] suam] su(n)t *(?)* C.

contrarium¹ accidat virtute agentis supra naturam), et nomina individuorum sunt finita, quorum nos sumus auctores, cum non simus illorum infinitorum, si hic large sumitur hoc nomen duplex, quia vel sunt infinita respectu vocum [161] vel quia sunt res infinitae in comparatione ad nos. Si primo modo, tunc est iste intellectus Litterae: "res sunt infinitae, nomina autem finita, quia res sunt multo plures quam nomina", et sic accipitur 'infinita' secundum usum communem loquendi. Si secundo modo, sic est iste intellectus: "res \sunt/ infinitae, id est incertae quoad nos: nomina sunt finita, id est nomina sunt certa in comparatione ad nos", cum istorum sumus auctores.

Ad 1.1 Et sic ad primum argumentum dicendum est negando minorem ut prius. Concedendo /154vA/ tamen pro probatione quod ratio huius nominis 'aequivocum'² est simpliciter una ratio, non tamen sequitur quod aequivocum habet istam rationem [[communem]] unam, ergo aequivocum habet rationem unam, sed est ibi fallacia secundum quid et simpliciter, sicut \illud/ 'nihil me licet scire' est unum³ scibile simpliciter (potest enim simpliciter sciri a Platone), non tamen sequitur 'ego scio illud scibile, ergo scio scibile', sed est fallacia secundum quid et simpliciter propter reflectionem oppositi supra suum oppositum †in alia sequitur† me incipiente loqui sic 'ego dico falsum', me dicere falsum est unum dicere falsum simpliciter, et tamen non sequitur 'ego dico falsum quod est me dicere falsum, ergo dico falsum' propter reflectionem eiusdem supra se speci\fi/catum per privativum ut 'falsum'.⁴ Sic in proposito: sic dicto 'aequivocum habet rationem unam quae est ratio aequivoci', cum ista sit se habere idem nomen et diversam r<ation>em, reflectitur idem supra se specificatum per hoc privativum includens negationem, i.e. 'diversam rationem'.

Ad 1.2 Ad aliud argumentum dicendum est quod haec propositio de vi vocis <est falsa> 'aliquod nomen primo⁵ significat multa' sicut concludit ratio; a<d>mittitur tamen sub isto intellectu "aliquod nomen aeque primo significat multa ita quod non unum per prius et reliquum per posterius".

Ad 1.3 Ad aliud dicendum est quod licet plura simul non possint intelligi sed successive, significantur tamen per vocem simul [intelligi],⁶ de quo exemplificat Alexander,⁷ nam sicut aliquo recipiente pecuniam successive recipit partem post partem, postquam tamen recepta est pecunia simul quaelibet pars

---

¹ contrarium] contraria **C**, *ut videtur*.
² aequivocum *Perger*] aequivoci **C**.
³ nihil me licet] me licet nihil **C** *a.c.* ‖ est unum *Perger*] sit uno **C**.
⁴ *Cf. quae Burleus de hoc insolubili quod est 'ego dico falsum' in Insolubilibus § 3.02, ed. Roure, AHDLMA 37 (1970) 272, dicit.*
⁵ primo] <aeque> primo *cj. Perger*.
⁶ intelligi *seclusit Perger*.
⁷ *Citatio spuria, ut videtur. Certe non ex "Alexandri" (i.e. Michaelis Ephesii) Comm. SE.*

habetur, sic aliquo intelligente aliquas res diversas \et/ imponente vocem eis successive intelligit et imponit, postquam autem intellectae sunt et eis est vox imposita simul significantur.

Vel aliter potest dici quod licet unus intellectus non possit[1] multa simul intelligere et unam vocem simul multis imponere, nihil tamen prohibet diversos intellectus intelligentes hoc facere. [162]

Ad 1.4 Ad aliud potest dici quod significare aliquid nihil a<liu>d est quam illud su\b/ propria ratione repraesentare. Ideo quod non repraesentat unum sub propria ratione nihil repraesentat; sed quod multa repraesentat sub propriis rationibus istorum quodlibet istorum repraesentat, et ita multa repraesentat. Et ad probationem, cum accipitur "multa et unum opponuntur", verum est – sed sic aequivocum non significat unum et[2] multa.

Ad 1.5 Ad aliud est dicendum quod formae eiusdem speciei sunt duplices: quaedam absolutae et quaedam respectivae, sicut paternitas et filiatio et huiusmodi. Absolutae duplices[3] dicuntur: quaedam reales, quaedam intentionales. Sed propositio quae accipitur veritatem habet de formis realibus absolutis, cuiusmodi sunt albedines et nigredines, et non de respectivis nec de formis intentionalibus. Non in[4] relativis, nam plures paternitates possunt esse in eodem subiecto simul, ut in Socrate, nam pater dicitur aliquis quia generavit per Philosophum;[5] si ergo plures generavit sibi insunt plures paternitates, nec est hoc inconveniens, quia tales formae non distinguuntur universaliter per substantiam sed quandoque per terminos solum – nec etiam formae intentionales,[6] nam illis non repugnat quod multae sint simul in eodem, ut patet de intelligentiis quae intelligunt per species innatas, et per consequens in se habent omnes species rerum intelligibilium ab aeterno, quae sunt formae intentionales eiusdem speciei;[7] sed huiusmodi formae sunt rationes significandi, ideo nihil prohibet multas eiusdem speciei[8] esse in eadem voce secundum numerum sicut in subiecto.

---

[1] possit *Perger*] posset **C**.

[2] et] *vel* aut **C**.

[3] duplices] dupliciter *malim*.

[4] in] de *cj. Perger*.

[5] *Cf. Arist. GA 1.2.716a13-17 necnon Boethii Cat. PL 64: 159B.*

[6] formae intentionales] de formis intentionalibus *proposuit.Perger, ut ἀνακόλουθον evitaretur.*

[7] eiusdem speciei] *lectio incerta, fort.* eiusdem specierum **C**.

[8] speciei] speciem **C**.

Quaestio 5

Quaeratur utrum nomen aequivocum sit nomen unum vel multa nomina.

1 Et quod non sit unum probatio:

1.1 Nam unius rei est una perfectio, quia /154vB/ una forma; forma autem et actus e[s]t perfectio idem. Si ergo significatio est vocis perfectio, cum significatio est plures, nomina erunt plura. Minor patet, nam vox non significativa est imperfecta.

1.2 Praeterea, vox dicitur signum rei, et res designata per vocem comparatur [r]ei[1] ut significatum; sed multiplicat[i]o significato et signum multiplicatur; si ergo significationes sunt multae, nomina quae sunt sign[ificat]a erunt multa. [163] Assumptum patet, nam signum et significatum sunt relativa; sed ita est in relativis quod multiplicato uno et multiplicatur reliquum.

1.3 Item multiplicato formali[2] in voce necesse est vocem multiplicari, sed formale in voce multiplicatur significatis multiplicatis; ergo etc. Maior patet, cum a forma rei sit entitas <et> unitas, et per consequens res requirit tantum unum formale. Minor patet, nam ratio significandi est formale in voce significat<iv>a; sed ipsa multiplicatur ad multiplicationem significatorum; ergo etc.

1.4 Praeterea. Sicut modus specificus significandi comparatur ad partem orationis, sic ratio significandi ad vocem significativam; sed diversi modi[3] specifici faciunt diversas partes orationis; ergo diversae rationes[4] significandi faciunt diversas voces; sed diversae rationes significandi sunt in qualibet voce aequivoca, aliter non significarent plura sub diversis rationibus ...[5]. Probatio: minor primi syllogismi patet, nam sic dicto [vel huic dico] 'amor' prout verbaliter et nominaliter est[6] diversae partes sunt propter diversitatem in modo significandi specifico.

1.5 Praeterea, si esset unum nomen, plures modi significandi accidentales eiusdem rationis simul essent in eadem voce, ut puta plures nominativi[7] casus in hac dictione 'canis'. Consequens est falsum. Consequentia patet, tum quia modi significandi accidentales non consequuntur vocem qualemcumque, sed sub

---

[1] ei *Perger*] rei **C**.

[2] formali] formale **C**.

[3] diversi modi] diverse mod(us) **C**.

[4] rationes] rationis **C**.

[5] ...] tunc *cum .etc suprascripto. Littera in suprascripto illegibilis nec* q(ua)r(e) *nec* (er)go *esse videtur.*

[6] sic dicto – est] *syntaxim duriorem hoc modo sanare proposuit Perger:* [sic dicto vel] haec dictio 'amor' prout verbaliter et nominaliter est <dicta>. *Compendio* h^c *quod ego* huic *interpretatus eram, illi potius* hic *aut* hoc *significari visum est, unde* haec *coniecit.*

[7] nominativi] nominativus **C**.

determinata ratione significandi variata ratione significandi variabitur modus \accidentalis/; sed in voce [significandi] aequivoca rationes significandi sunt diversae; ergo etc.; — tum quia significatio prior est quocumque modo significandi accidentali[1]; sed variato priori necesse est quodcumque posterius variari; ergo etc. Falsitas consequentis patet, nam si sic, esset incongrua 'canis currit', quia esset inconcinnitas in accidentibus inter suppositum et appositum, quia accidentia eiusdem rationis, ut nominativus[2] casus, essent multiplicata in supposito non \tamen/ in apposito, et sic esset modus finitus multiplicatus.

Huic potest dici concedendo consequens non esse inconveniens,[3] nec sequitur quod haec sit incongrua 'canis currit', quia sicut 'canis' in actu importat omnia sua significata, sine tamen quacumque habitudine, ideo non est hic inconcinnitas ratione geminationis suppositi actu non geminato, sicut esset si <si>gnificata importa<re>ntur copulative[4] – sic[ut] est a[5] parte modorum [164] significandi, quia actu importantur multi nominativi casus, et sub nulla[6] habitudine, ideo non sequitur quod ibi sit inconcinnitas ratione geminationis. Tota enim ratio est quare consequentia conceditur [tacta est ratio quare],[7] quia variat[i]o significato variatur modus[8] significandi accidentalis et essentialis[9], cum variato priori \et/ variatur quodlibet posterius necessario.

Contra hoc potest sic argui: Modus significandi activus solum est de consideratione grammatici; ergo ad eius variationem vel identitatem requiritur variatio vel identitas in significando grammatice[10] loquendo; sed significatum huius vocis 'canis' grammaticale unum est pro quocumque significato logice loquendo accipitur et consideratur[11]; ideo modus significandi accidentalis et grammaticalis refertur significato ut significatum pert<in>et grammatico; ergo manente eodem significato grammaticali[12] non est possibile diversos esse modos significandi grammaticale<s> eiusdem rationis, ut multos casus nominativos.

1.6 Item, ad principale. Impossibile est unum et idem simul actuari[13] per unam formam et esse in potentia ad actum et eandem formam, /155rA/ quia actus

---

[1] accidentali] accidentale **C**.

[2] nominativus] *an* nominativi *scribendum?*

[3] inconveniens] inconsequens **C**, *ut videtur*.

[4] copulative] copulativa **C**.

[5] a] e **C**.

[6] nulla] una **C**.

[7] tacta - quare *secludi iussit Perger, dittographiam esse ratus, id quod veri simillimum est. Utrum* ratio *an* re *legi debeat dubitare licet*: r' **C**.

[8] variatur modus] *aut* [[v]]argu(i)t in m(od)o *aut* [[v]]argu(i)t mm(od)us **C**.

[9] accidentalis et essentialis] accidentale et essentiali **C**.

[10] grammatice] grammatici **C**.

[11] consideratur] *lectio incerta* **C**.

[12] grammaticali] gra(mmati)ci **C**.

[13] actuari] actu()ri **C**.

et potentia sunt opposita et dividunt quidlibet[1] ens; sed si plures essent tales modi[2] significandi eiusdem rationis in eodem, tunc aliquid simul et semel \et/ in eodem tempore respectu eiusdem potest in opposita, quod non est verum. Maior patet, nam actus et potentia sunt differentiae entis maxime [et] oppositae,[3] sicut patet per Philosophum;[4] minor patet, nam su<m>pta hac voce 'canis' pro uno[5] significato accipitur pro uno nominativo casu[6] \actu/ et simul est in potentia \et ante actum/ ut accipi<a>tur pro duobus nominativis \casibus/ aliis duobus significatis correspondentibus.

2. Ad oppositum est Aristoteles: si non esset nomen unum in aequivocatione aequivocatio non haberet causam apparentiae; consequens falsum. Consequentia patet, nam identitas nominis vel orationis est causa [quia] apparentiae omnis[7] \loci in dictione/ per Philosophum in Littera: "Quotiens [165] eisdem[8] nominibus vel orationibus non idem significamus" sunt loci in dictione.

3.[9] Ad quaestionem potest dici quod nomen aequivocum dupliciter potest considerari: vel <quantum> ad id quod substantiale est in eo vel quantum ad id quod accidentale est in eo. Primo modo est nomen aequivocum nomen unum, quia vox una, et no<me>n est quid aggregatum artificialiter per intellectum ex voce sicut ex[10] materia et ex significatione[11] sicut ex forma; sed in artificialibus materia est tota substantia rei; ideo quia est vox una nomen substantialiter est unum. Tamen considerando secundo modo sic non est unum, cum multae sunt significationes quae habent rationem formae.

Ex isto tunc patet ad quaestionem quod nec est proprie dicendum quod nomen aequivocum est nomen unum simpliciter, \nec/ quod sit multa simpliciter, sed debet dici quod est nomen unum multiplex.[12] Ex quo non sequitur quod sit unum simpliciter sed secundum quid est unum, unde unitas cum dicitur

---

[1] quidlibet] quodlibet *cj. Perger.*

[2] modi] mo(d)us C.

[3] maxime [et] oppositae *Perger coll. qu. 18.1.1 necnon auctoritate in nota sequenti laudata*] maxime et opposite C, *i.e.* maximae et oppositae.

[4] *Rectius in Auctoritatibus Aristotelis, ed. Hamesse, 6.26 p. 176, illud dictum Averroi attribuitur (De Anima I.6 p. 10,20-21 ed. Crawford; ad Arist. De an. 1.1.402a25-1).*

[5] uno] non C.

[6] nominativo casu] nominativus casus C.

[7] omnis] eiusdem C.

[8] eisdem] idem C. *Locus citatus: Arist. SE 4.165b29-30.*

[9] *Cum hac determinatione conferas Anon. G&C 611-II, Quaest. SE 2,* CIMAGL *68 (1998) 145.*

[10] ex] in C.

[11] sig(nific)a(tion)e C.

[12] *Cf. Burlei Super Tract. Fall., De aequivocatione Dub. I.1,* CIMAGL *74 (2003) 198.*

"aequivocum est nomen unum multiplex" [et] referenda[1] est materiae, multiplicitas autem formae principaliter et toti ex consequenti.

Tamen[2] propter rationes est intelligendum quod sicut 'domus' nominat unam rem artificiatam[3] realem, sic 'nomen' nominat unam rem intentionalem, in qua contingit duo considerare sicut in qualibet re artificiata, sc. materiale et formale. Materiale est tota substantia in talibus. Vox in nomine dicitur materiale, sed formale duplex est: quoddam intrinsecum [ad] essentiale et quoddam extrinsecum accidentale. Si primo modo dicit,[4] tunc forma vocis dicitur esse sua significatio essentialis et intrinseca[5] quo modo habetur per Philosophum in libro De anima:[6] vox significat se ipsam cum imaginatione conceptam antequam aliquam rem exterius designat, et isto modo omnis[7] vox est significativa sicut 'buba' ut sic significat se ipsam praeconceptam; prius enim concipitur 'buba' et huiusmodi antequam exprimatur. Si secundo modo, adhuc dupliciter potest considerari, quia quaedam talis dicitur realis et quaedam modalis, et primo modo res significatae per vocem dicuntur formae et [166] perfectiones vocis, secundo modo modus pronuntiandi dicitur forma, aliqua[8] tamen identitate dicitur actualis multiplicitas et alicuius diversitate dicitur potentialis multiplicitas.

Ad 1.1 Per hoc <ad> primum argumentum[9]. Quando dicitur "Unius rei[10] etc.", dicendum est quod verum est de perfectione essentiali, et sic huius vocis 'canis' est tantum una forma, quae est secundum quam [vel secundum quod][11] ipsa[12] significat se ipsam in imaginatione[m] praeconceptam. De formali tamen [et] accidentali rei[13] nihil prohibet quod unius rei sint multae formae, ut patet in naturalibus: unius substantiae plura possunt esse accidentalia vel accidentia, quae sunt formae accidentales.

---

[1] referenda] *lectio non admodum certa.*

[2] tamen] tantum **C**.

[3] artificiatam] arti()tam **C**, *similiter infra.*

[4] dicit] dicitur *cj. Perger.*

[5] intrinseca] extrinseca **C**.

[6] *Cf. Arist. De an. 2.8.420b32-33 (?).*

[7] omnis] n(ull)a **C**.

[8] aliqua] alicuius *Perger, coniectura probabili,vix autem, ut mihi videtur, necessaria.*

[9] argumentum] arguitur **C**.

[10] rei] res **C**.

[11] secundum quam vel secundum quod **C** *et ed. princeps*] secundum quam vel *cum secludenda esse censuisset Perger,* vel secundum quod *secludere constitui.*

[12] ipsa] ipse **C**.

[13] De formali – rei] difformali tamen et accidentali rei **C** : De formali tamen et accidentali [rei] *cj. Perger, cuius vestigia quadam obliquitate in hac editione pressus sum. Offendit certe illud* rei *quod secludi iussit, sed forsitan non omnia scandala minora e textu removenda sint. Fieri potest ut etiam* et *a me deletum retineri possit.*

Ad 1.2 Ad aliud dicendum est quod significatum non refertur in ratione signi<ficat>i voci significanti[1] nisi sub determinata ratione significandi. Ideo bene sequitur quod multiplicato significato multiplicantur rationes significandi illius signi, <et> ita est quod signum multiplicatur, †et hoc[2] materialiter.†

Vel aliter potest dici. Ad argumentum dicendum quod non valet in relativis nec oportet quod ad multiplicationem correlativi per accidens quod multiplicetur[3] reliquum, potest enim unus esse pater existentibus pluribus filliis, sed multiplicatur ad multiplicationem per se relatorum. Modo vox significans non refertur rebus significatis nisi per accidens, accidit enim sibi quod res extrinseca<s> significet ***[4] /155rB/ realiter tamen suo significato essentiali et per se refertur; quod non tamen est nisi ipsa vox sit praeconcepta. Ad multiplicationem talis signi ergo sic est concedendum quod sequitur multiplicatio significati et econtra, sicut patet in positione.

Ad 1.3 Ad aliud dicendum quod argumentum non probat quin[5] sit simpliciter unum nomen quia formale modo extrinseco multiplicatur. Sicut hoc coloratum, posito[6] quod sua medietas sit formaliter[7] alba et alia medietas nigra, ratione [tamen] subiecti est unum coloratum, tamen ratione colorum formaliter sunt duo, – sic est in proposito: ratione subiecti vel materiae nominis aequivoci nomen aequivocum est unum, cum una sit materia, sc. una vox; ratione tamen formae extrinsecae, quae est significatio rei extra, est diversum et non unum.

Ad 1.4 Ad aliud argumentum dicendum est quod solvit se, nam 'amor' non [enim] \dicitur/ partes immo duplex pars; sic in proposito. [167]

Ad 1.5 Ad <aliud> dicendum est negando consequentiam. Non \enim/ sequitur quod plures sint modi significandi simul[8] in eodem subiecto. Et ad probationem dicendum est quod variat[i]o priori necesse est posterius variari, si sit posterius respectu illius. Sed modus significandi grammaticalis non \est/ posterius significato quali[ter]cum<que> modo sumpto. Pro quo sciendum est quod significatum est duplex, sc. significatum grammaticale et significatum logicale. Significatum vocis logice loquendo est res. Significatum vocis grammatice loquendo est modus essentialis specificus. Tunc nihil aliud est quoad grammaticum aliquid hoc significare quam significare[9] per rationem huius, ut

---

[1] significanti] significandi **C**.
[2] hoc] *lectio non indubitabilis.*
[3] multiplicetur] multiplicatur **C**.
[4] ***] *spatium 3-4 fere litterarum capax vacuum reliquit* **C**.
[5] quin] quod **C**.
[6] posito] p(at)et **C**.
[7] formaliter] *vel* forma **C**.
[8] simul] *potius* sicut **C**.
[9] significare] <illud> *add.* Perger.

'albedinem' significare substantiam est¹ per modum substantiae <significare. Sed ***²> est significare per modum accidentalem grammaticalem, <qui> posterior est significatione vel³ significato grammaticali. Cum ergo priori⁴ variato variatur posterius <***>⁵ Non tamen est posterior significato logicali. Quia⁶ haec vox 'nomen' non imponitur [aliter rei existenti extra vel] alicui rei existenti⁷ extra, sed conceptui⁸ partis, cuius esse est ab alio, ut ab anima. Si igitur rei imponeretur,⁹ aliquod accidens reale posset verificari de hoc quod est nomen, ut puta[t] aut album vel nigrum vel aliquod simile; soli ergo \conceptui/ imponitur haec vox 'nomen', quae est aequivocum, et †est conceptus significatus logice loquendo praecedit† et per consequens non est inconveniens modum grammaticalem esse priorem significato logicali, et per consequens non variari ad eius variationem.

Ad 1.6 Ad ultimum argumentum patet per idem quod ratio significandi relata ad significatum logice loquendo posterior est modo significandi grammaticali, sed eo¹⁰ significatum logicale posterius \est/, ideo diversitas in significato logicali non arguit diversitatem in ratione [[modo]] significandi sed <in> ratione modi significandi diversitatem.

Et sic ad hoc. [168]

Quaestio 6

Quaeratur utrum terminus aequivocus penes primum modum [\vocis/] aequivocationis importat suas significationes¹¹ copulative.

1. Quod sic probatur, primo per auctoritates, secundo per rationes.

1.1 Per auctoritates:

1.1.1 Per Aristotelem in libro Peri hermenias,¹² si 'tunica' imponatur homini et equo, idem est dicere quod tunica est alba et 'homo est albus et equus est

---

¹ est] et **C** *p.c.* : eius **C** *a.c.*
² ***] in accusativo *vel sim. supplendum.*
³ significatione vel] *secludi iussit Perger, fort. recte.*
⁴ priori] ipso **C**.
⁵ <***>] *fere* <variato significato grammaticali variatur modus accidentalis grammaticalis, qui est posterior> *excidisse videtur.*
⁶ quia] *vox suspecta. Quae sequuntur male cum praecedentibus cohaerent.*
⁷ existenti – existenti] ex()te – ex()te **C**.
⁸ conceptui] conceptum **C**.
⁹ igitur] enim *cj. Perger.* ‖ imponeretur] *fort.* apponeretur **C** *a.c.*
¹⁰ sed eo] sicut est **C** : sicut etiam *Perger.*
¹¹ suas significationes] sua significata *cj. Perger, quem tamen hoc loco sequi non sum ausus, cum saepenumero vocem 'significatio' minus caute pro 'significatum' a logicis scholasticis usurpatam vidissem..*
¹² *Arist. Int. 8.18a19-23*

albus'. Quod non esset nisi facta tali impositione hoc nomen 'tunica' hominem et equum designaret copulative.

1.1.2 Praeterea, in eodem libro: idem est quaerere an Callias et Themistocles sunt domi ac si unum nomen esset eis impositum.[1] Quod non esset nisi unum nomen eis[2] impositum hoc et illud significaret copulative.

1.2 Praeterea per rationes ostenditur sic:

1.2.1.1 Hoc nomen 'canis' significat tria significata, sc. animal latrabile etc.; ergo hoc nomen 'canis' significat animal latrabile et caeleste sidus; quod non esset nisi[3] copulative tria dicta[4] significaret.

1.2.1.2 Huic potest dici negando consequentiam 'significat tria significata, ergo significat hoc et illud' ubi exprimitur nota copulationis.

1.2.1.3.1 Contra. Oppositum consequentis pro nulla causa stat cum antecedente, haec sc. 'canis non [s] significat[5] hoc et illud et <illu>d', nam haec non potest esse vera nisi quia unum istorum non significat, aut quia duo non significat, aut[6] quia nullum omnium[7] /155vA/ istorum trium[8] significat; sed quaelibet causa<ru>m istarum repugnat antecedenti huic 'canis significat haec tria', ergo etc.

1.2.1.3.2 Praeterea, sequitur 'si significat tria ista significata, ergo significat hoc et illud et tertium', et per consequens significat hoc et illud et illud sic copulative, quod est propositum.

1.2.2.1 Item, ad principale. 'Canis' importat significata actu, ergo copulative. Antecedens est manifestum, quia si solum potentialiter significaret, <non> e<a>dem esset comparatio termini communis ad supposita et termini aequivoci ad significata; quod falsum est. Consequentia patet, nam sequitur 'omnis homo[9] [169] currit, <ergo> Socrates currit et Plato currit'; unde singularia[10] ponuntur, et per consequens copulative; cuius non est alia causa nisi quia [[subiectum]] distributionis [[vel]] virtute sequuntur ista singularia, et sic potest sequi per propositionem universalem quod omnia singularia actu ponuntur.

1.2.2.2 Huic potest dici negando consequentiam ab universali ad copulativam constitutam ex singularibus propter figura<m> dictionis, nam in

---

[1] *Arist. SE 17.175b41-176a2.* Themistocles] temtides *vel sim.* **C**.

[2] eis] est **C**.

[3] nisi] nomen **C**.

[4] tria dicta] *lectio incertissima.*

[5] haec – significat] hoc – significet **C**.

[6] aut] ad **C**.

[7] omnium] *fort.* tantum **C** *a.c.*

[8] trium] terminum **C**.

[9] omnis homo] .h. h(?) **C**.

[10] unde singularia] unde sing^ri **C**; unde *vox suspecta;* sing^ri *cum* singulari *tum* singnificari = significari *legi potest.*

universali propositione, hac sc. 'omnis homo currit', distribuitur hic terminus[1] 'homo' pro singularibus in quantum per se participant intellectu termini, <et> ita per rationem <quid>[2], [est ibi fallacia figurae dictionis] sed[3] in consequente sumuntur singularia in quantum numerata sunt, quia in quantum copulat[iv]a sunt, et nota copulationis est nota diversitatis et numerationis, ideo sumuntur singularia in quantum quanta sunt, quia numerus est quantum vel quantitas discreta[4], et ita commutatur quid in quantum.

1.2.2.3.1 Contra illud. Sequitur 'Socrates <currit>[5] et Plato currit, ergo homo currit' tamquam a tota copulativa ad alteram eius partem; ergo distributo consequente sequitur idem antecedens distributum, quod est propositum nostrum.

1.2.2.3.2 Praeterea. Si 'omnis homo currit', in ista propositio<ne> et consimilibus si fiat distributio pro suppositis per rationem <quid>[6], quaelibet talis propositio universalis in qua praedicatum accidentale [praedicatur][7] denotatur inesse subiecto esset impossibilis, quia termino distributo per rationem quid impossibile est aliquod praedicatum accidentale inesse.

2. Ad oppositum. Si terminus aequivocus sic copulative importaret sua significata, haec esset incongrua 'canis currit', quia actus significationis non geminatus denotaretur inesse subiecto geminato, ac si dicerem 'animal latrabile et caeleste sidus et marina belua[m]'.

Quaestio 7

Quaeratur utrum terminus aequivocus penes primum modum respicit sua significata disiunctive.

1. Quod sic videtur:

1.1 Primo per auctoritates:

1.1.1 Aristoteles in Topicis:[8] ad construendum aliquod multiplex sufficit ipsum construere in altero sensu. Quod non esse<t> verum nisi disiunctive talis terminus importaret tales sensus.

1.1.2 Praeterea. Secundum Alexandrum commentatorem super istum librum,[9] terminus aequivocus sic comparatur suis significatis sicut totum

---

[1] hic terminus *Perger*] huius termini **C** : <***> huius termini *ed. princeps*.
[2] <et> ita per rationem <quid> *Perger*] ita per rationem **C**.
[3] est – sed **C**] <sed> est ibi fallacia figurae dictionis quia *cj. Perger*.
[4] vel quantitas discreta] vel quanta discreta **C** : [vel quanta] discretum *cj. Perger*.
[5] <currit> *add. Perger*.
[6] <quid> *add. Perger*.
[7] praedicatur *seclusi*] praedicatur <et> *Perger*.
[8] *Arist. Top. 2.3.110A29-30*
[9] *Cf. Ebbesen 1981 (CLCAG VII): 2:436-438 & 3:181*

universale [170] partibus subiectivis; sed totum universale disiunctive respicit[1] suas partes subiectivas; ergo etc.

1.2 Item, per rationem:

1.2.1 Sicut contingit termino aequivoco uti pro suis significatis, sic[2] ea importat; sed solum contingit nos uti ipso simul pro hoc significato [hoc] vel illo disiunctive; ergo [hoc][3] solum sic ea importat. Maior patet, nam ob hoc inveniuntur voces ut nos vocibus \pro ipsis/ rebus utamur. Minor patet, nam intellectus, cum sit indivisibilis, simul se non convertit ad multa.

1.2.2 Item. Si non terminus aequivocus disiunctive importaret, quaelibet propositio in qua subicitur terminus aequivocus vel esse<t> simpliciter vera vel simpliciter falsa, et per consequens non distinguenda. Consequentia patet, nam aliquo tali termino existente subiecto praedicatum inest cuilibet significato vel alicui non inest; inter haec non est medium, cum 'quidlibet' et 'aliquod non' contradicunt; si primo modo, ergo haec propositio vera est cum praedicatum insit cuilibet vel omnibus quibus dicitur inesse; si secundo modo, ergo propositio determinate est falsa si non ponitur significatum disiunctive, quia tunc /155vB/ ponitur actu et copulative, et per consequens propositio determinate falsa, cum alicui non insit de numero quorum denotatur inesse.

2. Ad oppositum. Si sic, aequivocatio non[4] operaretur actualem multiplicitatem, quia †solum tunc(?) actu importat actu plura†,[5] cum tamen actualis[6] multiplicitas importatur in aliquo, quia illud actu multa plicat.[7]

Quaestio 8

Quaeratur utrum aequivocum penes primum modum repraesentet sua significata actu.

1. Quod non videtur.

1.1 Nam si sic, quod [non][8] contingeret per se [in] intelligere vocibus impositis non contingeret[9] per se significare. Consequens falsum, nam per Boethium [n]ad hoc sunt sermones inventi ut prompte fiant mutuae voluntatis

---

[1] respicit] recipit C.

[2] sic *Perger*] similiter C.

[3] hoc *seclusit Perger.*

[4] non] nam C.

[5] solum – plura] solum sine(?) actu importa<re>t [actu] plura *Perger.*

[6] actualis] actualiter C *(cuius lectionem retineri posse censuit Perger).*

[7] multa plicat] multiplicatur *cj. Perger, fort. recte, sed saepius logici 'multiplex' per 'multa plicat' exponunt.*

[8] non *seclusit Perger.*

[9] contingeret] contingit C.

indicia.[1] Consequentia patet, nam suppono quod non universaliter significatis aequivoci correspondea[n]t alia vox significans quam vox aequivoca, si sic enim aequivocationis nulla esset necessitas. Volo ergo intelligere actum currendi inesse cani pro uno eius significato solum: si significatis non esset alia vox imposita ab hac voce 'canis', quod est possibile, in aliis illum intellectum non contingit significare per istam 'canis currit', cum omnia significata ponuntur hic, nec per aliam aliquam vocem, cum non sit aliqua alia vox imposita per positum. [171]

1.2 Item, si terminus aequivocus [non] repraesentat[2] actu omnia significata periret ars respondendi ad multiplex per distinctionem, quod est impossibile. Consequentia patet, nam distinguere multiplex est ipsum accipere in uno sensu praetermittendo alium sensum; sed si terminus aequivocus significaret omnia significata non esset possibile accipere ipsum[3] \pro/ uno sensu vel significato ita quod non pro alio.

1.3.1 Item, si terminus aequivocus [non][4] significaret <et>c., haec esset incongrua 'canis currit'. Consequentia patet, nam si actu per hanc vocem 'canis' multa significarentur, cum per actum currendi tantum unum designaretur, esset geminata substantia non geminato actu; <sed> ex nullo geminat[i]o[5] resultat congruum secundum Priscianum. Falsitas consequentis patet, nam haec est distinguenda et per consequens congrua, cum distinctio praesupponat perfectum intellectum, sicut determinate verum vel determinate falsum.

1.3.2 Hiis dicitur negando consequentiam. Propositioni dicitur quod non quaecumque[6] geminat<i>o substantiae actu non geminato arguit incongruitatem, sed quando(?) ista geminata a parte suppositi[7] accipiuntur sub aliqua nota copulationis sicut hic[8] 'Socrates et Plato currit'; sic non est in proposito,[9] significata enim per terminum aequivocum actu importantur, non tamen per modum copulationis.

1.3.3.1 Contra. Maior est unitas inter aliqua sumpta sub copulatione quam inter ea<de>m sumpta omnino sine[10] copulatione vel disiunctione; si ergo geminatio aliquorum duorum sub nota copulationis propter sui multiplicitatem actu

---

[1] *Immo Plato in Timæo 47c ex translatione Calcidii (Plato Latinus 4: 44.25-26)*

[2] non *seclusit Perger. Idem* repraesenta<re>t *scribendum censuit, id quod mihi quamvis probabile haud necessarium videtur.*

[3] ipsum] ipso **C**.

[4] non *seclusit Perger*

[5] ex – geminatio] *Respicitur Prisc. Inst. 17.12.76-78 mediante interpretatione Petri Heliae (Summa, ed. Reilly 973sq.).*

[6] quaecumque] qualitercumque **C**..

[7] suppositi *Perger*] \im/poni *vel* \im/positi **C**.

[8] hic] haec **C**.

[9] in proposito] impositum **C**.

[10] sine] sub **C**.

non geminato facit incongruitatem, cum multo magis sit pluralitas in<ter> aliqua actu sumpta sine copulatione, aliquibus sic sumptis sine copulatione faciendo geminationem actu non geminato erit incongruitas, quomodo est in termino aequivoco per responsum. Maior patet, nam est magis plures 'Socrates currit Plato currit' quam haec 'Socrates <currit>[1] et Plato currit', nam prima per Aristotelem primo Peri hermenias est plures inconiunct[ion]ae, secunda autem licet sit plures, est tamen una coniunctione quae sufficit ad contradictionis unitatem.[2]

1.3.3.2 Item. Probo[3] quod geminatio aliquorum a parte suppositi per copulationem expressam actu non geminato non arguit incongruitatem; secundo quod non existente copulatione foret incongruitas.

1.3.3.2.1 Probatio primi, nam si sic, inductio non potest reduci in syllogismum, quia maior foret incongrua et ita nec vera nec falsa. Assumptum patet, [172] nam talis debet esse maior 'iste homo et iste est', ut patet [patet] per Aristotelem secundo /156rA/ Priorum.[4] Arguit sic: 'leo, bos, capra etc. est longaevum, omne <non> habens choleram est leo, capra etc; ergo etc.', ubi in maiore sunt plura copulata[5] a parte suppositi[6] actu non geminato.

1.3.3.2.2 Praeterea, probatio secundi per Priscianum.[7] Si dicatur sic 'sedens sum[8] ego' geminatur substantia et nihil congruum resultat, semel enim exprimitur substantia per verbum substantivum, quod est radix et substantia omnium verborum, iterato per pronomen specificans; etsi ergo non sit copulat<i>o, geminatio substantiae [non][9] arguit incongruitatem.

1.4 Item, a<d> principale. Si sic, sequitur 'canis currit, ergo caeleste sidus currit', quia consequens actu poneretur per antecedens. Consequens falsum propter duo: cum quia si ista consequentia esset bona, cum consequens sit indeterminate falsum, antecedens foret determinate falsum, et per consequens esset respondendum unica responsione, cuius oppositum dicit Philosophus secundo huius;[10] tum quia si sic, ex opposito consequentis sequitur oppositum antecedentis, et per consequens antecedens haberet oppositum, et ita esset unum

---

[1] <currit> *add. Perger.*
[2] *Arist. Int.5.17a15-17*
[3] probo] <primo> *addendum censuit Perger.*
[4] *Cf. Arist. APr. 2.23.68b18-24.*
[5] plura copulata] plures co(pula)tae **C**.
[6] suppositi] *an* subiecti *scribendum? Si* suppositi *recte ponitur, sensu grammatico intelligendum.*
[7] *Non directe ex Prisciano; cf. quae de Prisc. supra 1.3.1 laudato dixi.*
[8] sum] est **C** *(quod tuetur Perger); eodem modo in responsione, infra. Pro* sedens *fortasse* Petrus *(vel, quod cj. Perger,* Socrates) *utrobique scribendum.*
[9] non *delevit Perger.*
[10] *Arist. SE 19.177a20-23*

unitate requisita contradictioni[s], et per consequens non esset propositio multiplex.

2. Ad oppositum. Terminus aequivocus penes primum modum ex prima impositione signfica[re]t plura, ergo actu quodlibet importat. Consequentia patet ex differentia inter significare et app\e/llare: significare est rem sub propriaratione et propria actualitate repraesentare, sed appellare est aliquid potentialiter importare; ideo significare <est termini> pro per se significato ut hominis pro [per se]¹ natura humana, sed appellare est termini pro supposito, 'homo' enim significat naturam humanam, et per consequens ipsam repraesentat, sed non Socratem et Platonem significat sed ista appellat; si ergo aequivocum ita significaret² [ac] actu multa, quodlibet actu et sub propria ratione repraesentabit.

<3. Ad quaestiones 6-8>

Ad istas tres quaestiones dicendum est quod terminus aequivocus penes primum modum non repraesentat sua significata copulative nec disiunctive sed actu et sub nulla habitudine copulationis vel disiunctionis. [173]

Primum patet, nam si sic, ut sumptum est, foret haec incongrua 'canis currit', et per consequens non multiplex. Similiter idem vult Alexander³ volens terminum aequivocum significare unum significatum ac si aliud non significaret, quia non significat unum et aliud sub habitudine copulationis vel disiunctionis.

Secundum patet per idem. Et etiam, si sic, 'canis currit' non esset multiplex nec haberet multiplicitatem actual[itat]em. Non esset primum, quia sequitur 'animal latrabile currit, ergo canis currit' tamquam a parte disiunctivae ad totam disiunctivam vel a parte disiuncti a<d> terminum stantem disiunctive pro ista parte, et per consequens ex opposito sequitur oppositum, et ita esset consequens unum et per consequens non multiplex, nec esset actualis multiplicitas in aequivocatione,⁴ nam talis multiplicitas habetur ex hoc quod vox aliqua una secundum materiam et formam actu multa repraesentat; sed quae disiunctive⁵ repraesentantur non actu repraesentantur⁶ sed potentialiter.

---

¹ per se *secludi iussit Perger.*
² significaret] significet *cj. Perger.*
³ *Citatio a multis usurpata, quamquam spuria. Vide Ebbesen 1981 (CLCAG VII): 2:436-438 & 3:181*
⁴ aequivocatione] ..a c°re *fere* **C**.
⁵ disiunctive] du^{ne} *vel* du^{ue} **C**.
⁶ repraesentantur – repraesentantur] repraesentatur – reprae$^{t(ur)}$ **C**.

Tertium patet tam<quam> sequens ab[1] istis duobus, Et etiam auctoritate Alexandri, secundum enim ipsum actu aequivocum quodlibet aequivocum sine[2] habitudine importat.

<Ad argumenta quaestionis 6>

Ad 1.1.1 Ad primum argumentum dicendum est quod Aristoteles non plus intelligit nisi quod non differunt quoad unitatem requisitam in contradictione [tunc][3] istae propositiones 'tunica est alba' – dato quod 'tunica' imponitur homini et[4] equo – [[s]] et 'homo est albus et equus est albus', nam utraque propositio plures est. Non tamen intelligit /156rB/ quin una sit alio modo plures et alia, quia iste \est/ eius intellectus quod non differant quoad unitatem. Et hoc patet per eius processum ibidem, solum enim intendit investigare unitatem propositionis et probat quod unitas vocis a parte subiecti non sufficit ad unitatem.

Ad 1.1.2 Ad aliam auctoritatem dicendum est fere per idem, quod Aristoteles ibidem non plus intelligit nisi quod ad unam non est respondendum unica responsione sicut nec ad aliam, ubi una vox imponitur Themistocli[5] et Calliae, [174] quia utrobique erit propositio plures, etsi non eodem modo, nec hoc vult Aristoteles.

Ad 1.2.1.3.2 Ad aliud argumentum, cum accipitur 'aequivocum significat hoc et illud', dicendum est quod haec propositio potest habere duplicem intellectum, vel enim potest esse copulationis significatio vel copulatio significationis. Secundo modo est ista concedenda 'aequivocum ut 'canis' significat illud et illud et illud', sic enim nota copulationis determinat actum[6] significandi, et est sensus "est aequivocum et significat illud et illud, sc. quodcumque". Sed[7] sumptum primo modo non est concedendum, nec sic est consequentia bona, immo denotatur quod haec vox 'canis' significet haec plura per modum copulationis.

Ad 1.2.2 Ad aliud argumentum dicendum est sicut dicebatur.

Ad 1.2.2.3.1 Ad argumentum contra hoc dicendum est quod haec non est consequentia 'Socrates currit et Plato currit, ergo homo currit', quia sermo

---

[1] tam<quam> *Perger.* ‖ ab istis duobus] ad ista duo **C** : ad ista duo *cj. Perger.*

[2] sine] sub **C**. *Quod Alexander dixisse dicitur idem est quod supra aliis verbis dictum est, terminum aequivocum unum significare ac si aliud non significaret.*

[3] tunc *seclusit Perger.*

[4] homini et] \h/omini in **C**.

[5] Themistocli] *fere* tesinis()di **C**.

[6] sic – actum] sic sed notat copulationis diver(sifi)cat actum(?) **C**.

[7] scilicet quodcumque sed] sic(?) .n°.(?) quodcumque sic **C**.

sumptus pro[1] antecedente non est unus unitate requisita ad contradictionem, ideo nec est principium habitudinis nec terminus quia oratio multiplex non est[2] praemissa vel conclusio in syllogismo, nec per consequens [non] potest esse principium habitudinis nec terminus [[a]] in aliqua habitudine, quia a quo negatur primum in aliquo genere et posteriora – saltim per reductionem – negari possunt; sed in illo modo arguendi est [figura[3] seu] fallacia non causae ad causam.[4] Ex hoc enim[5] quod assumitur particulariter[6] [et copulative] sumpto[7] sequitur consequens, sed altera <pars>[8] omnino non est causa, ideo non oportet quod distributo consequente sequatur[9] tota copulativa sed sequitur eius[10] altera pars, indifferenter tamen.

Ad 1.2.2.3.2 Ad aliud contra hoc dicendum est concedendo:[11] aliquae possunt esse tales non possibiles. Sic \dicto[12] 'omnis/ homo currit' <vel> saltim 'omnis[13] [[praes]] praesens homo currit', hic fit distributio pro suppositis per [175] rationem quid; sed[14] licet pro illis sub illa ratione fiat distributio, illis tamen sub illa ratione quid non fit attributio. Pro quo sciendum est quod in propositione universali duplex est habitudo ad praesens, quia una[15] termini ad actum quae est per rationem qualis,[16] si praedicatum sit accidentale respectu suppositi, alia termini ad suppositi contenta, quae designatur per distributionem, quae est per rationem quid; et ita nihil prohibet terminum distribui pro suppositis per rationem quid et praedicatum inesse[t] supposito per rationem qualis, cum alia sit habitudo subiecti ad supposita et suppositi ad praedicatum.

---

[1] pro] per C.
[2] est – est] esse – esse C.
[3] figura] *vel* fallacia C.
[4] ad causam] ut causam *Perger*.
[5] enim *Perger*] autem C.
[6] particulariter] par()ter C : partialiter *Perger*.
[7] sumpto *Perger*] sumpte C.
[8] <pars> *add. Perger*.
[9] oportet – sequatur] oportet*(?)* – s(equitu)r C.
[10] eius] *vel potius* est C.
[11] concedendo] concedendo quod *Perger* : quando dicetur C.
[12] sic dicto *scripsi Pergeri vestigia primens qui* sed <sic> dicto *proposuerat*] sed(?) dic(t)e C.
[13] <vel> saltim omnis *Perger*] s(?)saltim haec C.
[14] sed] quia C.
[15] quia una] quae unam C.
[16] qualis] qual₃, *i.e.* qualibet C.

Ad argumenta quaestionis 7

Ad 1.1 Ad primam responsionem[1] secundae quaestionis dicendum est quod Aristoteles ibi docet construere multiplex non simpliciter sed ad hominem cui latet multiplicitas vocis. Unde si alicui lateat multiplicitas vocis[2] sufficit opponenti in comparatione ad talem respondentem ipsum multiplex altero sensu solum construere.

Ad 1.2 Ad aliud dicendum est quod est simile in aliquo inter totum universale et aequivocum, et in aliquo non. In hoc enim est simile quod sicut in toto universali[3] unum \in/tellectum importat in omnibus partibus, sic aequivocum unam vocem importat respectu cuiuslibet significati; nec ad aliud est necesse Alexandri similitudinem esse attendendam.

Ad 1.3 Ad aliud dicendum quod non contingit termino aequivoco aliter uti pro suis significatis quam /156vA/ pro omnibus simul, per aliquam tamen determinationem participantem altero significato additam[4] voci aequivocae contingit unum significatum prius appellare per vocem quam aliud significatum; quodlibet tamen significatum de vi vocis significatur actu et non disiunctive.

Ad 1.4 Ad aliud dicendum quod non sequitur quod quaelibet propositio in qua extremum sit aequivocum sit simpliciter vera vel falsa, sed est distinguenda; unde per Philosophum et si omni sensu esset vera vel omni sensu falsa, adhuc[5] formaliter esset distinquenda.

Ad formam. Cum quaeritur "Aut praedicatum inest cuilibet pro quo stat subiectum aut alteri non inest?", dicendum quod sive sic <sive> sic dicatur,[6] ista pro quibus stat extremum[7] non sunt causae veritatis sed sensus multiplicis, <quare> non sequitur quod propositio sit determinate vera vel falsa sed distinguenda.

---

[1] responsionem] *fort.* rationem *scribendum.*
[2] lateat multiplicitas vocis] lateas inter vocem **C**.
[3] in toto universali] totum universale *Perger, quod quidem melius erat, sed forsitan minus diligenter locutus sit Burleus.*
[4] determinationem – additam] dis()nem participantem alteri significato addito **C**.
[5] adhuc] ad haec **C**.
[6] sive sic <sive> sic dicatur] sive sic sit demonstratio **C** : sive sic sit <sive sic>, demonstrato <quod> *Perger.*
[7] extremum *Perger, quem haesitans secutus sum; fortasse* subiectum *scribendum*] extrema **C**.

Ad argumenta quaestionis 8

Ad 1.1 Ad primam responsionem[1] tertiae quaestionis dicendum quod illud quod per se contingit intelligere contingit per se significare – vocibus propriis[2] impositis ad significandum. Si autem [non][3] imponitur vox <ita> quod non sit per se signum, non est verum <***>[4] etsi res per istam vocem non possit per se [176] significari.[5] Sic est de termino aequivoco si significatis ipsius aequivoci non correspondeat alia vox ab ista voce aequivoca.

Ad 1.2 Ad aliud dicendum quod non periret ars respondendi per distinctionem, quia licet de vi vocis non possit[6] distinguens uti voce aequivoca pro uno significato ita quod non pro alio, tamen per aliquam determinationem uni significato <additam> potest facere quod vox aequivoca citius apprehenderetur pro uno significato quam alio, licet de vi vocis quodlibet significatum actu repraesentetur; et hoc sufficit ad hoc quod aliquis distinguere possit.

Ad 1.3.2 Ad aliud dicendum sicut prius.

Ad 1.3.3.1 Ad primum contra hoc dicendum est: non est maior unitas[7] quoad congruitatem inter aliqua sumpta sub[8] copulatione et[9] sine habitudine. Quod si sumantur sub copulation<e>,[10] virtute copulationis nisi[11] actus secundum vocem multiplicetur denotabuntur ista copulata[12] actum sustinere unum[13] <et> actus non geminatus significabitur multis per rationem multorum inesse. Sed si nulla habitudine accipiantur aliqua multa ut hic 'Socrates [et] Plato currit etc.' et in proposito[14] 'canis currit', non obstante quod talis propositio sit plures magis <quoad> unitatem requisitam[15] contradictioni, non tamen erit magis plures quoad congruitatem, quia[16] de vi vocis †perimitur tunc ista multa a parte

---

[1] responsionem] *an* rationem *scribendum?*
[2] propriis] praemissis C *(quod delendum censuit Perger)*.
[3] non *seclusit Perger*.
[4] <***>] *e.g.* <quia res per istam vocem significata potest per se intelligi>
[5] significari] *potius* significare C.
[6] possit *Perger*] posset C; *item paullo infra*.
[7] unitas] pluralitas *Perger*.
[8] sub] sin *in* sub *in scribendo correctum* C, *ut videtur*.
[9] et] quam *Perger, quo recepto bona latinitas salvatur, sed forsitan noster neglegentius locutus sit*.
[10] sumantur sub copulatione] sumitur sub copulation C : sumantur sub copulation<e et> *Perger*.
[11] nisi] non C.
[12] denotabuntur ista copulata] denotetur ista copulativa C : <sed> denotetur ista copulativa *Perger*.
[13] unum] *lectio incerta* C, *fort.* illum *teste Pergero, qui* iste *legendum proposuit*.
[14] in proposito] in p()i()o C.
[15] <quoad> unitatem requisitam *Perger*] pluralitate requisita C.
[16] quia] quae *Perger*.

suppositi sunt numerata†,¹ quia actus intelligitur iterari ad iterationem substantiarum a parte suppositi.

Ad 1.3.3.2.1 Ad aliud contra dicendum est quod haec dictio 'et' in reductione <in>ductionis in syllogismum non tenetur copulative, quia tunc faceret propositionem copulativam, et per consequens non syllogizabilem, cum sit plures, nec copulatim,² quomodo facit propositionem de extremo copulato, sic enim foret incongrua, ut probat ratio. Sed tenetur modificative, quomodo habet haec dictio 'et' exponi per istam †quod quo modo sumitur exclusive.†³

Ad 1.3.3.2.2 Ad aliud dicendum est quod haec 'sedens sum⁴ ego' non qualicumque <modo> est incongrua, sed est incongrua intelligendo hoc pronomen 'ego' in apposito pro substantia mera abi<ec>ta qualitate acquisita per demonstrationem <et> intelligendo verbum [[demons]] substantivum <***>,⁵ et non [177] solum est incongruitas propter geninatio<nem> [[sub]] talis substantiae,⁶ †quarum substantiarum una non est semper nata ad alteram†.⁷

Ad 1.4 Ad ultimum dicendum est quod non est consequentia⁸ 'canis currit, ergo caeleste sidus currit', sed est illud solum sumpta hac voce 'canis' pro altero eius significato, nec sequitur quod⁹ ita actu geminato quodlibet infertur nisi addatur quod illud <quod>¹⁰ proponitur habere vim inferentis¹¹ sit unum unitate requisita contradictioni, quae unitas requiritur ad hoc quod aliquid sit principium habitudinis. /156vB/

---

¹ perimitur – numerata] *quin numerata ex iterata ortum sit nullus dubito; quid reliqua faciam nescio* : perimitur. Tunc - numerata *Perger.*

² copulative – copulativam – copulatim] collective – collectivam – coᵐ **C**.

³ istam (iᵗᵃ vel iᵗᵃ **C**) quod – exclusive] istam 'id est', quo modo sumitur expositive *vel sim. scribendum esse videtur* : (*loco eius quod est* istam 'id est', *Perger* 'ita <quod>' *coniecit, quae lectio mihi minus textui convenire videtur*).

⁴ sum] est **C**; *item supra in ratione ad quam respondetur. Praeter locum Petri Heliae ibi laudatum ad solutionem intelligendam etiam adducendus est, ut recte monet Perger, P.H. 923-24 Reilly.*

⁵ <***>] <non ut est copula tantum sed ut significat meram substantiam> *Perger e.g.*

⁶ substantiae] <sed quia sic significantur duae substantiae> *addendum proposuit Perger.*

⁷ nata ad alteram] nata ad a(liu)m **C** : unita ad alteram *cj. Perger.*

⁸ consequentia] congrua **C** : <bona> *add. Perger.*

⁹ nec sequitur quod *Perger*] non sequitur post **C**.

¹⁰ illud <quod>] <inferens> illud *Perger.*

¹¹ vim inferentis] licet inferentis **C** : licet inferens *ed. princeps & Perger.*

Quaestio 9

Quaeratur utrum terminus aequivocus contrahitur per mediate[1] <adiunctum> ad alterum eius significatum.

1. Et quod sic probatio:

1.1 Quia haec dictio 'amor' est aequivocum ad nomen et ad verbum, tamen sic dicto 'amor est bonus' contrahitur ad nomen per praedicatum, et tunc sic contrahitur ei mediate adiuncto; ergo aequivocum contrahi potest per mediate adiunctum.

1.2 Item. Per Boethium in Divisionibus[2] sic dicto 'canna Romanorum sanguine sorbuit plenus' hic contrahitur 'canna' ad sexum <masculinum> per hanc dictionem 'plenus' positam ex parte praedicati, ut ad unum eius significatum tamquam ad flumen; sed 'canna' est aequivocum ad flumen et calamum; ergo terminus aequivocus contrahi potest per mediatum.

1.3 Item. Aristoteles in secundo huius[3] dicit quod 'hoc' est aequivocum ad casum nominativum et ad casum[4] accusativum, et per ipsum ibidem 'est' et 'esse' faciunt differentiam per hoc quod sic dicto 'hoc est' statim[5] contrahitur ad nominativum casum, et sic dicto 'hoc esse' contrahitur ad accusativum casum; cum ergo 'est' et[6] 'esse' differunt per hoc quod diversimode sumuntur, sequitur quod extremum aequivocum contrahi potest per mediatum.

1.4 Item. 'Animal' est aequivocum ad accusativum et nominativum casum. Sic tamen[7] dicto 'animal esse' ly 'animal' est accusativi casus; sed sic dicto 'animal est' est nominativi casus; ergo sic contrahitur.

1.5 Item. Per Priscianum 'Aiax venit ad Troiam, Aiax fortiter pugnavit',[8] dubium est de quo Aiace fit sermo; tamen sic dicto 'Aiax venit ad Troiam, et [178] idem fortiter pugnavit' determinatum est de certo, et certum est de quo fit sermo;[9] ergo etc.

2. Ad oppositum:

2.1 Si[c] terminus aequivocus per mediate adiunctum posset contrahi ad alterum eius significatum, ergo propositio quae est multiplex non distinguenda;

---

[1] mediate] *vel* mediatum **C**.

[2] *Boeth. Divis. p. 46 Magee = PL 64: 890B*

[3] *Arist. SE 14.173b34-38*

[4] casum – casum] ca⁹ – ca⁹ *(i.e., stricte interpretando,* casus – casus*)* **C**.

[5] statim] <'hoc'> *ut auctore Pergero addamus vix necesse est, cum subintelligi possit.*

[6] et] ad **C**.

[7] tamen] tantum **C**.

[8] Aiax – Troiam] Agax venit ad Trogam secundum quod fortiter pugnavit **C**. *Correxi ex Prisc. Inst. 17.9.56. (Quoad orthographiam: similiter infra* Agace *et* Trogam, *sed* Aiax *praebet* **C**.*)*

[9] de quo fit sermo] de quid sermo **C**.

consequens falsum, ergo antecedens; quoniam sic dicto 'canis currit' cum hoc quod hoc praedicatum 'currere' conveniat uni significato eius, ut latrabili animali, sequeretur quod 'canis' solummodo staret pro eo, et per consequens non esset distinguenda.

2.2 Item. Possibile est intelligere per hanc voce<m> 'canis' aliquod aliud significatum, et similiter possibile est per intellectum isti significato attribuere actum currendi, quamvis falso; cum ergo quemlibet intellectum sive verum sive falsum contingit per vocem significare, ergo intellectum istum contingit per vocem significativam significare, non nisi per istam 'canis currit', ut videtur; sed hoc non contingeret si aequivocum contraheretur per mediate adiunctum; ergo etc.

3.1.1 Ad quaestionem dicitur quod aequivocum contrahi non potest per mediate adiunctum per se loquendo, per accidens[1] tamen potest. Et hoc ponunt sic: quamvis enim significata termini aequivoci aequivocantur sub voce ipsa, tamen sub modis significandi ipsius vocis univocantur. Verbi gratia, quamvis significata huius termini 'canis' aequivocantur sub hac voce, univocantur tamen sub modis significandi grammaticalibus istius termini, nam genus, casus, numerus et tales modi significandi grammaticales univoce reperiuntur in hoc quod dico 'canis' ut stat pro uno significato[2] et alio, et consimiliter <de>[3] aliis terminis aequivocis. Sic ergo dic<t>o 'canna Romanorum <sanguine>[4] sorbuit plenus' vel 'amor est [est] bonus', cum modi significandi utrobique reperiantur univoce, modus significandi in praedicato per se contrahit modum significandi in subiecto, ut genus masculinum a parte praedicati contrahit ly 'canna' per se ad masculinum genus, et quia sub isto sensu repraesentatur unum significatum, ut flumen, et non reliquum, ideo per accidens[5] contrahitur subiectum ad unum[6] significatum; et ideo contractio per se fit in modis significandi, per accidens autem in significatis.

Et per illud solvuntur omnes rationes. [179]

3.1.2 Sed contra.

3.1.2.1 Contrahens generaliter est principium intelligendi contractum, nam contractio est ex hoc quod aliquid contractive[7] intelligitur sub ratione alterius intellectus communis,[8] ut intelligendo hominem sub ratione albi; necesse est ergo ex contrahente et contracto fieri unum secundum [[unum]] intellectum.

---

[1] accidens *Perger*] a(ntecede)ns **C** : consequens *ed. princeps*.
[2] uno significato] uno significata **C**.
[3] <de> *add. Perger*.
[4] <sanguine> *add. Perger*.
[5] accidens *Perger*] a(ntecede)ns **C** : consequens *ed. princeps*.
[6] unum] ultimum **C**.
[7] contractive *Pergero suadente haesitans recepi*] co()tive **C**.
[8] communis] communus *(!)* **C**.

Cum ergo distans secundum quod huiusmodi non facit unum secundum intellectum cum eo a quo distat, distans ab aliquo secundum extremum, sive sit significatum sive modus significandi, ipsum †modaliter†[1] potest contrahere; modus ergo significandi in praedicato subiectum contrahere non potest nec modaliter /157rA/ nec realiter.

3.1.2.2 Item. Mediate adiunctum nullum significatum aufert ab eo cui sic adiungitur, nam sic dicendo 'homo est mortuus' 'mortuum' significatum hominis non aufert; cum ergo terminus aequivocus significat plura actualiter et sub propria ratione, sicut terminus univocus significat unum, mediate adiunctum nullum significatum tollit ipsius termini aequivoci, sicut nec univoci; sed terminum aequivocum contrahere non posset ut solum unum significatum importaret nisi alia significata ipsius auferret; ergo aequivocum non potest contrahi per mediate adiunctum.

3.1.2.3 Praeterea. Contrahere aequivocum ad unum significatum est ipsum distrahere ab aliis; cum ergo mediate adiunctum non potest distrahere ab eo cui sic adiungitur, quia distrahens est principium intelligendi distractum quemadmodum[2] contrahens ipsum contractum†, ergo etc.

3.2 Propter hoc dicendum est aliter ad quaestionem quod aequivocum nec per se nec per accidens potest contrahi per mediate adiunctum, ita sc. quod quantum est de vi sermonis repraesentet[3] unum significatum; et hoc quia sic sequeretur quod mediate adiunctum aliquod significatum termini aequivoci auferret, et etiam quia quod aliud contrahit facit unum conceptum cum contracto, quod non facit mediate adiunctum; modus ergo significandi in praedicato modum significandi in subiecto non potest contrahere nec specificare eo quod distant secundum extremum, cum verbum[4] significans per modum distantis †intendat†[5] et specificans et specificatum cedunt in idem secundum intellectum simplicem.

Est tamen intelligendum quod quia in sermone mediante quo conceptiones unius innotescunt alteri requiritur congruitas et conformitas in modis significandi grammaticalibus – aliter enim non causarent intellectum perfectum in animo audientis, eo quod verum et falsum et etiam perfectum prius supponit **[180]** congruum, et etiam aequivocum, nam sub eisdem modis significandi grammaticalibus importat omnia sua significata, quia non sub eodem genere, sicut 'canna' sub masculino genere importat unum significatum, ut flumen, sub

---

[1] modaliter] nullo modo *vel sim. sensus requirere videtur.*

[2] quemadmodum *Perger (addens: "intellige: quemadmodum contrahens est principium intelligendi ipsum contractum")*] quod aliud **C**.

[3] repraesentet] repraesentat **C**.

[4] verbum] verbis **C**.

[5] intendat] *vel* incendat **C** : ince[n]dat *Perger; idem* cedunt *quod sequitur in* cedant *mutandum censet.*

feminino importat reliquum, et[1] similiter contingit de aliis — hinc est quod \quando/ aliquod praedicatum determinati modi significandi, ut determinati generis et casus,[2] attribuitur termino aequivoco in hoc modo significandi confuso, [et][3] ad hoc quod sermo fiat congruus accipimus subiectum respectu talis praedicati sub eodem modo significandi, et per consequens pro tali significato cui competit talis modus. Et ideo sic dicendo 'canna sorbuit plenus' ad hoc quod sermo fiat congruus accipimus ly 'canna' sub sexu masculino, et quia sub hoc sexu solum significat flumen, ideo ipsum accipimus solummodo pro isto significato, non quia ly 'canna' respectu huius praedicati 'plenus' solummodo hoc significet <de> virtute[4] sermonis, quia omnia quantum est de se significat quemadmodum si poneretur per se, sed ipsum sic accipimus propter congruitatem et perfectionem sermonis habendam, et ideo quod sic accipimus non est ex parte vocis sed ex parte nostra. Similiter dicendum est de ista 'amor est bonus' et de aliis.

Per hoc ad responsiones:[5]

Ad 1.1 Ad primum patet quod sic dicendo 'amor est bonus' ly 'amor' virtute praedicati non contrahitur ut accipiatur prout nomen est, immo quantum est de virtute sermonis adhuc aequivocum est ad hoc quod sit nomen vel verbum, accipitur tamen 'amor' respectu talis praedicati prout nomen est quia ut sic est sermo congruus.

Ad 1.2 Consimiliter dicendum ad aliud quod ly 'canna' quantum ex se et de virtute sermonis significat duo, sc. flumen et calamum, accipitur <tamen> pro uno eius significato, ut pro flumine, propter congruitatem sermonis habendam.

Ad 1.3 Consimiliter ad tertium quod dicitur secundo Elenchorum dicendum quod sive dicatur 'hoc est' vel 'hoc esse' semper ly 'hoc' quantum <est> de virtute sermonis potest accipi pro nominativo casu vel accusativo, sic tamen dicto 'hoc est' ut habeamus congruitatem et intellectum perfectum ipsum solum accipimus in nominativo casu, et sic dicto 'hoc esse' accipimus in accusativo, unde 'est' et 'esse' de virtute sermonis non faciunt differentiam sed quoad acceptionem nostram.

Ad 1.4 Consimiliter dicendum ad hoc quod dico 'animal' respectu huius verbi 'est' et 'esse'. [181]

Ad 1.5 Ad ultimum dicendum quod sic dicto /157rB/ 'Aiax venit ad Troiam et idem fortiter pugnavit' ly 'idem' non sic contrahit Aiacem ut solum significet unum sed aliunde facit[6] suam contractionem, nam sic dicto 'Aiax venit ad

---

[1] et] *fortasse delevit* C.

[2] casus] casis C.

[3] et] *vel delendum censuit Perger, vel* tunc vel quod *(quo* quod *supra positum repeteretur) scribendum.*

[4] virtute] virtuti C.

[5] responsiones] *an* rationes *scribendum?*

[6] aliunde facit] alium defacit C.

Troiam et Aiax fortiter pugnavit'[1] dubium est utrum secundus actus referatur ad eundem Aiacem ad quem refertur primus actus vel non. Quando tamen additur ly 'idem' sic dicendo 'et idem fortiter pugnavit' significatur actus secundus referri ad eundem Aiacem ad quem refertur actus primus. Unde non significat Aiacem accipi pro uno nec ipsum contrahit ad unum significatum, sed denotat actum secundum referri ad eundem ad quem actus primus habet referri. Unde <ante> adventum[2] eius quod est 'idem' potuit referri ad eundem Aiacem vel ad alium quantum est de virtute sermonis, sed adiuncto hoc quod dico 'idem' necessario referuntur ad idem.

Contra illud posset argui: si propter congruitatem sermonis aequivocum accipitur pro uno significato et non pro alio respectu actus praedicati nulla facta distinctione multiplicis, ergo, ut videtur, propter veritatem habendam in sermone aequivocum accipiendum est pro uno significato nulla facta distinctione. Consequentia patet, quoniam non minus comparatur sermo ad verum vel falsum quam ad congruum. Sed consequens est falsum, ergo antecedens.

Ad illud dicendum quod consequentia non valet. Et ratio est quoniam perfectio sermonis aequaliter[3] salvatur in oratione vera vel falsa, adhuc enim perfecta est ista 'homo est asinus' sicut ista 'homo est animal', sed tamen perfectio sermonis non aequaliter salvatur in congruo et in incongruo, quoniam perfectio praesupponit congruum, et ideo ut habeatur perfectio sermonis sermo est accipiendus ut congruus est, non tamen oportet ut accipiatur <ut> verus <est>.

Quaestio 10

Quaeratur utrum terminus aequivocus contrahi possit[4] per aliquid immediate adiunctum.

1. Quod sic probatio:

1.1 Nam istae propositiones 'Socrates currit' et 'hic[5] Socrates currit' non idem significant, et hoc quia ista '<hic> Socrates currit' determinatioris intellectus est quam[6] ista 'Socrates currit', quod non esset nisi ly 'Socrates', [182] quod est aequivocum contraheretur per hoc pronomen 'hic' immediate[7] adiunctum.

1.2 Item. Si non posset contrahi per immediate adiunctum, ergo cognomina superflue adderentur. Consequentia patet, quia cognomina adduntur propriis

---

[1] pugnavit] p pugnatur **C**.

[2] adventum] adenventum*(!)* **C**.

[3] aequaliter] et qualiter **C**.

[4] possit *Perger*] posset **C**.

[5] hic] haec **C**.

[6] quam] quantum **C**.

[7] immediate] in me()ta **C**.

nominibus ad discretionem in eis faciendam; sed si nomen aequivocum non posset contrahi per immediate adiunctum, cognomen adiunctum immediate proprio nomini nullam discretionem faceret eo quod ipsum in nullo contraheret; sic ergo dicto 'Robertus Grammaticus (vel: Musicus) currit' non esset discretior intellectus quam dicendo absolute 'Robertus currit'; superflue ergo adderetur cognomen proprio nomini.

1.3 Praeterea. Si non posset contrahi, ergo tanta est multiplicitas in uno sensu multiplicis quanta esset in toto multiplici, et si hoc, unus sensus multiplicis esset distinguendus et ipsum multiplex; quod est inconveniens, quia sic esset procedere[1] <in> infinitum.

1.4 Item. Possum intelligere aequivocum pro altero eius significato solum respectu alicuius praedicati; sed istum intellectum[2] non possum significare data hypothesi; ergo hypothesis est falsa. Probatio[3] assumpti, nam [per ista aequivocationem seu] per ipsam <vocem> aequivocam ipsum intellectum non possum significare eo quod aequaliter respicit sua significata cum ponitur absolute, nec etiam <per> aliquid sibi immediate adiunctum poterit haec vox /157vA/ ad illud significatum solum contrahi; quare ergo per consequens nullo modo potero illum intellectum alteri significare; quod est inconveniens, quia sic frustraretur sermo a suo fine,

1.5 Praeterea. Per Aristotelem in libro Topicorum[4] 'album' est aequivocum ad album in colore et ad album in voce; sic tamen dicto 'album in colore' solum stat pro altero istorum; ergo etc. Similiter 'multum' est aequivocum ad multum in aere et ad multum in aqua; sic tamen dicto 'multum in aere' determinatur ad unum tantum.

2. Ad oppositum:

2.1 Contractio solummodo est determinatio alicuius intellectus communis potentialiter se habentis ad multa, et hoc sive loquamur de contractione quae fit per mediata vel per immediata;[5] sed terminus aequivocus respicit sua significata actualiter et non potentialiter, ut patet ex praedictis; ergo termini aequivoci nec est possibilis contractio per mediate adiunctum nec per [183] immediate adiunctum. Et ratio potest confirmari, quia nihil contrahitur ad id quod habet in actu, sed terminus aequivocus habet sua significata in actu; ergo etc.

2.2 Item. Possum <aliquid>[6] intelligere per unum aequivocum, ut puta per 'canem' pro omnibus suis significatis respectu alicuius praedicati sub proprietate alicuius unius significati, ut sub ratione animalis latrabilis, hoc enim

---

[1] procedere] praecedere C.
[2] istum intellectum] ista intellecta C.
[3] probatio] propositio C.
[4] *Arist. Top. 1.15.106b6-8*
[5] per immediata] inpermediata C.
[6] <aliquid> *add. Perger.*

possum intelligere quamvis falso modo; istum ergo intellectum possibile est per vocem significare; non per aliam quam per istam 'canis latrabilis currit'; sed si ly 'canis' virtute determinationis huius 'latrabilis' sibi immediate adiunctae contraheretur ad unum significatum, hunc intellectum per istum sermonem non significarem;[1] ergo etc.

2.3 Item. Non minus actualiter et essentialiter comparatur terminus aequivocus ad sua significata quam terminus univocus ad unum significatum; sed nihil immediate adiunctum termino univoco aufert eius significatum, ergo nihil immediate adiunctum termino aequivoco aufert ab eo aliquod eius significatum. Probatio[2] minoris, quoniam determinatio distrahens[3] – de qua[4] magis videtur – immediate adiuncta[5] termino univoco eius significatum non aufert, ut sic dicendo[6] 'homo mortuus'; ergo nec aliqua alia determinatio.

Huic[7] potest dici quod 'homo mortuus' aufert significatum hominis, quia deminuit, nam aliter sequeretur 'homo mortuus, ergo homo', quod tamen negat Aristoteles.[8]

Sed contra hoc procedit responsio. Cuius probatio[9] est: nam distractum respectu distrahentis non est distractum,[10] nam si sic, tunc esset distractum antequam distraheretur, quod est inconveniens; ergo significatum distracti absolute manet respectu distrahentis. Aliter \enim/ sic dicto 'homo mortuus' non [[per]] esset oppositum in adiecto; distrahens ergo solummodo distrahit respectu tertii et non absolute, et ratio huius est quia distractum[11] sub ratione distrahentis intelligitur, non absolute sed respectu tertii. Significatum ergo distracti †solummodo† manet et[12] absolute, et sic distrahitur respectu tertii, et ideo respectu tertii non contingit [respectu] inferre ipsum simpliciter loquendo. Determinate ergo distrahens non aufert significatum termini univoci.

Praeterea. Determinatio immediate adiuncta termino aequivoco ipsum non contrahit ut solum stat pro uno eius significato nisi alia significata ab eo possit auferre. Sed si hoc, ergo magis esset distractio termini aequivoci quam eius contracti<o>.

3. Ad quaestionem hanc dicitur diversimode. [184]

---

[1] significarem *Perger*] significaret **C**.

[2] probatio] propositio **C**.

[3] distrahens] *vel* distractionis **C**.

[4] qua] eo quod **C**.

[5] adiuncta *Perger*] adiunctum **C**.

[6] dicendo **C**, *ut mihi visum est;* dicto *ut Pergero.*

[7] huic] ad hunc **C**.

[8] *Arist. Int. 11.21a21-23*

[9] propositio] probatio **C**.

[10] distractum] distractio **C**.

[11] distractum] distrahens *cj. Perger.*

[12] †solummodo† manet et] solummodo manet [et] *Perger.*

3.1.1 Uno modo quod potest contrahi per immediate adiunctum, et hoc sic ponunt: in termino aequivoco possumus[1] tria significare, sc. vocem ipsam[2] et significandi rationem et significata; sed vox ipsa singularis est, et ideo non potest contrahi eo quod contractio est alicuius communis in minus. Ratio significandi singularis est et appropriata significato, et ideo quot sunt significata tot \sunt/ rationes significandi, vox tamen \ut/ refertur ad significata ut est signum /157vB/ sic quandam communitatem habet ad ipsa significata, et omne commune determinari potest in quantum huiusmodi; ideo vox aequivoca ut refertur ad significata posset contrahi ad unum significatorum, et ideo <si> aliquid immediate adiungatur termino aequivoco contrahens terminum <ad> alterum[3] significatorum vel disiunctorum solummodo stabit pro isto significato. Et si sic quaeratur "A quo habet terminus aequivocus <hoc>?", dicunt quidam quod ex eo quod est ex voluntate ipsius imponentis, unde sicut ex <im>positione habet quod cum per se ponitur absque contractione significat plura, sic ex voluntate habet imponentis quod <si> aliquid pertinens ad suum significatum sibi immediate adiungitur solum significabit unum.

3.1.2.1 Contra illud potest argui. Primo contra radicem positionis, et[4] dicitur quod vox ut refertur ad significata est communis, quoniam vox ut refertur ad significata est signum. Sed, ut patet <ex> praecedentibus, vox in quantum signum plurificatur et variatur ad plurificationem et variationem significatorum, quia variato uno relativorum variatur et reliquum. Non ergo ut sic habet communitatem ad significata.

3.1.2.2 Contra aliud quod dicitur quod hoc habet ex voluntate imponentis: quia per eandem rationem per quam haberet ex voluntate imponentis quod per aliud immediate adiunctum conveniens alteri significatorum quod solum staret pro uno significato, per eandem rationem posset hoc habere respectu eiusdem determinationis sibi mediate adiunctae. Cum ergo hoc non habeat ex impositione, ergo nec primum.

3.1.2.3 Praeterea. In nomine aequivoco sola est communitas vocis ad significata ita quod nullus intellectus; et vox, cum sit singularis, contrahi non potest.

3.1.2.4 Praeterea. Si sic, sequetur[5] quod non quilibet intellectus posset per vocem significari, quoniam possibile est intelligere omnia significata termini aequivoci sub ratione proprietatis alterius significati, quamvis falso; quod non posset significari data hypothesi.

---

[1] possumus] possimus **C**.

[2] ipsam] illam **C**.

[3] terminum <ad> alterum] tantum alteri *(sic!)* **C**.

[4] et] quod *Perger, quo recepto sensus quidem apertior fit, sed textus traditus ad eundem sensum faciendum legi posse mihi videtur.*

[5] sequetur] sequeretur *Perger*.

3.2.1 Aliter dicitur ad quaestionem quod terminus aequivocus per immediate adiunctum potest contrahi ad alterum significatorum. Quod ipsi declarant sic: [185] quia inconveniens videtur auferre finem sermonis [tollit],[1] ut patet ex praecedentibus, quoniam possum intelligere terminum aequivocum solum pro uno eius significato respectu alicuius praedicati. Istum intellectum non possum significare sumendo terminum aequivocum absolute, †certum quod† non aequaliter repraesentet[2] omnia significata, nec per aliquid immediate adiunctum termino aequivoco (et suppono quod significatis nominis aequivoci non esset alia vox imposita); sequitur ergo quod nullo modo intellectum meum determinate possum significare, et sic frustraretur sermo a suo fine.

Videtur ergo esse dicendum quod aequivocum possit[3] contrahi per immediate adiunctum. Modus enim ponendi istorum est iste secundum Petrum Heliae:[4] non obstante quod 'Petrus' per se positum, cum sit nomen, significat substantiam cum qualitate, et etiam hoc pronomen 'ego' significat eandem substantiam, sic tamen dicto 'ego Petrus' ly 'Petrus' solam qualitatem importat et hoc pronomen 'ego' substantiam, et ideo in hoc aggregato 'ego Petrus' non est substantia geminata, sed hoc totum aggregatum 'ego Petrus' importat unum conceptum completum, ut conceptum Petri, quia substantiam Petri cum qualitate. Consimiliter dicunt ex parte ista: sic dicto 'canis' non obstante quod terminus aequivocus significat sua significata vel sua supposita omnia actualiter sub propria ratione et distincta quando per se ponitur, tamen quando aliquid ei adiungitur immediate conveniens uni significatorum per totum illud aggregatum ex isto et termino aequivoco significatur vel habetur intellectus unius determinatus et completus, illius sc. significati cui convenit illud adiunctum, — ita sc. quod per a<d>iunctum habetur illud quo<d> significatur, et hoc tunc ab aliis significatis distinguitur, per terminum autem aequivocum significatur illud quod ab aliis significatis distinguitur et ita [[non est hic]] per terminum aequivocum sic contractum habetur intellectus determinatus et distinctus illius significati.

Si arguitur contra sic dicentes "Sic dicto 'ego Petrus' ly[5] 'Petrus' in hoc aggregato, cum sit nomen, adhuc significat substantiam cum qualitate", ipsi dicunt quod prout ponitur in hoc aggregato non habet[6] significare intellectum distinctum sibi[7] nec est sic intelligendum quod alteri parti ex isto toto aggregato habetur intellectus unus nominis [et non plures], nec est tenendum quod sint

---

[1] tollit] <sed qui negat quaestionem finem sermonis> tollit *cj. Perger.*
[2] certum – repraesentet] certum <est> quia <aliter> repraesent<ar>et *cj. Perger.*
[3] possit *Perger*] posset **C**.
[4] *Petrus Helias, Summa p. 973 Reilly.*
[5] ly] hic **C**.
[6] habet] est **C**.
[7] sibi] *lectio incerta.*

duae¹ dictiones, sed hoc totum 'ego Petrus' est una dictio, unum nomen, et intellectum unum nominis importans, cuius partes (ut sunt² istius /158rA/ aggregati) non significant \aliquid per se/ sicut nec partes nominis compositi, [186] similiter ex parte ista quod sic dicto 'canis latrabilis' totum illud est una dictio importans intellectum unius significati huius aequivoci 'canis' determinate et distincte, et non est tenendum quod sint plures dictiones habentes intellectus distinctos, quemadmodum <nec> in <hoc> aggregato 'ego Petrus'; unde sicut concedunt quod li 'Petrus' non est nomen prout est pars orationis istius, sic ex parte ista sic dicto 'canis latrabilis'.

3.2.2 Contra istam positionem potest argui:

3.2.2.1 Primo quod illa opinio non satisfacit quaestioni. Ponit enim haec³ opinio quod sic dicto 'canis latrabilis' totum sicut una dictio significat, et quod neutra pars per se significat, et per consequens 'canis' non <est> nomen aequivocum. Sed quaestio <est> utrum nomen aequivocum per aliquid immediate adiunctum possit contrahi.

3.2.2.2 Item. Si hoc totum sit unum nomen, per consequens in hoc nihil est adiunctum †nisi hoc quod dico aliquid alicui† nomini mediate vel immediate.

3.2.2.3 Item. Si hoc, totum sic sumptum signific<ar>et unum conceptum et non pars eius, ergo erit unius dictionis \sic(?)/ simplex significatio, et per consequens nullius⁴ erit contractio.

3.2.2.4 Item. Contractio est alicuius unius intellectus [determinantis vel] manentis determinatio<r apprehensio>, sed intellectus canis in hoc aggregato 'canis latrabilis' non manet determinatio<r>⁵ secundum⁶ hanc rationem.

3.3 Ideo aliter dicendum est ad quaestionem quod contractio termini aequivoci dupliciter potest intelligi: uno modo quod per aliquid immediate adiunctum termino aequivoco terminus ille aequivocus contrahatur per illud adiunctum ad unum significatum ut <sit> significat<ivus> unius et non plurium. Alio modo potest intelligi ut per immediate adiunctum contrahatur terminus aequivocus sic quod omnia sua significata ponat sub ratione adiuncti respectu tertii. Primo modo \non/ potest contrahi, secundo modo potest.⁷

Primum patet: contractio alicuius non fit ad illud quod [\ad/] habet actu; terminus aequivocus omnia significata habet actualiter; ergo etc.

---

¹ tenendum quod sint duae] sciendum quod sint ii*(?)* C.

² sunt] sint C.

³ enim haec] haec \enim/ C : *transposuit Perger.*

⁴ nullius] unius C.

5 determinatio<r apprehensio> – determinatio<r>] determinatio – <in> determinatio<ne> Perger.

⁶ secundum] *lectio incerta* C.

⁷ modo potest] potest modo C.

Item. Contractio est alicuius unius intellectus determinatio<r>[1] apprehensio; sed in termino aequivoco non est intellectus unus communis ad diversa significata, est enim in termino aequivoco sola communitas vocis, quae quidem [187] vox est singularis et una numero nullam communitatem habens ad significata nisi communitatem appellationis solum; ergo vox contrahi non potest.

Item. Quicquid adiunctum terminum aequivocum ad unum significatum contraheret alia significata ab ipso [a] auferret; sed cum significata post impositionem completam sint essentialia termino aequivoco, ergo quodcumque additur mediate vel immediate termino aequivoco sibi erit[2] accidentale. Et tunc arguo: nullum accidentale perimit substantiale; ergo aliquid adiunctum immediate vel mediate termino aequivoco aliquod eius significatum non potest auferre; ergo etc.

Praeterea. Si sic, aliquis posset intelligere, quamvis falso, quod tamen non posset significare, quia posset intelligere omnia significata termini aequivoci sub ratione proprietatis unius significati.

Secundum patet: sicut enim terminus univocus indifferens est ut ponat suum significatum unum respectu alicuius tertii sub ratione albi vel nigri vel alterius determinationis, adiuncto tamen ei immediate albo statim contrahitur ut intellectum suum, qui unus est, solum ponat sub ratione albi, ut sic dicto 'homo albus currit' – consimiliter terminus aequivocus indifferens est secundum se ut omnia sua significata ponat respectu alicuius tertii sub ratione albi vel nigri, adiuncto tamen ei albo immediate vel nigro, iam omnia significata ponit sub ratione albi solum vel nigri. Unde sic dicto 'canis albus currit', ex quo ly 'canis' significat plura actualiter sicut terminus univocus unum, omnia sua significata ponit respectu albi sub ratione albi, quemadmodum in ha[n]c 'homo albus currit' ly 'homo' ponit unum significatum sub ratione albi. Unde sicut est contractio in termino univoco, sic in termino aequivoco, nisi[3] quod in termino univoco solum specificatur unum et contrahitur, in termino autem aequivoco plura, quoniam plura significat, et sicut si ponamus quod aliqua supposita hominis sint alba et aliqua nigra, sic dicto 'homo albus currit' totum ponitur significatum hominis pro suppositis albis, sic ex parte altera si supponanus quod cuiuslibet significati canis aliqua sint supposita alba et aliqua nigra, sic dicto 'canis albus currit' li 'canis' solum ponit omnia sua significata respectu tertii pro suppositis albis cuiuslibet significati. Unde per omnem modum, sicut est contractio in termino univoco unius significati consimiliter in aequivoco plurium significatorum. Sed tamen intelligendum quod sicut 'canis' plura significat, sic 'album' vel alia determinatio sua significata specificat, sed, ut dictum, 'canis' significat unum significatum ac si aliud \non/ significaret, et

---

[1] determinatior] determinata *Perger*.

[2] ergo – erit] aut – sit C. *Loco cuius emendationis Perger* et – sit *scribendum, et simul* et *ante* tunc *quod sequitur delendum proposuit*.

[3] nisi] n(ome)n C.

ideo sic dicto 'canis¹ albus currit' li 'albus' sic specificat unum significatum ac si aliud non specificaret, et ideo haec est distinguenda 'canis albus currit' sicut [188] et ista 'canis currit', et consimiliter ista quantum est de virtute sermonis 'canis latrabilis currit' et alia /158rB/ huiusmodi.

Ad 1.1 Ad primam rationem dicendum quod haec '<hic> Socrates currit' non est determinatioris significationis quam ista 'Socrates currit', unde sic dicto '<hic> Socrates currit' non magis contrahitur li 'Socrates' ut tantum significaret unum, quantum est de virtute sermonis, quam <in> ista 'Socrates currit', unde de vi vocis non magis intelligit audiens illum Socratem de quo intelligit proferens quam alium Socratem; sed quod alium Socratem percipit audiens determinate de quo intelligit proferens, hoc est aliunde quam [[h]] ex significatione sermonis, quia virtute demonstrationis, quae est extra significatum vocis, consimiliter enim significatur hoc pronomine² 'hic'.

Ad 1.2 Ad aliud argumentum dicendum quod cognomen non sic contrahit nomen proprium ut sit significativum³ unius et non plurium, sed contrahit ipsum ipso modo quo dictum est. Et si arguitur: ergo audiens pro<prium> nomen sic contractum ex quo adhuc post contractionem repraesentat omnia significata, quamvis sub ratione illius adiuncti, non perciperet per sermonem illud significat<um> de quo proferens intelligit — dicendum quod quantum est de virtute sermonis audiens non magis percipit unum significatum quam alterum, quia ut sic omnia aequaliter repraesentantur; sed tamen, cum audiens percipit illud cognomen convenire uni significato et non alteri, ex hoc iudicat proferentem sermonem aliud significatum intellexisse, et ista convenientia rei est causa et non significatio sermonis. Si enim illud cognomen non magis conveniret uni significato quam alteri \per se/ non magis intelligeret unum quam alterum, et sicut dictum est de cognomine immediate adiuncto proprio nomini, ita intelligendum est de aliis determinationibus immediate adiunctis aliis terminis aequivocis.

Ad 1.3 Ad aliud dicendum est quod si sensus multiplicis huius propositionis 'canis currit' exprimeretur sic 'canis latrabilis <currit>',⁴ tunc tot sensus multiplicis haberet ista quot et prima, et ideo per istam non exprimitur sensus multiplicis praecise, sed si aliqua alia vox sit imposita significatis termini aequivoci univoca per quam habet proprie sensus multiplicis exprimi; vel si nulla vox univoca sit eis imposita quae sit \signum/ ipsorum praecise, accipiendum est aliquid commune univocum eis una cum determinatione illa ad exprimendum sensum multiplicis praecise. Unde huius propositionis multiplicis

---

¹ canis] sanus **C**.
² consimiliter – pronomine] consimiliter – pronominis **C**. *Voces* consimiliter enim *suspectae*.
³ significativum] significatum tantum **C**.
⁴ <currit> *add. Perger*.

'canis currit' unus sensus est "latrabile animal currit" praecise, et non iste "canis latrabilis currit", quam<vis> enim 'canis' non possit contrahi ad unum significatum per hanc determinationem 'latrabile', cum sit aequivocum, 'animal' tamen bene potest, cum sit univocum ad istud, nam illa quae sunt aequivoca in uno, ut in inferiori, univocantur in superiori. [189]

Ad 1.4 Ad aliud dicendum quod si[[c]] supponatur quod nulla alia vox correspondeat significatis aequivoci in ratione signi praecise, non <est> \in/conveniens concedere quod aliquis sit intellectus quem[1] non contingit praecise significare, quia tunc esset aliquis intellectus cuius non esset praecisum signum, et ideo non est mirum quod talis intellectus non possit praecise significari.[2]

Vel aliter potest dici quod quamvis nulla alia vox significatis esset imposita, possunt tamen habere communius univocum[3] eis, quod quidem per huius<modi> determinationem potest contrahi quamvis aequivocum non possit,[4] sic enim 'corpus' est univocum[5] ad ista significata 'canis'.

Ad 1.5 Ad aliud dicendum quod sic dicto 'album in voce' vel 'multum in aere'[6] non est contractio aequivoci, quia album et multum non sunt pure[7] aequivoca, sed possunt dupliciter accipi: vel quoad logicum vel quoad naturalem. <Quoad naturalem> sunt aequivoca, sed quoad logicum simpliciter sunt univoca. Ratio huius est ista: 'album' enim significat unum primo, unam intentionem faciens[8] in anima. Sed tamen quia illud unum diversimode habet esse in voce et in colore, ideo naturalis considerans ipsas res secundum quod sunt dicit 'album' significare illud aequivoce. Quia tamen logicus non considerat res secundum quod sunt sed secundum quod faciunt intentiones[9] in anima, ideo dicit 'album' significare unum, eo quod illud quod significatur[10] per 'album' unam intentionem facit apud animam; et ideo 'album' est simpliciter aequivocum apud logicum. Et similiter dicendum est de 'multo'.

Et sic patet ad ultimum.

---

[1] quem] quam **C**.
[2] possit praecise significari *Perger*] possumus praecise significare **C**.
[3] univocum *Perger*] aequivocis **C**.
[4] possit *Perger*] posset **C**.
[5] univocum *Perger*] aequivocum **C**.
[6] aere] ehere **C**.
[7] pure] penes **C** : penitus *Perger*.
[8] faciens] patiens **C**.
[9] intentiones] detentiones **C**.
[10] quod significatur] consignificatur **C**.

Quaestio 11

Quaeratur an distributio semel posita distribuat terminum aequivocum simul pro suppositis cuiuscumque significati.

1. Et quod sic probatio:

1.1 Distributio [[...]] reducit ad actum omnia quae sunt in respectu tertii, cuiusmodi sunt omnia supposita cuiuscumque significati; ergo distributio distribuit terminum aequivocum pro omnibus suis significatis.

1.2 Item. Quaero: aut distribuit simul pro omnibus suppositis cuiuscumque significati aut non. /158vA/ Si sic, habetur propositum. <Si non,>[1] aut distribuit ipsum pro omnibus suppositis unius significati tantum, aut pro nullis; non pro nullis, quia sic frustra adderetur signum termino aequivoco, nec solum pro suppositis unius [190] significati, quia qua ratione unius significati et ea ratione omnium significatorum, quoniam omnia significata aequaliter se offerunt distributioni[s]. Relinquitur ergo quod primum manet.

1.3 Item. Agens secundum rationem potest proportionari agenti secundum naturam eo quod ars imitatur naturam in quantum potest, sicut patet in secundo Physicorum;[2] sed agens naturale simul et una actione potest agere in diversa passa, sicut ignis agit simul in diversa combustibilia, similiter sol agens in lutum et in glaciem; ergo agens rationis. Sed huiusmodi agens universale est signum distributivum, quoniam ab eo est distributio perfecte, ergo distributio<ne quae> fit ex parte sua [vel][3] simul potest distribuere diversa significata.

Ad illud potest dici quod signum, quod est agens rationis, non imitatur quodcumque agens naturale, sed solum illum intellectum ad quem reducitur[4] tamquam instrumentum ad causam, et quia unus intellectus simul non potest plura intelligere, ideo nec signum potest plura significare.

Sed contra. Si vox sequeretur intellectum unum, ut dicitur, cum intellectus unus non \potest/ plura ut plura intelligere, ergo nec vox una posset plura ut plura sunt significare, et sic periret aequivocatio; ergo necesse \est/ actionem signi distributivi imitari actionem unius intellectus intelligentis.

1.4 Item, ad principale. Negatio una et eadem unico actu negandi simul negat plures dictiones, veluti subiectum \et/ praedicatum; tamen negatio est agens rationis sicut et signum; ergo signum potest plura distribuere. Maior patet, quoniam sic dicto 'nullus homo est asinus' simul praedicatum et subiectum confunduntur a negatione confuse et distributive.

2. Ad oppositum.

---

[1] <si non> *add. Perger.*
[2] *Arist. Ph. 2.2.194a21-22. Auctoritates ed. Hamesse 2.60 p. 145.*
[3] quae *inseruit &* vel *exclusit Perger; ego deinde* distributio<ne> *conieci.*
[4] ad quem reducitur] reducitur ad quem **C**.

2.1 Distributio est dispositio ipsius distribuibilis; cum ergo in termino aequivoco sunt plura distribuibilia, ergo plures erunt distributiones; non ergo signum unica distinctione distribuit pro suppositis cuiuscumque significati. Et ratio confirmatur per hoc quod distributio et distribuibile referuntur relative, et in talibus multiplicato uno reliquum multiplicabitur.

2.2 Item. Distributio est divisio alicuius unius intellectus in multa; sed omnis divisio una incipit ab uno[1] et terminatur ad multa; ergo omnis distributio una terminatur ad multa; cum ergo in termino aequivoco nihil est unum ibi praeter solam vocem, quae \est/ singularis, non recipit supra se distributionem; ergo non distribuit unica distributione pro suppositis cuiuscumque significati.

2.3 Item. Si sic, ille paralogismus 'omnis canis currit etc.' non peccaret in forma sed in materia. Consequentia[m] patet, quia tunc maior esset falsa, et [191] ibi regulata[2] esset [as]sumptio sub minoris,[3] et medium esset unum; quod falsum est.

3. Ad quaestionem potest dici quod distributio simul distribuit pro suppositis cuiuscumque significati, sed tamen non unico actu distribuendi sed diverso,[4] nec copulative sed inconiuncte[5] et sine quacumque habitudine.

Primum patet: Quia cum omnia significata aequivoci aequaliter se offerunt distributioni, qua ratio\<ne\> signum distribuit pro suppositis unius significati eadem ratione[m] et \<pro\> omni.

Secundum patet: Cum actio agentis recipiatur in passo, quot sunt passa primo ab aliquo agente simul tot erunt actiones, nam non est possibile aliquid agere in plura simul et semel eadem actione nisi ista plura habeant rationem unius passi; cum ergo in termino aequivoco sint plura significata ut plura, quibus nihil est commune in ipso nisi sola vox quae significans est ipsa plura significata, rationem unius distribuibilis habere non possunt, et ita quot \sunt/ significata tot sunt distribuibilia primo et etiam passa, et per consequens tot distributiones. Unde sicut terminus aequivocus sua significata importat alio actu significandi et alio, similiter signum distributivum alio actu distribuendi et alio ipsum distribuit.

Tertium, sc. quod non copulative: Quia sicut aequivocum significat unum significatum ac si non aliud significaret, et sicut sine omni habitudine, sic signum distributivum pro suppositis unius significati distribuit ac si pro suppositis alterius significati non distribueret. Et haec est ratio quare haec est distinguenda 'omnis canis currit' sicut haec 'hic canis currit'.

---

[1] uno] una **C**.

[2] ibi regulata] irregulata **C**.

[3] sumptio sub minoris *(i.e. subsumptio minoris sub medio)*] assumptio sub minoris **C** : assumptio sub\<iecti in\> minore *vel* assumptio minoris sub medio *Perger*.

[4] diverso] diversis *malim*.

[5] inconiuncte] etiam distributione **C**.

Per hoc ad rationes. /158vB/

Ad 1.1-2 Ad primas duas patet per praedicta, quoniam pro omnibus suppositis distribuit, non tamen unico actu distribuendi.

Ad 1.3 Ad tertium dicendum quod agens[1] naturale unica actione simul non agit in plura nisi quatenus habent rationem unius passi; unde quod [quod] ignis simul agit in plura combustibilia, hoc est quia[2] aliqua una natura reperitur in illis ratione cuius habent rationem unius passi; et consimiliter se habent glacies[3] et lutum respectu actionis solis,[4] sed quod ex actione solis in[5] glacie et luto consequuntur diversi effectus, hoc accidit per se actioni solis, ut quod glaciem [192] dissolvit et lutum constringit, hoc per accidens, quia propter diversas dispositiones istorum.

Ad 1.4 Ad ultimum illius partis dicendum quod negatio non negat praedicatum et subiectum simul confuse et distributive unico actu negandi, nisi[6] per rationem actus communis qui primo negatur ab ea, ut compositionis; in hoc enim quod negat compositionem praedicati cum subiecto per accidens negat extrema.

Ad 2 Ad rationes alterius partis patet per iam dicta.

Ad 2.1-2 Primae enim duae probant quod signum universale non distribuit pro suppositis cuiuslibet significati unico actu distribuendi, quod est concessum.

Ad 2.3 Ad ultimum dicendum quod bene procederet si terminus aequivocus copulative distribueretur pro suppositis diversorum significatorum, cuius oppositum prius dictum est, quoniam signum distributivum sic distribuit pro suppositis unius significati ac si pro suppositis alterius non distribueret, et ideo ista 'omnis canis currit' nec est simpliciter vera nec falsa, et distinguenda quemadmodum ista 'canis currit'.

---

[1] agens] acc(ide)ens **C**.
[2] quia *Perger*] quod **C**.
[3] glacies] clacies **C**.
[4] solis] solum **C**.
[5] in] non **C** *a.c.*, *nescioquid* **C** *p.c.*
[6] nisi] non **C**.

Quaestio 12

Quaeratur circa \secundum/ modum aequivocationis utrum aliqua vox analoga unum significare possit[1] proprie et aliud improprie.

1. Et quod non probatio.

1.1 Nomen analogum operatur multiplicitatem aequivocationis; sed nomen operans huiusmodi multiplicitatem significat plura aeque primo; vox ergo analoga non significat unum proprie et aliud transumptive,[2] sed omnia aequaliter.

1.2 Item. Per Philosophum in libro Praedicamentorum; ibi <de>terminat Philosophus de vocibus significat<iv>is, et tamen non facit aliquam mentionem de huiusmodi analogo significante unum per prius et aliud per posterius, sed solum de aequivocis et de univocis et denominativis; signum est ergo quod nullum est nomen analogum.

1.3 Praeterea. Si vox analoga unum significaret proprie et aliud improprie, hoc non esset nisi propter maiorem convenientiam vocis significantis ad rem significatam proprie quam ad [[ad]] rem significatam improprie; sed <hoc> est inconveniens, quia sic sequitur quod vox esset signum rei propter aliquam eius convenientiam ad ipsam \rem/ significatam, et sic non esset signum ad placitum [193] nec imponens vocem ad significandum imponeret ad placitum sed motus convenientia rei.

1.4 Item. Per Aristotelem libro Peri hermenias vox sive[3] nomen nihil significat nisi quando fit nota; vox autem fit nota ex impositione et ex institutione imponentis; ergo vox nihil significat nisi ex impositione imponentis. Tunc arguo: quaecumque significat vox ex impositione aeque primo significat eo quod imponitur uni ac si aliud non significaret; ergo vox quaecumque significat aeque primo significat; non ergo significat unum proprie et primo et reliquum improprie.

1.5 Item. Si hoc esset verum, aut hoc esset ex parte vocis vel ex parte rei vel ex <parte im>ponentis. Non ex parte vocis eo quod vox de se nullam rem sibi determinat in ratione significati; nec ex parte rei eo quod res nullam vocem sibi determinat in ratione signi; nec ex parte \im/ponentis eo quod imponens omnino[4] \im/ponit ad placitum. Ergo vox quicquid significat proprie significat.

2.1 Ad oppositum est Aristoteles in Littera,[5] ubi dat modos aequivocationis et amphiboliae dicens quod primus modus est quando nomen vel oratio significat plura aequaliter, secundus modus est eo quod soliti sumus sic dicere,

---

[1] possit *Perger*] posset **C**.
[2] transumptive] tran()ti(v)e **C**.
[3] sive] s(ib)i **C**. *Locus Aristotelicus est Int. 2.16a27-28.*
[4] omnino] *lectio incerta.*
[5] *Arist. SE 4166a14-17*

quasi diceret quod secundus modus est quando nomen vel oratio significat unum proprie et aliud solito modo loquendi, hoc est transumptive vel <im>proprie.

2.2 Item. Nisi sic esset, secundus modus aequivocationis non differret[1] a primo, quod[2] est contra Aristotelem.

2.3 Praeterea. Per Aristotelem quarto Metaphysicae[3] 'sanum' per prius dicitur de corpore animalis et ex consequente de aliis, ut de diaeta et de urina et de medicina, et hoc per attributionem[4] ad sanitatem in animali, et sic transumptive et improprie dicitur de istis, proprie autem dicitur de animali.

2.4 Similiter Aristoteles quinto Metaphysicae distinguit multa huiusmodi nomina quae sic significant plura, unum sc. \per/ prius et reliquum per posterius /159rA/ et alia per attributionem ad primum.

3. Ad quaestionem potest dici quod aliqua vox analoga potest significare unum proprie <et> aliud transumptive. Cuius ratio est haec: per Aristotelem in libro Peri hermenias nomen nihil significat nisi quando fit nota;[5] sicut ergo vox [194] fit nota rei, sic possibile est eam rem ipsam significare; sed vox fit nota rei dupliciter, sc. ex impositione et ex transumptione; ex \im/positione autem[6] fit nota rei quando vox attribuitur rei in ratione signi absolute et sub propria[7] ratione et non in comparatione ad aliud; ex transumptione \autem ut/ quando vox imponitur rei p<rimo> in ratione signi et sub propria ratione, deinde propter similitudinem rei illius cui primo imponebatur vel propter proportionem vel relationem quam <habet> \ad aliquam/ aliam rem transumitur ista vox ad aliquid aliud repraesentandum, ut patet: 'ridere' enim proprie attribuitur et ex impositione significat risum hominis,[8] propter quandam similitudinem huius actus ad florere transumitur haec vox 'ridere' ad repraesentandum vel significandum florere. Vox autem sic transumpta ad aliquid repraesentandum, ipsum ad quod sic transumitur proprie non significat sed transumptive, et hoc quia illud non significat ex impositione alia sed solummodo ex quodam usu vel quadam consuetudine loquendi, et ideo improprie, et etiam ex consequenti, quia illud ad quod transumitur non significat nisi propter aliquam eius similitudinem vel proportionem ad rem cui vox primum imponitur, quoniam transferentes se necessario secundum aliquam similitudinem se transferunt. Et ita nisi vox primo alicui imponeretur impossibile esset ipsam aliquid aliud ex transumptione

---

[1] differret] deferet C.
[2] quod] et C.
[3] *Cf. Arist. Metaph.4.2.1003a33-b1*
[4] atributionem] *fere* retritionem C.
[5] *Arist. Int. 2.16a27-28*
[6] autem] enim *Perger.*
[7] propria] proprie C.
[8] hominis] mo[ris] C. *Cf. Fallacias Thomae de Wyk,* CIMAGL *68 (1998) 139.*

significare. Ut ergo vox aliquid significet[1] ex transumptione necesse est ipsam aliquid aliud significare ex impositione [[im]] \et/ proprie. Possibile est ergo vocem significare unum proprie et ex impositione et aliud ex transumptione et improprie.

Unde intelligendum est quod vox sic significans plura utriusque est signum, sed tamen diversimode, quia unius ex \im/positione et alterius ex transumptione. Et differunt ista duo in hoc quod vox significans aliquid ex impositione ipsam rem repraesentat absolute et sub ratione propria et non in comparatione ad aliud;[2] ex transumptione autem significat rem non absolute et sub ratione propria sed sub similitudine vel proportione ad alterum, et ita \non/ sub ratione propria. Hoc vult Boethius in principio Praedicamentorum[3] ubi distinguit "aequivoca dicuntur"[4] quod quaedam sunt aequivoca a casu, quaedam a consilio, sicut 'Alexander' imponitur regi magno et cuidam alteri; et universaliter nomina casualiter imposita pluribus, cuiusmodi sunt 'canis' et nomina propria et huiusmodi alia, huiusmodi enim imponuntur uni ac si aliud non significarent. A consilio autem dicuntur aequivoca ut quando nomen unum significat ex impositione et proprie, aliud autem ex transumptione. Quae quidem transumptio per ipsum aliquando fit propter similitudinem alicuius ad [195] illud cui nomen primo[5] imponitur, sicut 'homo' imponitur ad significandum hominem verum, transumitur tamen ad significandum hominem pictum. Aliquando autem ex proportione alicuius ad illud cui nomen primo imponitur, ut hoc nomen 'principium' imponitur ad significandum unitatem quae est primum et principium in genere quantitatis discretae, transumitur autem ad significandum punctum in continuis \eo quod proportionaliter/ se habet punctus in continuis et unitas in discretis. Aliquando autem fit haec transumptio ex relatione a\li/quorum ad unum, et hoc dupliciter, quia vel ad unum ut ad causam efficientem a qua descendunt, et sic medicina laxativa et instrumentum, ut ferrum quod est instrumentum medici[6], utrumque dicitur 'medicinale' ex relatione istorum ad medicinam ut ad causam a qua descendunt; vel etiam ex relatione ad aliquid unum ad quod ordinantur, et sic urina et diaeta utraque dicitur 'sana' per comparationem ad sanitatem animalis ad quam ordinantur. Unde in aequivocis nullus est ordo prout significa<n>t per casum,[7] in aequivocis tamen a consilio est ordo, non solum inter res significatas in quantum huiusmodi sunt, sed inter actus significandi ipsius vocis eo quod vox illud ad quod transumitur non significat nisi in ordine ad illud cui imponitur.

---

[1] significet] significat **C**.

[2] ad aliud] [[ad]] ad **C**.

[3] *Boethius, Cat. PL 64: 166B-167A*

[4] "aequivoca dicuntur"] aequivoca dupliciter *Perger, fort. recte.*

[5] primo] primum **C**.

[6] medici **C** *a.c., ut videtur;* etici *(i.e.* ethici *?)* **C** *p.c.*

[7] casum] vocem **C**.

Per hoc ad rationes:

Ad 1.1 Ad primum. Cum dicitur /159rB/ "Nomen analogum operatur multiplicitatem aequivocationis, ergo significat plura aequaliter, ergo <etc.">, neganda haec consequentia <quia non valeret haec consequentia> nisi operaretur[1] multiplicitatem primi modi aequivocationis.

Ad 1.2 Ad secundum argumentum dicendum est quod Aristoteles in libro Praedicamentorum solum facit mentionem de vocibus ut sunt proprie[2] significativae; huiusmodi voces sunt aequivocae, univocae et denominativae. Analogum enim illud quod <per posterius> significat transumptive significat et non proprie, sed solum illud quod est ex <im>positione; et ideo Aristoteles de huiusmodi non ibi <facit> mentionem, tamen[3] in isto libro de talibus mentionem facit pro eo quod multiplicitas talium potest esse principium deceptionis, quamvis non sit vera multiplicitas, sicut multiplicitas figurae dictionis, quae non est vera multiplicitas sed phantastica, Aristoteles tamen de ea facit mentionem pro eo quod potest esse principium deceptionis.

Ad 1.3 Ad aliud dicendum est quod hoc[4] est falsum quod dicitur. Non \enim/ est propter convenientiam inter vocem et rem significatam sed est propter similitudinem vel relationem illius ad quod vox transumitur ad illud cui primo imponitur. [196]

Ad 1.4 Ad aliud. Cum dicitur quod vox nihil significat etc., dicendum quod verum est – sed vox fit nota rei dupliciter, ut patet per dicta: [et] per impositionem et proprie vel ex transumptione et improprie. Unde cum dicitur quod vox non sit nota rei nisi per impositionem, si intelligatur "proprie" \tunc/ verum est, si autem[5] intelligatur "improprie" negandum.

Ad 1.5 Ad ultimum dicendum: Hoc non solum est ex parte vocis nec ex parte rei nec ex parte imponentis, sed est ex parte omnium. Sed simul cum his ex parte utentium, quoniam utentes voce transumunt ipsam ab eo cui primo imponitur ad aliud repraesentandum.

---

[1] operaretur] operetur *coniecit Perger, quod si recipias, additio nostra* <quia non valeret haec consequentia> *supervacanea erit.*

[2] proprie] propriis **C**.

[3] tamen] *vel potius* cum **C**.

[4] hoc] haec **C**.

[5] tunc – autem] \tunc(?)/ verum est, si [[enim]] \autem/ **C**.

Cahiers de l'Institut du Moyen-Age Grec et Latin

CIMAGL was founded in 1969.

Editors:
1969-72   Povl Johannes Jensen.
1972-82   Jan Pinborg
1982-   Sten Ebbesen

CIMAGL publishes work done at the Saxo Institute, Department of Greek and Latin, in Copenhagen, or in collaboration with the Department. Unsolicited articles are not accepted. CIMAGL publishes no book reviews.

CIMAGL is an irregular journal. One or two issues of varying length and at varying prices appear each year.
Most back numbers are still available. For a complete table of contents of previous issues, see
http://www.igl.ku.dk/CIMAGL/cimalist.html

CIMAGL may be obtained in either of two ways:

1. By purchase. Standing orders and orders for single issues should be addressed to the bookseller,

Museum Tusculanum Press
University of Copenhagen
Njalsgade 92, DK-2300 Copenhagen S, Denmark.
Tel.: +45 3532 9109 * Fax: +45 3532 9113
e-mail: <order@mtp.dk>

2. By exchange. Proposals for exchange arrangements should be addressed to the editor,

Dr Sten Ebbesen
Saxo Institute, Dept. of Greek and Latin
Njalsgade 80, DK-2300 Copenhagen S, Denmark